V&R

PIETISMUS UND NEUZEIT

EIN JAHRBUCH ZUR GESCHICHTE DES NEUEREN PROTESTANTISMUS

Im Auftrag der Historischen Kommission
zur Erforschung des Pietismus
herausgegeben von
Martin Brecht, Friedrich de Boor, Rudolf Dellsperger,
Ulrich Gäbler, Hartmut Lehmann, Arno Sames,
Hans Schneider, Udo Sträter
und Johannes Wallmann

Band 23 – 1997

VANDENHOECK & RUPRECHT
IN GÖTTINGEN

Geschäftsführender Herausgeber

Prof. Dr. Udo Sträter, Interdisziplinäres Zentrum für Pietismusforschung, Franckeplatz 1, Haus 26, 06110 Halle (Saale)

Redaktion

Dr. Christel Butterweck, Halle

Anschriften der Autorinnen und Autoren

Prof. Dr. Elke Axmacher, Waltharistr. 34, 14109 Berlin

Prof. Dr. Friedrich de Boor, Carl-von-Ossietzky-Str. 12, 06114 Halle

Prof. Dr. Martin Brecht D.D., Schreiberstr. 22, 48149 Münster

Schwester Ruth Felgentreff, Alte Landstr. 179, 40489 Düsseldorf

Prof. Dr. Ute Gause, Birkenweg 15, 48155 Münster

Dr. Arnd Götzelmann, Karlstr. 16, 69117 Heidelberg

Dr. Gisela Hauss, Im Kratz 5, CH-8047 Zürich

Dr. Martin Jung, Buchenstr. 16, 72116 Mössingen

Prof. Dr. Rudolf Kropf, Colerusstr. 16, A-4040 Linz-Steg

Dr. Thomas Kuhn, Weiherweg 14, 79540 Lörrach

Prof. Dr. Pentti Laasonen, Runoilijanpolku 2, FIN-00650 Helsinki

Dr. Christian Peters, Breul 41, 48143 Münster

Dr. Gerhard Schwinge, Schillerstr. 2, 76448 Durmersheim

Prof. Dr. Wolfgang Sommer, Sonnenweg 45, 91564 Neuendettelsau

Anne Stempel-de Fallois, Weißenburgstr. 55, 96052 Bamberg

Dr. Tânia Ünlüdağ, Korzerter Str. 33, 42349 Wuppertal

Prof. Dr. Hermann Wellenreuther, Merkelstr. 33, 37085 Göttingen

Dr. Carola Wessel, Eichendorffstr. 21, 06114 Halle

ISBN 3-525-55895-3
ISSN 0172-6943

Satz: Satzspiegel, Bovenden. Druck und Bindearbeit: Hubert & Co., Göttingen

Vorwort

Schwerpunkt dieses Bandes ist die Dokumentation der Tagung „Diakonie vor der Inneren Mission: Pietismus, Fürsorge und neues kirchliches Bewußtsein in der ersten Hälfte des 19. Jahrhunderts", die Ende Oktober 1995 von der Historischen Kommission zur Erforschung des Pietismus in Gallneukirchen durchgeführt wurde. Wir freuen uns, daß wir die dort gehaltenen Vorträge von Ruth Felgentreff, Arnd Götzelmann, Gisela Hauss, Thomas F. Kuhn und Anne Stempel-de Fallois hier zum Druck bringen können. Der ebenfalls in Gallneukirchen gehaltene Vortrag von Hans Otte wird im Band 25, 1999, folgen. Der Beitrag von Erwin Gatz über „Katholische Caritas und öffentliche Armenpflege" findet sich unter dem Titel „Kirchliche Mitarbeit in der öffentlichen Armenpflege. Die Neuanfänge einer eigenständigen kirchlichen Armenpflege" als Kap. 3 des von Gatz herausgegebenen Bandes „Caritas und soziale Dienste" (1997), 57–70, im Band V der Reihe „Geschichte des kirchlichen Lebens in den deutschsprachigen Ländern seit dem Ende des 18. Jahrhunderts – Die katholische Kirche".

An die Dokumentation der Gallneukirchener Tagung schließen sich Aufsätze von Christian Peters, Martin Jung, Hermann Wellenreuther und Tânia Ünlüdağ an, die von den Anfängen der pietistischen Historiographie über Bengels Eschatologie und Herrnhuter Indianermission hin zum Nation-Begriff in der Traktatliteratur des 19. Jahrhunderts die Bandbreite gegenwärtiger Fragestellungen interdisziplinärer Pietismusforschung repräsentieren.

Für die Herausgeber: *Udo Sträter*

Inhalt

Rezensionen

Bibliographie

Register

Thomas K. Kuhn

Diakonie beim frühen Johann Hinrich Wichern[1]

Der Name Johann Hinrich Wichern steht für das Programm der „Inneren Mission". Ein solches Programm hatte Wichern 1848 auf dem Kirchentag zu Wittenberg in seiner berühmten Stegreifrede formuliert und ein Jahr später in seiner „Denkschrift"[2] ausgeführt. Ich widme mich im folgenden der Diakonie vor der Inneren Mission, also dem Thema „Diakonie beim frühen Johann Hinrich Wichern". Es geht hier um die Frage, wie sich Diakonie, diakonisches Denken und Handeln, beim jüngeren Wichern entwickelt hat. Damit werden zugleich Grundlagen der Inneren Mission Wicherns deutlich. Den Begriff „Diakonie" verwendet Wichern in seiner Frühzeit indes noch nicht. Ein erster Beleg findet sich erst im Jahr 1844.[3]

Ich werde Wicherns diakonisches Denken und Handeln bis zu den Anfängen des Rauhen Hauses in drei Teilen vorstellen: Zuerst beschreibe ich Wicherns Entwicklungsgang bis zu seinem theologischen Examen. Der zweite Teil handelt von der Gründung des Rauhen Hauses. Im dritten Teil frage ich nach den theologischen sowie pädagogischen Grundlagen von Wicherns diakonischem Handeln. Als Quellen liegen vorzüglich Wicherns Jugendtagebücher[4] und Brautbriefe[5] sowie seine Schriften aus den Jahren 1832 bis 1836[6] zugrunde.

---

[1] Vortrag, den ich auf der wissenschaftlichen Tagung „Diakonie vor der Inneren Mission. Pietismus, Fürsorge und neues kirchliches Bewußtsein in der ersten Hälfte des 19. Jahrhunderts" in Gallneukirchen/Österreich (26.10. bis 28.10.1995) gehalten habe. Der Vortragsstil ist beibehalten, es sind lediglich Anmerkungen hinzugefügt worden.

[2] *Johann Hinrich Wichern:* Die innere Mission der deutschen evangelischen Kirche. Eine Denkschrift an die deutsche Nation, im Auftrage des Centralausschusses für die innere Mission verfaßt (1849). Abgedruckt in: *Johann Hinrich Wichern.* Sämtliche Werke. Hg. v. *Peter Meinhold.* Bd. 1: Die Kirche und ihr soziales Handeln. Berlin, Hamburg 1962, 175–366.

[3] Siehe *Martin Michel:* Wichernkonkordanz. Hannover 1988, 179.

[4] Der junge Wichern. Jugendtagebücher Johann Hinrich Wicherns. Hg. v. *Martin Gerhardt.* Hamburg 1925; im folgenden zitiert als „Tagebücher".

[5] Tagebuchblätter der Liebe. Aus Wicherns Brautbriefen. Hg. v. *Walter Birnbaum.* Hamburg 1929, im folgenden zitiert als „Brautbriefe"; ferner: Briefe und Tagebuchblätter D. Johann Hinrich Wicherns. Hg. v. *D.J. Wichern.* Bd. 1: 1826–1848. Hamburg 1901; Jugend- und Brautbriefe sowie Tagebuchblätter aus den Jugendjahren D. Johann Hinrich Wicherns. Hg. v. *D.J. Wichern.* Hamburg 1901.

[6] *Johann Hinrich Wichern:* Sämtliche Werke. Hg. v. *Peter Meinhold.* Bd. 4,1: Schriften zur

I. Wicherns Entwicklungsgang bis zum theologischen Examen 1832

Das Wirken Wicherns wurzelt in der Hamburgischen Erwekkungsbewegung, die sich nach den Erfahrungen der französischen Besetzung und der Befreiungskämpfe innerhalb der lutherischen Kirche Hamburgs formiert hatte.[7] Obwohl die Erweckungsbewegung in den Rationalisten einen mächtigen Gegner fand, lebte sie in der Hoffnung auf eine erneuerte Kirche Hamburgs. Der Geist jener Frommen, der Wichern stark geprägt hat, wird in einem Artikel der Zeitschrift „Friedensbote" ersichtlich. Das von den erweckten Kreisen herausgegebene Blatt schrieb 1822:

„Christus wird wieder gepredigt und geglaubt [...] Die Zeit der Erfüllung hat begonnen. Denn Gott bauet wieder seine Kirche. Und nach der allgemeinen Erweckung und dem herzlichen Verlangen nach Christo und seinem Wort in seiner ursprünglichen Reinheit und Lauterkeit, welches fast überall sich regt, zu schließen, wird bald eine Zeit kommen, wo die Kirche wieder in der Blüthe und Herrlichkeit ihrer ersten Jugend da steht [...]."[8]

In diesem geistigen Klima wuchs Johann Hinrich Wichern auf, der am 21. April 1808 in Hamburg geboren wurde.[9] Sein Vater, ein sozialer Aufsteiger, hatte es, aus einfachen Verhältnissen stammend, zum Notar gebracht. Mit Ehrgeiz förderte er auch seinen ältesten Sohn Johann Hinrich. Doch schon 1823 starb der Vater, und in den folgenden Jahren lebte die Familie Wichern in Einfachheit und Armut. Die familiäre wirtschaftliche Misere hatte Folgen für Wicherns schulische Ausbildung. So verließ Wichern das Johanneum, ohne die Maturitätsprüfung abgelegt zu haben, da er zum Familienunterhalt beitragen mußte, und gab Unterricht. Auf Empfehlung erhielt er im Januar 1826 eine Stelle als Erzie-

---

Sozialpädagogik (Rauhes Haus und Johannesstift). Berlin 1958, 17–176, u. d. Erläuterungen i. Bd. 4.2, 349–374; ferner Bd. 8, 175 f. (Erläuterungen, 236 f.) u. 177–179 (Erläuterungen, 237 f.). Im folgenden abgekürzt „Wichern, SW" mit Bandzahl.

[7] Zur Hamburger Kirchengeschichte des 19. Jahrhunderts s. *Kurt Detlev Möller:* Beiträge zur Geschichte des kirchlichen und religiösen Lebens in den ersten Jahrzehnten des 19. Jahrhunderts [Diss. phil.]. München, Hamburg 1926; ferner *Ingrid Lahrsen:* Zwischen Erweckung und Rationalismus. Hudtwalcker und sein Kreis. Hamburg 1959; *Hans Georg Bergemann:* Staat und Kirche in Hamburg während des 19. Jahrhunderts. Hamburg 1958; *Georg Daur:* Von Predigern und Bürgern. Eine hamburgische Kirchengeschichte von der Reformation bis zur Gegenwart. Hamburg 1970, 169–240; *Bernhard Lohse*: Art. „Hamburg". In: TRE 14, 1985, 410.

[8] Zitiert bei *Lahrsen* [s. Anm. 7], 51 f.

[9] Zur Biographie Wicherns s. *Martin Gerhardt:* Johann Hinrich Wichern. Ein Lebensbild. Bd. 1: Jugend und Aufstieg 1808–1845. Hamburg 1927; *Helmut Talazko:* Johann Hinrich Wichern. In: Gestalten der Kirchengeschichte. Bd. 9,2: Die neueste Zeit II. Hg. v. *Martin Greschat.* Unv. Nachdr. Stuttgart [u. a.] 1993, 44–63. Die unüberschaubar gewordene Literatur zu Wichern verzeichnet Wichern, SW 10, 302–324.

hungsgehilfe bei Johann Ludwig Emanuel Pluns,[10] der vor dem Dammtor eine christliche Erziehungsanstalt für Söhne höherer Stände gegründet hatte. Dort blieb Wichern bis zum Oktober 1827.[11] Wichern erfuhr also persönlich, was wirtschaftliche Not bedeutet. Seine eigenen Erfahrungen sensibilisierten ihn für diakonische Fragen.

Als unerfahrene Lehrkraft erwarb sich Wichern im Institut von Pluns erste pädagogische Kenntnisse. Er zeigte großes Interesse für seine Schüler und für ihre Verhältnisse und wünschte schon 1826, einmal eine Rettungsanstalt leiten zu dürfen.[12] Pluns, der die Einrichtung einer Rettungsanstalt plante und im Briefwechsel mit Adelberdt Graf von der Recke-Volmerstein (1791–1878)[13] stand, der seit 1819 in Oberdyk und seit 1821 in Düsselthal eine Rettungsanstalt für verwahrloste Jugendliche eingerichtet hatte, ließ den jungen Wichern hoffen, einmal als Geistlicher in seiner Anstalt wirken zu können: „O könnte doch die Menschenfischerei mein Handwerk bleiben mein Lebelang, das war das Was; das Wie liegt mir freilich dunkler, und hier trat mir das wahre Wort: der Mensch denkt, Gott lenkt, gottlob recht oft vor die Seele,"[14] notierte Wichern 1826.

In diesem Tagebucheintrag wird dreierlei deutlich: 1. Die Menschenfischerei, also das Gewinnen von Menschen für die Sache des Evangeliums ist Wicherns Berufsziel. 2. Noch weiß er nicht, wie er diesen Wunsch verwirklichen kann. 3. Deutlich wird schließlich Wicherns ausgeprägter Vorsehungsglaube, der in seinen Schriften immer wieder zu erkennen ist. Gerne spricht Wichern von „Gottes allweiser, allgütiger, unbeschreiblicher Führung".[15] Hier findet sich ein erster theologischer Grundgedanke Wicherns bezüglich seiner Diakonie: Diakonisches Handeln kann nur gelingen und erfolgreich sein, weil Gott handelt. Auch wenn der Mensch noch soviel Engagement investiert, der Erfolg aller Bemühungen liegt allein bei Gott. Dieser Gedanke wird auch in der Pädagogik Wicherns zentral: Die Erziehung der anvertrauten Zöglinge gelingt allein durch Gottes gnädiges Wirken an diesen jungen Menschen. Der Erzieher wird dabei zum Werkzeug Gottes. Dieser Gedanke ist typisch für eine postmillenarische Position: Das erzieherische Wirken ist

---

[10] Tagebücher [s. Anm. 4], 255.

[11] Am 31. März 1826 wurde Wichern am Akademischen Gymnasium aufgenommen, einem Mittelglied zwischen Johanneum und Universität, wo er sich neben seiner Lehrertätigkeit auf das Studium vorbereitete.

[12] Brautbriefe [s. Anm. 5], 17.

[13] Recke nahm Falk zum Vorbild für sein Rettungshaus. Zu Recke s. *Gerlinde Viertel:* Anfänge der Rettungshausbewegung unter Adelberdt Graf von der Recke-Volmerstein (1791–1878). Eine Untersuchung zu Erweckungsbewegung und Diakonie. Köln 1993.

[14] Tagebücher [s. Anm. 4], 32. Der Begriff „Menschenfischer" findet sich auch in den Brautbriefen vom 25.7.1833, 127.

[15] Tagebücher [s. Anm. 4], 25.

eschatologisch ausgerichtet auf das Kommen und Bauen des Reiches Gottes.[16] Die enge Verknüpfung von Glauben und diakonischem Handeln beim frühen Wichern wehrt einem von seinen Grundlagen losgelösten karitativen Aktivismus und bewahrt den diakonisch Handelnden vor Selbstüberschätzung und Enttäuschungen.

Mit Enttäuschungen lernte Wichern im Institut bei Pluns umzugehen. Nicht immer war Wichern mit seinen pädagogischen Leistungen zufrieden. Über die Pädagogik von Pluns urteilte er, dort sei alles verwirrt und durcheinander gegangen. Dies war Anlaß genug, sich intensiv mit individual- und sozialpädagogischen Fragen auseinanderzusetzen.

Durch seine Tätigkeit als Lehrer fand Wichern auch Zugang zu einigen bedeutenden Familien, die der Erweckungsbewegung nahestanden oder gar zu ihren führenden Vertretern gehörten. Dieses Netz der persönlichen Beziehungen sollte sich später bei den Planungen bezüglich des Rauhen Hauses als sehr hilfreich und nützlich erweisen. Zu den prägenden Gestalten gehörten neben Pastor Rautenberg, auf den später noch einzugehen ist, vor allem der älteste Sohn von Matthias Claudius, Pastor Johannes Claudius (1783–1859).[17] Claudius kümmerte sich um Wicherns religiöse und theologische Entwicklung und führte ihn zu einem auf den 28. Januar 1826 datierten Wendepunkt. Wichern bekennt: „Der Geist Gottes kam immer mehr über mich."[18] Obwohl er selber den Begriff nicht verwendet, darf von einer Bekehrung gesprochen werden. Die Form seines Berichtes wirkt ein wenig stilisiert und läßt vermuten, daß Wichern Bekehrungsberichte pietistischer Provenienz bekannt waren.

Ferner ermutigte Claudius seinen Schüler, Theologie zu studieren. Während seines Studiums in Göttingen und Berlin verlor Wichern das Projekt einer Erziehungs- oder Rettungsanstalt nicht aus den Augen. Er nutzte vielmehr jede Gelegenheit, bestehende Institute zu besuchen, oder bildete sich literarisch. So machte er sich mit Johannes Falks (1768–1826)[19] Lutherhof in Weimar vertraut, war bei David Traugott Kopf (geb. 1788, Todesjahr unbekannt)[20] und bei Hans Ernst Freiherr

---

16 Zum Problem des Millenarismus s. *Ulrich Gäbler:* Auferstehungszeit. Erweckungsprediger des 19. Jahrhunderts. Sechs Porträts. München 1991, 171–173.

17 Claudius war Pfarrer in Sahms im Lauenburgischen.

18 Tagebücher [s. Anm. 4], 25.

19 Falks Werk und seine Erziehungsprinzipien haben entscheidend den jungen Wichern beeinflußt. Wichern plante eine Biographie Falks, überließ diese Aufgabe aber seinem Mitarbeiter Friedrich Oldenberg, dessen Schrift 1854 in Hamburg als Band 7 der Reihe „Lebensbilder aus der Geschichte der inneren Mission" unter dem Titel „Das Leben Johannes Falks" erschien. Zu Falk s. *Wichern,* SW 4,2 [s. Anm. 6], 358 f.

20 Kopf war von 1825–1856 Erziehungsinspektor und Oberlehrer an der „Anstalt zur Erziehung sittlich verwahrloseter Kinder" in Berlin vor dem Halleschen Tor. Ihr Zweck war, verwahrloste und bestrafte Jugendliche im Alter von 6–16 Jahren durch Erziehung, Unterricht und handwerkliche Arbeit „zu ordnungsliebenden, nützlichen und rechtlichen Menschen umzubil-

von Kottwitz (1757–1843) in Berlin und erlebte die Franckeschen Anstalten in Halle. Literarisch nahm er auch Kenntnis von Christian Heinrich Zellers (1779–1860) Beuggener Anstalten.[21] In Anknüpfung und Auseinandersetzung mit diesen bestehenden diakonischen und sozialpädagogischen Einrichtungen sollte seine Konzeption einer Rettungsanstalt entstehen.

Im September 1831 kehrte Wichern nach Hamburg zurück und legte im April des nächsten Jahres seine theologische Prüfung vor dem Hamburgischen Geistlichen Ministerium ab. Da er auf der Kandidatenliste nur den 30. Rang innehatte, konnte er nicht mit einer baldigen Anstellung als Pfarrer rechnen.

Wichern erhielt seine erste maßgebende geistige Prägung im Umkreis einer lutherisch geprägten Erweckungsbewegung. In diesen Kreisen lebte der Gedanke einer permanenten Selbstkritik und Selbsterziehung. Immer wieder besinnt Wichern sich auf seine eigenen Schwächen und geht hart mit sich ins Gericht. Dabei spricht er häufig von seinem Stolz und seiner schnellen Verletzlichkeit und resümiert: Der Mensch solle in dem Grade freundlich und milde dem Nächsten gegenüber erscheinen, als man gegen sich selber ernst sei.[22] Als pädagogische Folgerung zieht Wichern daraus den Schluß: „So müssen wir uns beim Erziehen selbst erziehen“[23], denn auch der Erzieher ist einem Entwicklungsprozeß unterworfen. Diese Einsicht schützt den Pädagogen vor falscher Überheblichkeit dem Zögling gegenüber und stellt ihn gleichermaßen vor Gottes Angesicht.

Aus diesen selbstkritischen Analysen und Reflexionen, die – so Wichern – nur im Glauben an Gottes Barmherzigkeit in Christus wirklich geschehen können,[24] erwuchsen Wicherns Überlegungen zum Begriff der Vergebung. Vergebung gehört bei Wichern untrennbar mit der „Liebe“ zusammen, die in den Jahren um 1826 zu einem zentralen theologischen Begriff avancierte. Denn diakonisches Handeln bedarf der kritischen Problemanalyse. Fraglich ist hierbei aber der Ausgangspunkt und die Methode der Analyse. Für Wichern steht fest: Erkenntnis kann allein

---

den“. Ausgangspunkt waren hier vor allem humanitäre Gesichtspunkte. Zu Kopf s. *Wichern*, SW 4,2 [s. Anm. 6], 357.

[21] Wichern erhielt Zellers dreibändige „Lehren der Erfahrung für christliche Land- und Armenschullehrer“ (Basel 1827–28) am 5. Juli 1828 zum Geschenk; Tagebücher [s. Anm. 4], 188. Zu Zeller s. *Gisela Hauss:* Retten, Erziehen, Ausbilden – Zu den Anfängen der Sozialpädagogik als Beruf. Eine Gegenüberstellung der Entwicklungsgeschichte der Armenschullehrer-Anstalt Beuggen und des Brüderinstitutes am Rauhen Haus in Hamburg. Bern [u. a.] 1995. Der Name von Pestalozzi taucht jedoch in seinen Schriften erst 1841 auf; vgl. *Michel*, Wichernkonkordanz [s. Anm. 3], 749.

[22] Tagebücher [s. Anm. 4], 27.

[23] Tagebücher, 83.

[24] Tagebücher, 236.

in Liebe erfolgen. Er identifiziert sogar beide: „Ist doch Liebe Erkenntnis!“ und fährt fort: „Erkenntnis ist Leben, und Liebe ist Leben. Darum drängt das Leben zu beiden.“[25] Das Leben, im Sinne Wicherns, ist die stille und heimliche Liebe zu Gott. Diese kann der Mensch allein von Gott erbitten. Diese Liebe nennt Wichern das „verborgene Gebet“.[26] Aus der solchermaßen verstandenen Liebe erwächst die Kraft der Vergebung. Liebe und Vergebung, beide sind die wesentliche Grundlage für Wicherns Diakonie und Pädagogik.

Dazu tritt bei Wichern der Gedanke des Dienens. Es ist für Wichern Aufgabe und Pflicht, sich als Diener des Wortes Gottes dienstbar zu machen.[27] Inhaltlich bekommt der Dienst bei Wichern auch eine analytische Funktion: Es gilt die Mächte zu erkennen, die den Menschen bewegen, die ihn ergreifen. Dabei ist nach dem Weg und der Wahrheit zu fragen, die dem Wort Gottes entsprechen, es gilt „zu scheiden und zu sichten mit erbetenem Schwerdt“.[28] Ziel dieses Dienstes ist für Wichern, den zu ihm kommenden Menschen, sei er nun gleichen Sinnes wie er oder auch nicht, als Freund und als Freund Gottes zu erkennen und zu lieben. Diese Aussage sollte im Rauhen Haus bei der Aufnahme der Zöglinge Realität werden.

II. Von der Sonntagsschule zum Rauhen Haus in Horn

Johann Wilhelm (Gulielmus) Rautenberg (1791–1865)[29] wirkte seit 1820 als Pastor an der Heiligen Dreieinigkeitskirche[30] in der Vorstadt St. Georg und war einer der Führer der Erweckungsbewegung in Hamburg. Er vermittelte Wichern wesentliche Anstöße für sein diakonisches und sozialpädagogisches Wirken. Rautenbergs spezielles Interesse galt Erziehungsfragen. Er erkannte die ungenügende oder gar nicht vorhandene Schulausbildung der ärmsten Jugendlichen in seiner Gemeinde. Bis 1871 gab es nämlich keine Schulpflicht in Hamburg. Um hier Abhilfe zu

---

25 Tagebücher [s. Anm. 4], 242.

26 Tagebücher, 238.

27 „Darum ist es Aufgabe und Pflicht, sich dienstbar zu machen, was und soweit es zu unserm Dienst verordnet ist, nur daß wir uns nicht dienen lassen, ohne Diener zu seyn, nicht Gehorsam fordern, ohne selbst Gehorsam zu leisten“; Tagebücher, 243.

28 Tagebücher, 243.

29 *Hans Bruhn:* Die Kandidaten der hamburgischen Kirche von 1654 bis 1825. Album Candidatorum. Hamburg 1963, 279, Nr. 1195; ferner *Hans Lehmann:* Johann Wilhelm Rautenberg. Ein Beitrag zur Hamburgischen Kirchengeschichte und zur Geschichte der Erwekkungsbewegung des 19. Jahrhunderts. Hamburg 1936; *Wolfdietrich von Kloeden:* Art.: „J.W. Rautenberg“. In: BBKL 7, 1994, 1419–1421.

30 *Wilhelm Jensen:* Die hamburgische Kirche und ihre Geistlichen seit der Reformation. Bd. 1. Hamburg 1958, 189 f. u. 194 f.

schaffen, gründete er zusammen mit Johann Gerhard Oncken (1800–1884)[31], einem Mitglied der englisch-reformierten Gemeinde, im Jahre 1825 die Sonntagsschule[32] in St. Georg, einem Stadtviertel Hamburgs, das von großer Armut geprägt war. Oncken war seit 1823 als Agent der Londoner Continental Society tätig und vermittelte Rautenberg die notwendigen finanziellen Mittel für die Sonntagsschule. Später trat er zu den Baptisten über und verließ die Sonntagsschularbeit. Rautenberg hatte erkannt, daß in der zunehmenden Entchristlichung der Bevölkerung die wesentliche Ursache für Verwahrlosung und Entsittlichung zu suchen sei. Diesen Gedanken übernahm sein Schüler Wichern und legte ihn seinem diakonischen Konzept zugrunde.

Nach englischem Vorbild wurden den Kindern in der Sonntagsschule einige elementare Kenntnisse vermittelt. Unterrichtsgegenstände waren die Bibel, Luthers kleiner Katechismus sowie das Gesangbuch. Im Mai 1832 wurde ein „Männlicher Besuchsverein" gegründet. Rautenberg hatte angesichts des Elends in seiner Gemeinde gefragt: „Was hindert uns, hineinzugehen in die Hütten des Unheils, an welche wir hier gedenken, den Jammer mit eigenen Augen zu sehen und die armen Leute zu bitten und zu ermahnen, daß sie sich selbst, daß sie mindestens doch ihre unglücklichen Kinder retten lassen aus den Stricken des Todes."[33] Hier wurden schon 1830 die Grundgedanken der Inneren Mission ausgesprochen, an die Wichern anknüpfen konnte. Wichtig dabei ist, daß durch Rautenberg die Zusammengehörigkeit von Kirche und Innerer Mission betont wird. Rautenberg erkannte, Aufgabe der Kirche ist die Mission in den Gemeinden. Er bricht mit der Fiktion einer christlichen Volkskirche, angesichts des „mehr als heidnischen Elends in unseren Mauern".[34]

Wichern sandte von seinen kargen Studiengeldern aus Berlin Spenden für die Sonntagsschularbeit, die in Hamburg nicht unumstritten war. Unterrichtsstunden fanden zeitweilig gar unter polizeilicher Aufsicht statt.[35]

Nach seinem Examen wurde Wichern am 24. Juni 1832 als Oberlehrer an der Sonntagsschule eingeführt. Der junge Kandidat ordnete die Klasseneinteilung neu, grenzte das Lehrpensum präziser ab und führte regelmäßige Quartalsprüfungen ein. Nachgelassene Notizen Wicherns zeigen, mit welchem Interesse er als Lehrer und als Mitglied des „Männlichen Besuchsvereins" den einzelnen Schülern nachging, sie besuchte,

---

31 *H. Luckey:* J.G. Oncken und die Anfänge des deutschen Baptismus, Kassel ^{3}1958; *Günter Balders:* J.G. Oncken. In: ELThG 3, 1994, 1473f.

32 *R. Bohl:* Die Sonntagsschule in der Hamburger Vorstadt St. Georg. In: Zeitschrift des Vereins für Hamburgische Kirchengeschichte 67, 1981, 133–175.

33 *Gerhardt,* Wichern I [s. Anm. 9], 118.

34 *Gerhardt,* Wichern I, 118.

35 *Gerhardt,* Wichern I, 116.

um sich über ihre oft schockierenden häuslichen und familiären Verhältnisse ein Bild zu verschaffen.[36]

Schon bevor Wichern bei Rautenberg mitarbeitete, hatte er sich in seiner ersten Publikation 1831[37] mit der Armutsproblematik beschäftigt, in der er seine grundlegenden sozialpolitischen und sozialpädagogischen Ansichten darlegt. Wichern geht es nicht um einzelne Verbesserungen für die Armen, sondern darum, die Anzahl der Armen drastisch zu senken. Im Anschluß an seinen Lehrer Rautenberg konstatiert er: „Die Hauptursache der Armut in unsrer Stadt ist das immer zunehmende Sittenverderben des Volks, das einzig und allein aus der herrschenden Irreligiosität, der Verachtung und Verspottung des wahren Christentums und dem gottlosen Unglauben entsteht. Die ärmere Menschenmenge hat mit so vieler Not und Sorge zu kämpfen und ist so vielen Versuchungen zum Bösen ausgesetzt, daß sie vor allem der kräftigen Stütze der Religion bedarf, um ihr Geschick mit Ergebung zu tragen."[38] Da die Erziehung in den Kreisen der Armen keinen religiösen Halt vermittle, könnten die Armen auch nicht mit Schicksalsschlägen umgehen und gäben sich dem Alkohol oder anderen verderblichen Vergnügungen hin. Darum forderte Wichern einen zweckmäßigen Unterricht und „gute Erziehung der Armenkinder", um der „Verwahrlosung"[39] zu wehren.[40]

Dem Staat weist Wichern dabei die Aufgabe zu, das Schulwesen zu verbessern, damit nicht noch mehr Kinder durch mangelnde Erziehung lebensuntüchtig würden, denn „Rechtlichkeit und Ordnungsliebe" könnten nur durch Erziehung geweckt und erhalten werden.[41] Erst wenn sich die Zahl der Armen durch zunehmende Sittlichkeit bedeutend vermindere, dürfe an eine materielle Unterstützung der Armen gedacht werden. Dann werde auch der Grundsatz anwendbar, die Armen zweckmäßig zu beschäftigen und sie möglichst ihren Unterhalt selbst erwerben zu lassen.

---

[36] *Wichern*, SW 4,1 [s. Anm. 6], 19–31.

[37] Es handelt sich um eine Kritik an der Schrift des Juristen *Carl Wilhelm Asher* (1798–1864): Über die Hamburgische Armenanstalt 1831. Hamburg o.J., in der Asher den Grundsatz vertritt, die Armen sollten ihren Unterhalt durch Arbeit selbst verdienen. Die Hamburger Armenanstalt sollte dementsprechend neu strukturiert werden.

[38] *Wichern*, SW 4,1 [s. Anm. 6], 17.

[39] Im Begriff der Verwahrlosung vermengten sich bei Wichern „materielles Elend, Autoritätsverlust von Familie und Obrigkeit mit ‚Sittenlosigkeit', worunter die Nichtbeachtung traditioneller sozialer Normen und Verhaltensregeln ebenso verstanden wurde wie der Verlust von Religiosität"; so *Detlev J.K. Peukert*: Grenzen der Sozialdisziplinierung. Aufstieg und Krise der deutschen Jugendfürsorge von 1878 bis 1932. Köln 1986, 47.

[40] Siehe *Helga Lemke:* Wicherns Bedeutung für die Bekämpfung der Jugendverwahrlosung. Hamburg 1964.

[41] *Wichern*, SW 4,1 [s. Anm. 6], 18.

Diese Gedanken Wicherns resultierten aus seinen Besuchen in den Elendsquartieren Hamburgs und müssen als Versuch verstanden werden, aus dem christlichen Glauben heraus einen realistischen diakonischen Weg zur Rettung dieser ärmsten Menschen[42] zu finden.

Wichern führte detaillierte Listen und Statistiken über seine Hausbesuche, um so mögliche Veränderungen positiver oder negativer Art registrieren zu können. Manchmal dienten seine Aufzeichnungen aber auch allein dem Zweck, einen Überblick über die oft unüberschaubaren Lebensgemeinschaften in den großen Wohnsälen zu erhalten. Wichern erfuhr, in welch menschenunwürdigen Verhältnissen Menschen lebten und inwiefern sich die Familie als Keimzelle der Gesellschaft aufzulösen begann. Hier sah Wichern eine besondere Gefährdung für die heranwachsenden Kinder, denen sein besonderes Interesse galt. Nur wenn er den Kindern eine gesunde Entwicklungsmöglichkeit anbot, konnte er hoffen, der Armutsproblematik und dem sittlichen Verfall beizukommen. Und eine ungefährdete Entwicklung des Kindes könne – so Wichern – nur in einer christlichen Familie erfolgen: Denn in der christlichen Familie als Gemeinschaft werde die Gemeinschaft mit Gott im Glauben erfahren. Es komme auf den Geist an, in dem das Kind aufwachse.[43]

Bevor es zur Einrichtung des Rauhen Hauses kam, versuchte Wichern auf anderen Wegen den Kindern und ihren Familien zu helfen. Er besuchte sie, wirkte als Seelsorger, holte Taufen, Konfirmationen und Trauungen nach. Er beriet Eltern bei Erziehungsfragen und forderte sie auf, die Kinder in die Schulen zu schicken.[44]

So wichtig und notwendig die Einrichtung einer Sonntagsschule gewesen war, so zeigten die Erfahrungen des Besuchsvereins, daß diese Institution auf keinen Fall ausreichen werde, um dem Problem der Jugendverwahrlosung begegnen zu können. Um eine wirklich durchgreifende Jugendfürsorge anbieten zu können, bedurfte es einer kontinuierlichen Betreuung der Kinder.

Der in den Kreisen der Erweckten schon lange gehegte Gedanke, ein Rettungshaus für Kinder einzurichten, nahm im Herbst 1832 Gestalt an. Am 8. Oktober 1832 wurde in der Mitgliederversammlung des „Männlichen Besuchsvereins" der Gedanke eines Rettungshauses in Hamburg diskutiert.[45] Man war sich einig, daß es sich um ein Glaubenswerk han-

---

[42] Die Begriffe „Proletariat" und „Proletarier" verwendet Wichern erst seit 1847. Vgl. *Michel*, Wichernkonkordanz [s. Anm. 3], 778.

[43] *Wichern*, SW 4,1 [s. Anm. 6], 107–109.

[44] Der verbreiteten Praxis der Unterbringung von gefährdeten Kindern bei Pflegeeltern stand Wichern sehr kritisch gegenüber. Viele sogenannte Pflegeeltern verfügten einerseits nicht über ausreichende erzieherische Fähigkeiten. Andererseits war zu befürchten, daß deren Kinder dem schlechten Einfluß der Pflegekinder ausgesetzt seien.

[45] Zum Folgenden s. die detaillierten Ausführungen bei *Gerhardt*, Wichern I [s. Anm. 9], 126–146.

deln solle. Bei der Wahl des Namens „Rettungshaus" bezogen sich die Mitglieder des Vereins auf bestehende Rettungshäuser in Korntal/Württemberg, Beuggen/Baden und Düsselthal im Rheinland. Der Begriff „retten" wurde im biblischen Sinn als „selig machen" oder als „binden der Kinder an Gott" verstanden. Es geht also nicht allein um eine materielle Rettung, sondern vor allem um die Hinführung der Jugendlichen zu Gott. Bald designierte man Wichern zum Leiter der Anstalt, was im Dezember 1832 endgültig beschlossen wurde. Der angesehene Senator Martin Hieronymus Hudtwalcker (1787–1865), ein väterlicher Freund Wicherns und Förderer der Erweckungsbewegung, der selbst ein Rettungshaus geplant hatte,[46] wurde gewonnen, das Projekt in der Hamburger Öffentlichkeit zu präsentieren. Durch ihn veranlaßt, erklärten weitere angesehene Hamburger Persönlichkeiten ihre Unterstützung. Hudtwalcker gelang es ferner, erste Geldmittel zu besorgen.

Wichern arbeitete seit seiner Ernennung zum Leiter der Rettungsanstalt die Grundlinien und Statuten der Anstalt aus und suchte erfolglos nach einem geeigneten Haus in St. Georg. Erst durch die großzügige Mithilfe des Syndikus Karl Sieveking (1787–1847) fand man auf dessen Besitz das über 100 Jahre alte sogenannte „Rauhe Haus" mit geeignetem Umland.

Wichern erkannte schon sehr bald die Notwendigkeit einer offensiven Öffentlichkeitsarbeit und verfaßte für den seit 1833 erscheinenden „Bergedorfer Boten", den sein Freund Johann Hartwig Brauer (1805–1877)[47] herausgab, Zeitungsartikel, die die Bevölkerung mit dem Gedanken eines Rettungshauses vertraut machen sollten. Die Errichtung einer solchen Anstalt war in Hamburg keineswegs unumstritten und aus bürgerlichen Kreisen wurde der Vorwurf laut, man dramatisiere die Verhältnisse; diese seien gar nicht so schlimm. In einem umfangreichen Artikel wandte sich Wichern gegen solche Vorwürfe und beschrieb bisher bestehende Rettungsanstalten, um schließlich für die Errichtung einer solchen Anstalt in Hamburg zu werben, damit nicht auch die Kinder und damit die Kraft des ganzen Volkes untergehe. In Anlehnung an ein Lutherwort ermutigte Wichern seine Leser: „Sicherlich: wird dem jungen Volk geholfen, so ist allem Volk geholfen."[48]

Am 12. September 1833 endlich kam es zur Gründung der Rettungsanstalt im überfüllten Auktionssaal der Börsenhalle. Sieveking eröffnete die Sitzung und beschrieb den Zweck und das Ziel der Einrichtung: „Die Rettungsanstalt hat zur Absicht, verwahrloseten Kindern (beiderlei Ge-

---

46 Zu Hudtwalcker s. *Lahrsen*, Erweckung und Rationalismus [s. Anm. 7], passim.

47 Brauer redigierte den „Bergedorfer Boten" in den Jahren 1822–1837, 1839 und 1846; seit 1837 war er Inspektor bei der Norddeutschen Missionsgesellschaft; vgl. *Wichern,* Tagebücher [s. Anm. 4], 266.

48 Der Satz ist in Anspielung auf eine Aussage Luthers formuliert; s. WA 15, 30.

schlechts) bis zur Konfirmation eine Zuflucht und diejenige Erziehung zu gewähren, welche die Stelle der elterlichen Fürsorge so viel als möglich vertreten soll."[49] Das Leben in der Anstalt werde von dem „liebevollen Ernst einer christlichen Hausordnung" geprägt sein. Man werde auf staatliche Gelder verzichten und nur solchen Dienst leisten, der durch die Mittel christlicher Nächstenliebe ermöglicht würde. Dadurch konnte sich die Anstalt einen gewissen Freiraum gegenüber staatlicher Einmischung erhalten. Ferner sollte deutlich werden, daß es sich beim Rettungshaus um ein Werk des Glaubens handle.

Bezüglich der Institutionsleitung führte Sieveking weiter aus, daß die Finanzen der Rettungsanstalt von einem sechzehnköpfigen Verwaltungsrat überwacht würden. Daneben arbeitete ein engerer Ausschuß mit acht Mitgliedern, der dem Aufsichtsrat halbjährlich Rechenschaft abzugeben hatte und sich monatlich traf. Der engere Ausschuß entschied ferner nach Vorschlag des Anstaltsvorstehers über die Aufnahme der Zöglinge. Damit erhielt die Anstalt eine modern anmutende Verwaltung.

Nach Sievekings Einführung, die mit Wichern zusammen vorbereitet war, erhielt der designierte Vorsteher das Wort. In seiner Ansprache würdigte er die Arbeit der anderen sozialen Institutionen Hamburgs und strich die neue und besondere Aufgabe der Anstalt heraus: Das neue Rettungshaus nehme nur solche Kinder auf, die schon straffällig geworden waren oder aus ihren Elternhäusern entfernt werden mußten, um die Kinder zu retten. Ferner stellte er seine diakonische und sozialpädagogische Konzeption vor. Wichern bezweifelt, daß den Erwachsenen zu helfen sei, darum richtet er sein ganzes Augenmerk auf die Kinder: „Soll unter diesen Umständen gründlich und an der Wurzel geholfen werden, so kann es von Privaten nur geschehen mit dem Versuch, die Kinder von den Eltern auf eine gütliche Weise zu überkommen, um dadurch möglichst den alten Familien-Stamm abzubrechen und in den Kindern ein mit gesunder, frischer Lebenskraft ausgerüstetes Geschlecht wieder darzustellen."[50] Weitere pädagogische und theologische Ausführungen Wicherns werden im nun folgenden dritten Teil vorgestellt.

III. Diakonie als Jugendfürsorge

In zwei Abschnitten will ich im dritten Teil Wicherns diakonische und pädagogische Konzeption des Rauhen Hauses vorstellen.

[49] *Wichern,* SW 4,1 [s. Anm. 6], 96. Die Propositionen gehen auf einen Entwurf Wicherns zurück, der von Karl Sieveking überarbeitet worden war.
[50] *Wichern,* SW 4,1 [s. Anm. 6], 101.

1. Wicherns Motivation und theologische Begründung

Das Ziel, Menschenfischer zu werden, hat Wichern konsequent im Glauben an Gottes Führung verfolgt. Hinter diesem Berufswunsch steht der Grundsatz, in allem etwas zu lieben, auch in allen Menschen, „doch nicht die Dinge und Menschen, wie sie von der Welt sind, sondern Gott in ihnen, Gott, der über alle Dinge ist, will von uns in allen Dingen geliebt werden".[51] So auch die ärmsten und schwächsten Glieder der Gesellschaft. Wichern betete darum, von Gott einen Platz angewiesen zu bekommen, in welchem er ihm dienen könne, sein Reich unter den Armen der Stadt Hamburg bauen zu helfen. Dieser für Wichern zentrale Reich-Gottes-Gedanke ist mit einer pessimistischen Gegenwartsdeutung verknüpft. Wichern spricht von „unserer bösen Zeit".[52] Mit Wicherns Reich-Gottes-Vorstellung ist ferner der Gedanke des allgemeinen Priestertums verbunden.[53] Wichern unterscheidet dabei zwischen der sichtbaren Kirche und der wahren unsichtbaren Kirche. Jeder nun, der zur unsichtbaren Kirche gehöre, sei berufen, das Reich Gottes in seinem Wirkungsfeld auszubreiten mit Glauben und Treue.[54] Wichern rezipiert hier einen bekannten Gedanken des Pietismus und der Erwekkungsbewegung.

Die Rettungsanstalt nun ist ein solches Werk für das Reich Gottes, ein Werk der „rettenden Liebe". Der Begriff der rettenden Liebe erschien zum erstenmal im Februar 1833, doch ist unbekannt, wer ihn geprägt hat.[55] Bei Wichern ist die, für seine ganze Arbeit so bedeutende Formulierung erstmals in seinem Artikel über die Rettungsanstalten im „Bergedorfer Boten" 1833 nachzuweisen.[56] Wenn Wichern von „rettender Liebe", also von Diakonie spricht, weiß er, daß nichts ohne Gott und seine Liebe möglich sei.[57] Darum begründet Wichern seine Diakonie auch vom Wort Gottes her und stellt es in den Mittelpunkt seiner diakonischen Praxis. Nur durch und mit diesem Wort hält Wichern eine Arbeit mit den Kindern für erfolgreich.

Aufgrund dieser Voraussetzungen werden die Aufgaben und der Charakter des Rauhen Hauses bestimmt. Das Rettungshaus als „Ausgeburt der Liebe" ist eine „kleine christliche Colonie"[58], in die Kinder aufgenommen werden, um im Geist der christlichen Liebe gefördert und er-

[51] Brautbriefe [s. Anm. 5], 20.

[52] Brautbriefe, 54 f.

[53] „Alle [Menschen] seyen von Gott gelehrt, alle seyen Priester, alle seyen Hirten, um einen jeglichen derselben habe der Herr ein Häuflein gestellt, für das und in welchem er das Gottesreich bauen soll"; Brautbriefe [s. Anm. 5], 67.

[54] Brautbriefe, 67.

[55] Siehe Vaterländische Blätter 1833, Nr. 16, vom 23. Februar, 61–63.

[56] *Wichern*, SW 4,1 [s. Anm. 6], 64.

[57] Brautbriefe [s. Anm. 5], 78.

[58] Brautbriefe, 30.

zogen zu werden. Das Rettungshaus ist nicht primär ein patriotisches Werk in aufklärerischer Tradition, wie Wichern betont, sondern ein Werk der christlichen Nächstenliebe und will auch in die Welt und somit ins Volk hinein wirken.[59]

2. Ziele und Methoden der Erziehung

Wicherns Ziel ist es, die Kinder und Jugendlichen durch die Bindung an Gott zur Selbsterziehung zu führen. Der christliche Glaube soll das Handeln der Heranwachsenden bestimmen, so daß sie in der Gesellschaft bestehen und in diese reintegriert werden können. Wichern will bei den Kindern das Bewußtsein erzeugen, daß die Armut als solche kein Übel sei, sondern daß es vielmehr darauf ankomme, in welcher Gesinnung der Arme die Armut trage. Die Kinder sollen im Sinne des „ora et labora“ lernen, ihr tägliches Brot vom Vater im Himmel zu erbitten, aber genauso im Schweiße ihres Angesichtes dafür arbeiten.[60] Es geht also nicht um ein sozialrevolutionäres Konzept, sondern eher um eine Stabilisierung der sozialen Verhältnisse. Revolutionäre Gedanken lagen Wichern fern, sein Wille war es, dem Staat und der Kirche lebenstüchtige Menschen zuzuführen.

Diese Pädagogik der „Seelenbildung und Gewissensbeeinflussung“[61] basiert außer auf den genannten theologischen Voraussetzungen auf einer optimistisch erscheinenden Anthropologie: Der Mensch ist auch durch eigene Willenskraft zur Änderung seiner Lebensführung befähigt. Von daher erklärt sich auch Wicherns Verständnis der Arbeit für die Kinder. Die Arbeit solle die Entwicklung möglichst vieler Anlagen der Kinder fördern. Das war keineswegs selbstverständlich, da in anderen Armenanstalten Kinder als billige Arbeitskräfte mißbraucht wurden, etwa zum Aussortieren von Kaffeebohnen. Wichern teilte die Arbeiten traditionell und geschlechtsspezifisch ein: die Jungen waren für Hausbau, Gartenarbeit und grobe Hausarbeit zuständig, die Mädchen hingegen hatten zu spinnen, zu nähen, sie reinigten die Häuser und kochten.

Es lag Wichern besonders daran, individualpädagogische und gemeinschaftspädagogische Ziele miteinander zu verknüpfen. Dieser Ansatz fand in dem von Wichern vertretenen Familienprinzip[62] seinen Niederschlag. Dazu führt er aus: „Die Familie ist der natürliche, sittliche Kreis, in welchem das Gute in das menschliche Gemüt hineingelegt, in wel-

[59] Mit den Worten Wicherns, es „soll sich die Anstalt zu einen Mittelpunkt eines christlichen Lebens bilden, von welchem aus unser Volk im tieffsten Grund erfaßt und aus seinem Sumpf heraus in die neue Welt Gottes hineingestellt wird“; Brautbriefe [s. Anm. 5], 30.

[60] *Wichern,* SW 4,1 [s. Anm. 6], 105.

[61] *Peukert,* Grenzen [s. Anm. 39], 48.

[62] Siehe *Erwin Hegel:* Vom Rettungshaus zum Kinderdorf. Ein Beitrag zur Geschichte des Familienprinzips in der fürsorgenden Erziehung. München, Basel 1968.

chem es gepflegt und geschützt werden soll."[63] Die einzelnen Familien wohnen in einfachen Wohnhäusern. Pro Haus werden drei bis vier Familien mit maximal 12 Kindern untergebracht. Die Geschlechter sollen dabei auseinander gehalten werden. Ihren Mittelpunkt findet jede Familie in einem erwachsenen, elterlichen oder geschwisterlichen Freund. Ein anderer, der zugleich Lehrer des einzelnen Hauses ist, führt die speziellere Aufsicht über ein solches kleineres Ganzes. Diese Erzieher sollen nach dem Willen Wicherns Zeugen des Evangeliums sein und durch vorbildliches Leben die Kinder bilden. Als leuchtendes Vorbild all dieser Familien beabsichtigte Wichern mit seiner Familie zu leben, wie er seiner Verlobten Amanda Böhme[64] 1833 schwärmerisch und enthusiastisch mitteilte: „... unser Häuschen müßte als ein leuchtendes Vorbild der Liebe, Ordnung, des Fleißes und des Friedens und Vertrauens für das Ganze der übrigen davon abgesonderten Anstalt dastehen."[65] Wichern versteht sich dabei – wie Luther – als Werkzeug Gottes. Zuerst wurde Wicherns Mutter Caroline Maria Elisabeth, geborene Wittstock[66], dann seine Frau Amanda mit der Aufgabe der Hausmutter betraut.

Die einzelnen Wohnhäuser stehen in einem Halbkreis um einen Betsaal herum angeordnet. So wird auch architektonisch die Mitte von Wicherns diakonischem Konzept deutlich. Pädagogisch von Bedeutung ist die Tatsache, daß die Häuser von den Zöglingen selber gebaut werden sollen. Wicherns Ziel ist es, ein „Rettungsdorf" zu errichten. Den Geist der ganzen Anstalt beschreibt Wichern als „Geist des Glaubens an Christum, der durch die Liebe sich tätig, wirksam und geschäftig erweiset, der Geist, mit dem der Mensch das Glauben und Lieben weder lassen kann noch lassen will."[67] Aufgrund dieser Voraussetzungen verzichtete Wichern auf alles, was seine Anstalt zu einer Art Gefängnis machen würde. Es gab keine Zäune oder strenge Bewachung. Ziel war es ja, sowohl den Glauben an Gott zu wecken als auch die eigene Verantwortlichkeit des Kindes und seinen Charakter zu festigen. Darum räumte Wichern seinen Zöglingen mehr Freiheiten als andere zeitgenössische Pädagogen ein. Zu den Grundlagen der Liebe und Freiheit trat schließlich noch der Zuspruch der Vergebung hinzu.[68]

Damit die neu ankommenden Kinder auch wirklich von Anfang an den Geist Christi erfahren konnten, sprach ihnen der Vorsteher beim Eintritt ins Rauhe Haus zu: „Mein Kind, dir ist alles vergeben!"[69] Über

---

[63] *Wichern,* SW 4,1 [s. Anm. 6], 102.
[64] Zur Person s. *Gerhardt,* Wichern I [s. Anm. 9], 158 f.
[65] Brautbriefe [s. Anm. 5], 59 (Brief v. 17.5.1833).
[66] *Gerhardt,* Wichern I [s. Anm. 9], 14 f.
[67] *Wichern,* SW 4,1 [s. Anm. 6], 107.
[68] *Wichern,* SW 4,1, 126 f.
[69] *Wichern,* SW 4,1, 108.

ihre Sünden und Verfehlungen sollten sie in der Anstalt allein mit Wichern sprechen. Aufgrund der Vergebung konnte zwischen Wichern und den Kindern ein Vertrauensverhältnis entstehen sowie eine freie und selbständige Entwicklung ermöglicht werden. Hierfür bot Wichern auch Möglichkeiten an, die jenseits von Arbeit und religiöser Erziehung lagen. Sehr wichtig war im Rauhen Haus die Musik und das Spiel. Überhaupt wünschte sich Wichern eine fröhliche und heitere Atmosphäre. Hier unterschied er sich wesentlich von anderen Instituten. So schrieb er seiner Braut: „Alles, so ist mein Wunsch und Ziel, soll stehen und sich bewegen in der Liebe Christi, der größten, freundlichsten, holdseligsten Liebe, die ein Menschenherz empfinden kann. Diese Liebe aus Gott soll der Athemzug des Hauses und der Pulsschlag aller Seelen darin werden, kein Kloster, keine Peinlichkeit, keine Ängstlichkeit, sondern freies, gesundes, frisches, fröhliches Wesen soll darin sich bewegen [...]!“[70]

Aus dem bisher Ausgeführten ergeben sich für den Erzieher vier wichtige Konsequenzen:[71]

1. Der Erzieher muß die Bindung des Zöglings von sich selbst ablösen und an Gott und Christus weitergeben. Denn nur Christus, der Heiland, kann nach Wichern dem Zögling helfen.
2. Der Erzieher als Zeuge der Wahrheit des Evangeliums muß dem Kind die Offenbarung Gottes begreiflich machen.
3. Die Glaubensentscheidung muß dem Kind in völliger Freiheit überlassen werden. Es darf von Seiten des Erziehers zu keiner religiösen Übersättigung kommen.
4. Individualpädagogik und Gemeinschaftspädagogik stehen in einem wechselseitig bedingten Verhältnis.

Die ersten Jahresberichte zeigen, daß aus den Ideen Wicherns Realität wurde. Innerhalb kurzer Zeit hatte er dreizehn Knaben aufgenommen, mit denen er den Ausbau der Rettungsanstalt begann. Zu erwähnen bleibt, daß sich das Werk kontinuierlich vergrößerte, bald auch Mädchen aufgenommen wurden und 1839 schließlich nach dem Vorbild Zellers in Beuggen eine Gehilfen- bzw. Brüderanstalt angegliedert wurde.

Zusammenfassend kann festgehalten werden: Wichern nahm vielfältige praktische und spekulative Anregungen aus dem Bereich der zeitgenössischen Pädagogik und der Erweckungsbewegung auf, um ein eigenständiges diakonisches respektive sozialpädagogisches Konzept zu entwickeln. Die Einflüsse bedürfen einer weitergehenden präzisen Analyse. Wicherns eigentliche Leistung besteht nun darin, verschiedene Ansätze und Initiativen für ein eigenes Konzept gebündelt zu haben. Ferner besticht sein zielstrebiges und zupackendes Organisationsvermögen. Sein

---

[70] Brautbriefe [s. Anm. 5], 113.

[71] Siehe den Brief Wicherns an Joseph Baumgartner vom 27. Mai 1834, in: *Wichern*, SW 8 [s. Anm. 6], 177 f.

Konzept hätte ohne die tatkräftige Unterstützung aus den Kreisen der Hamburger Erweckten nicht realisiert werden können.

Bei der Analyse der Armutsproblematik neigt Wichern zur Moralisierung. Immerhin erkannte er, anders als viele seiner rationalistischen Gegner, Armut und Verelendung als Herausforderung christlichen Handelns. Christliche Diakonie wird von Wichern als „rettende Liebe“ definiert und ist für den frühen Wichern inhaltlich Jugendfürsorge, die den ganzen Menschen sowohl als Individuum als auch als Gemeinschaftswesen ernstnahm und zu fördern versuchte, so daß der junge Mensch wieder in die Gesellschaft reintegriert werden konnte. Dafür griff Wichern auf das Familienprinzip zurück.

Gisela Hauss

Die sozialpädagogische Arbeit in der Armenschullehrer-Anstalt in Beuggen (Baden)

Ihr Profil im Vergleich zum Rauhen Haus in Hamburg

Am 22. Oktober 1816 traf der Pädagoge Christian Heinrich Zeller seinen Freund Christian Friedrich Spittler auf dem Münsterhof in Basel. Vielleicht war es ein ähnlich sonniger Herbsttag wie heute. Spittler und Zeller standen auf dem Münsterhof und schauten auf den Rhein hinunter. Sie sprachen über die Situation in den verarmten Gegenden Süddeutschlands und der Schweiz, in denen ein Bildungssystem weitgehend fehlte. Sie sprachen über Verwahrlosung und Armut, über den Verlust von Glauben und innerem Halt, über Hunger und Krankheit in der Bevölkerung. Sie waren betroffen von dem, was sie in ihrer Umgebung miterlebten und sahen. Wie könnte geholfen werden? Wo könnte man in dieser Situation ansetzen? Was war zu tun? Wer wäre bereit und vorbereitet, Armut und Verwahrlosung etwas entgegenzusetzen, zum Beispiel Schulen einzurichten und den verwahrlosten Kindern Unterricht zu geben? Der Einsatz der im Basler Missionshaus ausgebildeten jungen Männer stand ihnen vor Augen. Diese wurden gründlich ausgebildet, um zu predigen und zu unterrichten, doch dann gingen sie als Missionare nach Übersee. Wäre es nicht notwendig, junge Männer nicht nur für den Einsatz in Übersee, sondern ebenso für den Einsatz im eigenen Land auszubilden?

„Ach würden doch ähnliche Anstalten wie für die ferne Heidenwelt auch für die armen Gemeinden in der Nähe errichtet.“[1]

Dieser Wunsch Zellers und Spittlers ist ein vielzitierter Satz dort, wo über Zeller geschrieben wird. Vor nahezu 180 Jahren entwickelten Spittler und Zeller die Idee, ausgewählten jungen Männern eine gründliche pädagogische Ausbildung zukommen zu lassen, um sie dann – analog zu den Missionaren in Übersee – in den Dörfern der ländlichen Regionen als Lehrer und Erzieher einsetzen zu können. Die Idee einer Ausbil-

[1] *Heinrich W.J. Thiersch:* Christian Heinrich Zellers Leben. Bd. 1. Basel 1876, 137.

dungsstätte für christliche Armenschullehrer entstand. Will man Grundsätzliches bei Zeller, später bei Wichern, aufzeigen, findet man in diesem Gespräch einen entscheidenden Anknüpfungspunkt. Vier Jahre später konnte die Armenschullehrer-Anstalt Beuggen eingerichtet werden, 13 Jahre später gründete Wichern das Rauhe Haus. Aus den ersten vagen Gedanken – formuliert auf dem Münsterhof in Basel – war eine Bewegung entstanden, eine Bewegung, die vieles vorwegnahm, was später in der Inneren Mission ausformuliert und festgelegt wurde.

In meinem Referat konzentriere ich mich auf die von Zeller gegründete Armenschullehrer-Anstalt Beuggen. In einem zweiten, kürzeren Teil weise ich auf die Verbindungen zum Rauhen Haus hin, auf Entsprechungen und Unterschiede zwischen den beiden Institutionen.

1. Christian Heinrich Zeller, der Gründer der Anstalt Beuggen

Christian Heinrich Zeller wurde am 29. März 1779 auf Schloß Hohen-Entringen, nicht weit entfernt von Tübingen, geboren. Er studierte Jura. Die Ausübung dieses Berufes lag ihm jedoch nicht, und er wandte sich nach dem Studium pädagogischen Aufgaben zu. 1809 bekam er die Aufgabe, in Zofingen, einer kleinen Schweizer Stadt nicht weit von Zürich, das gesamte Schulwesen neu zu gestalten. Hier zeigte er sich das erste Mal als begnadeter Pädagoge. Als Pädagoge orientierte er sich an Pestalozzi, einem der wichtigsten zeitgenössischen, von Rousseau beeinflußten Pädagogen in der Schweiz. In Zofingen lernte Zeller seine Frau, Sophie Siegfried, kennen. Im Oktober 1811 fand die Trauung in Zofingen statt.

Schon seit seiner Studienzeit bemühte sich Zeller, ein guter Christ zu sein. Nach 1815 kam er in Kontakt mit dem süddeutschen Pietismus. Er nahm Beziehung auf mit ehemaligen Freunden aus Tübinger Studientagen, die zu der Zeit in Basel tätig waren. Christian Gottlieb Blumhardt und Christian Friedrich Spittler, die später das Missionshaus gründeten, führten ihn in die „frommen Kreise“ in Basel ein, die sich in der „Deutschen Christentumsgesellschaft“ versammelt hatten.

Mit der vermehrten Zuwendung zum christlichen Glauben begann Zeller in seiner Arbeit und in seinem Leben neue Schwerpunkte zu setzen. Ein Bekehrungserlebnis in der Karwoche 1818 veränderte ihn. Gottfried Dehlinger, der über Zeller geforscht und geschrieben hat, beschreibt das folgendermaßen:

„Der tägliche Umgang mit dem Wort des Evangeliums im Bibelstudium, bei Konfirmandenunterricht und Bibelstunden für Lehrer, Eltern und Kinder, macht aus dem Pädagogen Zeller unmerklich einen theologischen Lehrer, für den Schule und Kirche, Erziehung und Verkündigung, Erlösung als Voraussetzung für Bildung mehr und mehr in einen unmittelbaren Zusammenhang geraten."[2]

In dieser Zeit, im Herbst 1816, fand in Basel jenes vielzitierte und anfangs schon beschriebene Ereignis statt. Zeller und Spittler trafen sich auf dem Münsterhof und entwickelten die Idee einer christlichen Armenschullehrer-Anstalt.

In der Anfrage des Armenschullehrer-Vereins eröffnete sich für Zeller ein neuer Arbeitsbereich, in dem er christliche Erziehung ohne äußere Einschränkung realisieren zu können glaubte.

2. *Die Ausbildung an der Armenschullehrer-Anstalt Beuggen*

2.1. *Die Ausarbeitung des Ausbildungskonzeptes*

Das Konzept der Ausbildung in Beuggen erarbeitete Zeller in einem ausführlichen, detailliert ausgearbeiteten Gutachten. Zwei Schwerpunkte werden darin deutlich: die christliche Mission und die Lehrerbildung. Als Pestalozzi-Schüler und Freund der Basler Christentumsgesellschaft versuchte er, beides zu verbinden. Berufliche Erfahrung hatte er in Schule und Lehrerbildung, sein Glaube verpflichtete ihn der Mission. Er orientierte sich an der Basler Missionsschule und hielt gleichzeitig an Pestalozzis Gedanken der Volks- und Lehrerbildung fest.

Zeller setzte schon in seinem ersten Entwurf Schwerpunkte, die dann später Beuggen seine typische Ausprägung gaben. Das Institut sollte mit einer Landwirtschaft verbunden sein und Raum für Handwerksarbeiten bieten. Neben der praktischen Ausbildung stand gleichwertig die theoretische Ausbildung. Diese sollte einfach und gründlich sein. Zeller war es wichtig, die Anstalt mit einer Musterschule für Kinder zu verbinden. Diese konzipierte er als Erziehungsanstalt.

Es vergingen drei Jahre intensiver Diskussion und Auseinandersetzung, bis das Konzept der Armenschullehrer-Anstalt endgültig festgelegt wurde und realisiert werden konnte. Der Briefwechsel zwischen Zeller und dem Armenschullehrer-Verein verdeutlicht die verschiedenen Ansatzpunkte, die in dieses Konzept einfließen. Der Missionsgedanke, gezielte Rationalität, die Idee der Bildung bei Pestalozzi, erste Bemühungen um die Verberuflichung von Unterricht und Lehrtätigkeit bildeten ein Konglomerat verschiedener Bilder und Vorstellungen im Bereich der christlich orientierten Pädagogik. Die spannende und widerspruchsreiche Konzeptarbeit führte letztlich zum Aufbau einer Institution, die im Bereich der Ausbildung und Erziehung wegweisend werden sollte.

---

2 *Gottfried Dehlinger:* Christian Heinrich Zeller, Gründer der Anstalt Beuggen. In: Nachrichten des Martin-Zeller Verbandes 8, 1983, 11.

2.2. *Aufnahmebedingungen*

Die Ausbildung in Beuggen war eine Art Zweitausbildung. Beste Voraussetzung zur Bewerbung war eine abgeschlossene Lehre im Bereich Handwerk und Landwirtschaft. Zu den Anforderungen gehörten handwerkliche Fähigkeiten oder aber die Bereitschaft, sich diese während der Zeit in Beuggen anzueignen. Die Bewerber sollten zwischen 18 und 25 Jahren alt sein. Die Anforderungen im schulischen und intellektuellen Bereich waren aus heutiger Sicht nicht sehr hoch: Ordentliches und sauberes Schreiben, Lesen und Kenntnisse in biblischer Geschichte wurden als einzige schulische Voraussetzungen genannt.

Neben Ausbildung, Alter und Fähigkeiten waren Persönlichkeit und Motivation ausschlaggebend für die Aufnahme in Beuggen. Diese wurden anhand eines Fragebogens geprüft. Einige Fragen bezogen sich auf den persönlichen Glauben. In pietistischer Terminologie wurde nach der Erweckung gefragt. Hierzu ein Auszug aus einem Fragebogen, den die Bewerber ausfüllen mußten:

„Fragen über die Herzensstimmung und den Missionssinn

1. Wie lange seyd Ihr erweckt?
2. Bey welcher Gelegenheit und wie geschah Eure Erweckung?
3. Wie fühlt Ihr euch seitdem?
4. Seyd Ihr geneigt dem Herrn zu dienen, wo es auch immer seyn mag?
5. Wohin liesset Ihr Euch am liebsten senden?
6. Warum wünschet Ihr dem Herrn als Armenschullehrer zu dienen?
7. Wie und wodurch hoffet Ihr dem Herrn Kinderseelen zuzuführen?
8. Mit was für Fehlern habt Ihr am meisten zu kämpfen?“[3]

Von den Bewerbern wurde eine bewußte Hinwendung zu Gott erwartet mit konkreten Auswirkungen im alltäglichen Leben. Der Interessent sollte sich von Gott dazu berufen wissen, in verarmten Gemeinden als Armenschullehrer zu arbeiten. Armenerziehung mußte für Bewerber Berufung sein, Unterricht und Erziehung ein Anliegen. Mit der Aufnahme in Beuggen verpflichteten sie sich, ihre ganze Person einzubringen und Motivation und persönliche Einstellung hinterfragen zu lassen. Sie machten ihre Ausbildung im Rahmen einer christlichen Institution, die eine Beziehung zu Glaube und Kirche voraussetzte und Unterricht und Erziehung als christlichen Auftrag verstand.

2.3. *Theoretische Ausbildung*

Schon in den Aufnahmebedingungen wurde deutlich: Es sollte etwas Neues entstehen. Beuggen versuchte, mit seiner Armenschullehrer-Anstalt ein Gegenmodell aufzubauen zu den bestehenden Seminaren der

[3] Aufnahmebedingungen 1821/1. Veröffentlicht in: *G. Hauss:* Retten, Erziehen, Ausbilden. Zu den Anfängen der Sozialpädagogik als Beruf. Bern [u. a.] 1995, 54–58.

Zeit. Diese wurden von Zeller scharf kritisiert. Er bezeichnete sie als Orte, „wo die Zöglinge nur immer hören und lernen [...] aber nie üben und anwenden, [...] wo die Zöglinge aus ihrer armen Sphäre herausgerissen und für Entbehrungen unfähig gemacht werden"[4]. Durch überflüssige „Vielbildung" würden ihre Zöglinge zur Überheblichkeit erzogen. Dem setzte Zeller die Prinzipien Einfachheit und Gründlichkeit gegenüber. Die Zöglinge sollten nicht vieles, doch das wenige gründlich lernen.

Der Stoffplan richtete sich nach den Dorf- und Landschulen, in denen die Armenschullehrer nach ihrer Ausbildung unterrichten sollten. „Die Lehrart bey diesen verschiedenen Lehrgegenständen ist nicht sowohl auf die Fassungskraft der Missionszöglinge, als vielmehr auf die Fassungskraft ihrer künftigen Schulkinder berechnet."[5] Ähnlich verhielt es sich mit den Unterrichtsmethoden: „[...] und der Vortrag ist so eingerichtet, wie ihn die Zöglinge selbst einst als Lehrer bey ihren Kindern einrichten sollen, und zwar so, daß im Falle der Not auch eine große Anzahl Kinder von ihnen unterrichtet und beschäftigt werden könne".[6]

Im Unterschied zu den staatlichen Lehrplänen erhielt in Beuggen der Religionsunterricht mehr Gewicht. „Bibellektion" und „Bibellehre" standen an erster Stelle. Der auf kirchliche Bedürfnisse abgestimmte Musikunterricht nahm viel Raum ein. Auf eine gründliche Einführung in die Elementarfächer, auf Lesen, Schreiben und Rechnen, wurde viel Wert gelegt.

2.4. Praktische Ausbildung

Das theoretisch Gelernte konnten die Armenschullehrer-Zöglinge in der Rettungs- bzw. Kinderanstalt praktisch umsetzen und anwenden. Sie arbeiteten in der Erziehung der Kinder mit. Sie beaufsichtigten diese in der Freizeit, leiteten sie bei der Arbeit an und unterrichteten sie in der Schule. Die praktische Erziehungsarbeit war ein wichtiger Teil der Ausbildung. Aus der Praxis ergaben sich Fragen und Aufgaben, die in den theoretischen Unterricht eingebracht werden konnten. Die außerschulische Erziehung, die Betreuung der Kinder in ihrem Freizeit-, Wohn- und Arbeitsbereich, wurde in Beuggen mit dem Begriff „Aufsicht" umschrieben. Aufsicht beinhaltete ein genaues Beobachten der Kinder, ein Verstehen ihrer Eigenarten, ein Anleiten und Betreuen. Persönliche Gespräche waren damit verbunden, gemeinsame Spiele und Spaziergänge, doch auch Zurechtweisung und Strafe.

---

4 *Zeller* in: Brief vom 15.12.1817. Zitiert in: Hauss [s. Anm. 3], 44.

5 *Zeller* in: Gutachtliche Gedanken über die Errichtung und Einrichtung einer Missionsschullehrer Anstalt. 26.4.1817. Zitiert in: Hauss [s. Anm. 3], 60f.

6 *Zeller*, Gutachtliche Gedanken [s. Anm. 5], 61.

Den intensivsten Kontakt zu den Kindern hatten die „Schlafzimmeraufseher". Die Kinder waren in drei großen Schlafräumen untergebracht, für die je ein Aufseher zuständig war. Dieser hatte dieselben Aufgaben, die man heute einem Gruppenerzieher in einem Kinderheim zuschreiben würde. Er brachte die Kinder zu Bett, weckte sie am Morgen und verbrachte mit ihnen den Sonntagnachmittag. Gerade die Gespräche auf den Sonntagnachmittagsspaziergängen waren es, die ein „inniges Band" zwischen dem jeweiligen Bruder und den Kindern knüpften.[7] Der Schlafzimmeraufseher kümmerte sich um die Kinder, wenn sie krank waren, und sorgte für Sauberkeit und Ordnung in den Zimmern. Seine Aufgabe wird als die eines „Hirten" oder „Vaters" beschrieben.[8]

Neben der Aufsicht übernahmen die Armenschullehrer einzelne Kinder im Unterricht. Sie unterrichteten und erzogen, sie waren Lehrer und Erzieher in einer Person. Unterricht und Aufsicht standen gleichwertig nebeneinander.

Die praktische Ausbildung bezog sich jedoch nicht nur auf pädagogische Aufgaben. Zur Berufsausbildung der Armenschullehrer gehörte ebenso eine handwerkliche oder landwirtschaftliche Ausbildung. Als Lehrer und Erzieher sollten die Armenschullehrer-Zöglinge auch in Gemeinden arbeiten können, die nicht über die finanziellen Mittel verfügten, einen Lehrer zu bezahlen. So wie nach biblischen Erzählungen Paulus sich seinen Lebensunterhalt als Zeltmacher verdiente, um die Aufgabe als Apostel unabhängig von Bezahlung ausführen zu können, so sollten auch die Armenschullehrer in ihrer eigentlichen Aufgabe nicht auf Bezahlung angewiesen sein. Der Armenschullehrer war mehr als ein für den Unterricht bezahlter Lehrer. Das Unterrichten und Erziehen der Kinder war für ihn die Berufung, das Handwerk bot die Möglichkeit, diese Berufung gerade auch in zahlungsunfähigen Gemeinden leben zu können.

3. Die Haus- und Lebensgemeinschaft in Beuggen

Drei Jahre lebten, arbeiteten und lernten die Armenschullehrer zusammen während ihrer Ausbildung. Sie waren Teil einer Hausgemeinschaft, die Kinder, Brüder, Angestellte, Zeller selbst und seine Familie umfaßte. Das ehrwürdige Schloß, Feld und Garten, Werkstätten und Hof, umgeben von alten Gemäuern, wurden für die Armenschullehrer zu einem zweiten Zuhause. Sie erlebten eine Gemeinschaft, die in vielem an das Zusammenleben einer großen Familie erinnerte. In vielen Briefen und

---

[7] Beuggener Hausordnung Nr. 1 und 2 [o.J.]. Zitiert in: *Hauss* [s. Anm. 3], 67.
[8] Beuggener Hausordnung Nr. 1/7 und 2/13 [o.J.]. Zitiert in: *Hauss*, 67.

Schriften griff Zeller auf das Bild der Großfamilie zurück, um die Zusammengehörigkeit der Beuggener zu beschreiben.

Mit der Zeit, als die Anzahl der Zöglinge die Familiengröße überschritt, wurden Ordnungen für das Zusammenleben aufgestellt. Man legte sich auf eine bestimmte Tagesordnung und eine geregelte Zuordnung der Aufgaben fest. Gegenseitige Verpflichtungen und die gemeinsame Grundlage christlichen Glaubens wurden formuliert, wichtige Ereignisse im Ablauf des Jahres institutionalisiert. Die Beuggener Armenschullehrer lebten so zusehends in einer eigenen Ordnung und wurden zu einer Gemeinschaft, deren Zusammenhalt über die Ausbildung hinaus bestehen blieb.

Im alltäglichen Miteinander bildete sich mit der Zeit in Beuggen eine Lebensordnung heraus, die mit den Jahrzehnten zur „Beuggener Tradition" wurde. Der durchstrukturierte Tages- und Wochenablauf, die Jahresfeste und die Weihnachtszeit wurden mit Gesang, Texten und Spielen begangen. Die warme und freudige Stimmung von Weihnachtsfeiern und Jahresfesten machte Beuggen zu einem Anziehungspunkt für Besucherinnen und Besucher von nah und fern. Die Eintragungen im Gästebuch zeigten es deutlich: Tausende von Besuchern strömten in das ehemalige Deutschordensschloß am Rhein.

Der Abschied der Armenschullehrer nach Abschluß der Ausbildung war vergleichbar mit dem Auszug erwachsen gewordener Kinder aus dem Elternhaus. Der Abschied wurde als Aussendung gestaltet. Die einzelnen Armenschullehrer wurden in Arbeitsstellen entlassen, die das Komitee in Basel festlegte. Wie die Apostel in den biblischen Berichten, wie Missionare und Missionarinnen in Missionsgesellschaften wurden die Brüder „ausgesandt". Als Armenschullehrer sollten sie einen Missionsauftrag übernehmen, sich ihrer Sendung bewußt sein und gleichsam als Lehrer-Missionare im eigenen Land arbeiten.

4. Arbeitsstellen der Armenschullehrer

Im Zentrum der beruflichen Tätigkeit der Armenschullehrer aus Beuggen stand die Schule. Die Ausbildung in Beuggen schloß mit der staatlichen Lehramtsprüfung ab und berechtigte damit die Armenschullehrer, an öffentlichen Schulen zu unterrichten. Ohne große Lohnansprüche übernahmen die Armenschullehrer Stellen in Gemeinden, die für Schule und Unterricht kaum die nötigen finanziellen Mittel aufbringen konnten. In den Gemeinden wurden sie neben dem Unterricht mit den Aufgaben der Erziehung und Fürsorge betraut. In manchen Dörfern übernahmen sie Ämter in der Kirchengemeinde, oft arbeiteten sie zudem als Handwerker, um sich ihren Lebensunterhalt zu verdienen. Sie waren vielseitige Leute, die ihren Lehrerberuf mit Tätigkeiten verbanden, die weit über den Bereich der Schule hinausgingen.

Neben den Land- und Armenschulen in verarmten Gebieten Süddeutschlands und der Schweiz forderten die deutschen Kolonien im Wolgagebiet Beuggener Armenschullehrer als Mitarbeiter an. Angestellt als Lehrer, übernahmen sie neben dem Unterrichten die soziale und kirchliche Betreuung der meist sehr verarmten und verwahrlosten Siedlungen.

Auch wenn die traditionelle Armenpflege nie ein zentrales Arbeitsgebiet der Brüder wurde, arbeiteten einzelne Armenschullehrer in Armenhäusern, Arbeitshäusern, Waisenhäusern und in Einrichtungen der Psychiatrie und Behindertenfürsorge.

Wichtige Arbeitsgebiete der Armenschullehrer waren Rettungshäuser in Süd- und Norddeutschland und der Schweiz. Im Sommer 1829 trat ein Beuggener Lehrer seine Stelle in Düsselthal bei Graf von der Recke-Volmerstein an, im Frühjahr 1834 machte sich ein Bruder auf den Weg nach Berlin, um in den von D.T. Kopf gegründeten Anstalten zu arbeiten. J.H. Wichern bekam seinen ersten Mitarbeiter aus Beuggen. Das Berufsbild des polyvalenten Armenschullehrers und Erziehers fand in den vielgestaltigen pädagogischen Aufgaben der Heimschule und des Heimalltags seine Entsprechung. Die Armenschullehrer wurden als „Lehrer“ und „Erzieher“ angestellt. Einige übernahmen als „Hausväter“ die Leitung der Anstalt und gegebenenfalls die Ausbildung von Brüdern und Armenschullehrern, wieder andere arbeiteten als „Gehilfen“ und „Unterlehrer“. Die Abgrenzung zwischen den Aufgabenbereichen war nicht eindeutig und die Begriffe „Gehilfe“ und „Erzieher“ nicht klar definiert. Der schulische Bereich und die alltägliche Erziehung wurden als Einheit gesehen und die Funktion des Lehrers und des Erziehers nicht getrennt.

5. Beuggen als Zentrum der Rettungshausbewegung

Beuggen gilt als Ausgangspunkt der „Rettungshausbewegung“, die Anfang des 19. Jahrhunderts den ganzen süddeutschen Raum und die Schweiz erfaßte. Überall entstanden Rettungshäuser, in denen man versuchte, die sozial benachteiligten Kinder der unteren Bevölkerungsschichten aus Verwahrlosung und Elend zu „retten“. Im Rahmen der Anstalten wurden sie unterrichtet und erzogen. Ziel war es, sie in eine gesellschaftliche Ordnung zu integrieren, die man als von Gott gegeben akzeptierte.

1826 gab es in der Schweiz und in Deutschland 25 Rettungsanstalten, 1845, also knapp 20 Jahre später, waren es bereits 20 in der Schweiz, 22 in Württemberg und 3 in Baden. Vor allem in Süddeutschland baute man zahlreiche Anstalten nach dem Muster Beuggens auf, und erst 1870 kam die Welle der Neugründungen zum Stillstand. Rückblickend kann man von einer „sozialpädagogischen Gründerzeit" im 19. Jahrhundert sprechen, in der Beuggen eine wichtige Zentrumsfunktion übernahm.[9]

Die Armenschullehrer-Ausbildung in Beuggen trug dazu bei, die Idee des Rettungshauses in Bewegung zu halten. Die Brüder lernten bei Zeller die Rettungshauspädagogik kennen, verwirklichten diese an ihren neuen Arbeitsplätzen und gaben sie wiederum an ihre Schüler weiter. Als Lehrer in Armenanstalten und später als Hausväter machten sie die Zellersche Pädagogik weit über Beuggen hinaus bekannt.

Doch nicht nur durch die Armenschullehrer fand die Pädagogik Zellers eine weite Verbreitung. Auch die Verbindung mit dem württembergischen Pietismus und mit der Basler Christentumsgesellschaft trugen das ihre dazu bei. Die Verbindungslinien Beuggens reichten über Basel bis in die verschiedenen Gegenden Württembergs. In pietistischen Kreisen ließ man sich anstecken von der Begeisterung für die neue Aufgabe. Rettungshäuser wurden das Lieblingskind des Pietismus, und im süddeutschen Raum und der Schweiz engagierten sich Männer und Frauen für die Gründung und Förderung von Anstalten und Erziehungseinrichtungen.

Mit der Rettungshausbewegung nahm eine religiöse Erneuerungsbewegung ihren Anfang, die Wichern später als Innere Mission zusammenfaßte.[10] Im Engagement für soziale und pädagogische Fragen trafen sich Wichern und Zeller. Bei aller räumlichen und ideellen Distanz zwischen der norddeutschen Erweckungsbewegung und dem süddeutschen Pietismus bot das gemeinsame Interesse an Erziehung und Bildung die Möglichkeit, Kontakte zu knüpfen und Erfahrungen weiterzugeben.

6. Beuggen und das Rauhe Haus

Setzt man Beuggen und das Rauhe Haus in Beziehung zueinander, stellt sich zunächst die Frage nach den persönlichen und historischen Verbindungen zwischen den beiden Institutionen.

Verbindungen finden sich in einem eher zurückhaltenden Briefkontakt, im Austausch von Jahresberichten, in Hinweisen in Schriften und Briefen. Wichern beschäftigte sich schon während seines Studiums mit der süddeutschen Rettungshausbewegung. In der Gründungsversammlung des Rauhen Hauses wies er auf die Arbeit in Beuggen hin, um zu verdeutlichen, daß das, was er für Hamburg für notwendig hielt – den Aufbau eines Rettungshauses – in Süddeutschland schon lange verwirk-

---

[9] *Heinrich Tuggener:* Vom Armenerzieher zum Sozialpädagogen. In: Schweizerischer Katholischer Anstaltenverband 5, 1985, 301 f.

[10] *Paul Wurster.* Die Lehre von der Inneren Mission. Berlin 1895, 1 ff.

licht worden war. Seinen ersten Gehilfen forderte Wichern in Beuggen an. Joseph Baumgartner, ein Bäckergeselle aus Basel, machte sich mit „einiger Bangigkeit", wie er schreibt, auf den Weg nach Hamburg, um dort die Verantwortung für eine Kindergruppe zu übernehmen.[11]

Eine wichtige Verbindungslinie zeigt sich in den Briefen zwischen dem Rauhen Haus und einzelnen Persönlichkeiten der Basler Christentumsgesellschaft. Beuggen war aufgrund der Initiative Spittlers aus der Basler Christentumsgesellschaft heraus entstanden, das Rauhe Haus verstand sich als Werk der Inneren Mission. Die beiden Bewegungen hatten sich in verschiedenen Zusammenhängen entwickelt, nahmen jedoch miteinander Verbindung auf. So wie Wichern am Anfang seiner beruflichen Tätigkeit auf Zeller als wichtigen Vorgänger Bezug genommen hatte, wies er später im Zusammenhang mit der Inneren Mission auf die Christentumsgesellschaft hin. In Basel war vieles von dem, was er mit dem Aufbau der Inneren Mission zu erreichen suchte, schon vor Jahrzehnten in Ansätzen verwirklicht worden. In ganz verschiedenen Bereichen entsprachen die Aufgabe und die Organisation der Inneren Mission derjenigen der Christentumsgesellschaft.[12]

Wichern fand in der Christentumsgesellschaft und in ihren Gründungen – hier nannte er an erster Stelle „die großartige Armen-, Kinder- und Armenschullehrerbildungsanstalt zu Beuggen" – einen Zugang zum süddeutschen Pietismus.[13] Wie schon mit Beuggen entstanden nun auch mit Basel Verbindungen, Briefe wurden geschrieben und Berichte ausgetauscht. In ihrer Verschiedenheit kamen Wichern und Zeller über das Anliegen, verwahrloste Kinder zu erziehen und Gehilfen und Brüder bzw. Armenschullehrer auszubilden, in Kontakt. Sie schlugen damit eine Brücke zwischen dem süddeutschen Pietismus und der norddeutschen Erweckungsbewegung.

Wo zeigt sich aus der Sicht der Sozialpädagogik neben allen Entsprechungen in Aufbau und Inhalt der Ausbildung der wichtigste Unterschied zwischen Beuggen und dem Rauhen Haus?

In Beuggen wie im Rauhen Haus wurden junge Handwerker zu Armenschullehrern, Erziehern, Brüdern oder Gehilfen ausgebildet. In der Ausarbeitung des Ausbildungsprofils setzten Beuggen und das Rauhe Haus je eigene Akzente. Der polyvalente Lehrer bzw. Erzieher in Beuggen wurde im Rauhen Haus zum Bruder, der sich auf bestimmte Arbeitsgebiete speziell vorbereiten konnte. Der vorindustrielle, landwirtschaftlich geprägte Lebenszusammenhang wurde durch die moderne Großstadt abgelöst.

---

[11] *Joseph Baumgartner:* Brief vom 12.6.1834. Zitiert in: Hauss [s. Anm. 3], 130.
[12] Fliegende Blätter aus dem Rauhen Haus 1851, 21 ff.
[13] Fliegende Blätter aus dem Rauhen Haus 1851, 27.

Bei Zeller wurde die Grundlage gelegt, im Rauhen Haus gelingt eine Differenzierung und Spezialisierung. Während die Armenschullehrer den Schwerpunkt ihrer Arbeitsbereiche in den Schulen verarmter Gemeinden, in der Lehrerbildung und in den Rettungshäusern sahen, standen die Brüder aus dem Rauhen Haus an den Bruchstellen zwischen der traditionellen Gesellschaft und den Anforderungen einer neuen Zeit. Der Schwerpunkt ihrer Arbeitsgebiete wurde durch aktuelle Krisen und Probleme bestimmt. Die Arbeitsstellen waren dabei nicht unbedingt mit der Schule verbunden. Das Berufsbild des umfassenden Lehrer-Erziehers trat zugunsten einer größeren Differenzierung und Spezialisierung in den Hintergrund. Die Funktionseinheit Lehrer – Erzieher begann sich aufzulösen. Von Zeller bis zum späten Wichern kristallisierten sich somit Anfänge eines neuen Berufes heraus. Sozialpädagogik wurde zu einem Beruf, der sich unabhängig von der Schule anhand eigener Bereiche und eigener Zielsetzungen definierte.

Nun noch einige Gedanken zum Schluß:

Ich bin in diesem Referat auf einen „Gründervater" eingegangen. Ich habe von Zeller gesprochen, der im Rahmen der traditionellen ländlichen Strukturen Süddeutschlands, eingebettet in einen pietistischen Freundeskreis, die ersten Konturen eines Berufsbildes entwarf, das Wichern später im Rauhen Haus aufnahm und differenzierte.

Für mich war es in meiner Dissertation wichtig, beide Institutionen zu untersuchen und miteinander in Beziehung zu setzen: das Rauhe Haus fast am nördlichsten Punkt Deutschlands und Beuggen an der südlichen Grenze. In ihrer Unterschiedlichkeit geben sie Einblick in Glauben, Leben und Arbeiten jener Zeit. Zeller und Wichern sind meines Erachtens Persönlichkeiten, die pädagogisches Genie, organisatorisches Geschick, doch auch Ecken und Eigenheiten mit einem tiefen Glauben verbanden. In ihrer Unterschiedlichkeit nahmen sie die eingangs gestellte Frage, die Frage von Spittler und Zeller auf dem Münsterhof auf: Wo kann man ansetzen, um dort zu helfen, wo gesellschaftliche Krisen und Umbrüche zu Not, Armut und Verwahrlosung führen? Oder noch genauer gefragt: Wie kann man junge Menschen ausbilden, so daß sie vorbereitet sind, sich dort einzusetzen, wo Menschen ihre Existenzgrundlage, ihre Sicherheit und ihren Platz in der Gesellschaft zu verlieren drohen?

Weiterführende Literatur

- *Peter Chmelik:* Armenerziehungs- und Rettungsanstalten. Erziehungsheime für reformierte Kinder in der deutschsprachigen Schweiz. Diss. phil. Zürich 1978.
- *Gottfried Dehlinger:* Christian Heinrich Zeller. Pädagoge des schwäbi-

schen Pietismus. Hg. v. Diakon. Werk d. Evang. Kirche in Württemberg e.V. Evang. Fachverband für Jugend- u. Behindertenhilfe Stuttgart; Evang. Fachhochschule für Sozialwesen Reutlingen 1982.
- *Gisela Hauss:* Retten, Erziehen, Ausbilden – Zu den Anfängen der Sozialpädagogik als Beruf. Eine Gegenüberstellung der Entwicklungsgeschichte der Armenschullehrer-Anstalt Beuggen und des Brüderinstitutes am Rauhen Haus in Hamburg. Bern [u. a.] 1995.
- *Peter Stadler:* Pestalozzi. Geschichtliche Biographie. Bd. 1–2. Zürich 1993.
- *Heinrich Thiersch:* W.J. Christian Heinrich Zellers Leben. Bd. 1–2. Basel 1876.
- *Heinrich Tuggener:* Fellenberg, Gotthelf, Zeller, Wichern. Zur Sozialpädagogik im 19. Jahrhundert [unveröffentl. Vorlesungsskript]. Zürich 1978.
- *Johann Hinrich Wichern.* Sämtliche Werke. Hg. v. Peter Meinhold. Hamburg 1962–1988.

Anne Stempel-de Fallois

Die Anfänge von Wilhelm Löhes missionarisch-diakonischem Wirken im Bannkreis von Erweckungsbewegung und Konfessionalisierung (1826–1837)

Im Rahmen der Tagung „Diakonie vor der Inneren Mission", veranstaltet von der Historischen Kommission zur Erforschung des Pietismus und dem Evangelischen Diakoniewerk, wurde dieser Vortrag gehalten, der die Ergebnisse des ersten Teils meiner Dissertation wiedergibt. Die Dissertation behandelt die Diakonie bei Wilhelm Löhe vor der Gründung des Mutterhauses (1854).[1] Folgende Beweggründe hatten dazu geführt, das diakonische Wirken vor der Mutterhausgründung zu untersuchen: Löhe hatte 1858 rückblickend in seiner Schrift „Von den Diakonissen" geschrieben, daß sein ursprüngliches Ziel nicht die Mutterhausdiakonie gewesen sei, sondern daß aus einzelnen Kirchengemeinden „Vereinigungen der freiwilligen Liebe" entstünde.[2] In der Tat

[1] Die Dissertation, die zu diesem Zeitpunkt noch nicht abgeschlossen ist, beinhaltet im Weiteren folgende Teile: II. Das Vordringen von Löhes kirchlich-diakonischem Denken und Wirken in der ersten Zeit in Neuendettelsau, 1837 bis 1847, III. Die Etablierung von Löhes kirchlich-diakonischem Denken und Wirken durch sein lutherisch-konfessionell orientiertes Vereinswesen von der deutschen Revolution 1848/49 bis zur Mutterhausgründung 1854. In einem vierten Teil sollen voraussichtlich noch die Anfänge der Mutterhausdiakonie. Übergänge und Abwandlungen diakonischer Lebens- und Arbeitsformen von 1854 bis 1861, angedeutet werden.

[2] *Wilhelm Löhe:* Von den Diakonissen. In: Gesammelte Werke W. Löhes (GW). Hg. v. *K. Ganzert.* Neuendettelsau 1951 ff. Bd. 4, 447–453, hier 452. Auch in seiner 1870 verfaßten Geschichte des Diakonissenhauses Neuendettelsau schrieb er: „Der erste Anfang der hiesigen Diakonissenanstalt liegt in dem Verein für weibliche Diakonie, aus dem heraus die Anstalt geboren und geworden ist [...]. Was der Verein gewollt hat, erscheint mir gegenwärtig noch weit größer und bedeutender zu sein als die Diakonissenanstalt selbst [...]. Wenn es dahin gekommen wäre, daß der Funke, der sich hier entzündete, sich zündend in dem ganzen Lande verbreitet hätte und daß allenthalben Vereinigungen für weibliche Diakonie entstanden wären und sich ausgebreitet hätten, ein Feuer der Liebe und der Barmherzigkeit unser Volk ergriffen hätte, wäre das in der Tat nicht weit mehr gewesen [...]?"; *Löhe:* Etwas aus der Geschichte des Diakonissenhauses Neuendettelsau. GW 4, 259–341, hier 259 f.

hatten sich – ein Jahr vor der Mutterhausgründung – im November 1853 eine Anzahl von Frauen und Männern zu dem „Verein für weibliche Diakonie" zusammengeschlossen. Löhe hatte in seinem 1853 erschienenen Aufsatz „Bedenken über weibliche Diakonie innerhalb der protestantischen Kirche Bayerns insonderheit über zu errichtende Diakonissenanstalten" zu solchen Vereinen aufgerufen.[3] Innerhalb kürzester Zeit entwickelte sich aber aus dem „Verein für weibliche Diakonie" eine Muttergesellschaft, und diese führte wiederum nach wenigen Monaten zur Gründung des Mutterhauses.[4] Es stellt sich also die Frage, was Löhe dazu veranlaßte, zuerst Vereine als Form diakonischer Arbeit zu propagieren. Wo liegen die Wurzeln dafür, welche Vorbilder hatte Löhe kennengelernt? Was verstand er unter diesen Vereinen bzw. Vereinigungen? Zum anderen sind die Hintergründe für den Umschwung von der Vereinsdiakonie zur Mutterhausdiakonie zu erhellen.

Zur Beantwortung dieser Frage ist dieser Vortrag wie die gesamte Dissertation chronologisch konzipiert. Zum anderen wird diesem chronologischen Aufriß ein systematisierender Zugriff integriert, indem versucht wird, bestimmte Formen von Löhes diakonischem Engagement und seine Aktivierung einzelner Kreise zur diakonischen Arbeit darzustellen (z. B. durch Vereine, Anstalten, Armen- und Krankenbesuche, religiöse Erziehung, literarische Wirksamkeit). Aufgrund des historischen Materials ist dann erstens der Ort der Diakonie in der Ekklesiologie Löhes zu untersuchen, zweitens sein Verständnis von Diakonie und diakonischem Amt und drittens ist sein Frauenbild ansatzweise darzustellen.

Im folgenden gehe ich den einschlägigen Aspekten seiner frühen Biographie bis zum Amtsantritt in Neuendettelsau 1837 nach. Dabei stütze ich mich im besonderen auf die handschriftlichen und bisher nur unzulänglich ausgewerteten Tagebücher. Diese ergaben, daß Löhe – stärker als bisher angenommen – tief in die Erweckungsbewegung involviert war.[5] Er wurde am 21.2.1808 in einer kinderreichen, kleinbürgerlichen

---

[3] Der Aufsatz war 1853 im Korrespondenzblatt der Gesellschaft für innere Mission nach dem Sinne der lutherischen Kirche, Nr. 12, erschienen. Vgl. *Löhe:* Bedenken über weibliche Diakonie innerhalb der protestantischen Kirche Bayerns insonderheit über zu errichtende Diakonissenanstalten 1853. GW 4, 272–276. Als Ziel des Vereins für weibliche Diakonie hatte Löhe angegeben: „Erweckung und Bildung des Sinns für den Dienst der leidenden Menschheit in der lutherischen Bevölkerung Bayerns, namentlich in dem weiblichen Teil desselben"; *Löhe:* Statuten des lutherischen Vereins für weibliche Diakonie in Bayern 1853. GW 4, 262–267, hier 262: „§ 1. Allgemeiner Zweck".

[4] Am 12.10.1854 fand die Einweihung des Mutterhauses statt. Im Jahr 1854 gingen folgende Ereignisse voran: Am 27.2. wurden die Statuten des Vereins für weibliche Diakonie durch die Regierung Mittelfranken genehmigt, am 13. und 14.3. (bereits zwei Wochen später) wurde die „Muttergesellschaft" gegründet und drei Vorsteherinnen berufen, am 9.5. (also nach zwei Monaten) wurde die Diakonissenanstalt im Gasthaus zur Sonne in Neuendettelsau eröffnet und am 23.6. (sechs Wochen später) der Grundstein für das Mutterhaus gelegt. Vgl. *Löhe:* Etwas aus der Geschichte [s. Anm. 2], 259–290.

und kleingewerblichen Familie in Fürth geboren. Über seine Schul- und Studienzeit hinaus (bis 1834) lebte er immer wieder längere Zeit in dieser Stadt, die von sprunghaftem Bevölkerungszuwachs, sozioökonomischen Umbrüchen und einer demzufolge wachsenden armen Unterschicht gekennzeichnet war.[6] Durch seine Mutter, Maria Barbara geb. Walthelm (1770–1853), wurde er in eine spätpietistische und erweckte Frömmigkeit eingeübt. Sie sang und betete mit ihm aus Bibel und Katechismus und führte ihn an Erbauungsliteratur des 17./18. Jahrhunderts heran, z. B. Johann Arndts „Paradiesgärtlein“ und Johann Friedrich Starks „Tägliches Handbuch in guten und bösen Tagen“.[7]

Während seiner Gymnasialzeit (1821–26) in Nürnberg kam Löhe mit dem sog. „Nürnberger Kreis“ der fränkischen Erweckungsbewegung in Berührung. Während seines Studiums in Erlangen (1826–1830) geriet er in den sog. „Erlanger Kreis“, der etwas anders strukturiert war als der Nürnberger.[8] Die Berliner Erweckungsbewegung lernte er nur 1828 während seines Studiensemesters in Berlin kennen. Seit 1829 las er die Schriften des Initiators der Thüringischen Erweckungsbewegung, des

[5] Die Tagebücher liegen im Archiv der Gesellschaft für Innere und Äußere Mission im Sinne der lutherischen Kiche in Neuendettelsau [Löhe-Archiv, hier: LA]. Zum Beispiel heißt es im Eintrag Löhes vom 8.1.1828 (LA Nr. 33): „Wie ein Schlummernder erkenne ich nicht, wo ich bin; wie ein Schlafender will ich mich vom Ort, dessen Abschaulichkeit ich ahne, wegbewegen [...] – Ach sey Du, Herr JEsu, Du meiner Schwachheit mächtig! Wecke mich auf, Du Morgensonne der Gerechtigkeit! Komm, ach bald HErr JEsu! Komm! Amen.“ Zu den Bildern des „Wachwerden[s] vom Schlaf und Erweckung aus dem Tod“ in der Erweckungsbewegung s. *R. Deichgräber:* Art. „Erweckung/Erweckungsbewegungen. II: Dogmatisch“. In: TRE 10, 1982, 220–224, hier 221 f. – Obgleich nicht auf die kontrovers geführte Diskussion zu Entstehung und Entwicklung der Erweckungsbewegung eingegangen werden kann, ist Löhe der mittleren bis späten Phase der Erweckungsbewegung zuzuordnen. Die Anfänge der Erweckungsbewegung liegen in Deutschland im letzten Drittel des 18. Jahrhunderts, der Höhepunkt nach 1815 (vgl. die Feier des 300jährigen Reformationsjubiläums) und die Endphase ab 1830, wenn sie in die konfessionelle Theologie übergeht. Vgl. *U. Gäbler:* Art. „Erweckungsbewegung“. In: EKL 1, ^{3}1986, 1081–1088; *G. Wenz:* Art. „Erweckungstheologie“. In: EKL 1, ^{3}1986, 1088–1094; *M. Geiger:* Das Problem der Erweckungstheologie. In: ThZ 14, 1958, 430–450, hier 432; nach Geiger liegt der Höhepunkt im Jahr 1830.

[6] Vgl. *H.-U. Wehler:* Deutsche Gesellschaftsgeschichte. Bd. 1. München 1987, 193–202, 338.

[7] Vgl. *J. Deinzer:* Wilhelm Löhes Leben. Bd. 1. Neuendettelsau 1934, 10. Vorfahren mütterlicherseits waren Anhänger der Herrnhuter Brüdergemeine in Fürth; vgl. *H. Kreßel:* Wilhelm Löhe. Berlin 1960, 15. Zur Bedeutung der Frau für die Religiosität in der Familie zu Beginn des 19. Jh.s vgl. *R. Habermas:* Weibliche Religiosität – oder: Von der Fragilität bürgerlicher Identitäten. In: *K. Tenfelde, H.-U. Wehler:* Wege zur Geschichte des Bürgertums. Göttingen 1994 (Bürgertum. Beiträge zur europäischen Gesellschaftsgeschichte, 8), 125–148, hier: 128–131, 138.

[8] Vgl. *E. Staehelin:* Die Christentumsgesellschaft in der Zeit der Aufklärung und beginnenden Erweckung. Bd. 2. Basel 1970 (ThZ.S, 2) 90, 345; *H. Weigelt:* Erweckungsbewegung und konfessionelles Luthertum im 19. Jahrhundert. Stuttgart 1968 (AzTh R.II, 10), 38. Vgl. auch *F.W. Kantzenbach:* Die Erweckungsbewegung. Neuendettelsau 1957, 47–82.

Arztes Ernst Joseph Gustav de Valenti (1794–1871).[9] Fast alle Erweckten in diesen Kreisen wirkten nach ihrer Erweckung in Vereinen und Anstalten diakonisch und missionarisch.[10] Daß Löhe an den von ihnen initiierten missionarisch-diakonischen Gestaltungsformen teilnahm und sie in gleicher Weise übernahm, soll an folgenden Beispielen verdeutlicht werden:

1. Lese- und Bibelvereine.[11] Löhe wurde über Christian Krafft und seinen Erlanger Bibelverein während des Wintersemesters 1826/27 Mitglied bei Heinrich Brandts „Gesellschaft zur Vertreibung christlicher Schriften".[12] Beide Vereine unterstützten die Basler Mission. Durch die in den Vereinen gelesene und vertriebene erbauliche Literatur (z. B. Lebensbeschreibungen von Erweckten) erfuhr Löhe von Friedrich Oberlins[13] und Johannes Goßners[14] Ansätzen der Erneuerung der Gemeinde durch Diakonie und Mission. Daneben stand genauso Literatur lutherischer Pietisten, z. B. von Christian Scriver, August Hermann Francke und seinem Mit-

---

[9] Im August 1829 beschäftigte Löhe sich durch de Valentis „Feierabendbüchlein für Alle, die sich nach der wahren Ruhe sehnen" (1822) mit dessen Biographie und Bekehrungserlebnis; vgl. Tagebucheintrag vom 5.8.1829 (LA Nr. 37). Im März 1831 war Löhe an das Manuskript „zum neuesten Heft des grauen Mannes" gekommen; Tagebucheintrag vom 11.3.1831 (LA Nr. 40). Vgl. *J. Pentzlin:* Ernst de Valenti. In: Innere Mission 17, 1897, 408f.; *G. Frank:* Art. „Ernst Joseph Gustav de Valenti". In: ADB 39, 1895, 459–463.

[10] Vgl. *Weigelt* [s. Anm. 8], 36; *Staehelin* [s. Anm. 8], Bd. 1, 8; *Geiger* [s. Anm. 5], 449. *U. Gäbler* spricht daher von einem „sozialen Motiv" der Erweckungsbewegung; s. ders.: Erweckung im europäischen und amerikanischen Protestantismus. In: PuN 15, 1989, 24–39, hier 36f. – In diesem Rahmen kann nur auf die genannten Erweckten wegen ihrer missionarisch-diakonischen Bedeutung für Löhe eingegangen werden. Daß eine tiefgreifende Behandlung hinsichtlich des Verhältnisses zu anderen Erweckten, z. B. Lavater, Claudius, Boos, Sailer, Böhme, Oettinger, Krummacher und Knapp, nötig ist, sei hiermit angedeutet.

[11] Vgl. *F. Braun:* Bibelsache. In: Helfen und Heilen. Hg. v. *C. Ostertag.* Erlangen, Leipzig 1890, 263–298, hier 263: „Die Bibelgesellschaften sind unter die ältesten Vereinigungen zu zählen, in welchen die innere Mission eine Pflegstätte gefunden hat."

[12] Außerdem trat er gleich zu Beginn seines Studiums in die Norddeutsche Gesellschaft zur Verbreitung christlicher Schriften ein. Vgl. Brief Löhes an G. Ritter vom 26.6.–2.7.1827 (LA 7252; GW 1, 255f.).

[13] Vgl. Brief Löhes an G. Ritter vom 26.7.1827 (LA 7260): „Oberlin ist ein köstlicher Spiegel für uns. Der Herr mach uns zu so tüchtigen Werkzeugen in seiner Hand. Ihm sey unsere Kraft und unser Leben geweiht – so lang es Tag für uns ist, wollen wir freudig für sein Reich wirken!" Löhe nahm Oberlin durch das Werk von G.H. Schubert „Zuege aus dem Leben des Johann Friedr. Oberlin, gewesenen Pfarrers im Steinthal" (Nürnberg 1827; es folgten weitere hohe Auflagen) zur Kenntnis. Zu Oberlins Ansatz der diakonischen Gemeindeerneuerung vgl. z. B. *Paul Philippi:* Die Vorstufen des modernen Diakonissenamtes (1789–1848) als Elemente für dessen Verständnis und Kritik. Neukirchen 1966, 10–42.

[14] Goßner war mit ein Grund für Löhe, nach Berlin zu gehen; vgl. Brief Löhes an G. Pächtner vom 10.3.1828 (LA 8973; GW 1, 264f.). Vgl. *W. Holsten:* Johannes Evangelista Goßner. Göttingen 1949; *N.-P. Moritzen:* Art. „Goßner, Johannes Evangelista". In: TRE 13, 1984, 591–594; *F.-H. Philipp:* Ad fontes. Johannes Evangelista Goßner. Stuttgart 1964.

arbeiter und Nachfolger Johann Anastasius Freylinghausen.[15] Durch Franckes Schrift „Segensvolle Fußstapfen“ wurde er über dessen Armen- und Waisenhäuser informiert. Löhe wurde durch seinen Eintritt in Brandts Gesellschaft selbst diakonisch tätig. Er half der vorhandenen Bibelnot ab, indem er Armen kostenlos oder sehr günstig Bibeln und andere Schriften verschaffte und Geld für sie sammelte. Von Brandts Unternehmen war er so angetan, daß er Ende 1827 einen eigenen Leseverein – allerdings ohne feste Satzungen – gründete. Er beteiligte daran Laien, Frauen und Männer, was für die Erweckungsbewegung typisch war, und kam mit ihnen zu wöchentlichen Treffen, sog. „Kränzchen“, zusammen. Trotz der begrenzten Mitgliederzahl (unter 10) war ihm die Öffnung zu anderen mit den Lesegesellschaften verbundenen Vereinen wichtig. Mission und Diakonie durch Bibelverbreitung sollte transkonfessionell und universal gefördert werden.[16]

2. Missionsvereine. Karl von Raumers Missionsstunden, an denen Löhe während seiner Studienzeit teilgenommen hatte, nannte er ein „schönes Vorbild für meinen eigenen Missionsverein“[17]. Er gründete seinen Missionsverein ungefähr zum gleichen Zeitpunkt wie den Bibelverein 1827 und mit größtenteils denselben Mitgliedern. Hervorzuheben ist die Mitarbeit von Frauen, die einen wichtigen Beitrag zur Finanzierung der Missionsarbeit leisteten und zugleich religiös gebildet wurden.[18] Löhe, der durch diese Tätigkeit der Frauen beeindruckt war, veranlaßte Mitte 1828 seine Schwester Dorothea Schröder in Fürth, einen eigenen Frauenmissionsverein ins Leben zu rufen. Das diakonische Ziel bei diesem missionarischen Unternehmen war, daß Löhe seine Mitmenschen durch Bekehrung und Teilhabe an der Christusgemeinschaft von ihrem wahren

---

15 Vgl. Tagebucheinträge Löhes vom 19.11.1828, 8.12. und 16.12.1828, 2.6.1829 (LA Nr. 37); 27.–29.10. und 2.11.1831 (LA Nr. 40); 10.3.1832 (LA Nr. 41). Franckes Schriftensammlung „Offentliches Zeugniß Von dem Werke GOttes/ So wohl in Verpflegung der Armen als Aufferziehung und Information der Jugend“ (Halle 1702), in der auch die von Löhe angeführte Schrift „Segensvolle Fußstapfen“ abgedruckt ist, befindet sich aus Löhes Besitz im Mutterhausarchiv Neuendettelsau (MhA, hier: 4° 10). Dasselbe gilt für mehrere Werke Scrivers.

16 Brief Löhes an H. Brandt vom 12.7.1827 (LA 2234 DE; GW 1, 258); vgl. Deinzer [s. Anm. 7], 62. Vgl. Brief Löhes an H.W.E. Reichold vom 15.6.1828 (LA 2312). Das Charakteristikum der Erweckungsbewegung als „Volksbewegung“ klingt hier an; vgl. *W.H. Neuser:* Pietismus und Erweckungsbewegung – der bayerische Erweckungstheologe Christian Krafft (1784–1845). In: PuN 3, 1976 [1977], 126–141, hier 138 f. *Gäbler* begründet dies theologisch u. a. mit dem „universalistischen Motiv“. Die Erweckten versuchten in der „Vision [...] auf ein universales, weltweites Gottesreich“ möglichst umfassend zu wirken; ders., Erweckung im Protestantismus [s. Anm. 10], 32.

17 Tagebucheintrag Löhes vom 7.1.1828 (LA Nr. 33).

18 Dazu gehörte das Anfertigen und Verkaufen von Handarbeiten, das Lesen von Missionsnachrichten, Werken Goßners und Luthers u. ä. Vgl. Tagebuch des Missionsvereins vom 10.11.–25.12.1827 (GW 1, 9–16); Briefe Löhes an G. Ritter vom 5.12.1827 (LA 7254), 14.11.1827 (LA 7253).

Elend zu befreien meinte. Er stellte nämlich einen Zusammenhang zwischen leiblicher Not und religiöser Entfernung von Gott her. Helfende und Hilfebedürftige begründeten eine geistliche Gemeinschaft in Jesu Namen.[19]

3. Frauen-Armenvereine. Durch seine engen Beziehungen zu Christian Krafft und Karl von Raumer lernte Löhe auch die diakonische Arbeit von deren Ehefrauen in Erlangen bzw. Nürnberg kennen. Katharine Wilhelmine Krafft sammelte in Erlangen seit 1824 bis zu 20 sog. „Bettelkinder" und arme Mädchen unterschiedlichen Alters, die seit 1824 in der „Anstalt für verwaiste und verwahrloste Mädchen" (gegr. am 25.2. 1824) untergebracht waren. Die Frauen erklärten den Mädchen nachmittags die Bibel und verteilten Traktate. Die Zusammenarbeit mit Christian Kraffts Bibelverein ist offensichtlich. Ähnliche Arbeit leistete Friederike von Raumer mit ihren Freundinnen und später mit ihren Töchtern, als Gotthilf Heinrich von Schubert ihr die von ihm betreuten armen Kinder bei seinem Weggang in Nürnberg überließ.[20] Löhe bewunderte die diakonischen Tätigkeiten dieser Frauen und ermunterte andere Frauen, arme Mädchen dorthin zu religiösem Unterricht und zur Verpflegung zu schicken.[21]

4. Rettungsanstalten. Über die Konzeption, Organisation, Belegung und Leistungen der o. g. Erlanger Armenmädchen-Anstalt, die durch den Erlanger Frauenverein (gegr. 1822) und Wilhelmine Kraffts Armenverein seit 1824 getragen wurde, war Löhe genau informiert und teilte Einzelheiten seiner Schwester mit.[22] Genauso verhielt es sich mit Karl von Raumers kurze Zeit später (am 9.4.1824) in Nürnberg gegründeten „Erziehungsinstitut für arme und verwahrloste Knaben". Über dieses Institut kam er mit Christian Heinrich Zellers „Idee des Familienprinzips" aus Beuggen in Baden in Berührung und mit dem Ziel dieser Anstalten, die Jugend in erster Linie vor geistlicher Verwahrlosung zu retten.[23] In Ber-

---

[19] Vgl. Brief Löhes an D. Schröder vom 15.5.1828 (LA 246). Der Diakoniewissenschaftler und ehemalige Leiter des Diakoniewerkes Halle, R. Turre, nennt in seiner Diakonik, Neukirchen 1991, 82–89, diakonische Arbeit „Gemeinschaftsarbeit" und erläutert dies anhand der menschlichen Sehnsucht nach Gemeinschaft, der durch Christus gewährten Gemeinschaft und der durch Gruppen organisierten Gemeinschaft. – Zu dem theologischen Moment des Strebens nach einer geistlichen und innigen Gemeinschaft mit Christus in der Erweckungsbewegung vgl. *Geiger* [s. Anm. 5], 443.

[20] Vgl. Karl von Raumer's Leben von ihm selber erzählt. Stuttgart 1866, 332–334; *Ph.F.H. Ranke:* Jugenderinnerungen mit Blicken auf das spätere Leben. München ²1877, 287; *U. Schwab:* Evangelische Jugendarbeit in Bayern. München 1992, 98–110.

[21] Vgl. Briefe Löhes an D. Schröder vom 7.11.1827 (LA 242), vom 14.11.1827 (LA 8969a; GW 1, 261).

[22] Vgl. z.B. Brief Löhes an D. Schröder vom 7.11.1828 (LA 242).

[23] Vgl. z.B. Brief Löhes an J. Ch. A. Wißmüller vom 11.7.1830 (LA 1162; GW 1, 307). Vgl. dazu z.B. *G. Hauss:* Retten, Erziehen, Ausbilden – Zu den Anfängen der Sozialpädagogik als Beruf. Bern [u.a.] 1995 (EHS R.11, 660); *K. Ruth:* Die Pädagogik der süddeutschen Rettungs-

lin, wo Löhe im Sommersemester 1828 studierte, hörte er Goßner predigen und brachte einen Nachmittag in der „Freywilligen-Armenbeschäftigungs-Anstalt" des Freiherrn Hans Ernst von Kottwitz zu. Dort hielt er eine Andacht über Mt 11, 28–30, den Lobpreis Jesu als Heiland der Geringen und Bedrückten.[24] Mit der Organisation und Konzeption dieser diakonischen Anstalt, der sog. „sozialen Diakonie",[25] beschäftigte er sich aber anscheinend nicht näher. Ebensowenig verfolgte Löhe Goßners institutionskritische Arbeitsweise für Mission und Diakonie weiter.

Nach seinem theologischen Examen 1830 und Aushilfstätigkeiten war er von Ende September 1831 bis zum Frühjahr 1834 Vikar in Kirchenlamitz im Fichtelgebirge. Von den verschiedenen Formen diakonischer und missionarischer Arbeit, die er während seines Studiums bei Mitgliedern der Erweckungsbewegung kennengelernt hatte, übertrug er in seine erste Gemeinde ausschließlich die Vereinsdiakonie. Er nahm dazu nun aber nicht mehr Verwandte und Freunde, sondern Gemeindeglieder in Anspruch.[26]

1. Im Januar 1832 gründete er einen Lokalbibelverein im Anschluß an den Zentralbibelverein in Nürnberg, der sich bald zu Hilfsvereinen für Jungen und Mädchen ausweitete, und entwarf dazu das erste Mal Satzungen. Er wies Gemeindegliedern eigene Aufgabenbereiche zu. Die Frau eines Apothekers, Emma Reinsch, leitete z. B. den Hilfsverein für Mädchen.[27] Löhe wollte mit der Bibel- und Traktatverbreitung zugleich den diakonischen Dienst an Armen und Kranken durch Hausbesuche verbunden wissen.

---

hausbewegung. Berlin 1927 (Arbeiten aus dem Forschungsinstitut für Fürsorgewesen in Frankfurt a. M., 2), 21, 65–67; *Schwab* [s. Anm. 20], 102–108; *G. Viertel:* Anfänge der Rettungshausbewegung unter Adelberdt Graf von der Recke-Volmerstein (1791–1878). Köln 1993 (SVRKG, 110), 191–202.

24 „Kommet her zu mir alle, die ihr mühselig und beladen seid!" Vgl. Tagebucheintrag Löhes vom 6.7.1828 (LA Nr. 36). Zu den Predigten Goßners vgl. Einträge vom 26.5. und 27.7.1828 (LA Nr. 36); Brief Löhes an D. und E. Schröder vom 14.6.1828 (LA Nr. 247) etc.

25 *P. Maser:* Hans Ernst von Kottwitz – Studien zur Sozialgeschichte und Erwekkungsbewegung des frühen 19. Jahrhunderts in Schlesien und Berlin. Göttingen 1990, 47–54, 59.

26 Löhe begleitete die von ihm angeregte Vereinstätigkeit in Fürth und Nürnberg weiter. Vgl. z. B. Briefe Löhes an D. Schröder vom 29.1.1831 (LA 258), 15.12.1831 (LA 263; GW 1, 341 f.); an L. Kündinger vom 10.5.1832 (LA 2707).

27 Vgl. Tagebucheinträge Löhes vom 28.1.1832 (LA Nr. 41), 20., 21. und 24.1.1833 (LA Nr. 43); Löhes Kirchenjahresbericht von 1832 im Gemeindearchiv Kirchenlamitz (hier: GemA/KL Tit. II: Kirchenregiment und Kirchenverfassung, Nr. 32, 2); Briefe Löhes an G. Ritter vom 22.9.1833 (LA 7288), 9.10.1833 (LA 7289; GW 1, 381 f.).

2. Obgleich kein eigener Missionsverein gegründet wurde, rief Löhe wieder Frauen und junge Mädchen dazu auf, für die Mission Handarbeiten anzufertigen.[28]

3. Nach Löhes Aussagen war von Emma Reinsch die Initiative zu einem Armenverein ausgegangen, für den er Mitte 1833 Satzungen entwarf.[29] Danach waren „Weltleute", die er mit „Ungläubigen" gleichsetzte, als Träger des Vereins ausgeschlossen. Das Hauptziel des Vereins war, „Gottes Reich unter den Armen auszubreiten"[30]. Reinsch erstellte eigenständig mit fünf bis zehn jungen Frauen im Alter von 15 bis 19 Jahren ein Armenverzeichnis und bot diesen Armen geistliche und materielle Hilfe. Die Mädchen waren Töchter von Spinn-, Weber-, Schneider- und Müllermeistern.[31] Reinsch war eine sehr gebildete Frau und machte Löhe auf ihr Vorbild, Marie de la Fléchère (geb. 1739), die Frau des anglikanischen Pfarrers Jean Guillaume de la Fléchère (1729–85), aufmerksam. Indem Löhe 1833 die Lebensbeschreibung der Marie de la Fléchère ausführlich las, lernte er Diakonie an materiell Armen aus dem wesleyanischen Methodismus kennen.[32] In Kirchenlamitz, wo durch Mißernten, Hungerjahre, sprunghaften Bevölkerungszuwachs und ein Großfeuer Mitte 1830 ländlicher Pauperismus herrschte, nahm er nur teilweise die materielle und soziale Not der Gemeindeglieder wahr. Löhe besuchte sehr selten die Arbeiter in der dort ansässigen Weberei, er las vielmehr mit Handwerkern die Bibel, erbauliche Literatur und Schriften Luthers.[33] Zudem verurteilte er die Armut von Frauen mit unehelichen Kindern moralisch und versuchte, die Not durch sittlich-religiöse Erziehung zu mindern.[34] Außer de la Fléchère studierte Löhe seit Ende 1831

---

[28] Vgl. Briefe Löhes an L. Kündinger vom 19.11.1831 (LA 2703), an D. Schröder vom 14.12.1832 (LA 267) und an G. Ritter vom 22.9.1833 (LA 7288).

[29] Vgl. Brief Löhes an H. Reinsch vom 27.7.1833 (LA 9021; GW 1, 375f.).

[30] Brief Löhes an H. Reinsch vom 27.7.1833 (LA 9021; GW 1, 375f., hier 375); vgl. *Hofer:* Aus Löhes Jugendzeit. In: ZBKG 1, 1926, 208–256, hier 210f.

[31] Dies ließ sich aus Konfirmanden-Verzeichnissen (GemA/KL,K43) herleiten.

[32] Vgl. Tagebucheinträge Löhes vom 21.1.–8.7.1833 (LA Nr. 43). Vgl. *P.P. Streiff:* Die Breitenwirkung des Methodismus im 18. Jahrhundert als Grundlage seines Einflusses auf die Erweckungsbewegung. In: Erweckung am Beginn des 19. Jahrhunderts. Hg. v. *U. Gäbler* u. *P. Schramm.* Amsterdam 1986, 59–71.

[33] Vgl. Tagebücher Löhes aus der Kirchenlamitzer Zeit von 1831–34 (LA Nr. 40, 42–44). Zur Situation in Kirchenlamitz vgl. Pfarrbeschreibung Löhes von 1833. Bemerkungen zum Jahr 1830/31 [o.S.] (GemA/KL, Tit. VII: Chronik und Beschreibung der Pfarrei, Nr. 33). Zum Pauperismus vgl. z.B. *Ch. Sachße, F. Tennstedt:* Geschichte der Armenfürsorge in Deutschland. Berlin [u. a.] 1980, 179–195; *H.-U. Wehler:* Deutsche Gesellschaftsgeschichte. Bd. 2. München 1987, 8f.

[34] Vgl. z.B. Briefe Löhes an G. Ritter vom 4.7.1827 (LA 7250; GW 1, 256f.) und vom 20.11.1827 (LA 7255), an D. Schröder vom 25.1.1831 (LA 257) und an C.C. Hornung vom 20.10.1831 (LA 1480 F); vgl. die Traktate Löhes: Dina. Wider die Jugendlust (1833). In: GW 3/1, 13–19; Die Tochter der Herodias (1835). In: GW 3/1, 20–33.

Berichte von Zellers Anstalten.[35] Ende 1832 las er eine in der „Evangelischen Kirchenzeitung" abgedruckte Lebensbeschreibung des Vinzenz von Paul und erfuhr dadurch von den Barmherzigen Schwestern, dem berufsmäßigen Diakonat der Frau auf genossenschaftlicher Grundlage.[36] In der Vereinsdiakonie sowie bei dem von ihm vorgeschlagenen Krankenbesuchsdienst, dem breit angelegten religiösen Unterricht der Kinder und Jugendlichen und den ersten pastoraltheologischen Abhandlungen und Predigten ging es Löhe zuerst und vor allem um Hilfe für „geistlich Arme".[37] Seine Zielvorstellung kann deshalb folgendermaßen formuliert werden: Errettung geschieht durch Erweckung. Ihn führte die Auffassung, daß Verwahrlosung nur eine Folge der Gottesferne sei, immer wieder dazu, die materielle Hilfe zu vernachlässigen und die geistliche Dimension der Diakonie zu betonen.[38] Die Rettung zur innigen Christusgemeinschaft war für ihn wichtiger als die Abhilfe äußerer Notstände, schloß jene aber nicht aus.

Um diesem Ziel nachzukommen, hielt Löhe Freunde und Bekannte, später Glieder der Ortsgemeinde in Kirchenlamitz zu tätigem Christentum und lebendigem Glauben an.[39] Er förderte den Zusammenhalt der Erweckten über die Grenzen der Ortsgemeinde hinaus. Entsprechend der Römerbrief-Vorrede Luthers und in nahezu wörtlicher Aufnahme von Speners Ausführungen in den „Pia desideria" formulierte er 1833: „Ist nach meiner Meynung kein todter Glaube, sondern recht lebendig und von Seegen triefend. Bey uns geht's nun auch für christliche Zwecke ziemlich lebendig her: wir laufen und rennen für Mission, Bibelverbreitung und Arme. Gott verleihe seinen gnädigen Seegen zum Laufen und

---

[35] Vgl. Tagebucheinträge Löhes vom 14.11.1831 (LA Nr. 40: „gab dem Rektor 2 Beuggener Blätter"), vom 18.1. und 2.2.1832 (LA Nr. 41), 23.10.1833 (LA Nr. 44).

[36] Vgl. Tagebucheintrag Löhes vom 25.10.1832 (LA Nr. 42): „Evangelische Kirchenzeitung vor und nach Tisch, namentlich die schöne Lebensbeschreibung des Katholiken Vincenz de Paul, geb. 1576 am 24. April in der Gascogne, Stifter des Missionsordens und der barmherzigen Jungfrauen etc. Es findet sich öfters bey den Catholiken viel Eifer und Treue bey wenig Licht. Bey uns manche Erkenntniß, aber auch viel Lauheit und Trägheit." Vgl. zu Vinzenz von Paul *K. Deuringer:* Die katholische Caritas in der Neuzeit. In: Das diakonische Amt der Kirche. Hg. v. *H. Krimm.* Stuttgart 1965, 436–444.

[37] Bei Predigten führte diese Zielvorstellung Löhe z. T. zu falscher Exegese des biblischen Skopus. Vgl. z. B. die Auslegung der Heilung der zehn Aussätzigen als „geistlich Arme", die zu „Jesum Christum" geführt werden (Predigt Löhes über Lk 17,11–19 [1829], GW 6/1, 24–30).

[38] Vgl. § 1b der Satzung des Armenvereins: „Leibliche Wohlthat von christlicher Liebe unter Begleitung des göttlichen Worts gegeben, um auch auf diesem Weg Gottes Reich unter den Armen auszubreiten"; Brief an H. Reinsch vom 27.7.1833 [s. Anm. 30].

[39] Ein entscheidendes Motiv der Erweckungsbewegung ist die Erneuerung der Kirche durch lebendige Gemeinden. Zur Entstehungs- und Wirkungsgeschichte des Lebensmotivs in der Erweckungsbewegung vgl. *M. Schmidt:* Die innere Einheit der Erweckungsfrömmigkeit im Übergangsstadium zum lutherischen Konfessionalismus. In: ThLZ 74, 1949, 18–28; *Ders.:* Wort Gottes und Fremdlingsherrschaft. Berlin 1953, 103–117; *Ders.:* Pietismus. Stuttgart [u. a.] 1983, 114, 157, 161; s. in Ergänzung dazu *Geiger* [s. Anm. 5], 441 f.

Rennen, damit es Ihm gethan sey."[40] Seit 1834/35 läßt sich auch bei Löhe eine beginnende Konfessionalisierung feststellen.[41]

Er nahm in der Zeit von 1834 bis 1837, nach seiner Versetzung von Kirchenlamitz, wechselnde Pfarrverwesertätigkeiten in Nürnberg und auf Dörfern um Nürnberg von meist nur wenigen Monaten oder Wochen wahr.[42] Neben die Erbauungsliteratur trat das Studium dogmatischer Werke aus der lutherischen Orthodoxie in den Vordergrund, z. B. von David Hollaz und Leonhard Hutter.[43] In seinen Predigten und pastoraltheologischen Abhandlungen wird deutlich, daß das Wort Gottes in Schrift und Bekenntnis als objektives Kriterium an die Stelle des subjektiv gefühlten Erfahrungsglaubens aus der Erweckung trat. In Aufhebung seiner zuvor gesagten Worte heißt es nun, daß nicht „unser Rennen und Laufen", sondern das offenbarte Wort Gottes in der Schrift den Glauben ausmache.[44] Auf diesem Grund sollte ein reines und schriftgemäßes Bekenntnis sowie wahre Einigkeit und Erneuerung der Kirche entstehen.[45]

---

[40] Brief Löhes an H. Helferich vom 4.9.1833 (LA 8749; Löhes Briefe an Herrn und Frau Helferich aus den Jahren 1831–1848. Hg. v. *G. Kuhr.* In: ZBKG 36, 1967, 109–210, hier 139 f.). Vgl. *Ph.J. Spener:* Pia Desideria. Hg. v. *K. Aland.* Berlin ³1982 (2. Nachdr.), 34, 1. Zur Bedeutung der Röm-Vorrede in den Pia desideria vgl. *M. Schmidt:* Wiedergeburt und neuer Mensch. Witten 1969 (AGP, 2) 136, 165 f., 299–330. Ob Löhe Speners „Pia desideria" gelesen hat, konnte noch nicht belegt werden. *Schmidt* [s. o.], 144 f. Anm. 146, 147 zeigt Analogien zwischen Grundgedanken Löhes nach 1845 und Speners Pia desideria auf. Nachweislich hatte er sich mit Römerbriefauslegungen von Neander (vgl. Tagebucheintrag vom 2.–8.3.1828 [LA Nr. 34]) und Tholuck (vgl. Tagebucheintrag vom 23.1.1828 [LA Nr. 34]) beschäftigt.

[41] S.o. Anm. 5. Vgl. *G.A. Benrath:* Art.: „Erweckung, Erweckungsbewegungen I. Historisch". In: TRE 10, 1982, 205–220, hier 212–215; *E. Beyreuther:* Die Erweckungsbewegung. Göttingen ²1977 (KIG, R.1), 29 f.; *A. Lindt:* Die Erweckungsbewegung – Ferment der Spaltung oder Weg zur Glaubenseinheit. In: Erweckung. Hg. v. *U. Gäbler* u. *P. Schramm,* 33–43, hier 40–43; *Schmidt* [s. Anm. 39].

[42] Löhe wurde Anfang 1834 unter der Anklage, Konventikelwesen zu betreiben, seiner Vikariatsstelle enthoben. 1832 wurden die ersten Vorwürfe laut. Man meinte, bei Löhe „ausschweifenden und schädlichen Mystizismus" und „religiösen Separatismus" festzustellen; Protokoll des Königl. prot. Dekanats Wunsiedel vom 27.1.1834 (GW 5/1, 20–23). Löhe nahm danach Pfarrverwesertätigkeiten in Nürnberg (Mai 1834–Anfang April 1835), in Behringersdorf (17.4.–21.6.1835), Lauf (September 1835), Altdorf (22.9.1835-April 1836), Bertholdsdorf (22.4.–31.10.1836) und Merkendorf (1.11.1836-März 1837) wahr. Vgl. *K. Ganzert*: Einleitung. I. Zeittafel. In: GW 1, 19–23, hier 19 f.

[43] Zu Hollaz vgl. Tagebucheinträge vom 30.10.1834; 12.2. und 23.3.1835 etc. (LA Nr. 46), vom 6. und 7.7.1835 (LA Nr. 32). Zu Hutter vgl. Tagebucheintrag vom 7.7.1835 (LA Nr. 32) etc.

[44] *Löhe:* Von dem göttlichen Worte, als dem Lichte, welches zum Frieden führt (1835). In: GW 3/1, 34–41, hier 39. Vgl. Predigt Löhes über Mt 6,12 (1835). In: GW 6/1, 333–346, hier 343 u. a. Vgl. *U. Schindler:* Von der Macht im „bayerischen Luthertum". Erlangen 1994 [Diss. masch.], 179; *M. Hein:* Lutherisches Bekenntnis und Erlanger Theologie im 19. Jahrhundert. Gütersloh 1984 (LKGG, 7) 86.

[45] Vgl. *Löhe:* Von dem Ziele, welches das homiletisch-liturgische Korrespondenzblatt sich für 1836 zu stecken hätte (1836). In: GW 3/1, 249–254. Vgl. *G. Schoenauer:* Kirche lebt vor Ort. Stuttgart 1990 (CThM.PT, 16), 66–69.

Löhe lehnte sich an die lutherische Konfessionalisierung der Erwekkungsbewegung in Schlesien und Sachsen z. B. durch Eduard Huschke, Gottfried Scheibel und Heinrich Ernst Guericke an und versuchte, dies in Bayern zu realisieren. Die Form der missionarisch-diakonischen Vereine aus der Erweckungsbewegung übernahm er nicht mehr in der Weise wie zuvor, sondern forderte von seinen erweckten Freunden lutherische Bekenntnistreue und kirchliche Anbindung. Für die Mission propagierte er seit 1834 eigens einen bekenntnisgebundenen bayerisch-lutherischen Missionsverein – unabhängig von der Basler Mission.[46] Daneben wandte er sich auf pädagogisch-diakonischem Gebiet der Anstaltsdiakonie und den Aufgaben von Diakonissen zu, diakonisch-missionarische Vereine wurden nicht mehr gegründet. 1836 griff Löhe im diakonischen Bereich auf die lutherische Tradition durch Francke zurück. Nachweislich das erste Mal benutzte er aufgrund Franckes Schrift „Instruction vor die Mutter der Waisen-Mägdchen" den Begriff der Diakonisse und beschäftigte sich daraufhin mit deren Beruf und Aufgabengebiet.[47] Ein Jahr später stellte er in einem Aufsatz über Kirchenzucht die Dienste einer Diakonisse als sinnvolle und notwendige Gemeindetätigkeit heraus. Eine „fromme Witwe in einer Gemeinde" solle als Unterstützung des Pfarrers in der Seelsorge sich speziell um „gefallene Frauen" sorgen.[48] Als Vorbild nannte Löhe Elisabeth von Raufain (1592–1649) aus Remiremont (Lothringen), die 1624 eine Zufluchtsstätte für arme und gefährdete Mädchen gegründet hatte. Er gewann also seine Kenntnisse über den Beruf einer Diakonisse aus der Geschichte des 17. Jh.s.[49] Löhe befürwortete diesen Dienst, ohne jedoch nähere Ausführungen oder Bestimmun-

46 Vgl. zuletzt *Ch. Weber*: Missionstheologie bei Wilhelm Löhe: Aufbruch zur Kirche der Zukunft. Gütersloh 1996 (LKGG, 17). Vgl. auch *M. Simon*: Mission und Bekenntnis in der Entwicklung des Evangelisch-Lutherischen Zentralmissionsvereins für Bayern. Neuendettelsau 1953.

47 Nach eigenen Worten las Löhe 1836 Franckes „Anweisung für Diaconissen"; Tagebucheintrag Löhes vom 6.7.1836 (LA Nr. 48). Mit an Sicherheit grenzender Wahrscheinlichkeit war die o. g. Instruktion Franckes gemeint, die in dessen Schriftensammlung „Offentliches Zeugniß Von dem Wercke GOttes [...]" abgedruckt ist. Diese Form der Anstaltsdiakonie unterschied sich stark von den Anstalten aus der Erweckungsbewegung (z. B. v. Raumers und Kraffts), da sie ein von der Gemeinde oder einem Verein unabhängiges, eigenständig strukturiertes und straff intern organisiertes Leben führten. Zur Wirkungsgeschichte der Franckeschen Stiftungen vgl. *F. de Boor* (in Auseinandersetzung mit *U. Sträter*): Die Franckeschen Stiftungen als „Fundament" und „Exempel" lokaler, territorialer und universaler Reformziele des Hallischen Pietismus. In: PuN 10, 1984, 213–226.

48 *W. Löhe:* Zur Kirchenzucht. Versuch einer Beantwortung der den protestantischen Geistlichen im Konsistorialbezirke Ansbach pro 1836/37 vorgeschriebenen Synodalaufgabe 1837. In: GW 3/2, 349–369, hier 368; s. auch 357.

49 Ein weiterer Beleg für das Interesse an diakonischen Formen des 17. Jahrhunderts ist das Buch aus Löhes Besitz „ Ferdinand Freiherr von Biedenfeld: Ursprung, Aufleben, Größe, Herrschaft, Verfall und jetzte Zustände sämmtlicher Mönchs- und Klosterfrauen-Orden im Orient und Occident. Weimar 1836" (MhA/Bibliothek OII 4). Wann er dies erwarb, ließ sich bislang nicht ausmachen.

gen über den Diakonat der Frau für seine Zeit zu geben. Gefährdungen und Armut von Frauen wurden aber von ihm verstärkt wahrgenommen, und er suchte nach Wegen der Abhilfe.

Der sittlich-religiöse Verfall war für Löhe auch jetzt, wie in der rein erweckten Phase, die Hauptursache für soziales Elend und materielle Armut. Eine Maßnahme gegen diesen Verfall sah er nun in der Kirche, die er „wieder zu einer moralischen Macht erheben" wollte.[50] Kirchliche und moralische Bildung der Frauen und jungen Mädchen erkannte Löhe als bedeutendes Mittel zur geistlichen und leiblichen Rettung.[51] Daß die beginnende Konfessionalisierung im diakonischen Bereich nicht zu einem abrupten Abbruch der erweckten Tradition führte, zeigt sich besonders auf dem Gebiet der Anstaltsdiakonie. Löhe behielt z. B. den Kontakt zu v. Raumers Armenknabenanstalt, die aus der Erweckung heraus entstanden war, bei. Im Jahr 1834 – nach seinem Weggang von Kirchenlamitz – unterrichtete er eine Zeitlang dort.[52] Im Frühjahr 1834 plante er einen Besuch bei Zeller in Beuggen für einige Wochen, um dort seine „Kenntnisse im Erziehungsfache zu bereichern"[53]. Dies ist zum einen auf den starken Einfluß v. Raumers zurückzuführen, zum anderen darauf, daß sein wohlhabender Freundeskreis aus der Mittel- und Oberschicht Nürnbergs solche Anstalten tatkräftig unterstützte.[54] Außerdem veröffentlichte das

---

[50] *W. Löhe:* Kirchenzucht [s. Anm. 48], 352. Löhe unterschied dazu zwischen den „äußeren" und „inneren Mitteln" der Kirche. Zu den „äußeren Mitteln" zählte die Funktion des Pfarrers als Kirchenbeamter, Lokalschulinspektor und Vorstand der Armenpflege (350–357); zu den „innern Mitteln" die des Predigers, Katecheten und Seelsorgers (357–369). *U. Schindler* [s. Anm. 44], 182, stellt mit Recht fest: „Die Option, jenen [moralischen und kirchlichen] Problemen durch Mittel der Kirchenzucht zu begegnen, konnte nur noch im ländlichen Kontext als angemessen erscheinen, denn in den Städten ging sowohl die soziale Kontrolle über das Leben des einzelnen als auch die Beteiligung am gottesdienstlichen Leben zurück."

[51] Vgl. Löhes ausführliche Reflexionen über den Mädchenunterricht in der Schule; vgl. z. B. Tagebucheinträge vom 25.1., 9.3.1836 – schon Ende 1835 beginnend – (LA Nr. 32), über den Unterricht von Mädchen in der Kinderlehre; vgl. Tagebucheinträge vom 11.7. und 5.8.1834 (LA Nr. 46) und die Begründung einer „Frauencatechese" für erwachsene Frauen aus seinem Freundes- und Bekanntenkreis. In diesen Veranstaltungen wurde biblischer und kirchlicher Religionsunterricht erteilt; vgl. z. B. Tagebucheinträge vom 29.1., 9., 12. und 16.2.1834 (LA Nr. 46).

[52] Vgl. Tagebucheinträge Löhes vom 8.7.–30.10.1834 (LA Nr. 46). Vgl. auch Zehnter Bericht über die Erziehungs-Anstalt für arme und verwahrloste Knaben in Nürnberg vom 1. September 1834 bis 31. August 1834, III (Landeskirchliches Archiv Nürnberg, hier: LKAN, Za 529). Löhe vermittelte weiter Knaben dorthin; vgl. z. B. Brief Löhes an K.v. Raumer vom 3.10.1833 (LA 6475).

[53] Löhes Brief an H. Reinsch vom 6.3.1834 (LA 9030; *Hofer* [s. Anm. 30], 218–220, hier 219).

[54] Dazu gehörten z. B. die Ehepaare Christian und Helene Helferich, Heinrich und Nanette Fabricius aus Nürnberg (selbständige Kaufleute), mehrere Familienmitglieder der Nürnberger Merkel-Familie (kommunale Politiker) und des Freiherrlichen Geschlechts von Tucher von Simmelsdorf, Jüngere Linie. Vgl. z. B. die Spendenlisten in den ersten zehn Berichten über die Knaben-Anstalt in Nürnberg (LKAN, Za 1006/1–10), die den Zeitraum von 1824/25 bis 1834/35 umfassen.

„Homiletisch-Liturgische Correspondenzblatt“ (1825–38), das publizistische Organ der Erweckten in Bayern, Anzeigen und Spendenverzeichnisse für Zellers Anstalt.[55] Löhe las die Zeitschrift seit Studienbeginn durch seine Verbindung zu Brandt, dem Herausgeber des Blattes.

Ähnlich verhielt es sich seit Ende 1835 mit seinem Engagement für Brandts geplante „Anstalt für verwaiste Pfarrsöhne“ in Windsbach. Löhe besuchte Brandt in Windsbach von dem nahe gelegenen Bertholdsdorf und Merkendorf aus und sammelte für dessen diakonisches Vorhaben.[56] Bevor er seine erste und im übrigen letzte Pfarrstelle am 1.8.1837 in Neuendettelsau antrat, hatte er eine große Breite diakonischer Initiativen kennengelernt. Er hatte auch einen Einblick in die kommunale Armenpflege durch die Teilnahme an einer Armenplenarsitzung Ende 1835 und Gespräche mit Magistratsrat Johann Merkel in Nürnberg bekommen.[57]

Obgleich v. Raumer, Zeller, v. Kottwitz und Goßner in einem „Zirkel diakonischer Bemühungen“ standen und sich untereinander rezipierten und kritisierten, hat Löhe sich mit ihnen konzeptionell und kritisch kaum auseinandergesetzt.[58] Er lernte vielmehr selektiv unterschiedliche Richtungen kennen, behielt einzelne Anregungen durch Erweckte bei[59] und wandte sich den diakonischen Initiativen des 17. Jahrhunderts zu. Diese suchte er für die lutherische Kirche nützlich zu machen. Es ist daher für diesen Zeitabschnitt zutreffend, mit Gerhard Müller von „Wilhelm Löhes Theologie zwischen Erweckungsbewegung und Konfessio-

[55] Vgl. z. B. HLC 8, 1829, 124 (LKAN, Fen II 739 4°). In den Jahren 1836/37 wirkte Löhe durch eigenverantwortliche Arbeit mit und lenkte die Zeitschrift in eine kirchlich-konfessionelle Richtung. Vgl. Schindler [s. Anm. 44], 178–183. – Das Nördlinger Sonntagsblatt (NSoBl) veröffentlichte 1835 ebenfalls eine ganze Reihe von Berichten über Rettungsanstalten in Deutschland, u. a. auch über Beuggen. Vgl. NSoBl 5, 1835, Nr. 25–29 (LKAN, Za 81).

[56] Vgl. Briefe Löhes an H. Reinsch vom 10.8.1835 (LA 9040; Hofer [s. Anm. 30], 236 f.), an J. Merkel vom 28.4.1836 (LA 8826; GW 1, 464 f.), an K. v. Raumer vom 11.5.1836 (LA 6559; *Deinzer* [s. Anm. 7], 324 f.); Tagebucheinträge vom 22. und 27.4., 7.5.1836 (LA Nr. 32).

[57] Vgl. Brief Löhes an J. Merkel vom 29.10.1835 (LA 6431); Tagebucheintrag vom 29.10.1835 (LA Nr. 32). Vgl. auch Löhes Beschreibung über die Aufgabe eines Pfarrers im Vorstand der Armenpflege 1837, in: Kirchenzucht [s. Anm. 48], 356 f. Zur Organisation und Konzeption kommunaler Armenfürsorge vgl. u. a. *Sachße/Tennstedt* [s. Anm. 33], 14–16.

[58] Zu v. Raumer und Zeller s. *Weigelt* [s. Anm. 8], 44, 52. Zu Zeller und v. Kottwitz s. *Maser* [s. Anm. 25], 133 f. Zu v. Kottwitz und Goßner s. *H. Dalton:* Johannes Goßner. Berlin ^{3}1898, 306, 314–316, 328. Dieser Zirkel läßt sich auch auf Wichern und v. Kottwitz (vgl. *P. Maser:* H.E. von Kottwitz und J.H. Wichern. In: Diakonie 4, 1978, 177–180) oder auf Goßner und Sieveking (vgl. *Philippi,* [s. Anm. 13], 75–77) etc. ausweiten.

[59] Löhe beschäftigte sich z. B. Anfang 1837 noch mit Oberlins Geisterlehre in der Rezeption Schuberts; vgl. Tagebucheintrag vom 23.2.1837 (LA Nr. 48). Einen Lebenslauf über de Valenti las er 1836; vgl. Tagebucheinträge vom 13. und 14.3.1836 (LA Nr. 32). – Auch *G. Merz* stellt in seinem Beitrag „Wilhelm Löhe und die Innere Mission“ fest, daß Löhe v. Kottwitz „fremd“ geblieben sei, ohne dies allerdings näher zu belegen; vgl. *ders.:* Um Glauben und Leben nach Luthers Lehre. Hg. v. *F.W. Kantzenbach.* München 1961 (TB, 15), 226–231, hier 227.

nalismus"[60] oder – wie angegeben – von Löhes diakonischem Denken und Wirken „im Bannkreis von Erweckungsbewegung und Konfessionalisierung" zu sprechen.

In Neuendettelsau versuchte Löhe von 1837 bis 1847 diakonisch-pädagogische Anstalten in bewußter Anlehnung an Francke zu gründen. Diese scheiterten jedoch alle früher oder später, da er noch keine Form zur Unterstützung dieser Anstalten in oder außerhalb der Gemeinde gefunden hatte. In der Entwicklung seiner Ekklesiologie konzentrierte Löhe sich stark auf das Amt. Die Bedeutung des Laienelements wurde in einer von oben hierarchisch gegliederten Amtstheologie an den Rand gedrängt. Sein kirchlich-diakonisches Denken etablierte sich zu dieser Zeit und schlug sich in der ersten ekklesiologischen Schrift „Drei Bücher von der Kirche" aus dem Jahr 1845 nieder (GW 5/1, 83–179).

In der Zeit von 1848 bis 1854 nahm Löhe die diakonische und missionarische Arbeit in der Form von Vereinen aus der Erweckungsbewegung wieder auf, jedoch in grundsätzlich modifizierter Form. Er gab den Vereinen eine wesentlich veränderte Zielsetzung, nämlich die Realisierung der „heiligen Kirche".[61] Das lutherisch-konfessionelle Vereinswesen war also für Löhe das Instrumentarium zur Verwirklichung der Kirche. Der Weg zur Gründung des „Lutherischen Vereins für weibliche Diakonie" im Jahr 1853, der verschiedene Anstaltsgründungen mit einschließen sollte, war nun nicht mehr weit.

Zusammenfassend läßt sich folgendes konstatieren:

1. Der junge Löhe hat wesentlich stärker, als es die bisherige Forschung angenommen hat, an der Erweckungsbewegung teil.
2. Von ihr erhält er starke Impulse zur diakonischen Tätigkeit und realisiert diese mannigfaltig.
3. Dabei geht es ihm im wesentlichen um die geistlich-religiöse Not, aus der wirtschaftliche und soziale Verelendung resultiert.
4. Seit 1834/35 läßt sich in Löhes Frömmigkeitstheologie eine zunehmende Konfessionalisierung beobachten, die auch Auswirkung auf seine diakonische Tätigkeit hat.
5. Sie wird fokussiert auf die heilige Kirche, die künftig die Mitte seines theologischen Denkens und seines übergemeindlichen Wirkens bildet.

---

[60] Vgl. G. *Müllers* gleichlautenden Aufsatz in: NZSTh 15, 1973, 1–37.

[61] Vgl. die Gründung der „Gesellschaft für Innere Mission im Sinne der lutherischen Kirche" im Herbst 1849. Die vierte und letzte Abteilung der Gesellschaft hieß: „Innere Mission durch Abhilfe lokaler Übelstände des geistlichen und leiblichen Lebens" (Löhe: Innere Mission im allgemeinen. In: GW 4, 185). – Vgl. *M. Schmidt:* Kirche und öffentliches Leben im Urteil der lutherischen Erweckungsbewegung des 19. Jahrhunderts. In: ThViat 2, 1950, 48–71, hier 60 Anm. 1: „Es ist das entscheidende Verdienst der lutherischen Erweckungsbewegung, allen voran Wilhelm Löhes, in einem Zeitalter, das ganz vom Vereinsgedanken ergriffen war, den Kirchenbegriff festgehalten und durchgesetzt zu haben."

Rudolf Kropf

Kirche und Gesellschaft in Oberösterreich im frühen 19. Jahrhundert

Reisende und Dichter, die Ende des 18. und in der ersten Hälfte des 19. Jahrhunderts Oberösterreich besuchten, bezeichneten es als ein „Land der Phäaken“[1]. Die landschaftliche Schönheit der Alpen, insbesondere des Salzkammergutes, gepaart mit im Frühling blühenden Obstkulturen und einer relativ wohlhabenden Bevölkerung, hinterließen besonders auf die Besucher den Eindruck eines Garten Eden.[2] Politiker, Wissenschaftler, Dichter und Künstler priesen die Vorzüge dieses Landes. Bekannte Persönlichkeiten wie Fürst Metternich, Erzherzog Rudolf oder Freiherr von Gentz waren öfter im Land ob der Enns zu Gast. Alexander von Humboldt besuchte im Jahr 1797 das Salzkammergut und rühmte es als „die österreichische Schweiz“. Wolfgang Amadeus Mozart komponierte in Oberösterreich seine bekannte „Linzer Symphonie“, Ludwig van Beethoven[3] hielt sich öfters bei seinem Bruder, einem Apotheker, in Linz auf und Franz Schubert soll anläßlich eines Besuches in Steyr durch den Fischreichtum des gleichnamigen Flußes zu seinem Forellenquintett inspiriert worden sein. Die Biedermeiermaler Ferdinand Waldmüller, Friedrich Gauermann und Leopold Kupelwieser fanden hier Motive für ihre Gemälde. Der Dichter Nikolaus Lenau bestieg 1831 den Traunstein und legte hernach seine Eindrücke euphorisch in einem Gedicht nieder und Johann Nestroy spottete 1846 in einer Posse „Um jeden steirischen Felsen sitzen drei Maler herum und pemseln[4] drauf los! Jedes Bachbrückel, jedes Seitl Wasserfall prangt auf der Leinwand, das ganze Salzkammergut existiert in Öl...“

---

[1] *Roman Sandgruber*: Lebensstandard und Ernährung in Oberösterreich im 18. und 19. Jahrhundert. In: Österreich in Geschichte und Literatur 21, 1977, 273 f.; vgl. *ders.*: Die Anfänge der Konsumgesellschaft. Konsumgüterverbrauch, Lebensstandard und Alltagskultur in Österreich im 18. und 19. Jahrhundert. Wien 1982, 222 ff.

[2] *Alfred Hoffmann*: Vom Lob der oberösterreichischen Landwirtschaft. In: Bauernland Oberösterreich. Entwicklungsgeschichte seiner Land- und Forstwirtschaft. Hg. v. *Alfred Hoffmann*. Linz 1974, 17 ff.

[3] *Georg Wacha*: Johann van Beethoven. Neue Quellen zur beruflichen Tätigkeit des Linzer und Urfahrer Apothekers. In: Historisches Jahrbuch der Stadt Linz 1972 [1975], 105 ff.

[4] D. h. pinseln.

Der Reichtum des Landes beruhte damals auf einer modernen, weitgehend großbetrieblichen Landwirtschaft, einer umfangreichen hauswirtschaftlich organisierten gewerblichen Produktion, vor allem der Textilerzeugung der Protoindustrialisierung, den dominanten Manufakturen, in erster Linie der Linzer Wollzeugfabrik, die in den 80er Jahren des 18. Jahrhunderts zeitweise 50.000 bis 60.000 Beschäftigte zählte,[5] den Salinen des Salzkammergutes, dem größten „Kleinod" des Landes und der Kleineisenindustrie, die sich über Teile des Landes, vor allem den oberösterreichischen Eisenwurzen erstreckte.[6] Kein Wunder, daß zeitgenössische Beobachter Oberösterreich im 18. Jahrhundert in der Regel als „manufakturreiches, industriöses Land"[7] beschrieben.

Ferner bildete Oberösterreich einen Mittelpunkt für Handel und Verkehr. Hier kreuzte der Donauhandel die Süd-Nord-Achse von Italien nach Böhmen. Trotzdem war Oberösterreich im 18. Jahrhundert im mitteleuropäischen Verkehrssystem bereits in eine Randlage geraten. Durch die Zentralisierung auf Wien infolge der maria-theresianischen und josephinischen Reformen wurde Linz auf eine bescheidene provinzielle Stellung herabgedrückt.[8]

Völlig anders ist der Tenor der Reiseschriftsteller in der zweiten Hälfte des 19. Jahrhunderts. „Oberösterreich ist ein behäbiges Bauernland, Linz eine Bürger- und Beamtenstadt, die sich vor allem durch die holde Weiblichkeit, die 'schönen Linzerinnen', auszeichne"[9]. Aus einem frühen „Industrieland" war im Zuge der Modernisierung im 19. Jahrhundert ein vergleichsweise rückständiges Bauernland geworden. Vor allem nach der Jahrhundertmitte ist das Zurückbleiben Oberösterreichs in seiner wirtschaftlichen Entwicklung durch die Kriege gegen Napoleon, das Festhalten an traditionellen Produktionsmustern und die Tiefe der Wirtschaftskrisen besonders ausgeprägt. Damit wurde die gesellschaftliche Modernisierung des Landes verzögert, was sich in einer dominanten relativen Rückständigkeit gegenüber Westeuropa manifestierte.[10]

---

5 *Viktor Hofmann*: Die Wollenzeugfabrik zu Linz an der Donau. Beiträge zur neueren österreichischen Wirtschaftsgeschichte. Wien 1919, 233.

6 *Rudolf Kropf*: Die Krise der Kleineisenindustrie in der oberösterreichischen Eisenwurzen im 19. Jahrhundert. In: Heimat Eisenwurzen. Beiträge zum Eisenstraßensymposion Weyer. Steyr 1997, 114 ff.

7 *Roman Sandgruber*: Ein Industrieland mit Tradition. Oberösterreichs Wirtschaft in der frühen Neuzeit. In: Oberösterreichische Wirtschaftschronik. Hg. v. d. Gesellschaft für Wirtschaftsdokumentationen. Wien 1994, Teil I, 29.

8 Vgl. *Alfred Hoffmann*: Wirtschaftsgeschichte des Landes Oberösterreich. Bd. 1: Werden, Wachsen, Reifen. Von der Frühzeit bis zum Jahr 1848. Salzburg 1952, 463 ff.

9 *Elisabeth Gober*: Linz und seine Donaulandschaft in den Reisebeschreibungen der ersten Hälfte des 19. Jahrhunderts. In: Historisches Jahrbuch der Stadt Linz 1971 [1972], 156 ff.; vgl. *Gustav Gugitz*: Linz im Urteil der Reisebeschreibungen und Lebenserinnerungen. In: Jahrbuch der Stadt Linz 1953 [1954], 43 ff.

10 *Rudolf Kropf*: Die oberösterreichische Industrie im Zeitalter der Industriellen Revolution

Bei einer genaueren Betrachtung dieser teils euphorischen Schilderungen über den Wohlstand des Landes zeigt sich demgegenüber ein wesentlich differenzierteres Bild der oberösterreichischen Gesellschaft zu Ende des 18. und am Beginn des 19. Jahrhunderts.

Das Wachstum der Bevölkerung, das noch im 18. Jahrhundert mit dem Österreichs Schritt halten konnte, hatte sich im Vormärz deutlich verlangsamt – die Einwohnerzahl Oberösterreichs wuchs von 1821 bis 1840 nur mehr um 7,3%, während die Bevölkerungszahl der heutigen Republik Österreich noch um ca. 14% zunahm.

Tabelle: Bevölkerungszahl

Jahr	Oberösterreich	Österreich
1754	526 000	2 728 000
1780	601 000	2 970 000
1800	626 000	3 064 000
1821	651 911	3 202 000
1840	699 324	3 649 700

Quelle: Klein, Kurt: Die Bevölkerung Österreichs vom Beginn des 16. bis zur Mitte des 18. Jahrhunderts (mit Abriß der Bevölkerungsentwicklung von 1754 bis 1869). In: Beiträge zur Bevölkerungs- und Sozialgeschichte Österreichs. Hg. v. Heimold Helczmanovszki. Wien 1973, 105.

Von der Mitte des 17. bis zur Mitte des 19. Jahrhunderts kam es in Oberösterreich zu beträchtlichen sozialen Umschichtungen. Die Folgen des Dreißigjährigen Krieges, der Türkenkriege und die hernach folgende tiefe und langanhaltende Wirtschaftskrise sowie die Vertreibung der Protestanten, die einen bedeutenden Teil des frühkapitalistischen Bürgertums gestellt hatten, beeinflußten etwa ein Jahrhundert die wirtschaftliche Entwicklung des Landes äußerst negativ. Seit dem Ende des 18. Jahrhunderts kam es zu großen Besitzumschichtungen, weil viele Adelige ihre Grundherrschaften wegen Überschuldung verkaufen mußten – die Ausgaben für ihren barocken Lebensstil hatten die Einnahmen bei weitem überstiegen. Besonders die Belastungen durch die Franzosenkriege erzwangen viele Verkäufe an reiche bzw. reich gewordene Bürger und Herrschaftsbeamte – ein Prozeß, den man als „Einbruch des bürgerlichen Kapitals in die Adelswelt der Grundherrschaft“[11] bezeichnet.

Doch diese rasch reich gewordene bürgerliche Schicht, die vermögenden und gesellschaftlichen Aufsteiger, bildeten nur eine kleine Elite des Bürgertums. Der Niedergang des 17. Jahrhunderts zeigte sich besonders in der Entwicklung der Stadtwirtschaft sowie der Städte und Märkte, die sich von der Wirtschaftskrise kaum erholen konnten. Zu groß war der

– vom Manufakturzeitalter bis zum Ersten Weltkrieg. In: Oberösterreichische Wirtschaftschronik [s. Anm. 7], Teil I, 47 ff.

[11] *Siegfried Haider*: Geschichte Oberösterreichs. Wien 1987, 243.

Aderlaß der Gegenreformation mit der Vertreibung der Protestanten (Exulanten, Landler etc.), den Oberösterreich lange nicht verkraften konnte. Ein gutes Beispiel hierfür ist die Krise der alten Eisenstadt Steyr nach der Vertreibung der Protestanten.[12] In den Städten stagnierten oder sanken meist die Einwohnerzahlen. Noch im Vormärz konnten nur die Zentren Linz, Steyr, Wels, Gmunden und Schärding eine Zunahme der Bevölkerung verzeichnen, in allen anderen Städten und Märkten kam es zu einem Bevölkerungsrückgang.[13]

Die soziale Differenzierung innerhalb der Bewohner der Städte und Märkte war relativ groß. Oberösterreich war kein Land der Großkaufleute. Die wenigen reichen Handelsherren wurden seit der Mitte des 18. Jahrhunderts von den Industriellen der Manufakturen bzw. der späteren Fabriken aus der gesellschaftlichen Führungsschicht des Bürgertums verdrängt. Typisch für Oberösterreich war im 18. Jahrhundert der im Dienste des Staates stehende, beamtete oder „öffentliche" Unternehmer, der die notwendigen Innovationen in den staatlichen Manufakturen vornahm – als ein typisches Beispiel kann hier Sörgl von Sorgenthal als Direktor der Linzer Wollzeugfabrik genannt werden.[14]

Für die zahlreichen Handwerker des Landes war das Bürgerrecht seit Joseph II. nicht mehr für die Meisterschaft erforderlich. Einerseits vermochten im 18. Jahrhundert vermögende Meister sogar Grundherrschaften zu erwerben, andererseits waren konjunkturabhängige und krisenanfällige Gewerbetreibende in ihrer wirtschaftlichen und sozialen Stellung gefährdet. Vor allem die vielen von den Verlegern abhängigen und von der Industrie bedrohten kleinen Meister und Gesellen der Textil- und Eisengewerbe waren vom Abstieg zum Lohnarbeiter oder Taglöhner und damit vom Absinken in das städtische Proletariat bedroht.[15]

Innerhalb der bäuerlichen Bevölkerung hatte sich im 18. Jahrhundert der soziale Differenzierungsprozeß beträchtlich beschleunigt – hier herrschten große materielle und soziale Unterschiede. In Oberösterreich hatten sich die wohlhabenden Getreidebauern des Flachlandes, die Bauern in den nördlichen und südlichen Berg- und Waldgebieten, die von Mißernten und Konjunkturschwankungen extrem abhängig waren, und die regional sehr unterschiedlich ausgeprägte wirtschaftlich und sozial schwache Schicht der Kleinhäusler etabliert. Durch die maria-theresianischen und josephinischen Reformen kam es in der zweiten Hälfte des 18. Jahrhunderts infolge des aufgeklärten Absolutismus, der dem Bauerntum besondere Förderungen angedeihen ließ, zur wesentlichen Verbes-

---

[12] *Caecilia Doppler*: Reformation und Gegenreformation in ihrer Auswirkung auf das Steyrer Bürgertum. Diss. Wien 1977.

[13] *Haider* [s. Anm. 11], 243.

[14] *Hofmann* [s. Anm. 9], 92 ff.

[15] *Hoffmann* [s. Anm. 8], 488 ff.

serung der Lage der Bauern. Der Staat propagierte und förderte den Übergang von der Dreifelderwirtschaft zur Fruchtwechselwirtschaft mit Viehzucht und Stallfütterung sowie eine Verstärkung der Düngerwirtschaft. Daraus folgte eine bessere Nutzung des Arbeitsjahres der landwirtschaftlichen Arbeitskräfte und ein wesentlicher Anstieg der quantitativen Produktion bis zu 50%. Infolge dieser intensiveren Bewirtschaftung kam es zu einer nicht unwesentlichen Steigerung der Erträge. Oberösterreich galt daher im Vergleich zu seinen Nachbarländern als fortschrittliches und vorbildliches Agrarland, das sich durch weitgehende und intensive Nutzung der Bodenfläche sowie durch Fleiß und relative Freiheit seiner Bauern auszeichnete.[16]

Das politische System der Regierungen von Kaiser Franz I. und Kaiser Ferdinand I. stand unter dem Eindruck der Französischen Revolution. Als reaktionäres Regime versuchte man, einen Teil der Errungenschaften des 18. Jahrhunderts wieder zurückzunehmen. Vor allem der Bauernstand, der eine weitere Umgestaltung der feudalen Verhältnisse im Auge hatte, nahm dies nicht so ohne weiteres hin und bestand auf den unter Maria Theresia und Joseph II. erworbenen Rechten. Eine von den Bauern erhoffte Weiterentwicklung zu einem völlig freien Bauernstand und zu einer vollständigen Bauernbefreiung sowie Grundentlastung blieb jedoch zunächst aus. Bauernvertreter, sogenannte „Bauernadvokaten“, nahmen sich der Sache der Bauern an und verfaßten Eingaben an den Hof in Wien gegen die Negierung der Rechte der Bauern. Von den Herrschaftsbeamten wurden diese Personen als Aufrührer betrachtet und verfolgt. Der „Bauernadvokat Kalchgruber“, der 1824 von den Herrschaftsbeamten von seinem Hof abgestiftet wurde, konnte trotz Kopfgeld und Fahndung bis zu seinem Tod im Mühlviertel seine Tätigkeit als Verfasser bäuerlicher Eingaben „im Untergrund“ fortsetzen. Bauernunruhen, Aufstände und Zusammenrottungen waren vorwiegend im Mühlviertel die Folge dieses sozialen Gärungsprozesses.[17]

Kleine Bergbauern, Kleinhäusler und Inleute, meist Arbeiter und Taglöhner, sowie das Gesinde zählten zu den unteren Schichten der ländlichen Bevölkerung. Die Stellung der Dienstboten hatte sich im 19. gegenüber dem 18. Jahrhundert eher verschlechtert als gebessert. Einerseits wahrten die Gesinde- und Dienstbotenordnungen hauptsächlich die Interessen der Dienstgeber, andererseits war ein spürbarer Arbeitskräftemangel die Hauptursache für die schlechte Lage der Dienstboten, der noch durch die Aufhebung der Gesindezwangsdienste durch Joseph II. und vor allem durch die Intensivierung der Landwirtschaft und die beginnende Industrialisierung verstärkt wurde.[18]

---

16 *Hoffmann*, Bauernland Oberösterreich [s. Anm. 2], 53 ff.
17 *Haider* [s. Anm. 11], 250.
18 *Haider* [s. Anm. 11], 253

Verglichen mit seinen Nachbarländern wies Oberösterreich im gesamten gesehen in der ersten Hälfte des 19. Jahrhunderts einen gewissen Wohlstand auf. Die Steigerung der Erträge infolge der Intensivierung der Landwirtschaft führte seit der Mitte des 18. Jahrhunderts zu einer Verbesserung der Nahrung und des Lebensstandards, der im Vormärz seinen Höhepunkt erreichte und erst infolge der Krisen der 40er Jahre abzusinken begann.[19]

Die Reformen des aufgeklärten Absolutismus hatten die alte ständische Gesellschaftsordnung erschüttert und trotz aller sozialer Gegensätze eine gewisse gesellschaftliche Nivellierung herbeigeführt.[20] Durch das Allgemeine Bürgerliche Gesetzbuch (ABGB) von 1812 wurde aus dem Staatsuntertan der Staatsbürger.

In Oberösterreich wurden alle Bestrebungen zu einer Modernisierung des Staatslebens im Sinne einer Verfassung durch das reaktionäre Regime des Vormärz erstickt. Als die Reformen des Josephinismus gerade wirksam geworden waren, nahm die leopoldinische Restauration einen Teil der Errungenschaften wieder zurück. Es war weder zu einer inneren Erneuerung der ständischen Körperschaften noch zu einer Erweiterung des Landtages gekommen. Das Polizeisystem von Kaiser Franz I. ließ im Vormärz jede Einwirkung der Ideen der französischen Revolution unwirksam werden. Trotzdem sympathisierten in Oberösterreich breite Schichten der Bevölkerung mit den neuen Ideen, die sogar bis in das Mühlviertel vorgedrungen waren. Die Franzosenkriege konnten aufgrund von Besetzungen, Plünderungen, Mißhandlungen, Erpressungen und Einquartierungen, die die Bevölkerung belasteten, keinesfall revolutionäre Ideen fördern oder gar propagieren. Besonders im Mühlviertel herrschte im Vormärz eine bedenkliche Lage.[21]

Bis 1848 unterdrückte der Metternichsche Staat jede politische und sozioökonomische Regung. Alle politischen Strömungen, Liberalismus, Nationalismus, Sozialismus und sogar der Katholizismus, wurden in ihrer Aktivität behindert. Die Zensurhofstelle bemühte sich, das Eindringen freiheitlicher Ideen zu verhindern. Am stärksten stand das Mühlviertel unter den vorwiegend aus Bayern einströmenden Einflüssen.[22]

Die neue bayerische Verfassung von 1818 und bayerische Druckschriften mit demokratischen Ideen, die ins Land geschmuggelt wurden, förderten in Oberösterreich liberal konstitutionelle Tendenzen. Besonders groß war das Interesse bei den Intellektuellen und Bürgern, die sich vom neuen System in erster Linie Steuererleichterungen erhofften. Vor allem

---

[19] *Sandgruber* [s. Anm. 1], 274.

[20] *Haider* [s. Anm. 11], 245.

[21] *Ursula Senoner*: Die Bewegung der Boosianer im Mühlviertel. In: Jahrbuch der Gesellschaft für die Geschichte des Protestantismus in Österreich 89, 1973, 4.

[22] *Senoner* [s. Anm. 21], 5.

aber hegten die Bauern des oberen Mühlviertels besondere Hoffnungen, die außerdem eine Befreiung von den grundherrschaftlichen Bedrükkungen erwarteten. Das Mühlviertel schien nach Ansicht des Kreiskommissärs Franz Sales Ritter von Kreil um die Mitte der 20er Jahre „am Vorabend einer Revolution zu stehen".[23] Die soziale Gärung hatte im Lande bereits ein beträchtliches Ausmaß erreicht.

Nach Auffassung des Josephinismus gehörte auch die Geistlichkeit zum Beamtentum des Staates. Ein großer Teil des Klerus zählte zu den Anhängern des Josephinismus, weshalb zwischen Staat und Kirche bis in die 20er Jahre des 19. Jahrhunderts keine Probleme existierten. Die oberösterreichische Landesregierung mußte nach einer Anordnung des Kaisers Geistliche unter dem Titel von k. k. Regierungsräten als Religionsreferenten einsetzen, die häufig auch eigenmächtig in kirchliche Kompetenzen eingriffen. Der Linzer Domscholastikus und bischöfliche Konsistorialrat Johann F. Bertgen, ein Josephiner, war ein solcher Religionsreferent, ein Freund Johann Michael Sailers und ein Gönner von Martin Boos.[24]

Im Reformkatholizismus der josephinischen Zeit war also die Kirche dem Staatsinteresse und dem als Staatszweck angesehenen Gemeinwohl unterzuordnen. Bischöfe und Klerus standen unter strenger Aufsicht des Staates. Pfarrer mußten im Dienste des Staates die Standesmatrikeln führen, Gesetze und Verordnungen von der Kanzel verkünden und erläutern.[25]

M. Pammer hat in Oberösterreich Testamente zwischen 1700 und 1820 untersucht, von denen ein Großteil aus der Zeit nach dem Toleranzpatent stammt.[26] Er fand fast keine Fälle, in denen ein ausdrückliches Bekenntnis zum Protestantismus ausgesprochen wird. Pammer kam zur Erkenntnis, daß der Reformkatholizismus josephinischer Prägung daher nicht als eine Entkatholisierung oder Hinwendung zum Protestantismus gesehen werden kann. Die relative Entkrampfung des Verhältnisses zwischen den Konfessionen war also noch keine „Anbiederung" des Katholizismus an den Protestantismus. Die Hinwendung zum Protestantismus war auch nicht der wesentliche Punkt des Reformkatholizismus. Die Entbarockisierung der Frömmigkeit war daher nicht einfach ein Ausfluß der Reformkatholiken, sie war gleichzeitig das Ergebnis wachsender laizistischer Tendenzen. Reformkatholizismus und Laizismus waren die beiden maßgebenden Größen für die religiöse Entwicklung der oberösterreichischen Bevölkerung am Ende des 18. Jahrhunderts.[27]

---

23 *Haider* [s. Anm. 11], 236.

24 *Senoner* [s. Anm. 21], 5.

25 *Haider* [s. Anm. 11], 282.

26 *Michael Pammer*: Glaubensabfall und wahre Andacht. Barockreligiosität, Reformkatholizismus und Laizismus in Oberösterreich 1700–1820. Wien, München 1994, 270 ff.

27 *Pammer* [s. Anm. 26], 273 ff.

Die geistesgeschichtlichen Strömungen und Teilströmungen des 18. und beginnenden 19. Jahrhunderts reduziert M. Pammer auf drei Religiositätstypen[28]:

1. Barocker Typus: Formen, in denen die Religiosität ausgelebt wird, wurden im Barock als sehr wichtig angesehen und entsprechend vielfältig abgebildet. Gepflegt wurde eine ausschweifende, formelhafte religiöse Rhetorik; geschätzt wurden Klöster aller Gattungen; geliebt wurden Andachten, Prozessionen und Wallfahrten; verehrt wurde eine Vielzahl von Heiligen; man ist Mitglied zahlreicher Bruderschaften; die Seligkeit wurde in Form von Seelenmessen und Spenden für die Armen „erkauft".

2. Reformkatholischer Typus: Äußere Formen sind als Thema nicht unwichtig. Vielfalt und sinnliche Befriedigung werden durch strenge asketische Formen ersetzt, und zwar im Namen rationalistischer, ökonomistischer, moralistischer und ähnlicher Maßstäbe, denen die Religion unterworfen wird. Glaubensinhalte, die diesen Maßstäben nicht standhalten, werden in ihrer Bedeutung reduziert, allerdings werden Kernbereiche wie die Bibel oder die Sakramente durchaus für sich als wichtig angesehen. Dabei handelt es sich um eine einförmige Religiosität. Festgelegte sprachliche Formeln werden sparsam verwendet; die Liturgie ist nüchtern; Wallfahrten, Prozessionen und nichtsakramentale kirchliche Feiern sind wegen ihrer Nutzlosigkeit für die Wirtschaft oder moralischen Erbauung nicht sehr beliebt; religiöse Orden sollen ihre Berechtigung durch Krankenpflege oder pädagogische Tätigkeit unter Beweis stellen; Seelenmessen sind nur in bescheidenem Rahmen nützlich; Bruderschaften sind verzichtbar; Unterstützung der Armen, und zwar von Armeninstitutionen statt Einzelpersonen oder privaten Einrichtungen; religiöse Toleranz ist gefragt.

3. Laizistischer Typus: Verzicht auf religiöse Formen und zum Teil auch Inhalte. Innerlich religiöse Vorstellungen, sofern sie vorhanden sind, werden in Handlungen nicht ausgedrückt; es werden keine religiösen sprachlichen Formeln verwendet; man hat für Heilige, Messen oder Bruderschaften nichts übrig; wenn man den Armen etwas zukommen läßt, dann ohne religiöse Begründung.

Der Linzer Bischof Gregorius Thomas Ziegler, der vierte Bischof des 1785 gegründeten Linzer Bistums, war ein Vertreter des romantisch beeinflußten und romtreuen kämpferischen Reformkatholizismus, also des politischen Katholizismus unter der Devise „zwischen Thron und Altar". Er nahm öffentlich gegen die Bevormundung der Kirche durch das josephinische Staatskirchentum Stellung. Der harte und unversöhnliche Geist dieses neuen Katholizismus, der für seinen Kampf um die Freiheit der Kirche vom Staat und gegen die Ideen von Liberalismus und Demo-

---

28 *Pammer* [s. Anm. 26], 24 f.

kratie auch die Laien mobilisierte, führte zu heftigen Auseinandersetzungen mit Anhängern des Josephinismus, mit Liberalen und Nichtkatholiken.[29] Der restaurative Staat des Vormärz förderte die katholische Kirche besonders und beschränkte wieder andere Bekenntnisse in ihren Rechten, was einen Rückschlag in der Entwicklung des österreichischen Protestantismus bedeutete.[30]

Nach dem Toleranzpatent von 1781 durften 100 Familien oder 500 Personen eine evangelische Gemeinde gründen und einen Pastor auf eigene Kosten berufen. Die katholischen Pfarrämter aber hatten weiterhin das Recht auf Stolgebühren und Matrikelführung über den Personenstand. Auch blieb den Katholiken der Titel Pfarrer vorbehalten. Die evangelischen Bethäuser mußten ohne Türme und Glocken errichtet werden. Weiter durften Schulen gebaut und Lehrer angestellt werden. Ab 1. Jänner 1783 bestand die Verpflichtung eines sechswöchigen Religionsunterrichtes beim katholischen Pfarrer vor Genehmigung eines Übertritts zur Evangelischen Kirche. Die große Anzahl der Anmeldungen zum Übertritt hatte die Behörden überrascht, so daß man den Übertritt erschweren wollte. Für Mischehen wurde festgelegt, daß bei einem katholischen Vater alle Kinder katholisch getauft werden mußten, bei einem evangelischen Vater nur die Söhne.[31]

Zum ersten Superintendenten der Evangelischen Kirche Oberösterreichs wurde am 19. Mai 1783 Pfarrer Johann Christian Thielisch in Scharten bestellt. Im Jahr 1787 betrug die Seelenzahl der bis dahin gegründeten Gemeinden 10.919 Personen, die bis 1828 auf 15.398 anwuchs. Die Anfangsprobleme der neuen Gemeinden – Unterland: Eferding, Neukematen, Scharten, Thening, Wallern und Wels; Oberland: Rutzenmoos, Goisern und Gosau – waren groß: Aufbau der Gemeinden, Bau von Bethäusern unter Beachtung der strengen staatlichen Vorschriften, Anlage von Friedhöfen, Unterkünfte für die Seelsorger, Einrichtung von Schulen, Berufung von Pastoren, Anstellung und Prüfung von Lehrern etc. Johann Christian Thielisch meinte damals: „diese Behörde (gemeint war das Konsistorium) habe ihre Kraft nur im Hindern"[32]. Nach seinem Tod 1827 wurde Johann Steller sein Nachfolger. Er stammte aus der Zips, war seit 1813 Pfarrer in Thening, 1827 provisorischer und seit 1832 wirklicher Superintendent. Die Probleme waren nicht kleiner ge-

---

[29] *Rudolf Zinnhobler*: 200 Jahre Bistum Linz. In: Kirche in Oberösterreich. 200 Jahre Bistum Linz. [Ausstellungskatalog]. Linz 1985, 231 ff.

[30] *Haider* [s. Anm. 11], 292 f.; vgl. *Senoner* [s. Anm. 21], 66 ff.

[31] *Leopold Temmel*: Evangelisch in Oberösterreich. Werdegang und Bestand der Evangelischen Kirche. Linz 1982, 77; vgl. auch *Grete Mecenseffy*: Geschichte des Protestantismus in Österreich. Graz, Köln 1956, 208 ff.; *Gustav Reingrabner*: Protestanten in Österreich. Geschichte und Dokumentation. Wien [u. a.] 1981, 177 ff.

[32] *Temmel* [s. Anm. 31], 79; vgl. auch *Reingrabner* [s. Anm. 31], 189 f.

worden. Besonders drückend wurde die geistige Lage der Metternichschen Zeit empfunden, die ständige Verweigerung von Übertritten und die dabei zutagetretenden Schikanen. Die Ausweisung der Zillertaler Protestanten, die 1837 durch Oberösterreich nach Preußen zogen,[33] ließ damals auch für die oberösterreichischen Evangelischen Böses befürchten. Der Linzer Bischof beantragte einige Male die Ausweisung der Boosianer aus Gallneukirchen und Umgebung.[34] Die Ausübung des protestantischen Bekenntnisses war im Vormärz allgemein dadurch erschwert worden, daß der betont katholische Staat die Toleranz enger auslegte als früher.

Wohl als Reaktion auf den nüchternen Rigorismus der vernunftbetonten Aufklärung entstanden am Beginn des 19. Jahrhunderts mit der aufkommenden Romantik auch in Oberösterreich verschiedene religiös-schwärmerische Bewegungen:[35]

a) „Brüder und Schwestern von Zion": Eine mystische Erweckungsbewegung, die unter dem Einfluß des Grazer Domherrn Engelbert Maurer stand. Zentren dieser Bewegung waren Eferding und später Ampflwang. Diese pietistisch orientierte Bewegung ging in Oberösterreich im Protestantismus auf.[36]

b) „Pöschlianer": Thomas Pöschl kam 1812 als Kooperator nach Ampflwang. Er lehrte eine Offenbarungslehre und die bevorstehende Aufrichtung einer christlich-jüdischen Kirche der Endzeit. Pöschl wurde nach Salzburg und dann nach Wien versetzt und für geisteskrank erklärt. Er unterhielt zunächst weiterhin Verbindung zu seinen Anhängern in Ampflwang und Umgebung. Im wirtschaftlichen Krisenjahr 1817 kündigte eine radikale und fanatische Gruppe von Anhängern Pöschls unter der Führung des Bauern Johann Haas aus Ottnang den Weltuntergang an, führte Teufelsaustreibungen durch und beging angeblich sogar Sühnemorde. In einem Prozeß gestand man ihnen Unzurechnungsfähigkeit zu. Anhänger dieser Sekte konnten nur gewaltsam daran gehindert werden, zur Bekehrung von Juden nach Prag zu ziehen. Bis in die 70er Jahre lassen sich noch vereinzelt Pöschlianer nachweisen.[37]

c) „Boosianer": Martin Boos wurde 1762 als zehntes Kind eines schwäbischen Bauern geboren. Von Kindheit an war er im Katholizismus beheimatet. Nach Studium und Tätigkeit in mehreren Pfarreien wurde er

---

33 *Reingrabner* [s. Anm. 31], 209.

34 *Temmel* [s. Anm. 31], 80.

35 *Haider* [s. Anm. 11], 291.

36 *Haider*, 291.

37 *Senoner* [s. Anm. 21], 127; vgl. *Haider* [s. Anm. 11], 291 f.; *Gustl Zweimüller*: Die Pöschlianer oder die Hausruckviertler Glaubensbewegung. Abtenau [um 1950]. Manuskript im OÖ. Landesarchiv in Linz.

wegen Schwärmerei und ekstatischer Predigten seines Amtes enthoben, später aber wieder eingesetzt.[38]

Im Jahr 1801 wurde Boos vom Bischof von Linz, Johann Anton Gall, als Kaplan in Leonding, später Waldneukirchen angestellt. In Linz herrschte damals eine kühle, nüchterne Atmosphäre, die vom josephinischen Geist auch auf religiösem Sektor geprägt war. „In der moralisierenden, belehrenden Welt des Josephinismus schien dem 'lebendigen Glauben an Christus' kein Raum gegeben"[39].

Domscholastikus Johann F. Bertgen berief Boos nach Peuerbach, wo er fünf Jahre wirkte. Bischof und Pfarrei waren mit ihm hochzufrieden. Daher wurde Boos am 15. Juli 1806 auf die große, reich dotierte Pfarrei Gallneukirchen bestellt. Die Pfarrpfründe beliefen sich in Gallneukirchen auf 3.000 bis 4.000 Gulden jährlich. Boos gab an, daß er acht bis zehn Dienstboten, zehn Kühe, drei Pferde, etliche Hennen, Gänse, Enten, dazu ansehnliche Dienstäcker, Wiesen und Waldungen besessen habe. Die Pfarrei Gallneukirchen bestand damals aus dem Markt mit acht Dörfern, zwei Hilfspredigern und Kooperatoren. Die Bewohner im Markt waren Bürger, Handwerker und Wirte, in den umliegenden Dörfern hingegen Bauern mit größerem oder kleinerem Besitz, Müller, Schmiede, Weber und vorwiegend Dienstboten.[40]

Die Tätigkeit von Boos war aber nicht nur auf die Pfarrei Gallneukirchen beschränkt, sondern er suchte durch die Korrespondenz mit Gleichgesinnten Kontakt zu Vertretern anderer Konfessionen. Er verkehrte mit den Lutheranern Maria Oberndorfer und Pfarrer Johann Friedrich Höchstätter aus Eferding, ferner mit der reformierten Anna Schlatter und deren Sohn, weiter mit dem Quäker Stephan Grellet und den Herrnhuter-Sympathisanten Baron Carl von Gumpenberg, der im Jahr 1815 Boos acht Tage in Gallneukirchen besuchte. Dieses „ökumenische" Experiment versuchte, die Vorurteile vergangener Generationen zu verwerfen und die Bibel als einzige Grundlage, als ihren gemeinsamen Mittelpunkt zu sehen. Die Erweckten strebten keine Rückführung in die

[38] *Senoner* [s. Anm. 21], 3f. Über Martin Boos vgl. *Johannes Goßner*: Lebensgeschichte von Martin Boos, Prediger der Gerechtigkeit, die vor Gott gilt. Auszug aus seiner Selbstbiographie. Hg. v. *St. Gallscher* Verein zur Verbreitung christlicher Erbauungsschriften. St. Gallen 1836; *Hildebrand Dussler*: Martin Boos. München 1958 (Lebensbilder aus dem Bayerischen Schwaben, 6); *Theodor Wiedemann*: Die religiöse Bewegung in Oberösterreich und Salzburg bei Beginn des 19. Jahrhunderts. Innsbruck 1890; Martin Boos und die Entstehung der evangelischen Gemeinde und der Liebesanstalten in Gallneukirchen-Weikersdorf. Hg. v. Oberösterr. evangel. Verein für innere Mission Gallneukirchen. Linz [o.J.]; Auf dein Wort hin. 100 Jahre Evangelische Gemeinde – Diakonische Arbeit Gallneukirchen. Hg. v. Evangel. Pfarrgemeinde Gallneukirchen u. Evangel. Diakoniewerk Gallneukirchen. Gallneukirchen 1973; *Reingrabner* [s. Anm. 31], 220f.

[39] *Senoner* [s. Anm. 21], 6.

[40] *Senoner*, 6.

katholische Mutterkirche an; „man wollte nebeneinander bestehen, weil sich der konfessionelle Absolutismus überlebt hatte“[41].

Bis 1810 wirkte Boos unangefochten in Gallneukirchen, dann drängte es ihn stärker zur Verkündigung der christlichen Heilsbotschaft. Im Mittelpunkt seiner Predigten stand der Gegensatz von Sünde und Gnade durch Jesus Christus. Der moralisch ästhetischen Christusverehrung stellte er Christus als Freund der Armen, der Mühseligen und Beladenen entgegen. Die in der Predigt dargelegten Glaubenssätze festigte Boos in privaten Gesprächen bei häufigen Hausbesuchen und in Andachtsübungen im Pfarrhof. Durch Gespräche mit seinen Dienstboten über religiöse Themen erreichte er eine allmähliche Emanzipation der Dienstleute. Eine der wesentlichsten Hilfen, deren sich Boos bei der Erweckungsarbeit bediente, waren Bücher. Allen voran stellte Boos das Neue Testament, das er in vielen Exemplaren an seine Gläubigen verteilte. Boos förderte die Verbreitung des Evangeliums und des praktischen Christentums. Er verlangte Duldung für Außenstehende und regte theologische Schulung und Erbauung an. Boos legte in seinen Predigten die Bibel aus, sprach über Vorfälle des Alltags und gab brauchbare Lebenshilfen, wobei er sich mit Vorliebe vulgärer Worte bediente.[42] Demgegenüber waren die Predigten der oberösterreichischen Pfarrer im josephinischen Geist abgefaßt, verstandeskalt, dogmatisierend und weitschweifig moralisierend.

Boos zog durch seine Predigten Scharen von Anhängern an. Die Bewohner der Nachbargemeinden strömten zu den Gottesdiensten nach Gallneukirchen, um ihn zu hören, und entvölkerten so die Kirchen der Dörfer. Neid und Mißgunst stellten sich bei den Amtskollegen ein.

Auch in Gallneukirchen regte sich unter der Bevölkerung Widerstand. Seine Gegner, kaum 30, meist aus bürgerlichen Kreisen, fühlten sich von der Art der Seelsorge, wie Boos sie ausübte, weniger angesprochen. Bereits im Jahr 1811 wurde im Konsistorium der Landesregierung Unbehagen über Boos laut und man begann, die Erweckungsbewegung von Gallneukirchen zu beobachten.

In den Jahren 1811 bis 1816 waren die Konfrontationen durch aufwühlende Predigten stärkstens emotionsgeladen. Trotz öfterer Ermahnungen ließ Boos von seinem Erweckungseifer nicht ab. Erste Untersuchungen am 28. Jänner und 7. Februar 1811 brachten jedoch kein Ergebnis. Im Jahr 1812 gab es abermals Untersuchungen, doch Beamte des Wiener Hofes erklärten den „tadellosen Mann“ für unschuldig. Die wenigen Gegner im Ort brachten erneut beim Bischof Klagen ein. Doch in Wien fand man weiter nichts „Tadelnswertes“ an Boos.[43]

---

41 *Senoner* [s. Anm. 21], 7.
42 *Senoner*, 14.
43 *Senoner*, 16 f.

Im Jahr 1815 wurden dann über Boos die Briefzensur und polizeiliche Überwachung verhängt. Der Polizeidirektor von Linz, Joseph Edler von Hoch, meldete am 26. Mai 1815, daß Boos ungeachtet des eindringlichen Verbotes mit dem Ausland korrespondiere. Der Dechant von Freistadt hat daraufhin Boos aufgetragen, jegliche Korrespondenz mit dem Ausland zu unterlassen.

Auf Vorwürfe, die gegen ihn erhoben wurden, er wäre lutherisch oder ein Schwärmer, antwortete Boos, daß die katholische Kirche für ihn die einzig mögliche Form wäre.

Am 25. Juli 1815 erfolgte dann eine Vorladung nach Linz und die Inhaftierung im Karmelitenkloster. Bischof Sigismund, Graf von Hohenwart, verurteilte Boos wegen Zugehörigkeit zu einer geheimen pietistischen Gesellschaft. Er blieb bis zu der durch Wien verfügten Ausweisung aus Österreich in Linz inhaftiert. Am 22. April 1816 sprach der Wiener Hof Martin Boos von der Anschuldigung der schweren Polizeiübertretung und Zugehörigkeit zu einer geheimen Gesellschaft frei, doch verlor er seine Pfarrei Gallneukirchen und sollte in ein Kloster eingewiesen werden. Die Abhaltung von Zusammenkünften der Boosianer sollte nicht gestattet werden. Boos verließ am 31. Mai 1816 Oberösterreich und ging nach München. Später übernahm er die Pfarrei Sayn bei Koblenz in der Diözese Trier, wo er am 29. August 1825 starb.[44]

Seine Anhänger, die Boosianer, bemühten sich zunächst um seine Rehabilitation. Sie wurden von den Pfarrern in Gallneukirchen und den umliegenden Gemeinden als Verirrte gebrandmarkt.

Bereits am 29. März 1821 und am 14. November 1821 bemühten sich 48 Übertrittswerber aus den Pfarreien Gallneukirchen und Altenberg um die Aufnahme in die Evangelische Kirche.[45] Die Katholische Kirche wollte mit allen Mitteln den Übertritt der Boosianer verhindern. Die Übertrittswilligen mußten beim zuständigen Pfarrer einen katholischen Religionsunterricht absolvieren, der sie vom Übertritt abhalten sollte. Der Pfarrer von Gallneukirchen hatte diesen Unterricht immer wieder verzögert und hinausgeschoben. Ferner standen die betroffenen Mühlviertler ebenso wie die evangelischen Pastoren von Eferding, Scharten und Thening unter strenger Polizeiaufsicht.

Am 12. September 1824 ordnete Bischof Sigismund, Graf von Hohenwart, eine kanonische Visitation im Mühlviertel an. Er gab sich alle erdenkliche Mühe, die Abtrünnigen wieder zu bekehren, doch die Umstände waren nicht klug gewählt.[46]

---

[44] *Senoner* [s. Anm. 21], 19 f.; vgl. *Temmel* [s. Anm. 31], 139.

[45] Abschrift des vom Districts-Commissariat Riedegg am 14. November 1821 aufgenommenen Protokolls, welches die Namen der zuerst sich meldenden Boosianer enthält. Abschrift im Archiv des Diakoniewerkes Gallneukirchen. Vgl. *Temmel* [s. Anm. 31], 139.

[46] Eingabe von Pfarrholden von Gallneukirchen an seine k.k. Majestät mit der Bitte, den

Am 26. Jänner 1825 wurden durch eine kaiserliche Verordnung Redemptoristen nach Gallneukirchen entsandt, um die Boosianer in die Katholische Kirche zurückzuführen. Aber auch diese Mission scheiterte. Die Redemptoristen kamen zu folgendem Schluß: die Boosianer, die schon mehrere Jahre aufgehört hatten, dem katholischen Gottesdienst und den Predigten beizuwohnen, sonderten sich auch gänzlich von den anderen Gemeindemitgliedern ab und beschränkten ihren Verkehr auf Privatzusammenkünfte.[47]

Im Jahr 1827 wurde Gregorius Thomas Ziegler zum Bischof von Linz ernannt. Er war mit Clemens Maria Hofbauer befreundet und wurde durch ihn in seiner streng katholischen Richtung bestärkt. Ziegler schloß sich der katholischen Restauration aufs engste an. Er trat für eine echt katholische Dogmatik ein und wurde zu einer Hauptstütze für katholisch restaurative Bestrebungen. Ziegler bewies gründliche und umfassende Kenntnisse in der Theologie, Festigkeit und Kraft. Außerdem besaß er die nötige Autorität und Härte, um dem Protestantismus die Stirn zu bieten und die Diözese Linz im Geiste der katholischen Restauration zu führen. Er war mit dem Fall Thomas Pöschls in Ampflwang vertraut und Kenner der religiösen Ansichten von Martin Boos. Ziegler schien der am besten geeignete Bischof zu sein, die Übertrittswerber aus Gallneukirchen und Umgebung zur Raison zu bringen. Hinsichtlich der Boosianer legte er einen unduldsamen Geist an den Tag. Den Anhängern von Boos verweigerte er die Übertrittsbewilligung, weil sie als Sektierer eingestuft, nicht in den Genuß des Toleranzpatentes kommen sollten. Er unterdrückte sie mit gegenreformatorischen Mitteln. Ziegler beurteilte die boosianische Bewegung als staatsfeindlich. Sein Streben nach Macht und Prestige für die Kirche zeigte sich auch in der toleranzwidrigen Behandlung der Boosianer, die aus der leidenschaftlichen Ablehnung des Protestantismus resultierte.[48]

Für den 6. Oktober 1827 ordnete der Bischof eine kanonische Visitation in Gallneukirchen an. Visitation und Visitationsbericht zeigen das scharfe Vorgehen des Bischofs gegen die Boosianer. Am 28. Oktober hielt der Bischof in Gallneukirchen ein Hochamt, bei dem alle Boosianer erscheinen mußten. Anschließend hielt Bischof Ziegler vor den Boosianern einen Vortrag, nach welchem zwei Boosianer im Namen aller erklärten, „daß sie sich eher die Hälse abschneiden lassen, als zur Katholischen Kirche zurückkehren“[49] wollten.

Übertritt zur protestantischen Kirche zu gestatten (12. November 1828). Abschrift im Archiv des Diakoniewerkes Gallneukirchen.

[47] Eingabe [s. Anm. 46].

[48] *Senoner* [s. Anm. 21], 66 ff.

[49] *Senoner*, 79.

Im Jahr 1827 tauchten bei Boosianern in Gallneukirchen und Umgebung Briefe eines gewissen Gottlieb Treumann aus dem „Tränenthale" auf, die vermutlich vom katholischen Bischof Ziegler initiiert wurden. Diese sogenannten „Treumannbriefe" sollten die Boosianer, vor allem alleinstehende Frauen, zu unüberlegten Äußerungen provozieren. Die Boosianer hatten auf diese Herausforderung jedoch nicht geantwortet.[50]

Andere Briefe, die an einen Herrn von Landskronn adressiert waren und anonym abgesandt wurden, enthielten eine Reihe geheimer Nachrichten über die Boosianer. Jede Anordnung des Polizeipräsidiums an das Mühlkreisamt, jede Anweisung oder Mitteilung an die kirchlichen Stellen, jede vertrauliche Meldung an das Landespräsidium, das die von der Katholischen Kirche Abgefallenen zum Gegenstand hatte, basierte auf diesen geheimen Benachrichtigungen. Der geheime Denunziant war vermutlich der Gallneukirchner Tischlermeister Johann Stenger, ein Gegner von Martin Boos.[51]

Aufgrund dieser Vorfälle sonderten sich die Boosianer von der übrigen Gemeinde weiter ab bzw. trieb die Katholische Kirche ihre Ausgrenzung durch diverse Verbote und Anordnungen voran. Ihr Verhalten gegenüber der katholischen Geistlichkeit und den Katholiken war ohne Tadel. In ihren verbalen Äußerungen waren sie sehr zurückhaltend und mäßigend. In ihrem Verhalten gegen die weltliche Obrigkeit konnte ihnen nichts zur Last gelegt werden. Sie zahlten pünktlich ihre Steuern und kamen ihren Verbindlichkeiten zeitgerecht nach. Sie praktizierten Opferfreudigkeit und Nächstenliebe sowie ein äußerst diszipliniertes Verhalten.[52]

Vertreter der Katholischen Kirche bezeichneten sie als Schwärmer, Ketzer, Sektierer und böswillige Lumpen. Sie riskierten dabei ähnlich wie die Zillertaler Protestanten, aus der Heimat vertrieben zu werden. Gesetzesübertretungen der Konvertiten bestanden vorwiegend im verbotenen Besuch protestantischer Kirchen. Die Boosianer waren durchweg einfache Leute, während ihre Kontrahenten höheres, oft überdurchschnittliches Bildungsniveau besaßen. Ihr Konflikt mit Bischof Ziegler endete im unversöhnlichen Widerspruch zwischen dem starren Theologen, der präzise dogmatische Unterscheidung verlangte, und der Gefühlsfrömmigkeit der Boosianer. Ein Großteil der Boosianer waren Frauen, Witwen und ledige Dienstmägde.

Bald wurde den Behörden klar, daß an eine Rückführung der Boosianer in die Katholische Kirche nicht mehr zu denken war. Schikanen, wie Heiratsverweigerungen, Beerdigungen in Friedhofsabteilungen, die weniger angesehen waren und Kerkerstrafen sollten sie mürbe machen. Die

---

50 Eingabe [s. Anm. 46].
51 *Senoner* [s. Anm. 21], 23.
52 Eingabe [s. Anm. 46].

Katholische Kirche besuchten sie nicht mehr, die Teilnahme an Gottesdiensten in evangelischen Bethäusern war ihnen verboten. Wegen verschiedener Angriffe und Drohungen mußte ihnen die evangelische Kirche verbieten, die Bethäuser in Eferding und Scharten zu besuchen. Mit diversen Willkürakten beabsichtigte man, die Boosianer mürbe zu machen. So sollten den Müttern die Kinder gewaltsam weggenommen werden. Eine Fülle weiterer Behinderungen und Strafen wegen sogenannter Vergehen wurde ausgesprochen, blieb aber weitgehend wirkungslos.[53]

Im Mai 1840 kam es zu einer Neuregelung der Übertrittsbedingungen zur Evangelischen Kirche. Übertrittswillige mußten nun dem Kreisamt darüber Mitteilung machen. Nach Überprüfung durch das Kreisamt erfolgte ein sechswöchiger Unterricht durch den katholischen Pfarrer. Wenn der Übertrittswillige bei seinem Wunsch verblieb, wurde dann das Kreisamt davon in Kenntnis gesetzt. Doch erst 1847 durften von den noch verbliebenen Boosianern zehn zur Evangelischen Kirche übertreten. 1849 folgten die restlichen neun mit ungefähr 40 Angehörigen.[54]

---

[53] *Senoner* [s. Anm. 21], 85 f.

[54] *Senoner*, 113 ff.

RUTH FELGENTREFF

Die Anfänge der Mutterhausdiakonie

Am 8. und 9. Oktober 1861 trafen sich 21 Deputierte aus zwölf auswärtigen Mutterhäusern, um in Kaiserswerth „Erfahrungen auszutauschen und sich gegenseitig Rat zu geben". Im ganzen betrug die Zahl der nach Kaiserswerther Vorbild entstandenen Mutterhäuser zu diesem Zeitpunkt im In- und Ausland 27. Leider läßt sich die genaue Zahl der Diakonissen, die in diesen Mutterhäusern arbeiteten, nicht ermitteln. Fliedner hatte zwar für die Konferenz entsprechende Fragebögen verschickt, aber nicht alle Häuser füllten sie aus.[1]

1861 – das waren 25 Jahre nach der Gründung des ersten Mutterhauses in Kaiserswerth. Die Diakonissensache – eine zeitgenössische Terminologie – hatte sich mit Macht ausgebreitet, und weiteres Wachstum zeichnete sich ab. Diakonissen waren inzwischen aus dem kirchlichen Leben nicht mehr fortzudenken. Spätestens an dieser Stelle drängt sich die Frage nach dem Grund dieses ungewöhnlichen Erfolges auf. Wir sollten der Versuchung widerstehen, uns mit Allgemeinplätzen wie „die Zeit war reif" oder „es war ein Bedürfnis vorhanden" zufriedenzugeben. Es ist gut, beim Graben nach den Wurzeln, sich mit dem Leben und Sein der Menschen zu befassen, die die Grundlage für die Mutterhausdiakonie schufen. Ihre geistige und geistliche Entwicklung beeinflußte nachhaltig für viele Jahrzehnte, wenn nicht gar für mehr als ein Jahrhundert, das Leben und die Entwicklung der Mutterhäuser. Den stärksten Einfluß übte Theodor Fliedner aus. Der Umgang mit seinem geistlichen Erbe wurde zum allgemeinen Maßstab bei der Beurteilung eines Mutterhauses. Es hat sehr lange gedauert, bis man erkannte, welchen Einfluß seine Frauen Friederike Fliedner geb. Münster und Karoline Fliedner geb. Bertheau gerade auf die Gestaltung des Gemeinschaftslebens der Schwestern hatte.

Beginnen wir mit Theodor Fliedner. Hier zur Erinnerung seine wichtigsten Lebensdaten:

21.1.1800: Geburt in Eppstein/Taunus
9.12.1813: Tod des Vaters
Besuch des Gymnasiums in Idstein

[1] Der Armen- und Krankenfreund 13, 1861, 176 ff. [GrFl IVd].

1817–1820: Theologiestudium in Gießen, Göttingen und Herborn
1820: Theologisches Examen
1821: Hauslehrer in Köln
27.1.1822: Einführung in das Pfarramt in Kaiserswerth
1823/24: Kollektenreise nach Holland und England
1826: Gründung des rhein.-westf. Gefängnisvereins
17.9.1833: Aufnahme der ersten entlassenen Strafgefangenen
13.10.1836: Gründung der Diakonissenanstalt Kaiserswerth
4. Oktober 1864: Tod.

Die Theologie des jungen Fliedner war die seiner Lehrer. Sie vertraten Rationalismus und Supranaturalismus. Von seinen Predigten aus dem Herborner Predigerseminar sind zwei erhalten, davon eine über Lukas 21, 1–4, das Scherflein der armen Witwe. Er überschreibt sie: „Nachahmungswürdiges Beispiel evangelischer Wohltätigkeit“.[2] Hier, wie auch in seiner Examensarbeit, wird rationalistisches Gedankengut sichtbar. Eine erste Begegnung mit dem Pietismus wird ihm während seiner Kölner Hauslehrerzeit durch den Kölner Konsistorialrat Johann Gottlob Krafft vermittelt. Alles in allem: Fliedner ist, als er gerade 22jährig seine Pfarrstelle in Kaiserswerth antritt – wie es auch nicht anders sein konnte – ein Suchender, der mit ungeheurem Fleiß und mit ebensolcher Gewissenhaftigkeit sein Amtsgeschäft wahrnimmt. Die finanzielle Not der kleinen Kaiserswerther Gemeinde ist heute in Fachkreisen bekannt, zusammen mit der durch sie veranlaßten Kollektenreise. Diese Reise anzutreten, bedeutete für Fliedner, die Herausforderung, die die evangelische Kirchengemeinde darstellte, anzunehmen und sich darüber hinaus an sie zu binden. Er lehnte daher später, das ist wenig bekannt, konsequenterweise das Angebot in eine andere Gemeinde ab, obwohl das eine Verbesserung seines Einkommens bedeutet hätte.[3] Das Ergebnis der Reise sichert das Überleben einer Gemeinde, an die niemand mehr geglaubt hatte. 19.268 Berg. Thaler und 54 Stüber sind eine stolze Summe. Wir können uns den Wert der angegebenen Summe in etwa vorstellen, wenn wir uns vergegenwärtigen, daß das Existenzminimum für eine vierköpfige Arbeiterfamilie wöchentlich mit 2 Tlr. 4 Sgr. angegeben wird und 1837 ein Pfund Rindfleisch 25 Pfg. kostete.[4] Für unser Thema ist aber etwas ganz anderes wichtig: Fliedners Kennenlernen des kirchlichen Lebens in Holland und England. Zum erstenmal erfährt er die Lebendigkeit christlichen Glaubens, erfährt er, was es bedeutet, wenn das gehörte Wort sich in die Tat verwandelt. In Holland wird er zur Lektüre von Spangenbergs „Idea fidei fratrum“ angeregt, das er schließlich von seinen

[2] Studium in Herborn. Predigten [Rep. II: Ae 7].
[3] Berufung nach Wald 1828/29 [Rep. II: Cg].
[4] *Anna Sticker:* Die Entstehung der neuzeitlichen Krankenpflege. Stuttgart 1960, 368.

Gastgebern als Geschenk erhält.[5] In England hört er von der Wirksamkeit einer Elizabeth Fry. Bereits seine Londoner Predigten lassen einen neuen Tenor erkennen, der schließlich in Fliedners erster Predigt nach seiner Rückkehr deutlich zutage tritt. Er legt ihr Psalm 22, 23–26 zugrunde. Es heißt dort: „Jesus Christus der Gekreuzigte ist das stärkste Band im Glauben und in der Liebe, und daß durch ihn feste stehet die Gemeinschaft der Heiligen, seht, das ist die erste Lektion, die ich auf der Reise gelernt habe [...] Die zweite Lektion [...] ist noch größere Demut und Vertrauen gegen Gott [...] Darum will ich mit Gehorsam gegen Gottes Befehl von jetzt an noch lauter und lauter rufen an Christi statt: Lasset euch versöhnen mit Gott".[6] Die Kollektenreise entläßt einen gewandelten und gereiften Fliedner. Seit dieser Zeit ist in ihm der Wunsch nach einer persönlichen Begegnung mit der Brüdergemeine in Herrnhut lebendig. Er konnte erst 1854 erfüllt werden. Doch in den dazwischenliegenden Jahren wird in Briefen seine Verehrung für Zinzendorf immer wieder deutlich, und man spürt eine starke Beeinflussung seines Denkens eben durch Zinzendorf und die Brüdergemeine. In seinem Brautbrief an Friederike Münster vom 14. Januar 1828 heißt es: „Auf der anderen Seite kenne ich keine schönere Aussicht, als in einem so strengen Kreis, wo man täglich an seine Schwachheit und Ohnmacht erinnert wird, sich Stärkung zu holen an der liebenden Teilnahme, an der Fürbitte, an dem freundlichen Mitraten und Mitsorgen einer erheiternden Gattin, wie ein Hans Egede, ein Zinzendorf und mancher Missionar".[7] An Amalie Sieveking schreibt er am 8. Februar 1837, als er ihr das Vorsteherinnenamt anträgt: „Noch lebt ein Gott und Heiland, mit dem ein David über die Mauer sprang, durch den ein Paulus alles vermochte, ein Francke sein Waisenhaus und ein Zinzendorf seine Brüdergemeine in drei Weltteile verbreitete".[8] Seine zweite Ehefrau Karoline geb. Bertheau tröstet er in einem Brief 1853: „Du bist eine apostolische Gehülfin wie Zinzendorfs und Spangenbergs Frau".[9]

Noch heute läßt das monatliche Fürbittengebet der Kaiserswerther Schwesternschaft seine Herkunft aus der Kirchenlitanei der Brüdergemeine deutlich erkennen – das trotz aller Wandlungen, die es im Laufe von fast 140 Jahren erfahren hat.[10] Fliedner benutzte damals für seine erste Bearbeitung das von Garve 1823 herausgegebene Liturgienbuch.

---

[5] Tagebuch der Kollektenreise [Rep. II: Cb 8].

[6] Predigt am Sonntag nach Fliedners Rückkehr von der Kollektenreise [Rep. II: Cd, Vol. 1].

[7] Theodor Fliedner an Friederike Münster am 14.1.1828 (Brautbrief) [Rep. II: Ka].

[8] Theodor Fliedner an Amalie Sieveking das Vorsteherinnenamt betreffend am 28.2.1837 [Rep. II: Kb 1].

[9] Theodor Fliedner an seine Frau Karoline geb. Bertheau am 28.8.1853 [Rep. II: Ka, Vol. 3, 1851–1853].

[10] *Ruth Felgentreff:* Die Kirchenlitanei der Brüdergemeine als Grundlage für das Fürbittengebet der Kaiserswerther Diakonissenschaft. In: Unitas Fratrum 16, 1984, 89–100.

Besonders beeindruckte ihn das in der Brüdergemeine lebendige Bild vom Sterben und Auferstehen des Menschen. Auch im Tod ist man noch als Gemeinde beieinander und wartet gemeinsam auf die Auferstehung. Die noch zwischen den Lebenden herrschenden Unterschiede sind fortgewischt. Das symbolisieren die flachliegenden Steine.[11] Fliedner übernahm mit der Gestaltung des Diakonissenfriedhofs nach Herrnhuter Art auch dessen Symbolik. Darum ist wohl auch der Gottesacker mit gemeint, wenn Fliedner tief beeindruckt im Oktober 1854 an seine Frau schreibt: „Ich hoffe, dieser Besuch soll uns und unseren Schwestern noch viel Segen eintragen".[12]

Die Beeinflussung Fliedners durch die Brüdergemeine läßt wichtige Rückschlüsse auf die geistlichen Strömungen zu, die gerade in den ersten Jahrzehnten das Gemeinschaftsleben der noch jungen Schwesternschaft beeinflußten, aber sie begründen noch nicht den dauerhaften Erfolg der Mutterhausdiakonie. Bereits 1826 hatte er zusammen mit engagierten Katholiken den Rheinisch-Westfälischen Gefängnisverein gegründet. Er ist nicht das heutige Thema. Doch soviel sei gesagt: Durch ihn lernte er die Nöte seiner Zeit gründlich kennen. Wann der Gedanke, ein Mutterhaus zu gründen, genau entstand, läßt sich nicht eindeutig nachweisen. Wir besitzen in unserem Fliednerarchiv den Entwurf einer Satzung vom Herbst 1833, die überschrieben ist: „Christlicher Verein für weibliche Pflegerinnen zur christlichen Pflege weiblicher Gefangener, Kranker, Verbrecherkinder, Waisenkinder und armer Verlassener"[13]. Der Titel klingt barock und umständlich, aber er enthält bereits das gesamte Programm der späteren Mutterhausdiakonie. Er kennt auch bereits die Adressaten, denen seine Botschaft gilt, die er zur Hilfe aufruft: „Christliche Jungfrauen". Meint er damit bereits Diakonissen? Er ist Frauen, die das Diakonissenamt besorgten, auf seiner Kollektenreise in Holland bei den Mennoniten begegnet. Er schenkt ihnen so wenig Beachtung, daß er sich bei der Niederschrift seiner „Kollektenreise" um Auskunft an Professor Samuel Müller wenden mußte, um Näheres über dieses Amt zu erfahren. Das war am 2. Juni 1829.[14] Kurz danach wendet er sich an seinen Amtsbruder Klönne in Bieslich bei Wesel und erbittet sich dessen kleine Schrift: „Über das Wiederaufleben der Diakonissinnen der altchristlichen Kirche in unseren Frauenvereinen"[15]. Fliedner befindet nach

---

[11] *Peter Zimmerling:* Nachfolge lernen. Zinzendorf und das Leben der Brüdergemeine. Moers 1990. *Martin Gerhardt:* Theodor Fliedner. Ein Lebensbild. Bd. 2. Düsseldorf-Kaiserswerth 1937.

[12] Theodor Fliedner an seine Frau Karoline geb. Bertheau am 28.10.1854 [Rep. II: Ka 13, vol. 4, 1854–1863].

[13] Erster Satzungsentwurf m. d. T. „Christlicher Verein für weibliche Pflegerinnen [...]" vom Herbst 1833 [Rep. II: Fa 1].

[14] Theodor Fliedner an Samuel Müller am 2. Juni 1829 [Rep. II: Hb 3].

[15] *Friedrich Klönne:* Über das Wiederaufleben der Diakonissinnen der altkirchlichen Kirche in unseren Frauenvereinen. Leipzig 1820.

der Lektüre, die Schrift enthielte „manch gute Bemerkungen und Vorschläge“. Das Diakonissenamt ist ihm eine lobenswerte Einrichtung. Klönne bezieht sich in seiner kleinen Schrift auf die Tätigkeit der Frauenvereine in den Befreiungskriegen. Er möchte, da ihr Wirkungsfeld erloschen ist, ihnen in den christlichen Gemeinden die Fürsorge an Armen und Kranken als neue Aufgaben zuweisen. „Wahr ist, die Liebe nimmt nach der Zeit auch eine zeitgemäße Form an“, mit dieser Aussage begründet er seinen Vorschlag, frei werdende Frauenkräfte in den Gemeinden einzusetzen. Das wird auch immer deutlicher der Plan Fliedners. Sein Interesse am Diakonissenamt wächst im Laufe der Zeit allmählich heran und mit ihm der Plan, ein Mutterhaus als Bildungs- und Ausbildungsstätte für junge Christinnen ins Leben zu rufen. Die Eröffnung der Diakonissenanstalt am 13. Oktober 1836 ist kein Urereignis, sondern das Ergebnis langen Lernens und Planens. Neben Klönne und Fliedner hatte sich auch Graf von der Recke Gedanken über das Diakonissenamt gemacht und versucht, es neu zu beleben. Aber nur Fliedner gelingt es, seine Pläne auf die Dauer zu verwirklichen. Die Frage nach der Ursache muß hier gestellt werden. Ich möchte eine Begründung versuchen.

Fliedner stand die Not der Menschen vor Augen, die am Rande der Gesellschaft lebten, und er sah gleichzeitig die Gruppe Menschen, die zur Hilfe gerufen war. Bis hier unterscheidet er sich noch wenig von Klönne und von der Recke, aber anders als sie kennt er die zeitbedingten Grenzen, die das Gelingen seines Planes hindern bzw. sogar verhindern könnten. Er kennt sie und arbeitet mit ihnen und überwindet sie dadurch. So weiß er um die soziale Stellung der unverheirateten Frau, weiß von dem ihr zugedachten Platz in der Familie. Dort war sie geborgen. Von dort empfing sie ihren Wert. Sollte sie außerhalb des Hauses arbeiten, so standen ihr, zählte sie nicht zu den Dienstboten, unüberwindbare Hindernisse im Wege. So schuf Fliedner nach dem Vorbild der Barmherzigen Schwestern das Mutterhaus, an dessen Spitze der Vorsteher und die Vorsteherin standen. Der Aufbau des Mutterhauses nach dem Familiensystem war in der gesellschaftlichen Struktur des 19. Jahrhunderts notwendig, um einer jungen, unverheirateten Frau überhaupt erst ein Leben außerhalb der eigenen Familie zu ermöglichen. Das gilt bis hin zu den Gestellungsverträgen – der Arbeitsvertrag wird zwischen der Direktion des Mutterhauses und dem jeweiligen Stationsträger geschlossen –, die Rechtssicherheit für die an sich rechtsunmündige Frau bedeuteten.[16] Die Tracht der verheirateten niederrheinischen Bürgersfrau gab der Diakonisse die Achtung und Freiheit, die sie zur Ausübung ihres Berufes

[16] Handschriftlicher Entwurf der Hausordnung der Diakonissenanstalt Kaiserswerth und Anweisung zum Diakonissenamte. 1837 [Rep. II: Fc]. Fliedner schreibt dort u. a., die Vorsteherin des Tochterhauses müsse wenigstens vierteljährlich der Mutter in Münster [...]. Das Wort Münster ist dann durchgestrichen.

brauchte. Die Diakonisse sollte einen, wie wir heute sagen würden, sozialen Beruf ausüben. Als junges Mädchen kam sie bereitwillig, um, wie sie sagte, ihrem Heiland zu dienen, und aus Liebe zu den Elenden. Das erste, was sie lernen mußte, war, Liebe allein genügt nicht. Helfen muß gelernt sein. So erhalten die angehenden Schwestern vielleicht zum ersten Mal in ihrem Leben gezielten Unterricht. Es wird nicht nur Fachwissen gelehrt, sondern auch das Allgemeinwissen erweitert.[17] Das war für Frauen damals eine ungeheure Bildungschance! Fliedner hatte als Vorbildung die weltlichen Krankenwartschulen Ende des 18. Jahrhunderts, die allerdings bei dem Versuch, Frauen auszubilden, gescheitert waren. Im Vordergrund stand für Fliedner das Eingebundensein in eine christliche Tagesordnung. Hier wurde ihm die des 1826 gegründeten Barmer Missionsseminars zum Vorbild.

Es sind lauter Mosaiksteinchen, aus denen schließlich das entstand, was sehr bald schon Mutterhaus genannt wurde und in dem ein Diakonissenbild geprägt wurde, das die Schwester schließlich zur Übernahme schwieriger Aufgaben befähigte. Für Kaiserswerth bedeutete das, Pionieraufgaben weit über den Horizont der niederrheinischen Heimat hinaus zu verantworten. Als Beispiel erinnere ich an die Gründung der Orientarbeit in Jerusalem 1851. Vier gut ausgebildete Frauen wurden ausgesandt: zwei Lehrerinnen, von denen eine zusätzlich zur Apothekerin ausgebildet war, und zwei Krankenschwestern.[18]

Wenn wir sehen, wie gezielt gerade zum Beginn der Mutterhausdiakonie die Schwestern zum Dienst in der Gemeinde – hier im weitesten Sinn verstanden – ausgebildet wurden, wird auch die Suche Fliedners nach einem geistlichen Band, das die Schwestern überall in der Welt vereinigte und als Gemeinschaft festigte, verständlich. In diesem Zusammenhang darf ich noch einmal auf den Einfluß Zinzendorfs und der Brüdergemeine hinweisen.

Bis hierher konnten wir erkennen, wie Fliedner auf das Werk zuwuchs, das ihm zur Lebensaufgabe werden sollte. Dazu gehörten neben seinem geistlichen Wachstum auch eine gründliche Kenntnis der sozialen Gegebenheiten seiner Zeit zusammen mit der Fähigkeit, sie als Aufforderung zu verstehen, mit ihnen zu arbeiten und sie zu überwinden. Wir müssen jedoch an dieser Stelle sagen, das Gelingen des Diakonissenwerkes, für das Fliedner Grundlegendes getan hat, ist nicht allein ihm zu verdanken, sondern auch der klugen Mitarbeit seiner ersten Frau Friederike Fliedner geb. Münster und – wenn auch auf ganze andere Weise – der seiner zweiten Frau Karoline Fliedner geb. Bertheau. Das Leben und Wirken der ersten Frau ist leichter zu überblicken und auch leichter

---

17 Zur Ausbildung der Schwestern. Stundenpläne [Rep. II: Fd. 3. 18].

18 Berichte über die Diakonissenstationen im Morgenland 1, 1851; [außerdem: Rep. II: Fm 10].

zu beurteilen. Wie Sie wissen, starb sie bereits mit 42 Jahren an den Folgen einer zu frühen Entbindung. Bei ihrer Heirat waren beide 28 Jahre. Friederike hatte bereits ein Leben voller Verantwortung hinter sich, und so kann sie gar nicht anders, als sich bewußt den Forderungen zu stellen, die auf sie als Pfarrfrau und Ehefrau zukommen. Das Leben im gerade eröffneten Mutterhaus mußte gründlich durchdacht werden. Das Gemeinschaftsleben wollte ebenso organisiert werden wie Bildung und Ausbildung. Sicherlich, Fliedner hatte überall gelernt, doch es fehlte die eigene Erfahrung. So wird seine Frau Friederike ihm eine unersetzliche Beraterin. Sie sah, wie sie es selbst ausdrückte, mit Frauenaugen. Dadurch wurden die Ordnungen für Frauen lebbar. Sie erkannte sehr genau die Möglichkeiten und Grenzen der jungen Frauen, die zuerst nach Kaiserswerth kamen, sah auch die Stellen, an denen sich Konflikte entzünden konnten. Wer die Bemerkungen zu den „Instruktionen für die Vorsteherin“[19] einmal studiert hat, weiß das. Sie beginnt ihre Bemerkungen zu den Instruktionen: „Die vorgelegten Pflichten und Rechte der Vorsteherin suche ich zu übernehmen, weil noch niemand Besseres dazu da ist. Und zweitens, weil ich zur Gehilfin meines Mannes berufen bin, ich also meinem Mann in allen seinen Berufspflichten, wo er mich gebrauchen kann, in des Herrn Namen helfen darf und muß.“ „In des Herrn Namen“, das ist die Motivation ihres Handelns, von daher erhält sie die Kraft zu einer ungeheuren Arbeitsleistung, zu der auch die Begleitung der Schwestern auf die ersten Außenstationen unter Hintanstellung ihrer Gefühle als Mutter gehörte. Das schloß auch die schwierigen Verhandlungen mit den Stationsträgern ein. Weshalb konnte Friederike Fliedner in den vielfältigen Nöten ihres Lebens sagen: „In des Herrn Namen“? Wir wissen, sie war im Grunde ihres Herzens, ihrem Temperament nach, eine eher kämpferische, rasche Frau. Aber sie war in ihrer Jugend den Missionaren Göbel und Traub begegnet – Göbel stammte aus ihrer Heimat, und sie war mit einer Verwandten von ihm befreundet –, und sie hatte zu einem „Geschwisterkreis“ gehört, der sich zu regelmäßigem Bibelstudium und zum Gebet traf. Die Gemeinden des Braunfelser Ländchens hatten sich ein schlichtes Bibelchristentum bewahrt, daß wohl auch u. a. von Blumhardt (Basel) beeinflußt wurde. Hier war die junge Friederike Münster zu Hause.

Sie beginnt 22jährig ein Tagebuch, das Zeugnis von ihrem inneren Ringen mit Gott ablegt. Ihre erste Eintragung am 26. Oktober lautet: „Barmherziger Heiland Jesus Christus, gib, daß ich immer fester werde im Glauben. Herr, gib mir die feste Gewißheit in meine ringende Seele, daß du mir gnädig bist“, und schließlich: „Ach Herr, ich bin gleich de-

[19] Instruktionen für die Vorsteherin mit den Bemerkungen zu den Instruktionen [Rep. II: Fb 1.2].

nen, die gedingt wurden und sprachen: Ja, Herr, wir wollen arbeiten, und taten es nicht. Ich will mir nichts verbergen: die Seligkeit möchte ich ererben, dein möchte ich sein hier und dort, aber der schmale Weg ist mir zu eng."[20] Friederike Fliedner blieb zeitlebens eine Ringende, und zwar eine Ringende mit Gott und den Menschen. Vielleicht darf man sagen: Sie lebte aus ihrem Glauben, weil der Glaube in ihr lebte. In ihren jungen Jahren wollten Theodor und Friederike Fliedner „vereint das Himmelreich an sich reißen". „Ewig eins in ihm", war der Wahlspruch ihrer Ehe, und der Wahlspruch der Diakonissenanstalt lautet: „ER – Christus – muß wachsen, ich aber muß abnehmen". In diesen drei Motti ist das Leben und Streben des Ehepaares Fliedner enthalten.

Beim Durchdenken der Anfänge der Mutterhausdiakonie stößt man unweigerlich auch auf die zweite Frau Fliedners, Karoline Bertheau. Er lernte sie 1843, also genau ein Jahr nach dem Tod seiner ersten Frau, in Hamburg bei Amalie Sieveking kennen. Auf Geheiß des preußischen Königs war er nach Hamburg gefahren, um Amalie Sieveking als Oberin für das Diakonissenhaus Bethanien in Berlin zu gewinnen. Sie lehnte zwar ab, schlug aber ihre junge Freundin Karoline Bertheau vor. Karoline Bertheau entstammte einer Hugenottenfamilie, deren Wohlstand in den Jahren der Kontinentalsperre verloren ging. Sie gehörte zu dem kleinen Kreis der Mädchen, deren geistige und geistliche Führerin Amalie Sieveking war. Aus dem Lehrerin-Schülerin-Verhältnis erwuchs eine Freundschaft. 1839 faßte Karoline Bertheau den Entschluß, in das noch junge Diakonissenmutterhaus Kaiserswerth einzutreten. Es kam jedoch nicht zur Durchführung. Wichtig ist für unsere Überlegungen, daß ihr Theodor Fliedner und sein Werk nicht fremd waren. 1840 wurde sie auf Amalie Sievekings Vorschlag und Empfehlung von der Hamburger Behörde aufgefordert, in ihrer Vaterstadt die Leitung der Frauenabteilung des städtischen Krankenhauses zu übernehmen. Sehr wahrscheinlich kam ihr dieses Angebot nicht ungelegen. Nach ihren Zeugnissen zu urteilen, leistete sie Hervorragendes. Alles in allem: Theodor Fliedner fand in Karoline Bertheau eine gebildete und in der Krankenpflege erfahrene Frau. Von ihm vor die Wahl gestellt, nach Berlin oder Kaiserswerth zu gehen, wählte sie Kaiserswerth und nahm damit seine Werbung an. 1811 geboren, war sie wesentlich jünger als ihr Mann, den sie sehr liebte und dessen Gehilfin sie mit großem Eifer war. Theodor Fliedner hatte festgelegt, daß sie auch nach seinem Tod 1864 als Vorsteherin im Amt blieb. Sie legte es erst nach 40jähriger Tätigkeit 1883 nieder. Sie starb 1892. Karoline Fliedner war die Mitarbeiterin ihres Mannes, die zeitweise das Werk allein leitete. Sie war Beraterin seines Nachfolgers Disselhoff, ihrer beider Schwiegersohn – und doch – es ist schwierig, ihr Wirken richtig

[20] Tagebuch von Friederike Fliedner geb. Münster. 1822–1840 [Rep. III d 5].

zu beurteilen. Ihr Bild schwankte im Laufe der Geschichte. Zuerst überschwenglich verehrt, erfuhr sie gerade in den letzten Jahrzehnten krasse Ablehnung. In beiden Fällen scheint mir eine genauere Differenzierung angebracht.

Ihre geistig/geistliche Entwicklung wurde am nachhaltigsten von Amalie Sieveking beeinflußt, die dem Kreis der Erweckten um Pastor Rautenberg nahestand. Karoline Bertheaus geistliche Heimat im norddeutschen Pietismus wird in ihren Briefen, besonders in denen an die Diakonissen, erkennbar. Als sie 1843 nach Kaiserswerth kommt, versteht sie sich als Gehilfin ihres Mannes, dessen Werk sie genauso fördern will wie Friederike Fliedner. Und doch gibt es einen wichtigen Unterschied. Die Schwierigkeiten des Anfangs sind überwunden, der Grundstein ist gelegt. Jetzt geht es an die Aufbauphase und an die Konsolidierung. Ohne sie kann auf die Dauer kein Werk bestehen. Zu ihrer Zeit beginnt die Ausgestaltung des gemeinsamen Lebens der Schwesternschaft und die Ausdehnung des Werkes bis in den vorderen Orient. Ihr Mann ist häufig abwesend, und sie trägt, sozusagen vor Ort, die Verantwortung. Wir wissen, sie machte es sich nicht leicht, und so tritt bereits in jüngeren Jahren eine sich später noch verstärkende Charaktereigenschaft hervor: die Betonung der äußeren Ordnungen. Diese waren gewiß für die immer größer werdende Schwesternschaft wichtig, aber Karoline Fliedner steht in der Gefahr, sie aus dem lebendigen Zusammenhang zu lösen, so daß sie um ihrer selbst willen gelehrt werden und – sozusagen – ein Eigenleben führen. Ganz besonders deutlich wird das in einem Rundschreiben vom Oktober 1848. Sie war 37 Jahre. Ich möchte nur die ersten Zeilen zitieren:

„Liebe Schwestern! Die traurige Erfahrung, daß gar manche unserer lieben Diakonissen sich eine Abweichung von der vorgeschriebenen Kleiderordnung zu schulden kommen lassen, veranlaßt uns zu folgendem Rundschreiben an alle unsere auswärtigen Diakonissen. – Wie nötig eine bestimmte Kleiderordnung ist, könnt ihr noch nicht in dem Maße erkennen wie wir, die wir das Amt vom Herrn haben“.[21] Das ist eine für uns unverständliche Sprache, und es werden auch deutlich andere Akzente als in den ersten sechs Jahren gesetzt. Aber Karoline ist ein Kind ihrer Zeit. Die Demokratisierungsbestrebungen waren endgültig gescheitert, und der preußische Minister von Rochow sagte in bezug auf die Göttinger Sieben: „Es geziemt dem Untertan, seinem König und Landesherrn schuldigen Gehorsam zu leisten und sich bei der Befolgung der von ihm ergehenden Befehle mit der Verantwortlichkeit zu beruhigen, die die von Gott eingesetzte Obrigkeit übernimmt.“

---

[21] Karoline Fliedner geb. Bertheau: Kleiderordnung für die Diakonissen der Anstalt zu Kaiserswerth. Rundschreiben 1848.

Ich glaube, daß Karoline Fliedner zeitweise an der ihr übertragenen Pflicht litt. Sie selbst schloß sich durchaus in die Ordnungen ein. Es wäre aber ungerecht, sie auf diese – nennen wir sie einmal preußische – Eigenschaft zu reduzieren. In einem Aufsatz habe ich für sie einmal die Bezeichnung „Managerin der Nächstenliebe" gefunden. Das dürfte dem von ihr zu bewältigenden Arbeitstag auch gerecht werden. Darüber hinaus war sie den Schwestern nicht nur die Ordnungshüterin, sondern sie versuchte, sich um ihre persönlichen Bedürfnisse zu kümmern und ihnen, wie sie es nannte, ihren Beruf und das Mutterhaus Kaiserswerth lieb zu machen. Neben der sie tragenden, stark ausgeprägten Frömmigkeit gab es noch einen zweiten starken Motor, der sie durch ihren Alltag trug: die Liebe zu ihrem Mann. Sie war ihm Ehefrau, Mutter seiner Kinder und stets zuverlässige Gehilfin, ja Vertreterin in all seinen Amtsgeschäften. Aus Liebe zu ihm wurde sie nach seinem Tod zur unnachgiebigen Hüterin seines Erbes, die keinerlei Änderungen in der inneren und äußeren Gestaltung der Mutterhausdiakonie duldete. Damit beginnt ein neuer, heute nicht zur Debatte stehender Abschnitt in der Geschichte der Mutterhausdiakonie. Friederike Fliedner geb. Münster und Karoline Fliedner geb. Bertheau, die mit ihren Stärken und Schwächen, vor allem aber mit ihrer Liebe und ihrem ungeheuren Einsatz die Mutterhausdiakonie bis weit in unser Jahrhundert hinein beeinflußten, sind nicht miteinander zu vergleichen. Im Gegenteil, ein Vergleich hindert ihre wissenschaftliche Würdigung. Eines muß aber deutlich gesagt werden: Ohne den engagierten Einsatz beider Frauen wäre mit einer an Sicherheit grenzenden Wahrscheinlichkeit auch der Fliednersche Versuch, das Diakonissenamt neu zu beleben, ein Versuch geblieben.

Diese Ausführungen wären, ohne die Frauen in unsere Überlegungen einzubeziehen, die das Diakonissesein zu ihrem Lebensberuf machten, unvollständig. Sie waren unterschiedlicher sozialer Herkunft. Überwiegend waren sie jedoch Töchter von Handwerkern und Bauern, gehörten also dem Kleinbürgertum an. Es gab – selbstverständlich – auch da Ausnahmen. Hier nenne ich die erste Diakonisse Gertrud Reichardt, Tochter eines Arztes, die gut auf ihre Aufgabe vorbereitet war. Gemeinsam war diesen Frauen ihr Verankertsein in einer Bibelfrömmigkeit, deren Ausdruck die Tat war. Eine besondere Bedeutung erhielten junge Frauen aus Württemberg. Stellvertretend nenne ich zwei: 1. Sophie Wagner, die spätere Hausmutter sowie Stellvertreterin und Gehilfin von Karoline Fliedner wurde, und 2. Marie Schäfer, die erste Oberin von Breslau-Bethanien. Beide hatten es zunächst schwer, sich an den nüchternen niederrheinischen Protestantismus, wie sie ihn empfanden, zu gewöhnen. In ihrer Heimat zeigte man mehr Gefühl. Doch mit der Zeit kam es zu einer glücklichen Symbiose der Frömmigkeit beider Landstriche, und beide lernten, wurden dadurch bereichert und konnten bereichern. Beispielhaft für die geistliche Herkunft vieler Diakonissen, möchte ich einen kurzen Auszug aus dem Bewerbungsschreiben von Sophie Wagner vorlesen: „In Jesu Namen! Ich, Sophie Wagner, bin geboren den 23. Junius 1817 zu Vaihingen an der Enz. Mein Vater war Johann Friedrich Wagner, Tuchmacher, meine Mutter Dorothee eine geborene Metsch. Schon in meinem siebenten Jahr verlor ich meine Mutter. Mein Vater aber, der nebst meinem ältesten Bruder den Herrn Jesus herzlich liebte, führte uns beizeiten zu unserem treuen Heiland hin. Als mir aber vor vierzehn Tagen ein Christenbote zugebracht wurde, worin wieder neue Aufforderungen gemacht wurden, so konnte ich mich's nicht länger enthalten, mich auch nach dem Willen Gottes zu melden".[22]

Ich komme zum Schluß: Die Anfänge der Mutterhausdiakonie sind ohne den sozialen, kulturellen und auch theologischen Hintergrund des frühen 19. Jahrhunderts nicht zu verstehen. Sie sind aus ihm heraus entstanden und waren zugleich eine Antwort.

„Wahr ist, die Liebe nimmt nach der Zeit auch eine zeitgemäße Form an", dieser Ausspruch Klönnes ist auch heute noch des Nachdenkens wert.

---

[22] Bewerbungsschreiben von Sophie Wagner [Rep. II: Fg 9].

Arnd Götzelmann

Die Straßburger Diakonissenanstalt – ihre Beziehungen zu den Mutterhäusern in Kaiserswerth und Paris[1]

Meinen Eltern Irmgard und Jürgen Götzelmann

„Die Diakonissensache ist bei Vielen, von denen man etwas ganz anderes erwarten sollte, so unbekannt, als stünden die Diakonissenanstalten in Timbuktu und Umgegend, aber nicht mitten unter uns." (Theodor Schäfer, Die weibliche Diakonie, Erster Band, Stuttgart 1887, VII)

1. Vorbemerkungen zur Forschungsgeschichte und zur Themenstellung

Die ersten drei Diakonissenanstalten von Kaiserswerth (gegr. 1836), Paris (gegr. 1841) und Straßburg (gegr. 1842) – das Goßnersche Elisabethdiakonissenhaus Berlin (gegr. 1837) bleibt hier unberücksichtigt – wurden zwischen 1836 und 1842 gegründet. Sie waren zwar von Anfang an in einer gewissen ideellen Übereinstimmung entstanden, die sich in der späteren gemeinsamen Mitgliedschaft in der Kaiserswerther Generalkonferenz symbolisierte. Sie bildeten jedoch drei eigenständige Konzepte der einen Diakonissensache.

In der Diakoniegeschichtsschreibung geht freilich die Meinung darüber auseinander, ob Kaiserswerth das allein prägende Modell für alle weiteren Mutterhausgründungen war und welche Bedeutung die Straßburger Gründung hatte. Zur Orientierung seien deshalb vorweg einige Stereotype aus der Forschungsgeschichte benannt.

Gerhard Uhlhorn hat in seinem Diakoniegeschichtswerk „Die christliche Liebesthätigkeit"[2] am Ausgang des 19. Jahrhunderts bezüglich unserer Fragestellung eine *Ergänzungsthese* aufgestellt. Danach komplettierten

---

[1] Für den Druck überarbeitete Fassung des Referates in Gallneukirchen.

[2] Hier Bd. 3. Stuttgart 1890, 373–391; vgl. auch 2. Aufl. Stuttgart 1895, u. 3. Aufl. Darmstadt 1959.

Straßburg und andere das Kaiserswerther Grundmodell und trieben damit die ganze Entwicklung der Mutterhausdiakonie weiter voran. Kaiserswerth bildet für ihn so etwas wie die Voraussetzung des Folgenden. Straßburg gehört für Uhlhorn zu denjenigen Mutterhäusern, „die original in ihrem Ursprunge und in ihrem Gepräge andere Seiten des Werkes pflegten und Kaiserswerth ergänzten" (376; 2. Aufl., 735). Die Ergänzung bzw. Weiterentwicklung des Gesamtmodells Diakonissenmutterhaus durch die Straßburger Ansätze findet Uhlhorn m. E. zu Recht in der „genossenschaftlichen Organisation" (377), auf die Franz Haerter bewußt Wert gelegt hat.

Eduard von der Goltz sieht den Entwicklungsprozeß und das Verhältnis der Diakonissengründungen gerade andersherum als Uhlhorn, so daß man bei ihm von einer *Konsolidierungsthese* sprechen kann. Geht von der Goltz doch davon aus, es habe verschiedene „selbständige Anfänge (gegeben), die aber erst durch Fliedners Beispiel ihre dauernde Form erhielten"[3] (168). Straßburg gehörte folglich in die Reihe dieser verschiedenen Anfänge, die sich dann zu einer Art Diakonisseneinheitsmodell Kaiserswerther Prägung verengt hätten.

Martin Gerhardt ist in seiner Fliednerbiographie[4] nicht der Nachweis einer Abhängigkeit Straßburgs von Kaiserswerth gelungen; bezüglich der Neubegründung des Diakonissenamtes seien beide unabhängige Wege gegangen, allein hinsichtlich der anstaltlichen Institutionsform habe Haerter von Fliedner den Anstoß erhalten und diesen als „des Diakonissenwerkes Stifter und Vater" (217) verehrt. Er versucht eine Art Indizienbeweisführung, muß dann aber konzedieren: „Es ist nicht deutlich, wie weit er [Antoine Vermeil, der Pariser Gründer; A. Gö.] durch Fliedners Vorbild beeinflußt worden ist. Fliedner hat seinerseits nie den Anspruch erhoben, ein Vorbild für das Pariser Haus gewesen zu sein, berücksichtigte aber gern in seinen Jahresberichten die Fortschritte der kleinen Anstalt" (213 f.).

Die Biographen von Franz Haerter versuchen, die Unabhängigkeit des Straßburgers von dem Kaiserswerther nachzuweisen; sie stellen eine *Parallelitätsthese* auf. Haerters Biograph und Schwiegersohn, *Max Reichard*, beispielsweise erweist die Gleichzeitigkeit und kausale Unabhängigkeit beider Initiativen, die sich anfangs voneinander ganz unbeeinflußt entwickelt hätten.[5]

---

[3] *Eduard von der Goltz:* Der Dienst der Frau in der christlichen Kirche. Geschichtlicher Überblick mit einer Sammlung von Urkunden. Potsdam [1905] 2. Aufl. 1914, 168.

[4] *Martin Gerhardt:* Theodor Fliedner. Ein Lebensbild. Düsseldorf-Kaiserswerth Bd. 1. 1933; Bd. 2, 1937.

[5] *Max Reichard:* Franz Härter. Ein Lebensbild aus dem Elsaß. Straßburg 1897, 72; vgl. ferner: „Und dabei ist es ihm [Franz Haerter; A. Gö.] vergönnt worden gleichzeitig mit den ersten Vorkämpfern für die Bestrebungen der innern Mission in Deutschland, diesem Gotteswerke in

Paul Philippi kommt in seiner Untersuchung über „die Vorstufen des modernen Diakonissenamtes"[6] zu einer Art *Prototypthese*. Er weist darauf hin, daß zum einen die Anfänge der Diakonissengründungen von Straßburg und Paris (sowie von Neuendettelsau) „nicht ohne Kaiserswerther Einflüsse verliefen" (9) und daß zum anderen „ihrer aller Ausformung [...] vom Kaiserswerther Ergebnis abhängig geworden ist" (9).

Hermann Schauer[7] hat die Phase der „schöpferische[n]" Diakonissengründungen mit dem Jahr 1842, dem Todesjahr Friederike Fliedners, zuende gehen sehen. Fliedners Gründung, die „geistliche Familie" Germonds im schweizerischen Echallens (später St. Loup), die Communauté von Paris und das „‚demokratische' Diakonissenwerk Härters in Straßburg" (54) seien allein noch durch einen eigenständigen Entwurf Löhes in Neuendettelsau ergänzt worden, alles andere waren „Werke zweiter Hand, Gründungen ‚auf bewährter Grundlage'" (54). Schauer kehrt auch die Gemeinsamkeiten der Ansätze von Haerter und Fliedner sowie von Germond heraus. Er zitiert dazu Haerter selbst, der 1843 Germond besuchte und in diesem Zusammenhang schrieb:

„Unsere Gedanken, unsere Ansichten, unsere Bestrebungen, die von Fliedner, Germond und mir, sind dieselben, und die Unterschiede, welche die drei Institutionen zeigen, sind die Folge der Verhältnisse, nicht der Anschauungen ihrer Gründer" (49).

Das klingt nach Harmonie und Bescheidenheit, unterbewertet jedoch die persönlichen Einflüsse und Prägungen der Gründerfiguren bezüglich der ersten Konzeptionen.

Im folgenden möchte ich nun einen kurzen Durchgang durch die Gründungsgeschichte der Straßburger Diakonissenanstalt machen. Dazu muß ich zunächst auf einige persönliche Vorgaben des Initiators Franz Haerter hinweisen, zu dessen Person und Werk eine wissenschaftliche Monographie fehlt. Sodann soll ein Blick auf Haerters Umfeld den Kontext der Diakonissenanstalt zum französischen Réveil verdeutlichen. Als eine weitere Voraussetzung der Anstaltsgründung ist Haerters diakonisch-missionarische Gemeindearbeit zu examinieren. Darauf folgt eine knappe Skizze der eigentlichen Gründungsphase und der folgenden Ausdehnung des Werkes. Einige Gedanken zum Straßburger Diakonissen-

---

seiner Gemeinde und in seinem Vaterlande mächtig Bahn zu brechen, vor Allem aber, und wunderbarer Weise zu derselben Zeit, da Fliedner in Kaiserswerth am Rhein seine gesegnete Arbeit begann, ähnliche Gedanken wie die, welche den rheinischen Pastor beseelten, und doch ganz unbeeinflußt von demselben, in seiner Vaterstadt zur lebendigen That werden zu lassen, durch die Neubelebung und Gestaltung der weiblichen Diakonie für Kranken- und Armenpflege innerhalb der evangelischen Kirche" (5).

[6] Neukirchen 1966 [Habil.-Schrift Heidelberg 1963].

[7] *Hermann Schauer:* Frauen entdecken ihren Auftrag. Weibliche Diakonie im Wandel eines Jahrhunderts. Göttingen 1960; s. auch Ergänzungsheft, Göttingen 1962.

bild und zur Anstaltskonzeption werden sich anschließen. In einem weiteren Schritt will ich die Beziehungen Straßburgs zu Kaiserswerth und Paris-Reuilly skizzieren. Und schließlich möchte ich ein Fazit aus dem Erarbeiteten ziehen.

Ich kann hier weder Biographien der relevanten Gründerpersönlichkeiten beiderlei Geschlechts noch grundlegende Anstaltshistoriographien bieten. Ich will lediglich einige mir bedeutsam erscheinende Straßburger Charakteristika und einige Aspekte zu den Gemeinsamkeiten und Unterschieden der drei ersten Diakonissengründungen herausarbeiten. Mein besonderes Augenmerk gilt dabei den internationalen Verflechtungen der wichtigen Personen im Kreis der Erweckungsbewegung bzw. des Réveil, der Konkurrenz zu den katholischen weiblichen Pflegeorden und den konzeptionellen Differenzen von Amtsverständnis und Anstaltsinstitution.

Der Untersuchungszeitraum konzentriert sich auf die 1830er und 1840er Jahre als Gründungsphase der drei Diakonissenanstalten, zuweilen muß ich jedoch einige Jahre darüber hinaus greifen.

Vorweg schon sei gesagt, daß die erstgegründete Anstalt in Kaiserswerth die einflußreichste in Deutschland und weltweit wurde, was sich bis heute in den Namen der sich an Kaiserswerth orientierenden Zusammenschlüsse des „Kaiserswerther Verbandes deutscher Diakonissenmutterhäuser“ und der internationalen „Kaiserswerther Generalkonferenz“ niederschlägt. Die „Kaiserswerther Diakonisse“ ist nicht nur zum Urtyp dieses erneuerten Diakonissenamtes, sondern auch zum Prototyp diakonischer Berufstätigkeit in der Neuzeit überhaupt geworden. Gegen Ende des „Diakonissenzeitalters“ stellt sich die Frage nach der grundsätzlichen Bedeutung der Diakonissen für die evangelische Kirche und ihre Diakonie einmal mehr. Eine abschließende Würdigung wird jedoch nicht ohne den Rückbezug zu den Anfängen getroffen werden können.

2. Vor- und Gründungsgeschichte der Straßburger Diakonissenanstalt

Die Straßburger Diakonissenanstalt, das Lebenswerk Franz Haerters, trug von Anfang an den Stempel ihres Gründers, auch wenn er sein Werk einer „weiblichen Demokratie“ überließ und bald selbst nur als Seelsorger und Berater der Anstalt tätig war.

2.1. Die Vorgaben des Gründers Franz Haerter (1797–1874)

Verschiedene persönliche Motive Franz Haerters lieferten den Ansporn zur Gründung einer neuen Institution für evangelische Krankenpflege und Erziehung.

Dazu zählt sozusagen als biographische Ausgangsbasis[8] der persönliche Leidensdruck Franz Haerters durch seine schon früh durchlebten Krankheits- und Verlusterfahrungen. Er selbst ist mehrfach nur knapp dem Tode entronnen. Früh starben seine nächsten Angehörigen, seine Mutter, sein Großvater, sein Vater. Während seiner ersten Pfarrtätigkeit starb seine erste Frau, kurz nach der Einweihung der Straßburger Diakonissenanstalt seine zweite Frau. So wurde bei Haerter schon seit seiner Kindheit eine Disposition zur Linderung von Krankheit und Leid gelegt. Zugleich genoß er früh praktische Anwendungen von Heilkunde und Krankenpflege und eignete sich auch selbst medizinische Kenntnisse an. Er lernte dabei von der Mutter, wandte sie bei seinem Vater und sich selbst an, vertiefte sein Wissen bei seinen vielfältigen Kuren, lernte weiteres im Schwarzwälder Kurbad seiner Schwiegereltern kennen, besuchte medizinische Lehrveranstaltungen und war auf diesem Gebiet in seinen ersten Amtsjahren als Pfarrer von Ittenheim bei Straßburg so aktiv, daß er als „Wunderdoktor" betitelt und beansprucht wurde. Darin hatte er ein Vorbild in Johann Friedrich Oberlin.

Eine negative Grunderfahrung in Sachen Krankenpflege mußte Haerter schon als Student machen, als ihn im Jahre (1817[9] oder) 1820 sein Seelsorger um Nennung einer evangelischen Christin bat, die für die Leitung der evangelischen Krankenpflegerinnen im Straßburger Stadthospital zuständig sein sollte. Max Reichard stellt diese Begebenheit folgendermaßen dar:[10]

„Damals hatte nämlich der Magistrat der Stadt Straßburg den Beschluß gefaßt, das große städtische Hospital, welches 6–800 Kranke verpflegte [...], neu einzurichten, und, um den Mißbräuchen besoldeter Wärter zu

---

[8] Die wichtigsten Titel biographischer Literatur zu Franz Haerter sind neben Nekrologen im Elsässischen Evangelischen Sonntagsblatt (Nr. 32 v. 9.8.1974, 377–79), im Evangelisch-protestantischen Kirchenboten, Straßburg (Nr. 33 v. 15.8.1874, 137–39), in der Neuen Evangelischen Kirchenzeitung, Berlin (Nr. 34 u. 35 v. 22. u. 29.8.1874, 529–533 u. 549–551), in der Allgemeinen Evangelisch-lutherischen Kirchenzeitung, Leipzig (Nr. 36 v. 4.9.1874, 714–716) und im Armen- und Krankenfreund, Kaiserswerth (1874, 161 ff.); die Folgenden: *Max Reichard:* Franz Haerter, der Vater der Straßburger Diakonissenanstalt. In: Monatsschrift für Diakonie und Innere Mission 1/1 ff., 1876/77, 13–21, 97–108, 145–155, 177–192; *Max Reichard:* Franz Haerter. Straßburg 1897; *Christian Hackenschmidt:* Bilder aus dem Leben von Franz Heinrich Härter. Straßburg 1888; *Mme. Ernest Roehrich:* Le pasteur F.H. Haerter. Paris 1889; *Daniel Metz:* F.H. Haerter (1797–1874). Univ. Straßburg 1965 [unveröff. Examensarbeit Theol. Fakultät]; *René Voeltzel:* Sérvice du Seigneur. La vie et les oeuvres du pasteur François Haerter 1779–1874. Straßburg 1983.

[9] Diese Jahresangabe findet sich bei *Reichard,* Monatsschrift 1876 [s. Anm. 8], 145. In seinem Generalbericht nennt Boegner das Jahr 1820; vgl. Im Dienst des Herrn. Das Straßburger Diakonissenhaus während seines fünfzigjährigen Bestehens. Straßburg 1893, 11. Auf 1820 datieren auch Hackenschmidt und Reichard.

[10] *Reichard,* Monatsschrift 1897 [s. Anm. 8], 63–65; vgl. auch Handbuch für die Innere Mission in Elsaß-Lothringen. Hg. v. der Evang. Gesellschaft in Straßburg zur Förderung der Innern Mission i. Verb. m. mehreren Mitarbeitern v. *Paul Grünberg*. Straßburg 1899, 241.

wehren, welche den Kranken selbst Branntwein verkauften, die Pflege der Kranken dergestalt zu organisieren, daß die Katholiken von den barmherzigen Schwestern, die Evangelischen aber von Wärtern und Wärterinnen ihres Glaubens bedient würden. Die Behörde hatte den Beschluß allerdings nur unter der Voraussetzung gefaßt, daß sich wenigstens zwei tüchtige evangelische Jungfrauen oder Witwen fanden, welche die Oberleitung der protestantischen Abteilung, die Ueberwachung der Wärter und der Wärterinnen zu übernehmen bereit und im Stande wären. Der damalige Dekan der theologischen Fakultät wandte sich im vertraulichen Auftrag des Magistrats an alle Geistlichen mit dem Ersuchen, die Sache in den ihnen bekannten Kreisen von Frauen anzuregen, und ihm die betreffenden Vorschläge zu machen. Alle Schritte blieben erfolglos: es fand sich keine einzige Jungfrau, die das so wichtige Amt übernehmen wollte. Einer der beliebtesten Geistlichen Straßburgs, Haerters Seelsorger, besprach die Angelegenheit mit dem jungen Studiosus und beschwor ihn, ihm unter seinen Bekannten doch wenigstens nur eine geeignete weibliche Persönlichkeit vorzuschlagen: der Jüngling [Franz Haerter] war dazu nicht im Stande ... Der Ruf verhallte in der Tat ungehört. Dr. Blessig mußte dem Magistrat erwidern, er könnte demselben keine geeigneten Personen zur Verfügung stellen, und so übergab die Behörde notgedrungen vollständig den katholischen Schwestern die Verwaltung der gesamten Krankenpflege im Hospital, die sie bis auf den heutigen Tag noch unumschränkt behalten haben.

Auf des jungen Kandidaten Herz machte die ganze Angelegenheit einen überaus wehmütigen und beschämenden Eindruck. Es blieb ihm davon in der Seele ein Stachel zurück, den er nimmer los werden konnte."

Diese Erfahrung brachte Haerter später dazu, das dem Wirken der Barmherzigen Schwestern konkurrierende protestantische Pendant zu schaffen.[11] Mit der Verlegung des Mutterhauses der elsässischen Vinzentinerinnen von Zabern nach Straßburg 1823 wurde Straßburg bald nach dieser Begebenheit zum Wirkungszentrum katholischer Krankenpflege

[11] Auch an anderen Stellen finden wir Aussagen Haerters, die dieses Konkurrenzverhältnis zum Ausdruck bringen. Vgl. etwa folgende Passage seines Vortrages über „Das Amt der Diakonissen in der evangelischen Kirche, mit besonderer Beziehung auf die Diakonissen-Anstalt zu Straßburg", gehalten im Gründungsjahr der Anstalt 1842 in der St. Martins-Kirche zu Basel: „Unterdessen entstand für die römische Kirche, welche durch die Reformation auch Manches gewonnen hatte, im 17ten Jahrhundert die wohltätige Schwesterschaft des Vincentius von Paula, und noch mehrere andere Orden der Barmherzigkeit gestalteten sich hin und wieder, und breiteten sich schnell aus. Die evangelische Kirche hatte nicht Aehnliches aufzuweisen. Das wurde ihr oft von Gegnern zum Vorwurfe gemacht; ja es kam so weit, daß man behauptete, die religiösen menschenfreundlichen Institutionen wären nur in der römischen Kirche möglich, und könnten nicht gedeihen auf protestantischem Boden"; zit. nach dem Druck des Vortrags der Druckerei Berger-Levrault. Straßburg 1842, 10.

über das Elsaß hinaus bis nach Süddeutschland und Österreich.[12] Und noch im Jahr 1841/42 benutzte Haerter den Terminus „evangelische Schwestern der Barmherzigkeit", was auf einen deutlichen Einfluß der Konzeption der Barmherzigen Schwestern und eine noch geringe Bedeutung des Kaiserswerther Diakonissentypus schließen läßt.[13]

2.2. Der Kontext der Erweckungsbewegung bzw. des Réveil[14]

Haerters geistliche *„Umwandlung"* in der Zeit um das Jahr 1831 vom theologischen Rationalismus zur erweckten Herzensfrömmigkeit, wie er sie in seinen 1835 verfaßten „Abschiedsworte[n]"[15] beschrieb, spielten für die verschiedenen Initiativen auf diakonischem Gebiet eine wichtige Rolle.[16] Wie viele Persönlichkeiten der Erweckungsbewegung, so hat sich auch Haerter auf den verschiedensten missionarischen und diakonischen Gebieten betätigt. Schon in jungen Jahren hatte Haerter Kontakte zu Oberlin, der ihm Vorbild in vielerlei Hinsicht wurde.

Nicht zuletzt mit seiner Gründung der Straßburger Evangelischen Gesellschaft[17] im Jahre 1833 stellte sich Haerter in den Zusammenhang des schweizerisch-französischen Réveil.[18] Diese Gesellschaft schloß sich 1836 der Société évangélique de France in Paris an, welche wiederum enge Verbindungen mit der Genfer Société évangélique (gegr. 1831) un-

---

[12] Vgl. *Erwin Gatz:* Kirche und Krankenpflege im 19. Jahrhundert. Paderborn 1971, 268, 336ff.

[13] Bericht der Dienerinnen des Jungfrauen-Vereins 1841–42 aus dem Archiv der Diakonissenanstalt Straßburg; zit. nach *Jutta Schmidt*: Beruf: Schwester. Entwicklung des Frauenbildes und des Frauenberufsbildes in der Diakonie im 19. Jahrhundert. Heidelberg [Diss. theol. masch.] 1994, 67.

[14] Vgl. *Voeltzel* [s. Anm. 8], 173–182, bes. 173f.

[15] Abschiedsworte an seine Gemeinde von Franz Heinrich Haerter, Pfarrer an der Neuen Kirche zu Straßburg. Straßburg 1874.

[16] Vgl. die zusammen mit Haerters Abschiedsworten 1874 veröffentlichte Einleitung [leider ohne Verfasserangabe]. In: Abschiedsworte [s. Anm. 15], 6, wo irrtümlicherweise das Jahr 1833 als Zeitpunkt der betr. Umwandlung genannt ist. Der richtige Zeitpunkt wird durch Haerters Trinitatispredigt aus dem Jahr 1831 bestimmt, in der er seiner Gemeinde Zeugnis von seiner Wandlung gab; vgl. dazu *Reichard,* Monatsschrift 1876 [s. Anm. 8], 101, u. *Reichard,* Monatsschrift 1897, 40.

[17] Zur Evangelischen Gesellschaft Straßburg vgl. die betr. ausführliche Passage bei *Daniel Metz* [s. Anm. 8], 207–251, und 75 Jahre Innere Mission in Straßburg 1834–1909. FS z. 75j. Jub. d. Evang. Ges. i. Straßburg z. Förderung der Inneren Mission. Hg. i.A. des Comité von Pfarrer *S. Schrenk.* Straßburg 1909, sowie Centenaire de la Société Évangelique des Strasbourg (Mission Intérieure) 1834–1934. Straßburg 1934.

[18] Zum französischen Réveil vgl. *Gustave Lagny:* Le réveil de 1830 a Paris et les origines des diaconesses der Reuilly. Paris [o.J]; *Leon Maury:* Le Réveil Religieux dans L'Église Réformée à Genève et en France (1810–1850). Toulouse 1892; *Alice Wemyss:* Histoire du Réveil 1790–1849. Paris/Lausanne [1977]; *Marc Lienhard:* Art. Frankreich III.2. (Protestantische Kirchen). In: TRE 11, 1983, 373–385; *Ulrich Gäbler:* „Auferstehungszeit". München 1991, 55–85; *ders.:* Art. „Erweckungsbewegung". In: ^{3}EKL 1, 1986, 1081–1088.

terhielt. Im Jahr 1839 allerdings löste sich die Straßburger Evangelische Gesellschaft bereits wieder von der französischen Muttergesellschaft, um sich unter Haerters Leitung der elsässischen Nationalkirche anzugliedern.

Die Zusammensetzung des Komitees der Evangelischen Gesellschaft zeigt, wie sehr die bedeutenden Persönlichkeiten dieser Gesellschaft zugleich Freunde und Förderer der Diakonissenanstalt waren. Ein Name zog sich von der ersten Stunde der Evangelischen Gesellschaft durch bis in die weitere Geschichte der Diakonissenanstalt, es war der der Familie Keck. Die aus der bürgerlichen Schicht stammenden Gebrüder Keck hatten den Betsaal (Chapelle) der Evangelischen Gesellschaft an ihr Haus angebaut. Ihre Schwester Henriette war erste Aktive des Dienerinnenvereins, wurde dann erste Diakonisse und Oberschwester der Diakonissenanstalt, Louisa Keck war ebenfalls Diakonisse und Katharina Magdalena Keck, geb. Bein, wurde Hausmutter des Diakonissenhauses.[19]

In den 1850er Jahren wurde Heinrich Boegner Erster Sekretär der Gesellschaft. Er war zugleich der Vater des späteren Hausgeistlichen der Diakonissenanstalt, Carl Boegner, der seinerseits Mitglied des Komitees der Gesellschaft wurde. Die Straßburger Diakonissenseelsorger Max Reichard und Gustav Haerter, der Sohn Franz Haerters, traten dem Komitee der Gesellschaft ebenfalls bei. Die Erweckungsbewegung im Elsaß hatte in Franz Haerter, um es mit den Worten Martin Gerhardts zu sagen, „ihren bedeutendsten Führer“[20] gewonnen.

Auch Haerters und der Straßburger Diakonissen Kontakte zu Pfarrer Antoine Vermeil und der Lehrerin und späteren Oberin Caroline Malvesin nach Paris brachten den Straßburger in das Umfeld des französischen Réveil, war doch Vermeil seit Genfer Studienzeiten mit den führenden erweckten Persönlichkeiten Frankreichs der 1830er Jahre befreundet, wie etwa den Brüdern Frédéric, Guillaume und Adolphe Monod, Henri Merle d'Aubigné und Louis Vallette.[21]

2.3. *Tragende Strukturen und Personen aus Haerters Straßburger Gemeindearbeit: der Armendienerinnen-Verein*

In die Vorgeschichte der Straßburger Diakonissengründung gehört auch Haerters kirchliche Jugendarbeit. Mitte der Dreißiger Jahre des 19. Jahrhunderts hatte Haerter eine Art Jugendgruppe für frischkonfirmierte Jungen und Mädchen angefangen, die er „*Dienstagsexamen*“ nannte.[22] Die jungen Leute versammelten sich bei Haerter zu wöchentlichen oder vierzehntäglichen Bibel- und Erbauungsstunden. Aus diesem Kreis

---

[19] Vgl. *Schmidt* [s. Anm. 13], 61.

[20] Vgl. *Gerhardt* [s. Anm. 4], 215.

[21] Vgl. *Fritz Hoch:* Aller Diener. Leben und Werk der Gründer des Diakonissenhauses Paris-Reuilly. Basel 1966, 24; vgl. auch *Lagny* [s. Anm. 18], 35.

[22] Vgl. *Reichard,* Monatsschrift 1876 [s. Anm. 8], 146.

bildeten sich 1836 ein Jünglings- und ein Jungfrauenverein, die sowohl Bibelstunden hielten als auch Armen- und Krankenpflege übten.[23] Die jungen Männer des *Jünglingsvereins* bildeten bald die „Gesellschaft der Armenfreunde“,[24] woraus Härter Ideen für den männlichen Diakonat ableitete und realisierte.[25]

Einige der jungen Frauen des *Jungfrauenvereins* schlossen sich 1836 zum *Armen-Dienerinnen-Verein* zusammen, der schließlich die personelle Grundlage für die Diakonissenanstalt bildete.[26] An erster Stelle ihrer Selbstverpflichtung stand für die Dienerinnen das geistliche Ziel, den Bedürftigen die Bibel zu bringen und ihren Seelen auf diese Weise zu helfen, erst an zweiter Stelle stand die materielle Unterstützung. Sie setzten auch sporadische Treffen untereinander an zum Erfahrungsaustausch und zur kollegialen Beratung sowie zur geistlichen Erbauung durch Bibelwort und Gebet.

In der „Instruktion für den Armenbesuch“[27] aus dem Jahr 1836 werden den Dienerinnen genaue Anweisungen für den Umgang mit den Armen

---

[23] Vgl. Erster Jahresbericht der Diakonissenanstalt Straßburg von 1843, 7.

[24] Vgl. *Reichard,* Monatsschrift 1876 [s. Anm. 8], 147.

[25] Vgl. das oben schon untersuchte Referat von *F. Haerter:* Das Laien-Diakonat in der evangelischen Kirche überhaupt und in den evangelischen Gemeinden Straßburgs insbesondere. Straßburg: Friedrich Carl Heitz [o.J.]. 19 S.

[26] Vgl. *Reichard,* Monatsschrift 1876 [s. Anm. 8], 147, sowie Handbuch für die Innere Mission in Elsaß-Lothringen [s. Anm. 10], 149. Der Verein wird z. T. auch „Dienerinnen-Verein“ genannt. Aus dem uns überlieferten „Stiftungsbericht und Grundsätze von 1836“ des Dienerinnenvereins (abgedr. bei *Eduard von der Goltz:* Der Dienst der Frau in der Kirche. Geschichtl. Überblick mit einer Sammlung von Urkunden. Potsdam 1905, 194 f., nach dem im folgenden zitiert ist) erfahren wir wichtige Details über diese Institution. Daraus gehen Gründungsjahr und Zweck zunächst des Jungfrauenvereins hervor: „Im Jahr 1836 trat der Jungfrauenverein zusammen, die Mitglieder desselben stifteten nach dem 4.Art. ihrer Statuten eine Kasse unter sich, deren Ertrag zur Förderung des Werkes Gottes unter den Menschen und zur Unterstützung der Notleidenden bestimmt war [...]“. Dann wird geschildert, wie aus diesem Verein der Dienerinnenverein entstand: „[...] nun wurde es auch ein dringendes Bedürfnis, daß einige Freundinnen [aus dem Jungfrauenverein] sich dazu hingaben, Dienerinnen des Vereins zu werden, d. h. im Namen des Vereins die Armen, die demselben empfohlen wurden, in ihren Wohnungen zu besuchen, ihnen das Wort vom Reiche Gottes nahe zu bringen und die Unterstützung nach Bedürfnis und Kräften ihnen darzureichen.“ Hierauf wird die eigentliche Gründung des Dienerinnenvereins beschrieben und die Grundsätze desselben niedergelegt: „Die ersten Freundinnen, die sich zu diesem Liebesdienste anboten, vereinigten sich zum erstenmal am 29. Mai 1836 und setzten folgende drei Hauptpunkte fest: I. Zur Unterstützung der Notleidenden ist es nicht genug, leibliche Hilfe zu bringen, auch ihren Seelen zu helfen ist der Beruf, welchen wir [...] übernehmen. II. Unser Hauptwerk soll sein, das Wort Gottes den Herzen der Verlorenen und Verlassenen nahe zu bringen, darum wollen wir vorzüglich den Sonntag als Tag des Herrn dazu wählen, um die Armen und Kranken zu besuchen. III. Wir wollen uns von Zeit zu Zeit schwesterlich vereinigen, um uns durch gegenseitige Mitteilung unserer Erfahrungen zu belehren, und uns zu unserm Dienst zu stärken durch gemeinschaftliches Lesen des Wortes Gottes und Gebet.“

[27] Abgedr. ebenso bei *Eduard von der Goltz* [s. Anm. 26], 195 f., wonach im folgenden zitiert ist.

und deren Kategorisierung gegeben. Nach ersten Kontaktaufnahmen wurde ein Personenbericht in der Dienerinnenversammlung zur Abstimmung über die Unterstützungswürdigkeit und über die Häufigkeit der sonntäglichen Besuche gebracht. Eine Dienerin war jeweils für drei Arme zuständig. Die Unterstützungswürdigen und in ein „Verzeichnis der Pflegebefohlenen" Eingetragenen erhielten in der Regel vierzehntäglich einen bestimmten Geldbetrag und ggfs. Karten und Scheine für materielle Zuwendungen wie Lebensmittel, Kleidung, Haushaltswaren und Brennstoffe. Die Art und Weise des diakonisch-missionarischen Umgangs wurde nicht geregelt, sondern blieb der betreffenden Dienerin überlassen. Immer wieder kam es, vor allem aus den eigenen Reihen der evangelischen Gemeinden, zu Kritik an dieser selbständigen sozialen und evangelistischen Arbeit der Dienerinnen, die Haerter abwiegelte.[28]

Neben dem zweiwöchentlichen Treffen aller Armendienerinnen bei ihrem Seelsorger trafen sie sich dazwischen häufiger in kleineren Distriktkomitees.[29] Untereinander versuchten sie, eine enge Gemeinschaft zu bilden, in der soziale Unterschiede keine Rolle spielen sollten. Zu ihrem Dienst wurden sie von allen Vereinsmitgliedern gewählt, einige Zeit geprüft, und schließlich nach feierlichem Gelöbnis unter Handauflegung knieend eingesegnet.[30]

Am 15. Dezember 1839 wurden zehn von den bis dahin *„Dienerinnen"* genannten Frauen durch Haerter zu *„Diakonissen"* geweiht.[31] Und schon 1840 erklärten einige Diakonissen, sie wollten nicht mehr nur am Sonn-

---

[28] Ein wichtiges und interessantes Dokument, das den Umgang Haerters mit den Dienerinnen, die Organisation des Dienerinnenvereins und die Vorbehalte von Kritikern gegen die Arbeit der Dienerinnen zeigt, ist das Rundschreiben des Pfarrers an die Armendienerinnen vom 17.11.1838 [Original im Archiv der Diakonissenanstalt Straßburg]. Haerter bezeichnet es als „ein gemeinschaftliches Schreiben des Dienerinnenvereins dem du angehörst". Darin spiegelt sich wie auch in den Inhalten dieses Briefes und in Haerters Unterschrift („Dein Bruder in dem Herrn F. Haerter") wieder, wie ernst der Pfarrer seine jungen Mitarbeiterinnen nahm und wie demokratisch-genossenschaftlich er dachte. Haerter informiert, wohl im Auftrag der „12 Schwestern, welche dir schreiben", über die Krankheit dreier Dienerinnen und über „Beschwerden [...] und [...] Widersprüche" gegen den Dienerinnenverein. Er führt zwei Beschwerden an, die bis heute gegen die ehrenamtliche Arbeit von Frauen vorgebracht werden: „Man will es bedenklich finden, daß junge Frauenzimmer ohne Begleitung in die Hütten der Armen gehen, die meistens in engen Gassen liegen, in denen auch verrufene Häuser sind. Auch behauptet man, es sei unziemend, daß diese Armenbesucherinnen noch etwas anderes als die leibliche Unterstützung bringen, nämlich Nahrung für die Seelen aus Gottes Worte. Das sei, so heißt es, nur ein Geschäfte für die Pfarrer, die als Seelsorger bestellt und berufen sind." Haerter entkräftet diese Kritik mit dem Argument: „Es liegt in diesen Vorwürfen etwas sehr Scheinbares [...]", und kann sie deshalb lediglich als ein Mittel der göttlichen Prüfung des Vereins und seiner Mitglieder einordnen.

[29] Vgl. *Reichard,* Monatsschrift 1876 [s. Anm. 8], 148 f.

[30] Vgl. *Carl Boegner:* Im Dienst des Herrn. Denkschrift zur Jubelfeier der fünfzigjährigen Wirksamkeit des Diakonissen-Mutterhauses zu Straßburg i.E. Straßburg 1893, 13.

[31] Vgl. *Boegner* [s. Anm. 30], 14.

tag den Kranken und Armen dienen, sondern auch die Woche über. Somit standen Haerter Diakonissen zur Verfügung, bevor er ein Mutterhaus gründen konnte.

2.4. Die Gründung der Diakonissenanstalt

Im Jahr 1840 wollte Haerter nun zur Gründung der Straßburger Diakonissenanstalt schreiten. Eine schwere Halsentzündung hinderte ihn jedoch daran, und er brauchte das ganze Jahr 1841 zur Genesung und Erholung.[32] Erst Anfang 1842 konnte er an sein großes Vorhaben gehen.

Drei Diakonissen aus dem Armendienerinnen-Verein sowie zwei andere Frauen und die Witwe Katharina Magdalena Keck, geb. Bein, als Hausmutter fanden sich am 22. Januar 1842 zur Gründung der Anstalt bei Haerter zusammen.[33] Im Februar konnte ein kleines, aber geeignetes Haus im alten Himmelreichsgäßchen gemietet werden, „und damit war das Werk in materieller Beziehung gegründet".[34] Am 3. März 1842 trat das dreiköpfige *Verwaltungs-Comité* der Anstalt erstmals zusammen.[35] Als Zweck der neuen Anstalt wurde protokolliert, Armenlehrerinnen und Krankenpflegerinnen auszubilden. Diese doppelte Zielsetzung wurde auf das Kaiserswerther Vorbild zurückgeführt.[36]

Das von Mina Ehrmann geschriebene Protokoll stellt die neue Straßburger Anstalt in die Linie von Kaiserswerth und Paris.[37] Auf der zweiten Komitee-Sitzung konnte Haerter einen schon vorher vorgelegten und von der Diakonissenanstalt Paris inspirierten Statutenentwurf in sieben Punkten zur Festsetzung bringen, der Ziele, Ordnung und Ausstattung

---

[32] Vgl. *Reichard,* Monatsschrift 1876 [s. Anm. 8], 151.

[33] Vgl. *Boegner* [s. Anm. 30], 15.

[34] *Boegner,* 16.

[35] Vgl. *Boegner,* 16; vgl. auch den „Entwurf der Bedingungen nach welchen die ersten in das Diakonissenhaus eintretenden Schwestern aufgenommen werden sollen [...]" vom 23.6.1842 im Archiv der Diakonissenanstalt Straßburg.

[36] Im ersten Jahresbericht der Diakonissenanstalt Straßburg 1843, 7 f., ist zu lesen: „Es wurde als Grundsatz angenommen, daß man, nach dem Vorgange der Kaiserswerther Anstalt, zwei verschiedene Zweige vereinigen wollte, nämlich die Krankenpflege und das Lehrfach, so daß ein Theil der Diakonissen sollten Lehrerinnen, der Andere Pflegerinnen werden. Zu dem Ende gieng eine Dienerin des Vereins nach Kaiserswerth, um dort unter der Anleitung des Herrn Pastor Fliedner sich zur Krankenpflege auszubilden; diese kehrte nach drei Monaten mit einem Zeugnisse der Tüchtigkeit nach Straßburg zurück. Zwei andere Dienerinnen bereiteten sich, ihr Examen auf der hiesigen Akademie zu bestehen, und erhielten ihr Diplom als Lehrerinnen im September des vorigen Jahres [1842]. Mit diesen drei Schwestern verbanden sich noch drei Dienerinnen, wovon die eine dem Lehrfach, die übrigen zwei der Krankenpflege sich widmen wollten."

[37] „Die Nothwendigkeit solcher Gründungen ist an vielen Orten anerkannt. In Kaiserswerth a.Rh. und in Paris bestehen schon solche und in Echallens im Waadtlande werden die ersten Schritte dafür gethan. In unserer Vaterstadt ist es ein seit Jahren gehegter Wunsch, der nach und nach zu einem dringenden Bedürfniß wurde [...]"; zit. nach *Boegner* [s. Anm. 30], 17; vgl. Metz [s. Anm. 8], 258.

der Anstalt beschrieb.[38] Bis Ende Juni 1842 waren bereits sechs Frauen, eine davon in Kaiserswerth ausgebildet, als Bewerberinnen in die neue Anstalt aufgenommen.[39]

Schon zu Jahresbeginn 1842 hatten die Geldsammlungen ein gutes Ergebnis gezeitigt. Zur weiteren Finanzierung unternahm Haerter Kollekten-Reisen in die Schweiz und ins Oberelsaß.[40] Im Frühjahr 1842 besuchte er Pfr. Vermeil und seine gerade eben entstandene Diakonissenanstalt in Paris.

Anfang Juli 1842 bezogen die Diakonissen das Haus, womit der Betrieb im Diakonissenhaus anlief.[41] Der „innere Rat" der Diakonissenanstalt trat zu einer ersten Sitzung am 21. Juli 1842 zusammen. Er bestand aus der Hausmutter und den beiden Oberaufseherinnen der Bereiche Krankenpflege und Unterricht. Am 19. August wurde die erste Patientin, die an Nervenfieber litt, aufgenommen. Das Komitee erkannte auf seiner Sitzung am 29. September 1842, daß wegen Gebrechlichkeit der Hausmutter eine Leiterin für das Haus selbst benötigt würde. Als Oberschwester wählten sich die Schwestern Diakonisse Henriette Keck. Auf derselben Sitzung wurde als Wahlspruch des Diakonissenhauses Phil 1,21 ausgesucht: „Christus ist mein Leben, und Sterben ist mein Gewinn." Darin spiegelt sich die Leidens- und Glaubenserfahrung Haerters ebenso wie einiges vom Einsatz der ganzen Existenz der Diakonissen für ihre Berufung. Die Stiftungsfeier der Diakonissenanstalt wurde am Reformationstag 1842 im Himmelreichsgäßchen gehalten. Anwesend waren die sechs Diakonissen in ihrer Tracht, Franz Haerter, Professor Boegner, der den Wahlspruch des Hauses auslegte, und ca. 150 Gäste.[42] Die Eröffnung der neuen Anstalt wurde in Straßburg wenig beachtet, und auch in der Presse fand sich nur eine kurze Notiz im „Journal d'Alsace".[43] Dieses erste Haus bot Platz für zehn Krankenbetten, zehn Schwestern und eine Schule für ca. fünfzig Schülerinnen.[44]

---

38 „1. Diakonissen sind Dienerinnen des Herrn in Werken der Barmherzigkeit. Die Absicht, welche sie in diesen Dienst führt, soll wahrhaft evangelisch sein. [...] Eine evangelische Diakonissin soll in dem übernommenen Berufe keinen Verdienst, noch künftigen Lohn suchen, sondern eine Gelegenheit, sich dem dankbar zu beweisen, der ihre Seele erlöst hat, und sich für sie dargegeben. [...] 2. Die Diakonissenanstalt zu Straßburg, deren Charakter ausdrücklich der evangelisch-apostolischen Kirche gemäß sein soll, setzt sich vorerst zum Hauptzwecke: die Bildung von Armenlehrerinnen und Krankenpflegerinnen. Darum wird mit derselben verbunden sein: 1) eine unentgeltliche Schulanstalt mit einer Kleinkinderschule für Töchter bis ins 15. Jahr; 2) ein Krankenhaus [...]"; zit. nach *Boegner* [s. Anm. 30], 18 f.; vgl. *Metz* [s. Anm. 8], 259. Der 3. Artikel beschreibt die Leitung der Anstalt durch ein „Comité" von drei Frauen.

39 Vgl. *Boegner* [s. Anm. 30], 19, sowie den „Entwurf" [s. Anm. 35].

40 Vgl. *Reichard,* Monatsschrift 1876 [s. Anm. 8], 153.

41 Vgl. zum Folgenden *Boegner* [s. Anm. 30], 20 f.

42 Vgl. *Boegner* [s. Anm. 30], 23, und *Metz* [s. Anm. 8], 262.

43 Vgl. *Metz* [s. Anm. 8], 273.

44 Vgl. *Boegner* [s. Anm. 30], 24 u. 31.

Bereits vierzehn Tage nach den Einweihungsfestlichkeiten mußten die Diakonissen ihre erste Privatpflege bei Haerters zweiter Frau übernehmen, die an Lungenentzündung erkrankt war und bald starb.

2.5. *Die Ausdehnung der Diakonissenanstalt und ihrer Aufgaben*

Die weitere Entwicklung der Anstalt vollzog sich in großen Schritten und brachte einige räumliche und konzeptionelle Änderungen mit sich. Die Lehrerinnenausbildung des Hauses erreichte ihre erste Blüte im Jahr 1850, mußte aber bereits 1851 eingestellt werden, weil sich nicht genügend Lehrdiakonissen ausbilden ließen.[45] Erst 1871 wurde der Lehrzweig neu eröffnet.[46]

Schon im März 1844 mußte das neue Werk wegen Platzmangels umziehen in die Elisabethgasse 24.[47] 1852 kaufte man ein Gebäude in der Elisabethgasse 32 als zusätzliches Krankenhaus.[48] Die Anstalt wuchs kontinuierlich und konnte diverse Tochteranstalten und -institutionen im Elsaß und in der Schweiz eröffnen.[49] Die „Besserungsanstalt für Mädchen“, auch „Disciplinaire“ genannt, in der straffällig gewordene Mädchen unterrichtet wurden, wurde 1851 bzw. 1852 der Diakonissenanstalt angeschlossen. 1853 wurde der Diakonissenanstalt die „Mägdeanstalt“ für die Ausbildung sittlich verwahrloster Mädchen und junger Frauen zu Dienstboten angegliedert. Die „Krippe“ oder „Crêche“ der Diakonissenanstalt als Kleinkinderbewahranstalt für Säuglinge und Kleinkinder bis 3 Jahre wurde 1855 eröffnet. „Die höhere Mädchenschule des Bon Pasteur“ mit Pensionat für Töchter aus dem mittleren Bürgerstand wurde 1871 dem Lehrbetrieb übergeben. Die „Mädchenschule“ als Folgeinstitution der in den 1850er Jahren geschlossenen Elementarschule in der Freiburgergasse wurde 1873 neu eröffnet, 1882 zur „Diakonissen-Mittelschule“ bzw. „Mädchenmittelschule“ erhoben und 1893 zur „höheren Mädchenschule“, die sich bald „Boegnerschule“ nannte, ausgebaut.

Ab 1844 entsandte das Diakonissenmutterhaus Schwestern in auswärtige Stationen, Hospitäler und Privatpflegen zuerst des Elsaß, bald auch der Schweiz und Deutschlands.[50] Die erste auswärtige Station war die

---

[45] Am 14.9.1845 war der gesamte Lehrzweig in die Freiburgergasse 5 ausquartiert worden, was in den Pflegebereich Ruhe einkehren ließ und ihm Platz verschaffte. Vgl. *Boegner* [s. Anm. 30], 30, und den Jahresbericht 1845 sowie Metz [s. Anm. 8], 275.

[46] *Boegner* [s. Anm. 30], 26.

[47] Vgl. Dritter Jahresbericht der Straßburger Diakonissenanstalt von 1845, 7, sowie *Boegner* [s. Anm. 30], 31, und *Metz* [s. Anm. 8], 274 f.

[48] Vgl. *Boegner* [s. Anm. 30], 31.

[49] Vgl. zum Folgenden *Metz* [s. Anm. 8], 283; *Boegner* [s. Anm. 30], 59–76; Handbuch für die Innere Mission in Elsaß-Lothringen [s. Anm. 10], 29, 38, 45, 81–83, 244 f.

[50] Vgl. *Boegner* [s. Anm. 30], 31 u. 57 f., sowie Handbuch für die Innere Mission in Elsaß-Lothringen [s. Anm. 10], 246, und den Neunten Jahresbericht der Straßburger Diakonissenanstalt von 1851, 9 f.

Armenpflege im elsässischen Gebweiler, besetzt mit einer Diakonisse ab dem 31. Mai 1844. Dort hatte nach Haerters Vermittlung schon seit 1838 ein Mitglied seines Armendienerinnenvereins die Armen- und Krankenpflege übernommen.[51]

Ein Paradebeispiel für eine grundlegend gemeindediakonisch orientierte Armen- und Krankenpflege war seit 1852 die „Stadtpflege" im elsässischen Mühlhausen.[52] Hier schaffte es Haerter, mit sieben Diakonissen ab 1852 vieles von seinem in den beiden Vorträgen „Das Laien-Diakonat [...]" und „Das Amt der Diakonissen [...]" theoretisch ausgeführten Ansatz der Gemeindediakonie praktisch zu realisieren. 1859 funktionierte das System, „ein Netz der barmherzigen Liebe dehnte sich über ganz Mühlhausen mit seinen alten und neuen Straßen aus; jede Gasse, jedes Haus war eingefügt in den Organismus des Samariterwerkes" (87). Zu diesem Zeitpunkt war ein flächendeckendes Gemeindekrankenpflegesystem aufgebaut, das die Stadt in sieben „Quartiere" einteilte. Jedes hatte ein „Patronatslokal", das als Zentrale der Krankenpflege mit einer Diakonisse (auch „Quartierschwester" oder „Stadtpflegerin" genannt) und einer Magd besetzt war. Von diesen insgesamt sieben Diakonissen hatte „jede Einzelne im Durchschnitt 400 – 500 Kranke zu bedienen" (82). Jede Quartierschwester wurde „von einem besonderen Comité geleitet" (82). „Dieses Comité versorgt die Schwester mit den zur Kranken- und Armenpflege nöthigen Hilfsmitteln und unterstützt sie auch im Kranken- und Armenbesuch" (82). Das Patronatslokal umfaßte in manchen Quartieren gleichzeitig die Wohnung der Schwester, einige der sieben Diakonissen wohnten auch mit anderen Schwestern im Hospital oder im „Diakonat". Immer war das Lokal aber dienstlicher „Aufenthaltsort" der Schwester, „wo die Armen sicher sind, sie zur bezeichneten Stunde zu treffen, oder in ihrer Abwesenheit der Magd die Aufträge an die Schwester anvertrauen können", „hier wird dann auch die tägliche Suppe gekocht, welche man gegen Karten zwischen 11 und 12 Uhr abholt", „zwei oder drei Mal wöchentlich finden im Lokal die regelmäßigen Konsultationen des Arztes statt" etc.; ansonsten machte die Quartierschwester auch „Krankenbesuche" in den Wohnungen und Häusern, „wobei es jedoch nicht gilt, dem Kranken eine erbauliche Betrachtung zu halten, sondern wacker Hand anzulegen, und den Angehörigen durch Wort und Beispiel Anleitung zur richtigen Versorgung ihrer Kranken zu geben" (82). Als ergänzende stationäre Institutionen der Krankenpflege gab es in Mühlhausen noch das „große Bürgerspital", ein „Convalescentenhaus", ein „Krankenhaus", ein erstes und später ein zweites „Versorgungshaus" für alte Menschen, dazu verschiedene „Kinderbewahranstal-

---

51 Vgl. *Boegner* [s. Anm. 30], 79 f.

52 Einen Überblick darüber gibt *Boegner* [s. Anm. 30], 81–83 u. 85–88, wonach im folgenden zitiert ist.

ten" und eine „Waisen- und Mägdeanstalt"; alle mit Diakonissen besetzt (81). Die Stadtpflege in Straßburg selbst folgte erst im Jahr 1865.[53]

Außerdem wurden in Straßburg Diakonissen für verschiedene neuzugründende Anstalten ausgebildet. Aus dieser Verbindung entstanden 1851 die Karlsruher Diakonissenanstalt und die in Basel-Riehen, 1855 die Stuttgarter und die Augsburger Anstalten sowie 1859 die Speyerer Anstalt.[54]

2.6. Diakonissenbild und Anstaltskonzeption[55]

Das Leitungsmodell Straßburgs ist immer wieder als „Demokratie von Frauenzimmern" bzw. „weibliche Demokratie" bezeichnet worden. Darin spiegeln sich als wesentliche Elemente der Willensbildung innerhalb der Diakonissenanstalt im Gründungsjahr zum einen die sog. „Verwaltung" (bzw. „das Komitee"), ein Gremium angesehener, frommer Bürgerfrauen der Stadt, die die Anstalt nach außen zu vertreten hatten, und zum anderen die „Oberschwester", der der „innere Rat", bestehend aus den leitenden Diakonissen der beiden Zweige Pflege und Lehrfach, zur Seite gestellt war, welcher die inneren Angelegenheiten von Schwesternschaft und Anstalt regelte. Wo immer es möglich war, wurde die Schwesternschaft in die Entscheidungen einbezogen, was neben klaren Regelungen etwa im „Entwurf" der Aufnahmebedingungen für Diakonissen von 1842 u. a. daraus hervorgeht, daß häufig Berichte, Protokolle, Statuten u. ä. von den Schwestern signiert wurden.[56]

Die Gemeinschaft der Schwestern spielte in Straßburg eine wichtige Rolle, sowohl was die geistlich-spirituelle Koinonia als auch was die Entscheidungsfindung anbelangte. War schon der Armendienerinnen-Verein aus der frommen Gemeinschaft des Jungfrauenvereins hervorge-

---

[53] Vgl. *Boegner* [s. Anm. 30], 57 u. 76–78.

[54] *Boegner*, 37 f.

[55] Vier wichtige Dokumente zeugen von der Konzeption und Organisation der Schwesternschaft und der Diakonissenanstalt Straßburgs in den ersten Jahren: Haerters Basler Vortrag über „Das Amt der Diakonissen in der evangelischen Kirche, mit besonderer Beziehung auf die Diakonissen-Anstalt zu Straßburg", gedruckt bei Berger-Levrault, Straßburg 1842; der handschriftliche „Entwurf der Bedingungen nach welchen die ersten in das Diakonissenhaus eintretenden Schwestern aufgenommen werden sollen und wozu sie sich vor dem Herrn in Gegenwart der ganzen Verwaltung durch ein feierliches – Ja – verpflichten", Original im Archiv der Diakonissenanstalt Straßburg; die undatierte „Ausführliche Darlegung der Grundzüge des Straßburger Diakonissen-Werkes", zwei Hefte, gedruckt bei der St. Johannis-Druckerei im badischen Dinglingen [o.J.]. Die erste, nach zwanzig Verwaltungskomiteesitzungen fertiggestellte, handschriftliche Fassung stammt vom 24.11.1842 und ist bei Metz [s. Anm. 8], 263–269, dargestellt. Ferner die „Hausordnung und Verhaltungsregeln für die Schwestern des Straßburger Diakonissenhauses, neu bearbeitet im September 1857" [Original im Archiv der Diakonissenanstalt Straßburg]. Aus diesen u. a. Dokumenten ergeben sich charakteristische Momente für die Straßburger Konzeption.

[56] Vgl. *Schmidt* [s. Anm. 13], 72.

gangen, so wurden auch in den Ordnungen der Diakonissenanstalt die Elemente der Schwesterngemeinschaft hoch gewertet. Dabei spielte auch das Vorbild der katholischen Pflegeorden eine Rolle, hatte Haerter doch seinen Diakonissen die Regeln des reformerischen Zisterzienserinnen-Klosters von Port-Royal (bei, später in Paris) besorgt.[57] Daß im Wunsch nach gelebter klösterlich-religiöser Gemeinschaft eine wesentliche Motivation für den Diakonissenberuf lag, wird in Briefen von Diakonissenanwärterinnen deutlich.[58]

Das Amt der Diakonissen, bzw. vorher schon der (Armen-) Dienerinnen, zeichnete sich nicht nur durch wesentliche soziale und pädagogische Aufgaben in der Armen- und Krankenpflege bzw. des Schulunterrichtes aus, sondern auch durch geistliche Elemente, etwa des Gebets mit den Betroffenen, der Bibelauslegung, der missionarischen „Seelenpflege" bzw. Seelsorge. Die Diakonisse konnte sogar „als eine wahre Priesterin" bezeichnet werden.[59] Schon die „Dienerinnen" waren nicht nur wegen ihrer sozialen Arbeit als Frauen angegriffen worden, sondern auch deshalb, weil sie ihrem Klientel „Nahrung für die Seelen aus Gottes Worte" brachten, was als Sache der Pfarrer angesehen wurde.[60] Haerter fegte diese Vorwürfe radikal vom Tisch und bestärkte die Dienerinnen darin, ihre geistlichen Aufgaben weiterhin mit Engagement zu übernehmen.

Bezüglich des Diakonissenamtes waren für Haerter das Vorbild der barmherzigen Schwestern, insbesondere der Vinzentinerinnen aus dem Straßburger Bürger-Hospital nicht weniger bedeutsam als der Oberlinsche[61] oder der Kaiserswerther Diakonissentypus.

Haerter selbst, obschon Initiator der Diakonissensache in Straßburg, beschränkte sich wie Vermeil in Paris[62] auf sein Amt als Seelsorger und

---

57 Vgl. *Boegner* [s. Anm. 30], 23; *Schauer* [s. Anm. 7], 46; *Martin Schmidt:* Art. „Port Royal". In: ^{3}RGG 5, 1961, 465.

58 Vgl. z. B. den Brief von Wilhelmine Zimmermann an Franz Haerter vom 28.6.1842 im Archiv der Diakonissenanstalt Straßburg.

59 „Hausordnung [...]" von 1857 [s. Anm. 55]; Transskription bei *A. Götzelmann:* Die Speyerer Diakonissenanstalt. Vorgeschichte, Entstehung, Erstkonzeption. Materialanhang. Heidelberg [Diss. theol. masch.] 1993, 154.

60 Rundbrief Franz Haerters an die Armendienerinnen seiner Gemeinde vom 17.11.1838 im Archiv der Diakonissenanstalt Straßburg.

61 Haerter hatte persönliche Kontakte zu J.F. Oberlin und seiner Familie, den er in den letzten Jahren vor seinem Tod 1826 mehrfach im Steintal besuchte; vgl. *Götzelmann:* Die Speyerer Diakonissenanstalt. Ihre Entstehungsgeschichte im Zusammenhang mit Kaiserswerth und Straßburg. Heidelberg 1994, 92. In den 1830er Jahren arbeiteten zwei „Dienerinnen" in Armenpflege und Erziehung im Steintal; vgl. *Schmidt* [s. Anm. 13], 68.

62 Das sieht auch *Gérit Messie* so: Les Diaconesses de Reuilly. Un germe fécond. Paris 1992, 26: „C'est là la grande différence avec les autres communautés de diaconesses, fondées d'après le modèle de Théodore Fliedner: il ne sera pas question d'un regroupement autour de Vermeil comme directeur, mais, dès la fondation, d'une communauté sous la direction d'une supérieure. Lui-même se propose d'en être le pasteur et se voit plutôt dans le rôle de ‚président de conseil d'administration', sur le plan structurel."

auf „die religiöse Tätigkeit" „als geistlicher Führer".[63] Er verstand sich anders als Fliedner nicht als Vorsteher bzw. Leiter der Diakonissenanstalt. Da auch Haerters zweite Frau noch im Jahr der Anstaltsgründung starb, konnte er kein familiales Leitungsmodell einführen, was ihm ohnehin fern lag. Entsprechend gering waren seine Machtbefugnisse auch in den Ordnungen und Reglements gehalten. Groß war jedoch sein informeller Einfluß.

3. Die Beziehungen zwischen den Diakonissenanstalten von Straßburg, Paris und Kaiserswerth

3.1. Kontakte nach Kaiserswerth

Haerter suchte nach Wegen, eine Diakonissenanstalt zu gründen, von deren Form er schon spätestens seit seinem Besuch in Kaiserswerth „gegen Ende der dreißiger Jahre"[64] konkretere Vorstellungen hatte. In Kaiserswerth war auf Initiative des Pfarrers Theodor Fliedner und seiner in den Düsselthaler Anstalten des Grafen Adelberdt von der Recke-Volmerstein ausgebildeten Frau Friederike Fliedner, geb. Münster, die erste Diakonissenanstalt gegründet worden. In ihr wurden unverheiratete oder verwitwete Frauen für die Krankenpflege ausgebildet und in ein soziales wie religiöses Gemeinschaftszentrum mit Lehrkrankenhaus integriert.

Die Leitung dort geschah nach Maßgabe eines patriarchalischen Familienmodells: Theodor Fliedner hatte als Vorsteher und Inspektor die autoritäre Vaterrolle inne, seine erste und – nach ihrem Tod – seine zweite Frau, als Vorsteherin die ihm unterstellte Mutterrolle und die Diakonissen die beiden untergeordnete Töchterrolle.[65] Haerter kannte Fliedner spätestens seit seinem Brief vom 27.10.1835, in dem der Kaiserswerther ihn um einen Beitrag für die Karlshulder Predigtsammlung gebeten hatte.[66] Und nach Auskunft von Max Reichard erfuhr Haerter wohl gegen Ende des Jahres 1836[67] „durch die kirchlichen Blätter, daß drunten am

---

[63] Entwurf der Bedingungen [s. Anm. 55].

[64] Diese unpräzise und wörtlich stets so formulierte Zeitangabe findet sich in allen Abhandlungen über Haerter und über Fliedner. *Martin Gerhardt* hat versucht, eine genauere Datierung des Haerterbesuchs zu finden und zu belegen, was ihm aber nach seinen eigenen Worten [s. Anm. 4], 216, nicht gelungen ist.

[65] Die Struktur und Bedeutung dieses patriarchalisch-familialen Leitungsmodells für Kaiserswerth hat *Johanna Tauber* in ihrer Hannoveraner Dissertation, gedruckt unter dem Titel: Pflege auf dem Weg zu einem neuen Selbstverständnis. Berufliche Entwicklungen zwischen Diakonie und Patientenorientierung. Frankfurt/Main 1992, 48–84, treffend dargestellt.

[66] Vgl. *Gerhardt* [s. Anm. 4], Bd. 2, 216.

[67] Die Terminierung bei Reichard ist zwar nicht ganz eindeutig formuliert, weist aber auf diesen Termin oder auf die ersten Monate des Jahres 1837, schreibt er doch Haerter habe „zu

Rhein zu Kaiserswerth, ein junger Geistlicher eine Anstalt gegründet habe, in welcher zwei Jungfrauen, getrieben von der Liebe Jesu, unter dem Namen Diakonissen, die Pflege armer Kranker bleibend übernehmen wollten. Was Haerter mit seinen Dienerinnen auf dem Gebiete der Gemeindepflege bereits seit langem verwirklicht hatte, das fand er hier durch Fliedner mit seinen Diakonissen auf dem Boden der eigentlichen Krankenpflege ins Leben gerufen, und zwar zu derselben Stunde, wo es seinen eigenen Dienerinnen klar geworden war, daß die evangelische Liebestätigkeit an Armen und Kranken, ... nicht als Nebenzweck, sondern als ein Lebensberuf... in einer eigens dazu eingerichteten Anstalt, betrieben werden müßte."[68]

Zu Abhängigkeiten oder Beeinflussungen Haerters durch Fliedner oder gar umgekehrt läßt sich für die Jahre vor 1839 kaum ein Hinweis finden. Allerdings wird man nicht übersehen dürfen, daß Haerter, unmittelbar bevor er seine eigene Anstalt gründete, nach Kaiserswerth reiste, um sich dort einen genauen Eindruck von der Organisation des Fliednerschen Werks zu verschaffen. Erst nach diesem Besuch ging Haerter an die konkreteren Schritte. Fliedner und Haerter blieben über die Jahre in freundschaftlicher Verbindung. Am 31. Oktober 1846 brachte Fliedner auf Rat von Haerter seine älteste Tochter Luise zum Französischlernen nach Straßburg und besichtigte dabei die Diakonissenanstalt.[69] Auch bezüglich der Unterstützung späterer Anstaltsgründungen sprachen sich die Kaiserswerther mit den Straßburgern meist brieflich ab.[70]

3.2. Kontakte nach Paris

Im Mai 1842 reiste Haerter nach Paris, um die dortige Diakonissenanstalt kennenzulernen und Spenden für seine Gründung zu sammeln. Die Anstalt von Paris in der Rue Reuilly war in kongenialer Kooperation des Pariser Pfarrers Antoine Vermeil und der Lehrerin, und späteren ersten Oberin, Caroline Malvesin entstanden. Beide Gründer standen, wie schon beschrieben, in enger Beziehung zu den führenden Köpfen des französischen Réveil. Der Gründung im Jahr 1841 voraus ging ein Briefwechsel der beiden, in dem sie die theologische und konzeptionelle Planung vorwegnahmen. Caroline Malvesin war schon im Frühjahr 1841

derselben Zeit" durch die kirchlichen Blätter von Fliedners Gründung erfahren, als einige Mitglieder des Dienerinnenvereins „erst wenige Monate" nach dessen Gründung am 29.5.1836 mit der Bitte zu Haerter kamen, sich nicht nur ehrenamtlich und sonntags, sondern als Vollzeitkräfte in einer Krankenanstalt der Krankenpflege widmen zu dürfen; vgl. *Reichard,* Monatsschrift 1897 [s. Anm. 8], 71 f.

68 *Reichard,* Monatsschrift 1897 [s. Anm. 8], 72.

69 Vgl. *Gerhardt* [s. Anm. 4], 217.

70 So z. B. auch bei der Unterstützung der Speyerer Diakonissenanstalt; vgl. *Götzelmann* [s. Anm. 61], 214–246.

so genau über Haerters Straßburger Gründungspläne informiert, daß sie ihren Vorschlag, die Pariser Anstalt als „Diakonissenhaus von Frankreich" („Diaconesse de France") zu betiteln, zugunsten des in Planung befindlichen Diakonissenhauses von Straßburg zurücknahm.[71] Madame Malvesin schlug Pastor Vermeil vielmehr eine engere Verbindung mit Straßburg vor, damit „alle Associationen dieser Art eine einzige (Vereinigung) der Barmherzigkeit sein könnten"[72].

Wie für Kaiserswerth so wurde auch für Paris der Einfluß der englischen Quäkerin Elizabeth Fry und ihrer diakonischen Arbeit mit Gefangenen und entlassenen Sträflingen sehr wichtig.[73] Schon 1827 hatte Madame Jules Mallet, geb. Emilie Oberkampf, die vom Réveil erfaßte Gattin des Präsidenten der Bank von Frankreich und Tochter eines aus Bayern stammenden Fabrikanten, zusammen mit anderen Damen aus vornehmen evangelischen Pariser Kreisen die Idee einer „protestantischen barmherzigen Schwesternschaft" entwickelt.[74]

Die Verbindung zwischen Straßburg und Paris verlief über das Mitglied des Diakonissenkomitees von Paris, Madame Jacques Matter, geb. Pauline Goguel (1801–1871), die Ehefrau eines aus Straßburg stammenden Professors für Kirchengeschichte und späteren Generalinspektors der Studien und der Bibliotheken Frankreichs, welche sich im erwecklichen Damenkreis der Mme. Jules Mallet bewegte.[75] Frau Matter kannte Franz Haerter, stand im Austausch mit dem Straßburger Diakonissenverwaltungsmitglied Emma Passavant und machte darüberhinaus die Kaiserswerther Literatur in Paris und Frankreich bekannt.

Der Briefwechsel von Caroline Malvesin mit den Straßburger Diakonissen und andere Dokumente zeigen, daß man sich in Straßburg bezüglich der Statuten, des Sigels, der Tracht, der Schwesterngemeinschaft und der weiblichen Demokratie eher an Paris als an Kaiserswerth orientierte.[76]

---

[71] Vgl. den Brief von Caroline Malvesin aus Bordeaux an Antoine Vermeil vom 14. bzw. 16. Mai 1841 im Archiv der Diakonissenanstalt Paris.

[72] Vgl. aus dem franz. Original: „ne serait-il pas bon de fraterniser, avant d'ouvrir, avec la communauté de Strasbourg, afin que toutes les associations de ce genre puissant être une par la charité?"; Brief von Caroline Malvesin aus Bordeaux an Antoine Vermeil vom 24.6.1841 im Archiv der Diakonissenanstalt Straßburg.

[73] Fliedner hatte zunächst die Gefangenenhilfe der Quäkerin bei seinen Kollektenreisen 1823/24, 1827 und 1832 dann sie selbst kennengelernt. E. Fry besuchte im Februar 1838 und April 1839 Paris und das „Comité de Saint-Lazare", einen Kreis von sozial engagierten vornehmen Damen, die wiederum mit Vermeil und Mme. Jules Mallet in Verbindung standen; vgl. *Hoch* [s. Anm. 21], 28. Im Jahresbericht der Pariser Diakonissenanstalt von 1842 (Institution des diaconesses des églises évangéliques de France, État de situation, Paris 1842, 12) wird auf den Einfluß von Elizabeth Fry ebenfalls hingewiesen.

[74] Vgl. *Hoch* [s. Anm. 21], 29.

[75] Vgl. *Hoch*, 45 f.

[76] Vgl. *Schmidt* [s. Anm. 13], 69 f.

Die Beziehungen zwischen den Anstalten von Straßburg und Paris stellte Vermeil in einem Brief vom Dezember 1842 als sehr harmonisch dar, indem er schrieb: „Herr Haerter hat wie wir den Wunsch, daß die beiden Anstalten im gleichen Geist und nach den gleichen Grundsätzen geführt werden".[77] Dieselbe Übereinstimmung zwischen den beiden Anstalten wird im Jahresbericht 1842 von Paris-Reuilly benannt.[78] Vermeil besuchte Straßburg erst im September 1843 oder 1844.[79]

Auch zwischen Paris und Kaiserswerth gab es, zunächst vermittelt durch die drei anderen evangelischen Pfarrer von Paris, Louis Vallette, Louis Meyer und Verny Kontakte. Vallette hatte schon 1836 auf dem Missionsfest in Mönchengladbach von Fliedners Diakonissenplänen gehört; Meyer hatte in seinem Brief vom 7. Mai 1841 an Fliedner geschrieben, daß „bei uns [in Paris] auch eine Diakonissen-Anstalt versucht wird", und sein Freund, Pfr. Vermeil, habe „eine Person gefunden, welche er für fähig hält, ein solches Haus zu leiten."[80] Verny besuchte am 28. Mai 1841 Kaiserswerth, um über die Ausbildung von zwei Elsässerinnen für Paris zu verhandeln.[81] Vermeil wußte sich mit Kaiserswerth und Fliedner verbunden, schreibt er doch in einem Brief bezüglich seines Besuches in Kaiserswerth am 8. September 1843: „Es war uns eine große Freude, daß wir uns bezüglich der Grundlage des Werkes in vollkommener Übereinstimmung mit Pfarrer Fliedner befanden. Wir wußten uns vom gleichen Geist beseelt, durch die gleichen Beweggründe getrieben, auf denselben Weg geführt, von den gleichen Schwierigkeiten angefochten."[82]

Von da an hielt er Verbindung zu Fliedner und den Kaiserswerthern. Im Jahre 1847 dann kam beispielsweise die Straßburger Ex-Diakonisse Mina Schaller nach Paris, weil man dort eine deutschsprachige Frau benötigte.[83]

---

77 Zitiert nach *Hoch* [s. Anm. 21], 79.

78 Institution des diaconesses des églises évangéliques de France, État de situation. Paris 1842, 12: „M. le pasteur Haerter, qui dans ce moment s'occupe de fonder à Strasbourg une maison de diaconesses, s'est mis en relation avec l'un de membre du Conseil, et eprouvé comme nous le désir que les deux institutions marchant dans le même esprit et d'après les mêmes principes".

79 Vgl. *Hoch* [s. Anm. 21], 78.

80 Brief von Pfarrer Louis Meyer an Pastor Theodor Fliedner vom 7.5.1841 im Fliednerarchiv der Diakonissenanstalt Kaiserswerth. In diesem Schreiben erklärt Meyer auch, daß er der Herzogin von Orléans die ihm durch den Kandidaten Goebel überbrachten letzten Kaiserswerther Jahresberichte Kaiserswerths zukommen lassen werde. Die Herzogin Helene Louise von Orléans, geb. Prinzessin von Mecklenburg-Schwerin, war bereits eine weitere Verbindung zwischen Kaiserswerth und Paris. Seit 1839 förderte sie die Kaiserswerther Anstalt (vgl. den 3. Jahresbericht der Diakonissenanstalt Kaiserswerth, 17, wo 26 Thaler 21 Sgr. als Spende aufgeführt sind), was sie bald auch zugunsten der Pariser Anstalt ihres Kaplans Vermeil tat.

81 Vgl. *Gerhardt* [s. Anm. 4], 213f.

82 Zitiert nach *Hoch* [s. Anm. 21], 76f.

83 Vgl. Protokoll der Sitzung des Conseil der Diakonissenanstalt Paris vom 16.8.1847 im Archiv der Diakonissenanstalt Paris.

Auch bezüglich der staatlichen Anerkennung ihrer Werke als „Anstalten der öffentlichen Wohltätigkeit" kooperierten Haerter und Vermeil. Sie informierten sich gegenseitig und solidarisierten sich gegenüber dem französischen Staat, was der Straßburger Anstalt 1852 Erfolg beschied.[84]

Fliedner selbst fühlte sich Haerter und den Straßburgern wie auch Vermeil und den Pariser Diakonissen eng verbunden. In den Jahresberichten der Straßburger und Pariser Anstalten finden wir Hinweise auf gute Kontakte zu Kaiserswerth; und Fliedner berichtet im Armen- und Krankenfreund sowie in seinen Jahresberichten ebenfalls über die beiden französischen Gründungen. Was Fliedner jedoch an den Konzeptionen von Straßburg und Paris auszusetzen hatte, war, daß er beide zu demokratisch und zu wenig patriarchalisch fand. Ausdruck fand diese Kritik in seinen Worten im Armen- und Krankenfreund von 1849, man sei in Paris „den Wahlprinzipien ungläubiger Ultrademokraten" zu stark entgegengekommen.[85] Fliedner hatte schon vorher den beiden französischen Gründungen eine gewisse Unabhängigkeit von seinem Werk zugestanden. Mitte Juni 1853 besuchte er zum ersten und letzten Mal die Diakonissenanstalt von Paris.[86] In seinem Brief aus der französischen Hauptstadt vom 15. und 16. Juni 1853 berichtet er seiner Frau in Kaiserswerth, daß er auf der Pariser Anstaltsvorsteherkonferenz „alle meine Weisheit und Rathschläge produzieren soll, da man hier allerdings viel reformieren muß, u[nd] Vieles noch sehr unvollkommen ist."[87] Fliedner blieb Paris gegenüber skeptisch.

4. *Fazit*[88]

Bei den drei ersten Diakonissenanstalten handelt es sich – hier ist Hermann Schauer recht zu geben – um drei relativ eigenständige, jedoch nicht voneinander unabhängige Gründungsunternehmungen mit in den jeweiligen regionalen und biographischen Kontext eingebetteten Unterschieden. Im Kontext der europaweit vernetzten Erweckungsbewegung verstanden sich die männlichen und weiblichen Diakonissenanstaltsgründer/innen als Promotoren der missionarisch und sozial nach außen dringenden Herzensfrömmigkeit.

---

[84] Vgl. *Metz* [s. Anm. 8], 281–283.

[85] Zitiert nach *Hoch* [s. Anm. 21], 77.

[86] Vgl. *Hoch*, 78, der irrtümlicherweise den Monat Juli als Besuchstermin Fliedners in Paris nennt.

[87] Brief von Theodor Fliedner aus Paris an seine Frau in Kaiserswerth vom 15./16.6.1853 im Fliednerarchiv der Diakonissenanstalt Kaiserswerth.

[88] Vgl. zu den vorangehenden Überlegungen, besonders zur Konzeption Fliedners in Kaiserswerth, *Götzelmann* [s. Anm. 61], Kap. 2.1: Theodor und Friederike Fliedner und die Kaiserswerther Diakonissenanstalt 1836, 32–84.

Der Erstimpuls zur Verbindung eines erneuerten Diakonissenamtes mit der Lebens-, Dienst-, Glaubens- und Sozialgemeinschaft des Mutterhauses kam von Theodor und Friederike Fliedner. Die sozialen Initiativen der englischen und holländischen Erweckungsbewegung, der reformierten Diakone und Diakonissen sowie der Herrnhuter Brüdergemeine hatten Theodor Fliedner auf seinen Kollektenreisen ebenso motiviert wie die Lektüre der Diakonissenschriften von Friedrich Klönne u. a. Friederike Fliedner war von der Rettungshausarbeit des Grafen Adelberdt von der Recke-Volmerstein in Düsselthal unfern von Kaiserswerth geprägt. Aus der Gefängnisarbeit und dem Asyl für „gefallene Mädchen" (1833) heraus gelang Fliedner nach einigen zunächst gemeindeorientierten Plänen die Konzeption und Gründung einer Institution, die alleinstehenden Frauen die pflegerische und pädagogische Berufsausbildung und -tätigkeit in Kombination mit einem erwecklich-missionarischen Impetus und zugleich einer sozialen Sicherung zugänglich machte. Zu diesem Zweck führte Fliedner mit der Kaiserswerther Diakonissenanstalt das Leitungsmodell der patriarchalischen „geistlichen Familie"[89] ein. Das Kaiserswerther Modell des Diakonissenamtes und die Organisation der Diakonissenanstalt strahlte seit ihrer Gründung 1836 in andere Regionen Deutschlands, Europas und bis nach Übersee aus.

In Straßburg entwickelte sich seit Anfang der 1830er Jahre zunächst unabhängig von den Fliedners in Kaiserswerth aus der Gemeindearbeit des erweckten Stadtpfarrers Franz Haerter heraus ein Dienerinnenamt, das von den jungen überzeugten Christinnen des Jungfrauenvereins und seines Armendienerinnenvereins auf eigenen Wunsch hin erst sonntäglich, dann auch werktags ehrenamtlich ausgeübt wurde. Bald nannten sich die Frauen Diakonissen und wurden von Haerter eingesegnet. Bis hierhin kann man der Parallelitätsthese der Haerter-Biographen, die auch von Martin Gerhardt[90] unterstützt wird, zustimmen. Erst nach dieser Phase bahnte sich für Straßburg ein wesentlicher Impuls aus Kaiserswerth an. Auch Philippis Prototypthese ist erst für die Phase der Anstaltsgründung, noch nicht für die der Erneuerung des Diakonissen- bzw. Dienerinnenamtes, zutreffend. Da sich bei den Frauen der Wunsch nach einer vollen Berufstätigkeit, die auch soziale Absicherung erforderte, verstärkte, und Haerter aus eigenen Krankheitserfahrungen und der Dominanz der barmherzigen Schwestern heraus seinerseits ein pflegerisches (und dann auch pädagogisches) Diakonissenamt anstrebte, mußte er diesen Frauen auch geeignete soziale Rahmenbedingungen schaffen. Er fand sie im Kaiserswerther Mutterhausmodell vermittelt durch Periodika der Inneren Mission, den zunächst (1835) brieflichen Kontakt zu Fliedner und

[89] *Schauer* [s. Anm. 7], 40 ff.

[90] Vgl. *Gerhardt* [s. Anm. 4], 215 f.

die eigene Anschauung beim Besuch 1839 in Kaiserswerth. Dieses Modell übernahm er jedoch nur in einigen Grundzügen. Von Antoine Vermeil und Caroline Malvesin in Paris bekam Haerter wichtige Impulse für organisatorische Details und demokratische Entscheidungsstrukturen. Ungleich Fliedner kam es in Straßburg durch Einflüsse aus Paris zu einer weiblichen Demokratie mit Initialimpuls durch Haerter, der sich danach auf seine seelsorgerlich-beratende Funktion zurückzog.

In Paris entwickelten die erweckten Persönlichkeiten Antoine Vermeil und Caroline Malvesin, ihrerseits angeregt durch Kaiserswerth und Straßburg eine französische Konzeption eines Diakonissenmutterhauses. Sie zeichnete sich aus durch ein kongeniales partnerschaftliches Leitungsmodell der beiden nicht miteinander verheirateten Initiatoren, durch ein gewichtiges Mitspracherecht der Diakonissen und durch eine enge geistliche Schwesterngemeinschaft.

In Kaiserswerth, Straßburg und Paris fühlte man sich der diakonischen Sache und der erweckten Frömmigkeitsstruktur verbunden, man stand untereinander in brieflichem und Besuchskontakt, tauschte Frauen zur Ausbildung und Dienstleistung als Diakonissen aus und half sich, wo es eben ging. Man unterstützte andere Diakonissengründungen meist in der umliegenden Region, Kaiserswerth allerdings in weit größerer Ausdehnung. Die Kooperation wurde mit den Zusammenkünften auf den Kaiserswerther Generalkonferenzen seit 1861 institutionalisiert, was zu einer weiteren freiwilligen Vereinheitlichung der Konzeptionen führte. Für spätestens diese Phase schließe ich mich Uhlhorns Ergänzungsthese an. Die von der Goltzsche Konsolidierungsthese halte ich insofern für problematisch, als die verschiedenen Diakonissenanstalten, sicher jedoch Straßburg und Paris, ihre Eigentümlichkeiten weithin sogar bis in unsere Tage erhalten haben.

Eine Tendenz zum Monopol hatte allerdings Kaiserswerth in seinem Einfluß auf unzählige andere Gründungen, wurde es doch schon seit den 1850er Jahren zum weltweiten Zentrum weiblicher Diakonie. Paris hingegen wirkte im wesentlichen auf Frankreich sowie auf französische Gebiete in Übersee ein. Straßburg übte einen oft unterschätzten Einfluß auf den südwestdeutschen und schweizerisch-französischen Raum aus.

Christian Peters

„Daraus der Lärm des Pietismi entstanden"

Die Leipziger Unruhen von 1689/1690 und ihre Deutung durch Spener und die hallischen Pietisten[1]

Die Leipziger Unruhen von 1689/1690 markieren einen dramatischen Wendepunkt in der Geschichte des Pietismus. Sie beenden hier nämlich einerseits eine lange Phase relativer Ruhe, indem sie eine ernste Bedrohung der bis dahin vor allem durch Philipp Jakob Spener repräsentierten Frömmigkeitsbewegung heraufbeschwören. Sie stellen hier andererseits aber auch wichtige Weichen für die Zukunft, indem sie in Gestalt August Hermann Franckes und seiner Freunde die Ansprüche einer neuen, deutlich aggressiver auftretenden Generation junger Pietisten anmelden. Die Leipziger Unruhen werden damit letztlich zum Ausgangspunkt für den Erfolg des Pietismus.[2]

Tatsächlich eignet den Leipziger Vorgängen dann auch ein ausgesprochener „Schwellencharakter". Man kann sich dies gut an zwei Beobachtungen deutlich machen: 1. Die Leipziger Unruhen werden zur eigentlichen Geburtsstunde des Begriffes „Pietismus". Zwar taucht dieses Wort (ursprünglich ein bloßer Spottname) auch schon früher gelegentlich auf. Zum Schlagwort wird es aber erst in und durch Leipzig. 2. Die zentralen Gestalten der Leipziger pietistischen Bewegung, Francke und seine Freunde, begegnen schon wenig später als die führenden Theologen der

---

[1] Probevorlesung an der Evangelisch-Theologischen Fakultät der Westfälischen Wilhelms-Universität in Münster (14. Dezember 1995). Für den Druck erweitert und durch Anmerkungen ergänzt.

[2] Ähnlich *Hans Schneider:* Der radikale Pietismus im 17. Jahrhundert. In: Der Pietismus vom 17. bis zum frühen 18. Jahrhundert. In Zus.-arb. m. *Johannes van den Berg, Klaus Deppermann, Johann Friedrich Gerhard Goeters* und *Hans Schneider* hg. v. *Martin Brecht.* Göttingen 1993 (Geschichte des Pietismus, 1), 391–437, hier 400: „In der Geschichte der pietistischen Bewegung markieren die Vorgänge in Leipzig 1689/1690 den Beginn einer neuen Etappe." Vgl. *Hans Leube:* Art. „Pietismus". In: ²RGG 4, 1930, 1250–1261. Wiederabdr. in: Orthodoxie und Pietismus. Gesammelte Studien von Hans Leube. Mit einem Geleitwort von *M. Schmidt* und einer Bibliographie hg. v. *Dietrich Blaufuß.* Bielefeld 1975 (AGP, 13), 113–128; Leube hat hier überhaupt erst den Beginn der pietistischen Bewegung gesehen; AGP 13, 118. Vgl. dazu *Johannes Wallmann*: Die Anfänge des Pietismus. In: PuN 4, 1977/78, 11–53, hier 23 f. und 29–31.

neueröffneten brandenburgisch-preußischen Universität in Halle. Dies aber zeigt: Die Leipziger Unruhen künden nicht nur das Aufkommen einer neuen Frömmigkeit, sondern auch den Aufstieg einer neuen Theologie an.

Die Leipziger Unruhen selbst sind, dank der Arbeiten Hans Leubes, schon seit langem relativ gut erforscht.[3] Ganz anders verhält sich dies bei ihrer Deutung durch die pietistische Geschichtsschreibung. Das ist zwar sicherlich auch quellenbedingt (viele der an dieser Stelle wichtigen Texte liegen nur in Manuskriptform vor). Es muß aber dennoch verwundern.

Blickt man genauer hin, so bleiben die Leipziger Unruhen nämlich noch für lange Zeit ein auch innerpietistisch höchst umstrittener Vorgang. Dennoch sind sie ein Vorgang, zu dem sich die Geschichtsdeutung des Pietismus schon früh verhalten muß. Hierzu nötigt sie vor allem die breite antipietistische Streitliteratur der Jahre 1691–1699.[4] Diese begreift die Leipziger Unruhen nämlich nicht nur als einen ernsten Angriff auf die kirchliche (und universitäre) Ordnung, sondern sieht in ihnen zugleich auch das Aufkeimen einer neuen Sekte und Ketzerei, eben des sogenannten „Pietismus". Dies aber impliziert eine radikale Infragestellung der gesamten an Spener anschließenden Frömmigkeitsbewegung.

Auch im 18. Jahrhundert setzt sich der Streit um die Leipziger Unruhen noch lange Zeit fort.[5] Dabei gehen die Gegner der Pietisten zum Teil auffällig „modern" vor: Sie veröffentlichen nämlich wiederholt Akten über Franckes Leipziger Anfänge und versuchen, den von ihnen bekämpften hallischen Pietismus so gleichsam ab ovo zu desavouieren.

Die pietistische Geschichtsschreibung hat diesen gefährlichen Angriffen eine ganze Reihe eigener Deutungen der Leipziger Vorgänge entgegengesetzt. Diese sind, was bisher kaum erkannt worden ist, äußerst aufschlußreich. Sie lassen nämlich nicht nur das Geschichtsbild ihrer Autoren erkennen. Vielmehr kommt es hier – bedingt durch den Blick auf Leipzig! – auch immer wieder zu Wesensbestimmungen des eigenen, wahren (also nicht nur von den Gegnern erfundenen) „Pietismus". Indem sie die Leipziger Vorgänge deuten, antworten die pietistischen Au-

---

[3] *Hans Leube:* Die Geschichte der pietistischen Bewegung in Leipzig. Ein Beitrag zur Geschichte und Charakteristik des deutschen Pietismus. [Diss. phil. masch.] Leipzig 1921. Abdruck in: Orthodoxie und Pietismus [s. Anm. 2], 153–267. Eine Edition der wichtigsten Quellen zu den Leipziger Unruhen neuerdings in: August Hermann Francke. Streitschriften. Hg. v. *Erhard Peschke.* Berlin, New York 1981 (TGP 2/1).

[4] Vgl. zu dieser Literatur *Leube,* Geschichte [s. Anm. 3], 157–159: „Pietistische und antipietistische Literatur, die für die Leipziger Bewegung von Bedeutung ist"; *Johannes Wallmann:* Der Pietismus. Göttingen 1990 (KIG, O1), 66–68; *Martin Brecht:* Philipp Jakob Spener, sein Programm und dessen Auswirkungen. In: Geschichte 1 [s. Anm. 2], 279–389, hier 359–371.

[5] *Johannes Wallmann:* Philipp Jakob Spener in Berlin 1691–1705. In: ZThK 84, 1987, 58–85, hier 82.

toren also zugleich auch immer wieder auf die – damals wie heute umstrittene – Frage: „Was ist Pietismus?"[6]

Im folgenden soll erstmals versucht werden, die in diesem Zusammenhang zu beobachtenden Akzentverschiebungen anschaulich zu machen. Zu diesem Zweck werden hier drei Interpretationen der Leipziger Unruhen vorgestellt. Diese stammen von Verfassern, die jeweils unterschiedlichen Generationen des Pietismus zuzurechnen sind. Es handelt sich dabei einmal um Spener selbst (1635–1705), dann um den hallischen Professor und Franckefreund Joachim Lange (1670–1744) und zuletzt um Johann Heinrich Callenberg (1694–1760), einen wichtigen, heute aber weithin vergessenen Schüler Franckes. Jeder dieser drei Männer hat ein besonderes, in den beiden ersten Fällen sogar biographisch bedingtes Verhältnis zu den Leipziger Vorgängen. Es bestimmt seine Deutung und ist deshalb unbedingt mit in den Blick zu nehmen.

Bevor dies geschieht, soll hier aber zunächst noch einmal knapp der Verlauf der Leipziger Unruhen skizziert werden.

1. Die Leipziger Unruhen von 1689/1690 – eine Verlaufsskizze

Im Juli 1686 gründen die Leipziger Magister August Hermann Francke (1663–1727) und Paul Anton (1661–1730) das sogenannte Collegium philobiblicum.[7] Dabei handelt es sich um eine philologisch-exegetische Übung, im Rahmen derer sonntags nach der Predigt jeweils ein Abschnitt aus dem hebräischen Alten und ein weiterer aus dem griechischen Neuen Testament behandelt werden. Die Anregung zur Gründung dieser ihrem Selbstverständnis nach streng wissenschaftlichen Gesellschaft – man spricht lateinisch – geht von dem Leipziger Theologieprofessor Johann Benedikt Carpzov II. (1639–1699) aus. Carpzov ist ein Straßburger Studienfreund Speners und schätzt dessen Publikationen. Er wird aber schon bald zu einem der schärfsten Gegner der neuen Frömmigkeit.

Im Herbst 1687 unternimmt Francke dann eine Studienreise nach Lüneburg. In diesem Zusammenhang kommt es zu seiner berühmten Bekehrung. Danach hält er sich ein Jahr lang in Hamburg auf. Anfang 1689 reist Francke dann nach Leipzig zurück, um seine Vorlesungstätigkeit an der Philosophischen Fakultät fortzusetzen.

---

[6] Vgl. dazu zuletzt *Johannes Wallmann:* Was ist Pietismus? In: PuN 20, 1994, 11–27; *ders.*: Fehlstart. Zur Konzeption von Band 1 der neuen „Geschichte des Pietismus". In: PuN 20, 1994, 218–235.

[7] Zum folgenden bes. *Leube:* Geschichte [s. Anm. 3], 174–177 (Lit.).

Der nach Leipzig zurückgekehrte Magister ist ein völlig veränderter Mensch.[8] Francke beginnt mit Vorlesungen über die paulinischen Briefe. In diesen verlagert sich das Gewicht immer stärker von der Philologie auf die Erbauung und die fromme Lebenspraxis. Parallel dazu vollzieht sich bei Francke eine allmähliche Abkehr von der lateinischen Unterrichtssprache. Der Zulauf der Studenten zu seinen Veranstaltungen ist ungewöhnlich groß. Auch Franckes Freunde Paul Anton und Johann Caspar Schade (1666–1698), beide wie er Magister und Mitglieder des Collegium philobiblicum, beginnen daraufhin mit biblischen Kollegs. Vor allem bei Schade entwickeln sich diese nach und nach zu regelrechten Erbauungsveranstaltungen, an denen neben den Studenten auch Bürger teilnehmen. Es kommt zu einer Erweckung, die weit in die Leipziger Bevölkerung ausstrahlt. Während sich die Hörsäle der Professoren leeren, entstehen an vielen Stellen in der Stadt kleine Zirkel frommer Studenten. Man hält Erbauungsstunden, an denen schon bald auch Handwerker und sogar Frauen teilnehmen.

Die dadurch fortgepflanzte Erweckung bleibt nicht nur auf die Stadt Leipzig beschränkt. Auch an andern Orten, so etwa in Wittenberg und Jena, kommt es zur Bildung von Collegia pietatis. Deren Besucher werden von ihren Mitbürgern spöttisch als „Pietisten" tituliert. Der Name setzt sich fest, und dies zumal, als der Leipziger Rhetorikprofessor Joachim Feller ihn in zwei Gedichten aufgreift und in einen Ehrentitel umzuprägen versucht.

Der Gegenschlag der orthodoxen Leipziger Theologen läßt nicht lange auf sich warten. Carpzov und seine Kollegen spielen die entstandenen Unruhen ihrerseits hoch. Schon im Sommer 1689 strengt man vor diesem Hintergrund eine scharfe „Special-Inquisition" an. Sie kann die gegen Francke und dessen Freunde erhobenen Vorwürfe (Umsturz der kirchlichen Ordnung und Heterodoxie) aber nicht belegen. Francke läßt sich durch diesen Erfolg dazu verleiten, die Leipziger Theologen nun auch seinerseits in einer scharfen „Apologia" anzugreifen. Darüber hinaus schließt er sich mit dem Leipziger Philosophen Christian Thomasius (1655–1728) zusammen. Dieser verfaßt daraufhin eine glänzende Prozeßschelte, in der er das gegen Francke geführte Verfahren als durch und durch illegitim zu erweisen versucht.

Währenddessen greift die Erweckung in der Leipziger Stadtbevölkerung immer weiter um sich. Als bekannt wird, daß es in einigen Bürgerhäusern zu Erbauungsstunden ohne Leitung eines Theologen gekommen ist, verhängt die kursächsische Regierung ein allgemeines Konventikelverbot (10. März 1690). Die universitären Kollegs und die bürgerlichen Erbauungsstunden müssen aufgelöst werden. Das gleiche Schicksal trifft

[8] Zum folgenden bes. *Leube:* Geschichte [s. Anm. 3], 177–228.

auch das Collegium philobiblicum. Schade und mehrere andere werden aus der Stadt gewiesen.

Francke selbst ist zu dieser Zeit schon nicht mehr in Leipzig. Er ist im Frühjahr 1690 in einer dringenden Familienangelegenheit nach Lübeck gereist und hat anschließend eine Anstellung in Erfurt gefunden.[9] Auch hier stößt er aber schon bald auf energischen Widerstand. Im September 1691 wird Francke aus der Stadt gewiesen.

Soweit die Eckdaten der Leipziger Vorgänge und ihres kurzen Erfurter Nachspieles.

2. Die Deutung der Leipziger Unruhen durch Spener und die hallischen Pietisten

2.1. Philipp Jakob Spener – oder: Der fromme Übereifer der Studenten

Als Philipp Jakob Spener 1675 seine „Pia Desideria" veröffentlichte, legte er damit nicht nur eine Anleitung zur Einrichtung von Collegia pietatis vor. Er machte auch deutlich, daß er deren Übertragung auf die universitäre Ebene anstrebte. Dieser Gedanke entsprach völlig Speners Programm, galt es ihm doch als sicher, daß jede Reform der Kirche zunächst beim geistlichen Stand anzusetzen hatte. Hier war aber nur dann auf dauerhaften Erfolg zu hoffen, wenn es gelang, neben und mit der Pfarrerschaft gleichzeitig auch den theologischen Nachwuchs für die neue Frömmigkeit und die ihr gemäßen Gemeinschaftsformen zu gewinnen.

Gespannt wartete Spener deshalb auch auf die Reaktionen der Theologischen Fakultäten. Sie fielen sehr unterschiedlich aus. Mit wenigen Ausnahmen wurden die „Pia Desideria" aber nirgends grundsätzlich abgelehnt. Insgesamt überwog sogar deutlich die Zustimmung.

Dennoch kam es in den folgenden Jahren an keinem Ort zur Einrichtung akademischer Collegia. Für Spener bedeutete dies eine herbe Enttäuschung. Sie führte ihm deutlich vor Augen, daß die Reform des Theologiestudiums nicht auf breiter Front zu erzwingen war. Wie in den Gemeinden hatten die Impulse auch hier zunächst von Einzelpersonen auszugehen.

1686 wurde Spener dann kursächsischer Oberhofprediger in Dresden. Das neue Amt brachte es mit sich, daß sich sein Augenmerk in Sachen der Studienreform fortan besonders auf die beiden kursächsischen Landesuniversitäten Leipzig und Wittenberg richtete. Deren Theologische

[9] Zu Franckes Erfurter Wirksamkeit zuletzt *Johannes Wallmann:* Erfurt und der Pietismus im 17. Jahrhundert. In: Erfurt 742–1992: Stadtgeschichte – Universitätsgeschichte. Hg. v. *Ulmann Weiß*. Weimar 1992, 403–422.

Fakultäten waren zwar streng orthodox. Es gab jedoch auch hier durchaus Professoren, die Sympathien für Spener und seine Anliegen hegten. Die Leipziger Fakultät hatte dem neuen Oberhofprediger sogar ausdrücklich zu seiner Berufung gratuliert.

Als Spener durch den ihm schon aus Frankfurt bekannten Anton von der Gründung des Collegium philobiblicum erfuhr, setzte er sich daher auch sofort mit den Leipziger Magistern in Verbindung. Er riet diesen, ihrer Übung eine stärker erbauliche Ausrichtung zu geben und sich bei der Auswahl der von ihnen behandelten Texte vor allem auf das Neue Testament zu konzentrieren. Im Frühjahr 1687 kam Spener dann sogar selbst nach Leipzig. Seine Verbindung zu den Mitgliedern des Collegiums blieb aber zunächst nur locker. Die Magister zeigten sich beeindruckt, gingen aber keineswegs auf alle Verbesserungsvorschläge Speners ein.

Dies änderte sich erst mit der Bekehrung Franckes. Anfang 1689 hielt sich Francke zwei Monate lang in Speners Haus in Dresden auf. Dabei kam es zu einem intensiven Austausch zwischen beiden. Fortan war – und blieb! – Francke Speners wichtigster Agent und Hoffnungsträger. Der junge Mann, darin war sich Spener bald sicher, brachte Neues nach Leipzig. Entsprechend emphatisch schrieb er daher auch am 21. Februar an seinen Leipziger Schwiegersohn Adam Rechenberg (1642–1721): „In Kürze kehrt euer Magister Francke zu euch zurück. Er brennt ganz und gar vor Frömmigkeit. Möge Gott ihn auf dem Weg der Wahrheit leiten und bewahren".[10]

Wieder in Leipzig ging Francke dann auch sofort planmäßig ans Werk und legte – einem Vorschlag Speners folgend – in nur 10 Wochen den Philipperbrief aus. Danach hielt sich der Magister erneut mehrere Tage in Dresden auf. Nach Leipzig zurückgekehrt, folgten ein Kolleg „De impedimentis et adiumentis Studii Theologici" sowie zwei Auslegungen des Epheser- und des 2. Korintherbriefes. „In allen diesen Vorlesungen", so bemerkte schon Hans Leube, „befolgte Francke die Anregungen Speners"[11].

Während der Sommerferien übernahm Francke dann erstmals die sogenannten Lectiones cereales an der Theologischen Fakultät. Er las über den 2. Timotheusbrief. Danach folgte Ende August ein dritter Besuch bei Spener.

Kaum daß er aus Dresden zurückgekehrt war, untersagte die Leipziger Theologische Fakultät Francke dann aber alle Vorlesungen über biblische Inhalte. Dieser schien sich dem Verbot auch zunächst zu fügen. Er kündigte nämlich lediglich ein Kolleg über die Affektenlehre des Jacob Tho-

---

[10] „Porro redit jam ad vos M. Franckius vester pietate totus ardens. Deus eum in veritatis via ducat et servet"; Spener an Rechenberg, 21. Februar 1689.

[11] *Leube:* Geschichte [s. Anm. 3], 178.

masius (1622–1684) an. Die neue Übung unterschied sich aber schon bald in nichts mehr von seinen früheren Collegia biblica.

Auch sonst begab sich Francke in den nächsten Wochen gefährlich weit aufs dünne Eis. Er mietete nämlich eine Stube bei einem Leipziger Bäcker und legte dort vor einer ständig wachsenden Schar von Zuhörern, darunter auch Handwerker und Frauen, den Jakobusbrief aus. Die bisher rein universitäre Bewegung wurde damit ganz bewußt in die Stadt übertragen. Verbunden damit mehrten sich die radikalen Töne. Es kam zu verächtlichen Äußerungen über den Sinn des Philosophiestudiums und der akademischen Disputationen.

Kurz darauf unternahm Francke dann eine Reise in die Umgebung Leipzigs und nach Thüringen. Was er hier getan hat, ist nicht sicher zu erkennen. Dem ganzen Vorgang haftet aber zweifellos ein konspirativer Zug an.[12]

Währenddessen eskalierte die Bewegung weiter. Spener, der sich noch im Spätherbst vorbehaltlos mit Francke identifiziert hatte, sah dies mit großer Sorge. Obwohl er zweimal Eingaben an den Kurfürsten verfaßte, gelang es ihm aber nicht, die Leipziger Magister zu schützen.

Daß Francke kurz darauf nach Lübeck reisen mußte, dürfte Spener deshalb sehr erleichtert haben. Auch Anton war schon bald aus dem Schußfeld. Er ging als Superintendent nach Rochlitz. Andere, wie Johann Caspar Schade, waren nur sehr viel schwerer aufzufangen. Sie sollten Spener noch lange Zeit Sorgen bereiten.[13]

Schon in seiner Vorrede zu Veit Ludwig von Seckendorffs (1626–1692) Apologie für die von der lutherischen Orthodoxie angegriffenen Pietisten[14] nahm Spener 1692 erstmals öffentlich Stellung zu den Leipziger Unruhen. Sein knappes Votum stellte ihn aber schon bald nicht mehr zufrieden. 1697 legte er daher auch noch einmal eine sehr viel umfassendere Interpretation des heiklen Gegenstandes vor. Sie trug den Titel „Wahrhaftige Erzählung dessen, was wegen des sogenannten Pietismi in Deutschland von einiger Zeit vorgegangen“[15].

---

[12] Vgl. dazu *Brecht,* Spener [s. Anm. 4], 448.

[13] Vgl. dazu *Georg Simon:* Der Berliner Beichtstuhlstreit 1697–1698. In: JBBKG 39, 1964, 42–88; *Helmut Obst:* Der Berliner Beichtstuhlstreit. Die Kritik des Pietismus an der Beichtpraxis der lutherischen Orthodoxie. Witten 1972 (AGP, 11); *Dietrich Blaufuß:* Spener-Arbeiten. Bern, Frankfurt a. M. ²1980 (EHS.T, 46), 141–193; *Wallmann,* Berlin [s. Anm. 5], 74 f.; *Brecht,* Spener [s. Anm. 4], 354–356.

[14] *[Veit Ludwig von Seckendorff:]* Bericht und Erinnerung auf eine neulich im Druck lateinisch und deutsch ausgestreute Schrift, in Latein Imago Pietismi, zu deutsch Ebenbild der Pietisterey genannt. o. O. 1692.

[15] *Philipp Jakob Spener:* Warhafftige Erzehlung Dessen was wegen des so genannten Pietismi in Teutschland von einiger Zeit vorgegangen Auß Gelegenheit Hn. Gerhard Craesi [!] seiner Historiae Quackerianae einverleibter Historiae Pietistarum und zu dero Verbesserung Auffgesetzt. Frankfurt a. M. 1697, ²1698 u. ³1700; Amsterdam 1700.

Konkreter Anlaß für die Abfassung der „Erzählung" war das Erscheinen einer Schrift des Niederländers Gerhard Croese. Diese trug zwar den Titel „Historia Quackeriana", bot in ihrem dritten Buch aber gleichzeitig auch eine „Historia Pietistarum". Croese rückte den Pietismus damit ganz in die Nähe der englischen Sekte und Ketzerei.

Speners „Erzählung" setzt dem einen weit ausgreifenden eigenen Geschichtsentwurf entgegen. Die von Croese genannten „Anfänger des Pietismus" (neben Spener und den Leipziger Magistern immerhin auch schon Theophil Großgebauer [1627–1661] und Heinrich Müller [1631–1675]) haben demnach zahlreiche Vorläufer in der ersten Hälfte des 17. Jahrhunderts gehabt. Spener greift an dieser Stelle bis auf Johann Arndt (1555–1621) zurück. Er läßt den Pietismus also letztlich schon um 1600 beginnen. – Was Spener damit tut, ist in seiner Tragweite kaum zu überschätzen. Immerhin bietet er hier ja erstmals ein Deutungsschema an, das das 17. Jahrhundert gleichsam in toto für den Pietismus in Anspruch nimmt.

Vor diesem Hintergrund wird dann natürlich eine eigene Deutung der Leipziger Unruhen fällig. Sie beruht auf einer gründlichen Kenntnis der Akten des Dresdner Oberkonsistoriums, die Spener auch schon 1689/1690 für seine Eingaben an den Kurfürsten benutzt hat (der Leihschein ist noch erhalten[16]).

Spener beginnt mit dem Collegium philobiblicum. Es ist, so stellt er nachdrücklich heraus, „anfänglich mehr auff die Erudition, als auff das Studium sincerae pietatis"[17] ausgerichtet. Die Magister sehnen sich aber schon früh nach einem „Directore [...] aus dem Ordine Theologorum".[18] Sie geben sich klare Statuten und halten diese auch ein. Spener will damit zeigen, wie ordentlich alles im Collegium vor sich gegangen ist. Der Leser soll erkennen, daß er es hier nicht mit einem wilden Konventikel, sondern mit einer hochansehnlichen wissenschaftlichen Gesellschaft zu tun hat, zu deren Sitzungen nicht nur junge Magister, sondern auch Professoren und sogar auswärtige Gäste erscheinen.

Fortan konzentriert sich Speners Darstellung dann ganz auf die Person Franckes: Dessen Aufenthalte in Lüneburg und Hamburg haben allein seiner exegetischen Fortbildung gedient. Zwar habe der Magister, so Spener kurz darauf wörtlich, „den Januar.[ium] und Februarium 1689. in meinem hause zu Dreßden zugebracht"[19]. Francke habe sich hier aber „im übrigen [...] meines [d. h. Speners] unterrichts [...] sonderbar nie [!] gebraucht" (schillernde Formulierung!).[20] Auch die drei späteren „Ko-

[16] *Leube*, Geschichte [s. Anm. 3], 153.

[17] *Spener*, Erzählung [s. Anm. 15], 56.

[18] *Spener*, Erzählung, 57.

[19] *Spener*, Erzählung, 60.

[20] *Spener*, Erzählung, 60. Möglich ist ja auch ein Verständnis im Sinne von „nicht über das Gewöhnliche (d. h. das auch bei andern Personen Übliche) hinausgehend".

ordinationsbesuche" Franckes in Dresden werden mit keinem Wort erwähnt. Spener liegt offenkundig daran, seinen Einfluß auf die Leipziger Ereignisse herabzuspielen.

Auch nach Franckes Rückkehr nach Leipzig gibt dessen Verhalten, so Spener, zunächst keinen Anlaß zu Kritik. Der junge Magister besucht weiterhin fleißig das Collegium philobiblicum und bietet in Ergänzung dazu, „privatim"[21], so wörtlich Spener, eine Reihe von Collegia biblica an. Dabei besteht seine Absicht einzig und allein darin, „sein Christenthumb mit besserem Ernst, als er vorhin gethan zu haben erkante, zu führen, und in seinen Collegiis [...] die Studiosis nicht allein auff das blosse Wissen zu führen, sondern sie zugleich anzumahne(n), das sie sich auch als recht Christliche Studiosi Theologiae in ihrem Leben und Wandel bezeugen möchten"[22].

Spener versucht sodann zu zeigen, daß sich Francke bei seinen Leipziger Aktivitäten völlig im Rahmen des an der Philosophischen Fakultät Üblichen bewegt. Dabei übergeht er nicht nur den internen Wettbewerb der frommen Collegia (Francke, Anton, Schade), sondern spielt auch Franckes faktisches Ausscheren aus dem Verband des Collegium philobiblicum herab.

Nach Spener ist es dann auch vor allem der Neid der düpierten Professoren, der die Lawine gegen die Magister und ihre Collegia ins Rollen bringt. Er äußert sich zunächst in gezielten Denunziationen. Nachdem die Untersuchung gegen Francke angelaufen ist, überschreitet die Theologische Fakultät aber schon bald, so Spener sachlich zutreffend, ganz bewußt ihre Kompetenzen. Erst dies nötigt Francke dann auch seine – auch in Speners Augen nicht unproblematische – „Apologia" ab. Allerdings erscheint diese, so Spener, erst spät und noch dazu gegen Franckes ausdrücklichen Willen! Von Franckes pragmatischer Allianz mit Thomasius ist in diesem Zusammenhang natürlich nicht mehr die Rede.

Nach Speners Darstellung denaturiert die Leipziger Bewegung dann tatsächlich auch erst, nachdem Francke die Stadt verlassen hat. Die eigentlichen Probleme entstehen dabei im Umfeld Schades – allerdings ohne dessen Verschulden. Schades Konzeption ist gut und legitim. Außerdem versucht der Magister selbst, die Zuspitzung zu verhindern. Tatsächlich geht es in seinen Collegia dann auch zunächst weiterhin ordentlich zu. Dasselbe gilt auch für die parallelen Erbauungsstunden in der Stadt. Erst nach dem Konventikelverbot der Regierung und der Auflösung des Collegium philobiblicum läßt sich die Unruhe dann nicht mehr im Zaum halten. Sie bricht hervor, gibt dem bösen Gerede neue Nahrung und macht das Phantom des sogenannten „Pietismus" schlagartig im ganzen Lande bekannt.

[21] *Spener,* Erzählung [s. Anm. 15], 60.
[22] *Spener,* Erzählung, 61.

Darin aber liegt, so Spener, ein großes Unrecht, denn der fromme Übereifer und die unbedachten Äußerungen einiger weniger, noch dazu randständiger Studenten können doch unmöglich den Leipziger Magistern und ihren Collegia zur Last gelegt werden! – Was Spener mit dieser Argumentation anstrebt, ist offenkundig: Die Nachwuchshoffnung Francke soll entlastet und das gesamte radikale Potential der Leipziger Bewegung einigen wenigen jugendlichen Hitzköpfen zugeschrieben werden.

Ganz in diesem Sinne fällt am Ende dann auch Speners Antwort an Croese aus: Die von Croese angeprangerten „Pietisten" sind weder Quäker, noch Ketzer oder Schismatiker. Was sich vor Jahren in Leipzig ereignet hat, ist lediglich einiger unbedachtsamer junger „leute unverständiger eyffer, und daher entstandene unordnung"[23] gewesen. Daß mit den Leipziger Unruhen auch sein eigener Erfolg beginnt, wird von Spener damit völlig in den Hintergrund gerückt.

Speners „Erzählung" ist in einem für die Historiographie des kirchlichen Pietismus äußerst fruchtbaren Jahr erschienen. Ebenfalls 1697 kommen hier nämlich noch zwei weitere wichtige Werke heraus, die „Historia ecclesiastica Novi Testamenti" Christian Kortholts (1633–1694) (posthum)[24] und das „Summarium historiae ecclesiasticae" Adam Rechenbergs.[25] Während die Werke Kortholts und Rechenbergs typische Lehrbücher sind und ganz in der Tradition kirchlich orthodoxer Geschichtsschreibung stehen, hat man es bei Speners Schrift jedoch mit einer höchst eigenwilligen Form kirchlicher Geschichtsschreibung zu tun. Klaus Wetzel hat an dieser Stelle von „aktueller, z. T. mit autobiographischen Elementen verbundener Kirchengeschichtsschreibung"[26] gesprochen. Die neue Form ist weniger akademisch als vielmehr erbaulich ausgerichtet. Im Mittelpunkt des Interesses steht deshalb auch das Handeln Gottes in der Geschichte. Dies hat zur Folge, daß die Darstellung ganz auf das innerkirchliche Geschehen beschränkt bleibt und konsequent auf den Lebensweg einzelner Menschen ausgerichtet wird. Dabei eignet dem Ganzen von vornherein ein deutlich apologetischer Zug.[27]

---

[23] *Spener,* Erzählung [s. Anm. 15], 152.

[24] *Christian Kortholt:* Historia ecclesiastica Novi Testamenti *kat' epitomēn* a Christo nato usque ad seculum decimum septimum, sistens Statum Ecclesiae sub Imperatoribus, Schismata, Haereses, Synodos ac Ecclesiae Doctores. Iterum edita cura Sebastiani Kortholti [...]. Hamburg ²1708; 1. Aufl.: Leipzig 1697. Dazu *Klaus Wetzel:* Theologische Kirchengeschichtsschreibung im deutschen Protestantismus 1660–1760. [Diss. theol. Mainz]. Gießen, Basel 1983 (Monographien und Studienbücher), 137–142 u. 452–454.

[25] *Adam Rechenberg:* Summarium Historiae Ecclesiasticae, In Usum Studiosae Juventutis adornatum. Leipzig ²1698; 1. Aufl.: Leipzig 1697. Bis 1789 mindestens 13 Auflagen! Vgl. *Wetzel,* Kirchengeschichtsschreibung [s. Anm. 24], 143–152 u. 471 f.

[26] *Wetzel,* Kirchengeschichtsschreibung [s. Anm. 24], 158.

[27] *Martin Greschat:* Zwischen Tradition und neuem Anfang. Valentin Ernst Löscher und der

Tatsächlich hat Speners „Erzählung" dann auch prototypisch gewirkt. Dies läßt sich vor allem im Blick auf den frühen hallischen Pietismus und dessen Geschichtsschreibung (August Hermann Francke[28]; Johann Wilhelm Zierold [1669–1731][29]) zeigen. Der Einfluß der Spenerschen „Erzählung" reicht aber noch viel weiter: Er läßt sich nämlich nicht nur bei den Verteidigern Gottfried Arnolds (1666–1714),[30] sondern auch bei Speners Schwiegersohn Adam Rechenberg[31] und später sogar bei Johann Georg Walch (1693–1775)[32] nachweisen.

Ausgang der lutherischen Orthodoxie. Witten 1971 (UKG, 5) 205, sieht Speners Konzeption sogar schon in den „Pia Desideria" vorgezeichnet!

[28] *Kurt Aland:* Die Annales Hallenses ecclesiastici. Das älteste Denkmal der Geschichtsschreibung des Halleschen Pietismus. In: WZ(H) 4, 1955, 375–402. Wiederabdr. in: *Kurt Aland*: Kirchengeschichtliche Entwürfe. Alte Kirche, Reformation und Luthertum, Pietismus und Erweckungsbewegung. Gütersloh 1960, 580–649 (im folgenden hiernach zitiert); *Wetzel,* Kirchengeschichtsschreibung [s. Anm. 24], 159–164; *Peter Weniger:* Anfänge der „Franckeschen Stiftungen". Bemerkungen zur Erforschung der Geschichte der Glauchaschen Anstalten in ihrem ersten Jahrzehnt. In: PuN 17, 1991, 95–120.

[29] *Johann Wilhelm Zierold:* Einleitung zur Gründlichen Kirchen=Historie Mit der Historia Philosophica verknüpfft Darinnen Die Krafft des Creutzes Christi als der einige Grund des wahren Christenthumbs wider die Feinde des Creutzes Von Anfang der Welt biß auff unsere Zeit vorgestellet wird, Leipzig, Stargard 1700; s. dazu *Wetzel,* Kirchengeschichtsschreibung [s. Anm. 24], 164–174 u. 467 f. – Auch Zierold gehörte dem Leipziger Collegium philobiblicum an. Er wurde 1690 Magister und begab sich danach zu Spener nach Dresden!

[30] Herrn Volckmeyers Betrachtung der Anmerckungen Uber Herrn Arnolds Kirchen- und Ketzer-Historie. Von *Zacharias Götzen,* Rectore der Oßnabrückischen schule herausgegeben. In: *Gottfried Arnold:* Unpartheyische Kirchen- und Ketzer-Historie. Vom Anfang des Neuen Testaments. Biß auf das Jahr Christi 1688. Band II, 3/4. Frankfurt a. M. 1729. Faksimilenachdr. Hildesheim 1967, 1481. Auch Arnold selbst setzt sich in der UKKH, 180, intensiv mit Croeses „Historia Quackeriana" auseinander. – Daß die historische Darstellung in der UKKH ausgerechnet im Jahr 1688 endet, hat in der Arnold-Forschung bislang nur sehr wenig Aufmerksamkeit gefunden. Nach Hans Schneider steht dieses Datum „offenbar mit endzeitlichen Spekulationen in Zusammenhang"; *Schneider,* Pietismus [s. Anm. 2], 414 f. Die Koinzidenz mit den Leipziger Unruhen darf an dieser Stelle aber wohl auch nicht übersehen werden. Tatsächlich beginnt mit Leipzig nämlich nicht nur eine „neue Etappe" der pietistischen Bewegung (*Schneider,* Pietismus, 400), sondern auch eine neue Form pietistischer Geschichtsschreibung, die ganz bewußt im Jahr 1689 einsetzt; vgl. dazu ausführlich unten 2.2. und 2.3.!

[31] *[Adam Rechenberg:]* Historiae Ecclesiasticae in Compendium redactae Liber II. A Nato Christo ad nostra usque tempora continuatae („Compendium Gothanum". Bd. 2), Leipzig, Gotha 1705. Rechenbergs Ausgabe fügt dem zweiten Band des „Compendium Gothanum" von 1665 erstmals eine von ihm selbst verfaßte Geschichte des Pietismus hinzu (Würdigung Speners; ausführliche Darstellung der eigenen Rolle im sogenannten „Terministischen Streit"). *Ernst Salomo Cyprian* (1673–1745), der nächste Herausgeber des „Compendium Gothanum", streicht dieses Supplement 1723 wieder und löst hierdurch eine heftige literarische Auseinandersetzung aus. Dazu *Wetzel,* Kirchengeschichtsschreibung [s. Anm. 24], 305 u. 472.

[32] *Johann Georg Walch:* Historische und theologische Einleitung in die Religions-Streitigkeiten der Evangelisch-Lutherischen Kirche. Bd. 4,2. Jena 1733–1739. Faksimilenachdr. Stuttgart-Bad Cannstatt 1985, 1037 ff. – Walch war ein Schwiegersohn des früheren Hallenser Professors Johann Franz Buddeus (1667–1729) und erbte dessen Bibliothek.

2.2. *Joachim Lange – oder: Der fortgesetzte Weg der „Mittelstraße"*

Daß Joachim Lange (1670–1744) 1709 an die Theologische Fakultät in Halle kam, war alles andere als ein Zufall. Die dortigen Professoren kannten ihn nämlich schon seit ihren Leipziger Magistertagen: Lange war der jüngere Bruder eines frühen Hamburger Franckefreundes (Nikolaus Lange, Montagsprediger an St. Nicolai [1659–1720]). Als er 1689 mit dessen Empfehlung zum Studium nach Leipzig gekommen war, hatte ihn Francke daher auch sofort zu seinem Zimmergenossen gemacht.[33] Lange hatte die Leipziger Unruhen auf diese Weise gleichsam aus der ersten Reihe miterlebt. Er war schnell zu einem glühenden Verehrer Franckes geworden und diesem anschließend sogar nach Erfurt und Halle gefolgt. 1698 war Lange dann durch die Vermittlung Speners Rektor des Fridericianums (des späteren Friedrichwerderschen Gymnasiums) in Berlin geworden.[34] Er hatte enge Kontakte zum Nikolaipropst unterhalten und sich an dessen Totenbett geschworen, Speners Andenken nach Kräften zu verteidigen.

Lange war ein theologisch und philosophisch hochgebildeter Mann, dazu agil und schreibfreudig.[35] Nach seinem Wechsel an die Saale übernahm er schon bald die Hauptlast der literarischen Auseinandersetzung der hallischen Pietisten mit ihren orthodoxen Gegnern. Dabei legte er

---

[33] Vgl. dazu den späteren Selbstbericht Franckes bei *Gustav Kramer:* Beiträge zur Geschichte August Hermann Francke's, enthaltend den Briefwechsel Francke's und Spener's. Halle 1861, 64f.: „Jndessen schriebe sein zu Hamburg gewesener sehr guter Freund Herr Nicolaus Lange, der nachhero Superintendens zu Brandenburg worden, und vor etlichen Jahren daselbst verstorben [...], an ihn [i. e. Francke] und recommendirte ihm seinen Bruder, der damals auf die Universität Leipzig kam, Hrn. Joachim Langen, welchen er dann zu sich auf die Stube nahm, wohl nichts weniger gedenckend, als daß er seinen künfftigen Collegam, so er ietzo [i. e. 1725 oder später] ist, zu sich auf die Stube nähme, an deßen herrlichen ingenio, großen Fleiß und Liebe zur Gottseligkeit er indessen ein großes Vergnügen hatte". Zur Datierung dieses Berichtes s. *Kramer,* VII.

[34] *Wallmann,* Berlin [s. Anm. 5], 73.

[35] Leben und Denken dieser zentralen Gestalt des hallischen Pietismus sind bis heute weithin unerforscht. Die Arbeit von *Rolf Dannenbaum:* Joachim Lange als Wortführer des Halleschen Pietismus gegen die Orthodoxie. [Diss. theol. masch.] Göttingen 1951, bietet wenig mehr als ein Referat einzelner Langeschriften; der reiche handschriftliche Nachlaß Langes im Archiv der Franckeschen Stiftungen in Halle bleibt dabei durchweg unberücksichtigt. Einzelne Abschnitte aus Langes Leben beleuchten *Carl Hinrichs:* Preußentum und Pietismus. Der Pietismus in Brandenburg-Preußen als religiös-soziale Reformbewegung. Göttingen 1971, 352–387 (Auseinandersetzung mit Thomasius), 388–441 (Auseinandersetzung mit Wolff); *Greschat,* Tradition [s. Anm. 27], 262–317 (Auseinandersetzung mit Löscher). – Immerhin wird Lange gegenwärtig aber von philosophischer Seite wiederentdeckt. Vgl. dazu besonders *Bruno Bianco:* Libertà e fatalismo. Sulla polemica tra Joachim Lange e Christian Wolff. In: Verifiche 15, 1986, 43–89; *Sonia Carboncini:* Die thomasisch-pietistische Tradition und ihre Fortsetzung durch Christian August Crusius. In: Christian Thomasius 1655–1728. Interpretationen zu Werk und Wirkung. Mit einer Bibliographie der neueren Thomasius-Literatur. Hg. v. *Werner Schneiders.* Hamburg 1989 (Studien zum achtzehnten Jahrhundert, 11), 287–304.

jedoch bisweilen eine übertriebene Härte an den Tag – ein Zug, der sich mit den Jahren noch deutlich verstärken sollte.

Langes Polemik spiegelt eindrücklich das Selbstverständnis der hallischen Theologen wider. Schon in seinem „Antibarbarus Orthodoxiae" (1709/1711)[36] bezichtigt er die zeitgenössische Orthodoxie des Neopelagianismus.[37] Dagegen wandeln die Hallenser, so der Titel einer weiteren Langeschrift, auf der „Richtige(n) Mittelstraße" (1712/1714)[38]. Sie ist der evangeliumsgemäße Weg zwischen der (Pseudo-)Orthodoxie und dem radikalen Pietismus und damit zugleich die eigentliche Orthodoxie.[39]

Besondere Aufmerksamkeit erregte seit 1713 Langes Auseinandersetzung mit dem Dresdner Superintendenten Valentin Ernst Löscher (1673–1749)[40], der in seinem „Timotheus Verinus" (1711/1712) die hallische Reform des Theologiestudiums angegriffen hatte.[41] Lange antwortete mit der Schrift „Die Gestalt des Kreuzreiches Christi" (1713)[42]. 1718 brachte Löscher dann seinen „Vollständigen Timotheus Verinus"[43] heraus. Er bot belastendes Aktenmaterial zu den Leipziger Unruhen und griff damit ganz gezielt an die Wurzeln des hallischen Reformprogrammes.[44]

Lange setzte dem zwar sofort eine „Abgenötigte völlige Abfertigung" (1719)[45] entgegen. Er empfand diese Replik aber schon bald als unzureichend. Wollte man Löscher das Wasser abgraben, war mehr, nämlich ein eigenständiger Gegenentwurf vonnöten. Zuvor aber mußten Franckes –

---

[36] *Joachim Lange:* Antibarbarus Orthodoxiae Dogmatico-Hermeneuticus. Bd. 1–2. Berlin 1709; Bd. 3–4. Halle 1711.

[37] Die Gegenschriften Löschers bei *Greschat,* Tradition [s. Anm. 27], 375 f., als Nr. 81 u. 85 f.

[38] *Joachim Lange:* Richtige Mittelstraße. Bd. 1. Halle 1712; Bd. 2. Halle 1714.

[39] Vgl. *Martin Brecht:* August Hermann Francke und der Hallische Pietismus. In: Geschichte 1 [s. Anm. 2], 439–539, hier 507–511.

[40] *Greschat,* Tradition [s. Anm. 27], bes. 262–317.

[41] *Valentin Ernst Löscher:* Timotheus Verinus [Fünf Aufsätze in den „Unschuldigen Nachrichten",hier: UN, aus den Jahren 1711 u. 1712]; UN 1711, 672–734, 884–903; UN 1712, 100–126, 700–717 u. 1026–1043; s. dazu *Greschat,* Tradition [s. Anm. 27], Nr. 87 u. 95.

[42] *Joachim Lange:* Die Gestalt des Creutzreichs Christi in seiner Unschuld mitten unter den falschen Beschuldigungen und Lästerungen. Halle 1713.

[43] *Valentin Ernst Löscher:* Vollständiger Timotheus Verinus. Bd. 1. Wittenberg 1718; Bd. 2. Wittenberg 1721; Gesamtausgabe: Wittenberg 1722; s. dazu *Greschat,* Tradition [s. Anm. 27], Nr. 133, 158 u. 162.

[44] Dementsprechend hoch war auch die Beachtung, die man dem „Vollständigen Timotheus Verinus" in Halle schenkte (intensives Studium durch Francke und Herrnschmidt); vgl. *Greschat,* Tradition [s. Anm. 27], 303. – Der zweite Band des „Vollständigen Timotheus Verinus" (1721) umfaßte 18 Kapitel. Von diesen behandelten immerhin zwölf (!) die Geschichte des Pietismus. Vier weitere befaßten sich mit den Angriffen Langes auf Löscher. Schon 1711/1712 hatte Löscher mit Adam Rechenberg und Johannes Olearius (beide Leipzig) über die Ursprünge des Pietismus korrespondiert; vgl. *Greschat*, Tradition, 284 u. 307.

[45] *Joachim Lange:* Abgenöthigte völlige Abfertigung des so genannten Vollständigen Timothei Verini. Halle 1719; s. dazu *Greschat*, Tradition [s. Anm. 27], 297.

von vielen immer noch scheel beäugte – Leipziger Anfänge endlich überzeugend in die Konzeption der hallischen „Mittelstraße" eingebunden werden.

Schon 1719 brachte Lange dann auch tatsächlich eine Schrift heraus, die ebendies versuchte. Sie trug den programmatischen Titel: „Apologetische Erläuterung der neuesten Historie bei der evangelischen Kirche von 1689 bis 1719"[46].

Interessant sind hier bereits die beiden Vorreden: Vorrede 1[47] wendet sich an das Oberkonsistorium in Dresden, also Löschers Vorgesetzte und Speners ehemalige Kollegen. Lange erinnert an von Seckendorffs Apologie (1692) und Speners „Erzählung" (1697). Beide haben, so Lange, den Streit um den sogenannten „Pietismus" zunächst rasch beendet. Mit dem neuen Jahrhundert ist den Frommen dann aber ein neuer Gegner erwachsen: Löscher. Er ist unverschämter als die früheren, maßt er sich doch in seinen „Unschuldigen Nachrichten" (1701 ff.) die Kirchenzensur an und macht dabei nicht einmal vor dem bereits verstorbenen Spener halt. Dies kann Lange schon aus persönlicher Verpflichtung Spener gegenüber unmöglich hinnehmen. Daher greift er mit der vorliegenden Schrift nun auch seinerseits Löscher an. Er benutzt dazu die Akten des Dresdner Oberkonsistoriums, „darauß", so Lange, „[auch schon] der sel.[ige] Spenerus seine alhier von mir zugleich wiederhohlte [!], und noch weiter deducirte [!], Historie [i. e. die „Erzählung"] genommen"[48].

Vorrede 2[49] wendet sich an die Leser. Lange betont, daß er sein Buch im Auftrag der gesamten Theologischen Fakultät in Halle verfaßt hat. Es setzt die im Anhang zu seinem Kommentar „De vita et epistolis Pauli" veröffentlichte „Abfertigung des Vollständigen Timotheus Verinus" fort. Auch das hier Gebotene hat ursprünglich nur ein Anhang zu einem neutestamentlichen Kommentar (Pastoralbriefe) werden sollen. Es hat sich aber unter der Hand zu einer eigenständigen Schrift ausgewachsen. Was so entstanden ist, ist eine Kirchengeschichte der letzten 30 Jahre, also eine Kirchengeschichte von Leipzig an![50]

---

[46] *Joachim Lange:* Apologetische Erläuterung der Neuesten Historie Bey der Evangelischen Kirche von 1689 bis 1719. Darinn, nach einer davon gegebenen Umständlichen Nachricht. Und nach compendieuser Vorstellung der Mittelstrasse Zwischen den Abwegen von der Evangelischen Wahrheit. Zur erwünschten Endigung Des sectirischen Fabel-Wesens vom PIETISMO. Der also genannte Timotheus Verinus. Auf Gutbefinden der fälschlich beschuldigten sämtlichen Theologischen Facultät auf der Königl. Preuss. Friedrichs-Universität, Völlig abgefertiget wird. Halle 1719.

[47] *Lange,* Erläuterung [s. Anm. 46], 3–22 (Vorrede, 1).

[48] *Lange,* Erläuterung, 20 (Vorrede, 1).

[49] *Lange,* Erläuterung, 23–28 (Vorrede, 2).

[50] Vgl. dazu auch bereits *Lange,* Erläuterung, 4 (Vorrede, 1): „Es sind nunmehro dreyßig Jahr, da auf der Chur-Sächsischen Hochlöbl. Universität in Leipzig die Unruhe von einer fälschlich vorgegebenen Pietisterey, oder neuen Pietisten-Secte, entstunde."

Freilich, so Lange, soll auch dieses Buch nur die Vorstufe zu einem größeren Werk sein. Er denkt dabei offenbar an eine Gesamtkirchengeschichte vom Neuen Testament bis zu seiner eigenen Gegenwart![51] Was in ihr geschildert werden soll, ist, so Lange, das Leiden rechtschaffener Christen zu allen Zeiten, nach der Beschaffenheit des Reichs Christi auf Erden, da es „denselben wenigstens an Haß und Verleumdungen nicht gefehlet, sonderlich von unbekehrten und fleischlich gesinnten Lehrern“[52].

Weit über Spener und dessen von ihm unverändert übernommene Rückführung der neuen Frömmigkeit auf Johann Arndt hinaus[53] meint Lange also, den Pietismus (oder, wie er selbst sich ausdrückt: die hallische „Mittelstraße“) bis in das Neue Testament hinein zurückverfolgen zu können! Im Hintergrund steht hier klar der Topos von der dem urchristlichen Ideal entsprechenden Kirche.

Nach diesen beiden Vorreden bietet Lange dann seine Darstellung der Leipziger Unruhen. Sie trägt den Titel „Historischer Vorbericht von dem sogenannten Pietismo“[54] und erscheint zunächst wie eine bloße Collage aus Textstücken der Spenerschen „Erzählung“. Dennoch hat man es hier mit einer durchaus anderen Deutung der Leipziger Unruhen zu tun. Dies zeigen vor allem Langes neue Paragrapheneinteilung und die von ihm eingefügten Zwischenüberschriften. Sie bringen die Leipziger Vorgänge nämlich erstmals in eine straffe führungsgeschichtliche Ordnung. Dabei lassen sie eine klare Zweiteilung erkennen: So beschreiben Paragraph 1–7 zunächst die Ausbreitung der neuen Bewegung – oder, um es mit Langes Überschriften zu sagen: deren Anfang und ersten anwachsenden Fortgang, deren Unschuld und reiche Frucht, nebst des auf ihr liegenden göttlichen Segens.[55] Anschließend schildern Paragraph

[51] *Lange,* Erläuterung [s. Anm. 46], 26 (Vorrede, 2): „Ob ich nach dem Willen GOttes werde Zeit finden, mein Vorhaben über die gantze Kirchen-Historie des neuen Testaments (dazu die Commentatio de vita Pauli einen kleinen Anfang gemacht hat) [...] recht zu vollziehen, stehet dahin, und wird es die gnädige Leitung Gottes zeigen.“

[52] *Lange,* Erläuterung, 2 (Vorbericht).

[53] Vgl. dazu nur die Fortführung des soeben [Anm. 52] gebotenen (im Original mit „Remote“ eingeleiteten) Zitates: „Propius, etwas näher, durch das vorige Seculum [!]. Da wir unter vielen andern haben das Exempel Arndii, auch der Freunde und Apologeten desselben [!], wie auch Kesleri, Mengeringii, Meyfarti, Io. Schmidii, Gesenii, Sauberti, Dilherri, Io. Val. Andreae, Pavli Tarnovii, Lutkemanni, Grosgebaueri, Quistorpii, H. Mulleri, &c. welche alle Zeugen der Wahrheit von dem großen Verfall oder Verderben des Christenthums, sonderlich des Academischen Lebens, gewesen, und darüber auch gar ungütig beurtheilet worden. Siehe hievon Spenerum in wahrhaftiger Erzehlung vom Pietismo gegen Gerh. Craesum von p. 1 bis 39“; *Lange,* Erläuterung, 2f. (Vorbericht). Speners Herleitung des Pietismus von Arndt wird auch im folgenden durchweg vorausgesetzt. Vgl. dazu z.B. *Lange,* Erläuterung, 203 u. 207–210.

[54] *Lange,* Erläuterung, 1–83 (Vorbericht).

[55] *Lange,* Erläuterung, 2f. („Paragraph I. Was vorhergegangen.“); 3, 6, 8 („Paragraph II. Die Gelegenheit: [...] 1. Der Anfang und erster anwachsender Fortgang. [...] 2. Erkannte Un-

8–11 dann die den Leipziger Frommen begegnenden Widerstände – oder, nochmals mit Langes Überschriften: die „Haupt = Person[en]" ihrer Gegner, die von diesen errichtete antipietistische „Ligue" sowie „die bösen Privat Affecte[n], durch welche diese Theologi zum Wiederspruch und zur Sectenmacherey angetrieben worden"[56].

Auch sonst gibt Lange seinen Lesern immer wieder klare Hinweise darauf, wie diese Speners „Erzählung" zu lesen haben. Er entwickelt also letztlich eine für die Hallenser normative Deutung dieses Textes.[57]

Im Bewußtsein seines vermeintlich tieferen Verständnisses der Leipziger Vorgänge zeigt Lange dann auch wenig Scheu, seine Vorlage, Speners „Erzählung", hier und da stillschweigend „nachzubessern". Dem fällt z. B. Speners Bemerkung zum Opfer, Francke habe sich 1689 seines „unterrichts [...] sonderbar nie gebraucht"[58]. Sie paßt nicht ins Geschichtsbild der hallischen Theologen.

Höchst aufschlußreich ist auch Langes Neubewertung des berühmten Fellergedichtes „Es ist jetzt stadtbekannt der Nam' der Pietisten". Es war von Spener lediglich anzitiert und durchaus kritisch bewertet worden. Dies ist nun deutlich anders: Lange bringt das Gedicht im Volltext und will damit zeigen, daß die hier beschriebene Frömmigkeit die wahre Frömmigkeit der „Mittelstraße" ist. Fellers Verse werden so gleichsam zur Hymne der Francke-Bewegung.[59]

Auch an anderen Stellen spiegelt der „Vorbericht" noch deutlich die Sicht des für Francke begeisterten jüngeren Leipziger Kommilitonen. So betont Lange z. B. nachdrücklich die Neuartigkeit der Franckeschen Collegia. Deren ursprüngliche Einbindung in den Leipziger Universitätsbetrieb tritt damit völlig in den Hintergrund.[60]

---

schuld, nebst fernerm Zunehmen. [...] 3. Die Frucht und der Segen."); 9 („Paragraph III. Der würckliche Anfang der Beschuldigung eines sogenannten Pietismi."); 11 („Paragraph IV. Erfundene Unschuld der Beschuldigten."); 14 („Paragraph V. Fortgang der biblischen Ubungen zur Gottseligkeit, wie auch der falschen Beschuldigungen, und der dabey immermehr entdeckten Unschuld."); 18 („Paragraph VI. Wahrheit der bißherigen Erzehlung."); 19 („Paragraph VII. Vorstellung dessen, was von anno 1691. in Sachsen ferner vorgegangen."); s. Vorbericht.

[56] *Lange*, Erläuterung [s. Anm. 46], 21 („Paragraph VIII. Die Haupt=Person, welche die Unruhe in Sachsen am meisten erreget und gleich anfangs vermehret."); 28 („Paragraph IX. Diejenige, welche D. Carpzovius inn- und ausserhalb zum Streit wider Spenerum und andere Unschuldige aufgebracht."); 29 („Paragraph X. Die Ligue, die sie mit einander aufgerichtet."); 33 („Paragraph XI. Die bösen Privat Affecten, durch welche diese Theologi zum Wiederspruch und zur Sectenmacherey angetrieben worden."); s. Vorbericht.

[57] Vgl. dazu vor allem die Paragraphen XXI–XXVI; *Lange*, Erläuterung, 79–83 (Vorbericht).

[58] *Lange*, Erläuterung, 6 (Vorbericht).

[59] *Lange*, Erläuterung, 10 (Vorbericht).

[60] *Lange*, Erläuterung, 12 (Vorbericht). – Lange tilgt *Spener*, Erzählung [s. Anm. 15], 72 Z. 18–74 Z. 1.

Neben dieser abnehmenden Differenzierung sind aber zugleich auch bewußte Kaschierungen zu beobachten. So wird Franckes „Apologia“ nach Lange nicht mehr nur gegen dessen Willen (so Spener), sondern nun auch erst nach dessen Weggang aus Leipzig veröffentlicht.[61]

Eher taktisch motiviert dürften demgegenüber die Korrekturen sein, die Lange bei der Darstellung der Rolle des Oberkonsistoriums vornimmt. Folgt man seinem Bericht, so haben die Dresdner Konsistorialen das Vorgehen der Leipziger Magister von Anfang an mit großem Wohlwollen verfolgt.[62]

Ganz in diesem Sinne fällt dann auch Langes Gesamturteil aus: Die Leipziger Magister, jetzt hallische Professoren, haben keine neue Sekte gegründet. Sie standen und stehen auch weiterhin „bey der evangelischen Kirche“ (so bereits der Titel der „Erläuterung“). Dabei läßt ihr beruflicher Erfolg zugleich die Richtigkeit ihrer Überzeugungen erkennen. Mit dem Tod der alten Gegner Franckes (Carpzov) und der hier offenkundig werdenden Blamage ihrer Nachfolger (Löscher) endet damit endlich, so Lange, die „dreyßig-jährige Kirchen-Comödie um das Fabel-Wesen“ des sogenannten „Pietismus“.[63]

Tatsächlich hat Lange die von ihm angekündigte Gesamtkirchengeschichte dann auch schon 1722 vorgelegt. Sie trug den Titel „Historia Ecclesiastica“[64]. Anders als die „Erläuterung“ war die „Historia“ allerdings ein durchaus traditionelles akademisches Lehrbuch. Sie stand in der Nachfolge Rechenbergs, wurde mehrfach nachgedruckt und fand auch außerhalb Halles Verwendung.[65]

Der „wissenschaftliche“ Lange und der „apologetische“ Lange sind auf den ersten Blick nur schwer miteinander in Einklang zu bringen. Dennoch tritt hier kein Bruch der historischen Konzeption zutage. Dies zeigt vor allem der Schluß der „Historia“. Dort wird nämlich ganz bewußt Speners Herleitung des Pietismus von Arndt übernommen.[66] Das historische Paradigma der Spenerschen „Erzählung“ wirkt also nicht nur in

---

[61] *Lange,* Erläuterung [s. Anm. 46], 14 (Vorbericht).

[62] *Lange,* Erläuterung, 11 (Vorbericht).

[63] *Lange,* Erläuterung, 76 (Vorbericht).

[64] *Joachim Lange:* Historia Ecclesiastica, a mundo condito usque ad seculum a Christo nato praesens, seu decimum octavum, deducta, et necessariis Imperiorum ac Rei Litterariae Synchronismis instructa. Halle 1722.

[65] Dazu *Wetzel,* Kirchengeschichtsschreibung [s. Anm. 24], 257–262 u. 480 f.

[66] Vgl. dazu nur Langes dortiges Urteil über Spener; *Lange,* Historia [s. Anm. 64], 985 f.: „Ultima hujus seculi tempora habuisse virum Arndio simillimum [!], immo, pro largiore charismatum mensura, ipso multis in partibus superiorem, Philippum Jacobum Spenerum, nemo ignorat. Sed quo majora ejus fuerunt merita non solum de genuino pietatis studio promovendo, sed maxime etiam de doctrinae evangelicae integritate, adversus quasvis errorum corruptelas tuenda ac conservanda, eo acerbioribus exceptus fuit odiis ac conviciis; at non nisi improborum et pharisaici generis hominum; cum piorum proborumque omnium favorem habuerit universalem, etiam post fata constantissimum.“

der „apologetischen“, sondern auch in der „wissenschaftlichen“ Geschichtsschreibung Halles fort.

2.3. Johann Heinrich Callenberg – oder: Der zweite Aufbruch der Apostel

Johann Heinrich Callenberg[67] wurde 1694 in Molschleben bei Gotha geboren. Er studierte seit 1715 Philologie und Theologie in Halle und stand schon bald völlig im Banne Franckes. In Franckes Todesjahr 1727 wurde Callenberg zunächst außerordentlicher und acht Jahre später dann ordentlicher Professor für Orientalische Sprachen in Halle. 1739 kam dazu dann auch noch eine theologische Professur. Callenberg hat Halle nie mehr verlassen. Er starb 1760.

In der Literatur begegnet Callenberg heute allenfalls noch als Gründer des hallischen „Institutum Iudaicum“ (1728).[68] Daß er daneben auch ein fähiger Kirchenhistoriker gewesen ist, ist völlig in Vergessenheit geraten.[69] Dennoch hat gerade Callenberg das Werk hinterlassen, das als ein

---

[67] Leben und Werk dieses interessanten Franckeschülers sind noch kaum erschlossen. Die Literatur zu Callenberg besteht fast nur aus älteren Lexikonartikeln: *Johann Jakob Moser:* Art.: „Callenberg, Johann Heinrich“. In: *Ders.:* Beitrag zu einem Lexikon der jetzt lebenden lutherischen und reformierten Theologen. Züllichau 1740, 119–138; *Johann Christoph Adelung:* Art.: „Callenberg, Johann Heinrich“. In: *Ders.:* Fortsetzung und Ergänzungen zu Christian Gottlieb Jöchers allgemeinem Gelehrten-Lexico. Bd 2. Leipzig, Bremen 1790. Nachdr. Hildesheim 1960, 39–41 (Schriftenverzeichnis); *Friedrich Carl Gottlob Hirsching:* Art.: „Callenberg, Johann Heinrich“. In: *Ders.:* Historisch-literarisches Handbuch berühmter und denkwürdiger Personen. Bd. 1. Leipzig 1794. Nachdr. Graz 1972, 91–93; *Johann Georg Meusel:* Art.: „Callenberg, Johann Heinrich“. In: *Ders.:* Lexikon der vom Jahr 1750 bis 1800 verstorbenen teutschen Schriftsteller. Bd. 2. Leipzig 1803, 6–8 (Schriftenverzeichnis); *Franz Theodor Adler:* Mittheilungen aus Johann Heinrich Callenberg's Briefen (FS Gustav Kramer). Halle 1868; *Gustav Leopold Plitt:* Art.: „Callenberg, Johann Heinrich“. In: ADB 3, 1876, 707 f.; *N. Pohle:* Art.: „Callenberg, Johann Heinrich“. In: Wetzer und Welte's Kirchenlexikon 2, ²1883, 1716 f.; *Aland,* Annales [s. Anm. 28], 590; *Franz Lau:* Art.: „Callenberg, Johann Heinrich“. In: NDB 3, 1957, 96; *Hilmar Schmuck, Willi Gorzny:* Gesamtverzeichnis des deutschsprachigen Schrifttums (GV) 1700–1910. Bd. 23. München [u. a.] 1980, 34 (Schriftenverzeichnis).

[68] *Johann Heinrich Callenberg. Wilhelm Christian Just Chrysander:* Schriften zur jiddischen Sprache. Faksimiledr. n. d. Ausg. v. 1733, 1736 u. 1750. Hg. v. *Hans Peter Althaus.* Marburg 1966 (Quellen zur Geschichte der jiddischen Sprache, 3); *Martin Schmidt:* Protestantismus vom Aufkommen des Pietismus bis zur Mitte des 19. Jahrhunderts. A. Judentum und Christentum im Pietismus des 17. und 18. Jahrhunderts. In: Kirche und Synagoge. Handbuch zur Geschichte von Christen und Juden. Darstellung mit Quellen. Hg. v. *Karl Heinrich Rengstorf* u. *Siegfried v. Kortzfleisch.* Bd. 2. München 1988 (erstmals: Stuttgart 1970; DTV, 4478), 87–128, hier bes. 103 ff.; *Paul Gerhard Aring:* Christen und Juden heute – und die „Judenmission“? Geschichte und Theologie protestantischer Judenmission in Deutschland, dargestellt und untersucht am Beispiel des Protestantismus im mittleren Deutschland. Frankfurt a. M. 1987, passim (Lit.); *Wallmann,* Pietismus [s. Anm. 4], 78.

[69] Die Standardwerke zur Geschichte der kirchlichen Historiographie (z. B. *Ferdinand Christian Baur* [1852]; *Eduard Füter* [1911]; *Walter Nigg* [1934]; *Adalbert Klempt* [1960]; *Peter Meinhold* [1967]), aber auch noch *Klaus Wetzel* (1983) erwähnen Callenberg nicht. – Einige historische Schriften aus Johann Heinrich Callenbergs Feder: Scriptorum historiae litterariae recensio ta-

Meilenstein der hallischen Geschichtsschreibung gelten darf, die sogenannte „Neueste Kirchenhistorie"[70].

Callenbergs „Kirchenhistorie" behandelt die Zeit von 1689 bis 1724. Das Werk ist zwar nur als Manuskript überliefert, umfaßt in dieser Form aber immerhin 23 dicke Bände, die in der Handschriftenhauptabteilung des Archivs der Franckeschen Stiftungen in Halle aufbewahrt werden. Die „Kirchenhistorie" ist in zwei Fassungen erhalten, der Urfassung vom Ende der 20er Jahre[71] und einer – wohl erst in den 30er Jahren entstandenen – „mundierten" Fassung.[72] Leider ist die „mundierte" Fassung aber schon seit langem nicht mehr vollständig. Ihr wegen seiner Franckeautographen besonders interessanter Band 11 fehlt.[73]

Kurt Aland hat bereits 1955 auf den enormen historischen Wert der „Kirchenhistorie" hingewiesen. Callenbergs Werk überragte für ihn „turmhoch das, was Johann Georg Walch in seiner fünfbändigen ‚Historischen und theologischen Einleitung in die Religionsstreitigkeiten der evang.-lutherischen Kirchen' (1730/1739) bieten kann".[74] Dennoch ist das Werk – weil ungedruckt – bis heute weithin unausgewertet geblieben.[75] Auch Hans Leube, der Erforscher der Leipziger Unruhen, hat es

---

bularis. Halle 1724; Oratio de Ernesti Pii, Principis Saxoniae, consiliis et conatibus in munienda via doctrinae evangelicae inter exteras gentes vulgandae. Halle 1731; De studio historiae litterariae academico. Halle 1733; Entwurf eines Collegii über die Historie der Gelahrtheit. Halle 1733; Vita Johannis Danielis Herrnschmidii. Halle 1735; Historia Adami Muhammedica. Halle 1735; Historia Jesu Christi Muhammedica. Halle 1736; Ecclesiarum Exoticarum monumenta historica. Halle 1736; Vitae Vockerodti illustramenta quaedam. Halle 1738; Historiae ecclesiasticae capita laetiora. Halle 1739; Nicolai Clenardi circa Muhammedanorum ad Christum conversionem conatus. Halle 1742; Blumenlese aus der Kirchen-Historie. Halle 1744; Erläuterung der Eislebischen Kirchengeschichte von 1608–1611, da Johann Arnd daselbst gestanden. Halle 1748. Vgl. *Adelung*, Callenberg [s. Anm. 67], 39–41; *Meusel*, Callenberg [s. Anm. 67], 6–8.

70 *Johann Heinrich Callenberg:* Neueste KirchenHistorie von 1689 an [Manuskript in der Handschriftenhauptabteilung des Archivs der Franckeschen Stiftungen in Halle, hier: AFSt]. – Benutzt wird im folgenden ein Typoskript der Pietismusforschungsstelle in Münster.

71 Halle, AFSt: F 32 a-f. – Callenbergs Vorarbeiten zu Bd. 1 seiner „Kirchenhistorie" fallen in die Zeit um 1727. Dies beweist der bei *Leube*, Geschichte [s. Anm. 3], 156, als Nr. 35 aufgeführte Bestand: „Documenta historiae ecclesiasticae recentissimae a me, Joh. Hen. Callenbergio, in itinere Dresdensi 1727 collecta"; Halle, AFSt: D 77 a.b.

72 Halle, AFSt: F 30 a-m.

73 Band 4 ist doppelt vorhanden. Unter den Signaturen Halle, AFSt: F 31 c, e, f, k und n finden sich Kopien der „mundierten" Ausgabe der Bände 3, 5, 6, 10 u. 13. – Freundliche Auskunft des Archivleiters Dr. Thomas Müller, Halle.

74 *Aland*, Annales [s. Anm. 28], 590. – *Johann Georg Walch:* Historische und Theologische Einleitung in die Religions-Streitigkeiten Der Evangelisch-Lutherischen Kirchen. Von der Reformation an bis auf ietzige Zeiten ausgeführet und herausgegeben. 5 Bde. Jena 1733–39. Neudr. Stuttgart-Bad Cannstatt 1972.

75 Ediert ist lediglich ein kurzer Abschnitt über Franckes Erfurter Zeit. *Kramer*, Beiträge [s. Anm. 33], 80–108: „A.H. Francke als Diaconus in Erfurt".

nicht gekannt. Er hat lediglich Callenbergs Exzerpte aus den Dresdner Akten benutzt.[76]

Nun verspricht aber gerade die „Kirchenhistorie" interessante Aufschlüsse über die Leipziger Unruhen und ihre spätere Deutung durch die hallischen Pietisten. Sie beginnt schließlich nicht umsonst ausgerechnet im Jahre 1689. Darüber hinaus kann Callenberg auf eine Reihe von Quellen zurückgreifen, die heute nicht mehr (oder vorsichtiger: noch nicht wieder) zugänglich sind. Man muß sich dazu bewußt machen, daß die „Kirchenhistorie" unter nahezu idealen Bedingungen entsteht: Callenberg kann sich während ihrer Abfassung mit fast allen wichtigen Personen des hallischen Pietismus austauschen. Er verfügt über persönliche Mitteilungen Franckes und autobiographische Aufzeichnungen Antons. Außerdem hat er Zugang zum gesamten Akten- und Briefmaterial des Waisenhauses.

Wie schon bei Langes „Erläuterung" hat man es auch bei Callenbergs „Kirchenhistorie" mit einer Auftragsarbeit der Theologischen Fakultät zu tun. Sie wird, da es in Halle damals noch keinen kirchengeschichtlichen Lehrstuhl gibt, dem neuen außerordentlichen Professor Callenberg übertragen. Dieser beginnt sie kurz vor Franckes Tod. Eigentlicher Auslöser dürfte dabei erneut eine franckekritische Edition Leipziger Akten gewesen sein. Sie stammte diesmal – brisanterweise – von Franckes früherem Leipziger Verbündeten Christian Thomasius.[77]

Wie stellt Callenberg vor diesem Hintergrund nun die Leipziger Unruhen dar? – Die „Kirchenhistorie" geht annalistisch vor. Sie gleicht darin einerseits Franckes „Fußstapfen" und den „Annales Hallenses"[78], andererseits aber auch den Berichten des hallischen „Institutum Iudaicum".[79] War

---

[76] *Leube,* Geschichte [s. Anm. 3], 153: „Diese Akten enthielten Originale, aber auch viele Abschriften; sie sind wahrscheinlich bei der Auflösung des Dresdner Oberkonsistoriums vernichtet worden. Trotzdem ist der dadurch entstandene Verlust nicht groß, da Joh. Heinr. Callenberg für seine geplante [!] Kirchengeschichte auf seiner Dresdner Reise [i. e. 1727] vol. I–IV genau exzerpierte. Das Werk Callenbergs [i. e. das Exzerpt] umfaßt über 400 engbeschriebene Folioseiten und liegt in der Bibliothek des Hallischen Waisenhauses."

[77] *Christian Thomasius:* Vernünfftige und Christliche, aber nicht Scheinheilige Thomasische Gedanken und Erinnerungen über allerhand Gemischte Philosophische und Juristische Händel. Teil 2. Halle 1724. Dazu Leube, Geschichte [s. Anm. 3], 153 u. 158 (Nr. 34); *Liselotte Neisser:* Christian Thomasius und seine Beziehungen zum Pietismus. [Diss. phil. Heidelberg] München 1928, 7 Anm. 2.

[78] Vgl. nochmals *Aland,* Annales [s. Anm. 28], aber auch die Korrekturen bei *Weniger,* Anfänge [s. Anm. 28], 95–120 (Lit.). Zum Kontext s. *Brecht,* Francke [s. Anm. 39], 475 (Lit.).

[79] *Johann Heinrich Callenberg:* Bericht von einem Versuch, das jüdische Volk zur Erkenntnis der christlichen Wahrheit anzuleiten. 3 Bde., 17 Teile. Halle 1728–1736; Relation von einer weitern Bemühung, Jesum Christum als den Heiland des menschlichen Geschlechts dem jüdischen Volke bekannt zu machen (30 Stücke). Halle 1736–1751; Nachricht von einem Versuch, die verlassenen Muhammedaner zur heilsamen Erkenntnis Christi anzuleiten. Halle 1739; Christliche Bereisung der Judenörter. Halle 1745 ff.; Die fortwährende Bemühung um das Heil des Jüdischen Volkes (4 Stücke). Halle 1752/1753; Reisegeschäfte zum Besten der alten orien-

Langes Darstellung in erster Linie auf die Vergangenheit ausgerichtet (Herleitung der hallischen „Mittelstraße“ aus dem Neuen Testament), so geht der Blick nun also – gerade umgekehrt – in die Zukunft. Geschildert wird das auch zu Lebzeiten des Autors noch andauernde Ausstrahlen des in Leipzig beginnenden hallischen Pietismus in die Welt.

Zeichnete sich schon bei Lange eine deutliche Zweiteilung der Darstellung ab (Ausbreitung der Bewegung/Widerstände gegen sie), so wird dieses Schema nun „perfektioniert“. Jeder Jahrgangsband der „Kirchenhistorie“ umfaßt dementsprechend auch eine Sectio 1 De bonis und eine Sectio 2 De malis.[80]

Callenbergs Bericht über die Leipziger Unruhen besteht aus zwei Teilen: Teil 1[81] gibt sich zwar als eine Geschichte des Collegium philobiblicum „ von A[nn]° 1686“ an, beginnt aber tatsächlich bereits bei Speners „Pia Desideria“ (1675) und den Frankfurter Collegia pietatis. Die Spenerschen Collegia werden damit gleichsam zum Vorläufer (und Vorbild) der späteren Leipziger Übung.[82]

Die eigentliche Darstellung des Collegiums und seiner Geschichte geht dann deutlich über Spener („Erzählung“) und Lange („Erläuterung“) hinaus. Sie beruht auf gründlicher Quellenarbeit und spart auch schwierige Punkte nicht aus (so z.B. den Gründungsanstoß durch den späteren Franckegegner Carpzov). Die Leitung des Collegiums liegt zunächst bei Anton. Sein eigentlicher spiritus rector wird aber schon bald Spener. Fortan blüht das Collegium auf. Auch Professoren kommen zu seinen Sitzungen.[83]

Teil 2 („Was 1689 geschehen“)[84] bietet dann eine Geschichte der Leipziger Collegia biblica. Anders als in Teil 1 ist die Darstellung fortan klar auf Francke und dessen Initiativen ausgerichtet. Die Collegia Antons und Schades finden demgegenüber weit weniger Beachtung.

Ausführlich wird beschrieben, welche „Frucht [...] aus den Collegiis biblicis“[85] entsteht: Unter den Leipziger Professoren werden lediglich

talischen Christenheit. Halle 1757; vgl. *Adelung*, Callenberg [s. Anm. 67], 39–41; *Meusel*, Callenberg [s. Anm. 67], 6–8.

80 Ein ganz ähnliches Schema begegnet etwa zur gleichen Zeit auch bei Christian Eberhard Weismann (1677–1747). *Christian Eberhard Weismann:* Introductio in Memorabilia Ecclesiastica Historiae Sacrae Novi Testamenti. 2 Bde. Tübingen [Stuttgart?] 1718/19; Halle [2]1745. Er schreibt im Blick auf das 17. und 18. Jahrhundert: „Character generalis hujus Seculi [i. e. des 17.], imo et praesentis, quod ante hos 18. annos inchoavimus [i. e. des 18.], est certamen Boni et Mali [!], Dei et Satanae, Christi et Belialis in agonismis plane vehementibus“; Introductio 2, 327. Vgl. *Wetzel*, Kirchengeschichtsschreibung [s. Anm. 24], 325–333 u. 484f.

81 *Callenberg*, Kirchenhistorie 1 [s. Anm. 70], 7–16a.

82 *Callenberg*, Kirchenhistorie 1, 7 u. 7a.

83 *Callenberg*, Kirchenhistorie 1, 9a-16.

84 *Callenberg*, Kirchenhistorie 1, 16a-69.

85 *Callenberg*, Kirchenhistorie 1, 27.

Einzelpersonen gewonnen (Johannes Olearius [1639–1713]; Adam Rechenberg). Dagegen führen Franckes Collegia bei vielen Studenten zu einer völlig neuen Ausrichtung ihrer theologischen Interessen. Die spätere hallische Reform des Theologiestudiums wird hier letztlich bereits auf die Leipziger Situation zurückprojiziert.

Insgesamt fällt Callenbergs Urteil über die Leipziger Erweckung dann auch überaus positiv aus: „In diesem periodo war gewißlich ein Bild der Apostolischen Einfalt, Liebe und Gemeinschafft unter den Studiosis: sie waren wie ein Herz und eine Seele [Apg 4,32], und stund auch äußerlich alles in Ordnung. Man durffte [i. e. brauchte] ihnen keine gesetze [zu] geben davon, wie es seyn solte; sondern weil das Wort Gottes an ihre Seelen anschlug; so war ihnen dieses in allen Dingen Gesetz genug. Es war in so vielen iungen Leuten recht ausgegossen, das Freuden-Oel des H.[eiligen] Geistes [Ps 45,8; Apg 13,52]. Da war die Salbung, darum wir Christen heißen [. . .] da war Balsam, der das Gemüth auf eine gelinde Weise durchdrunge [. . .], [so] das iedermann sagen mußte: das ist nicht von menschen, sondern das ist freylich von Gott [Apg 12,22]".[86] – Die Leipziger Studenten erscheinen damit gleichsam als die „Urgemeinde" der Francke-Bewegung.[87] Tatsächlich bildet die Apostelgeschichte dann auch das Paradigma der gesamten weiteren Darstellung!

Auch außerhalb Leipzigs findet die neue Frömmigkeit schon 1689 Anhänger: So bekehrt Francke während einer Fahrt mit der Postkutsche den Bürgermeister des Städtchens Tennstedt. Was Callenberg hier bietet, beruht auf einer Erzählung Franckes, adaptiert aber gleichzeitig sehr geschickt die Szene zwischen Philippus und dem Kämmerer in Apg 8.[88] In Panitzsch sind es mehrere ihm durch Leipziger Studenten vermittelte Gastpredigten, die Francke die Herzen der Gemeinde aufschließen. Dabei kommt es zur Gewinnung des späteren Waisenhausinspektors Justinus Töllner (1656–1718).[89] Franckes „konspirative" Werbereise vom Dezember 1689 wird damit letztlich bereits als eine Missionsreise gedeutet.[90]

Bevor Anton zum Superintendenten von Rochlitz berufen wird, hält er in Dresden mehrere Probepredigten. Er berichtet den Konsistorialen

---

[86] *Callenberg,* Kirchenhistorie 1 [s. Anm. 70], 28 u. 28 a (in Aufnahme eines Berichtes von Paul Anton).

[87] Unter den Überschriften „Der Seegen breitet sich weit aus" und „durch die daselbst wohlzubereiteten Studiosis" bietet Callenberg schon wenig später eine Liste von 22 Leipziger Franckeschülern (darunter auch Joachim Lange) und skizziert deren spätere Wirksamkeit im Sinne des hallischen Pietismus; *Callenberg,* Kirchenhistorie 1 [s. Anm. 70], 43–44 a.

[88] *Callenberg,* Kirchenhistorie 1, 75.

[89] *Callenberg,* Kirchenhistorie 1, 79 a–80 a.

[90] Callenberg versteht diese Reise offenbar in Analogie zu Franckes großer Reise „ins Reich" (August 1717 bis April 1718). Auch sie war geradezu zu einer „Missionsreise" geworden; s. dazu *Brecht,* Francke [s. Anm. 39], 513 f. (Lit.).

über die Leipziger Erweckung und stößt bei ihnen auf große Resonanz.[91] Auch Francke hält sich während des Jahres 1689 insgesamt dreimal in Dresden auf.[92] In diesem Zusammenhang kommt es – man beachte! – zu einer „Neuerweckung" Speners durch Francke. Auch Spener eröffnet daraufhin ein Collegium biblicum, das große Wirkung auf Gottfried Arnold (1666–1714) hat.[93] Ganz im Sinne seiner auf Leipzig zentrierten Konzeption heißt es bei Callenberg kurz darauf dann auch: „Nicht nur einem Ort und einer Stadt wiederfuhr solch Heyl, sondern soweit das Gerücht davon erscholl, soweit gieng auch die Erweckung, und brach theils in diesem, theils in folgenden Jahren herrlich hervor".[94]

Anschließend folgt dann der Bericht De malis 1689.[95] Er schildert die gegen Francke angestrengte Inquisition und umfaßt drei Teile: Teil 1 („Was vor der hieselbst angestellten Inquisition vorhergegangen")[96] ist fast völlig aus Langes „Erläuterung" (und damit gleichzeitig auch Speners „Erzählung") geschöpft. Allerdings scheint auch hier wieder mehrfach die Apostelgeschichte durch. So wird etwa Carpzovs Verhalten mit dem des Silberschmiedes Demetrios in Apg 19 verglichen.[97]

Im Verfolg dieser Linie kommt es dann sogar zu einer „christologischen" Stilisierung Franckes: Der junge Magister sieht das ihm widerfahrende Unrecht voraus![98] Außerdem ist Francke natürlich „bekandt, wie

---

91 *Callenberg,* Kirchenhistorie 1 [s. Anm. 70], 80 a-82.

92 *Callenberg,* Kirchenhistorie 1, 82 a-96.

93 *Callenberg,* Kirchenhistorie 1, 89–93; vgl. 89: „Sein [i. e. Speners] Geist wurde ietzo recht lebendig, als er vernahme, was Gott zu Leipzig würckete [...], sonderlich erqvickte ihn auch der dreymahlige Zuspruch des HEn. Franckens, welcher sich zum erstenmahl sieben Wochen lang bey ihm aufhielte, und von dem er [i. e. Spener] bezeugte, daß er bey wenigen dergleichen Gaben als bey ihm gefunden habe. Vorher hatte der redliche Mann schmerzliche Klagen geführet: er wisse in Sachsen nichts Gutes auszurichten; es gewinne das Ansehen, ob würde alles in Wind geredet und gethan, alle seine Hoffnung werde ihm niedergeschlagen etc. [90:] Oh, wie freuete er [i. e. Spener] sich, als er dieses Feuer [i. e. den Eifer der Leipziger Magister] erblickte, und wünschete, daß es noch stärcker brennen möchte! Er war bereit über solcher Freude und Billigung all deßen, was der bey bösen so verhaßte HE. Francke zu Leipzig that, alle Schmach deßwegen mit zu übernehmen, ja sich deßwegen austreiben zu lassen [...] Und so wurde er [i. e. Spener] selbst auch erwecket mit mehrerer Freudigkeit das Werck des HErrn zu treiben, da er merckte, die Zeit sey da, da Gott seine pia desideria wolte erfüllet werden lassen [!]". Über Speners Dresdner Collegium biblicum und die Teilnahme Arnolds an dessen Sitzungen heißt es weiter [93:] „Bey den Studiosis Theologiae entstund eine Begierde, Gottes Wort mit Fleiß zu treiben [...]. Unter denselben, war der nunmehr seelige HE. Gottfried Arnold, welcher damahls vieles zu seiner Kirchen-Historie und andern dahin gehörigen Schrifften gesammelt hat"; s. dazu *Schneider,* Pietismus [s. Anm. 2], 410–412.

94 *Callenberg,* Kirchenhistorie 1 [s. Anm. 70], 97 u. 97 a.

95 *Callenberg,* Kirchenhistorie 1, 97–156 a.

96 *Callenberg,* Kirchenhistorie 1, 97–104.

97 *Callenberg,* Kirchenhistorie 1, 100 a.

98 *Callenberg,* Kirchenhistorie 1, 97 a: „Als HE. Francke von Hamburg zurückgieng in der Absicht [...], daß er Studiosos zur Liebe des Wortes Gottes und zu einem rechtschaffenen Christenthum anführe, sahe er schon voraus, wie es ihm über solchen Vorhaben ergehen würde,

es dem seeligen Arndt, deßen Freunden und Apologeten, Keslero, Mengeringio, Meyfarto, Jo. Schmidio, Gesenio, Sauberto, Dilherro, Jo. Val. Andreae, Paulo Tarnovio, Lütkemanno, Grosgebauero, Quistorpio, Henr. Müllero ergangen"[99] ist. – Auch hier steht damit letztlich noch Speners Rückführung des Pietismus auf Arndt im Hintergrund.[100] Sie ist nun aber weithin instrumentalisiert: Wer der neuen Frömmigkeit zugehört, muß, so nun der Rückschluß, leiden und verleumdet werden. Beides bezeugt die Lauterkeit seiner Motive und ist damit letztlich ein Wahrheitsbeweis.[101] Der Abstand zur radikalen Kirchengeschichtsschreibung eines Gottfried Arnold ist an dieser Stelle nicht mehr groß![102]

Teil 2 („Von der Inquisition")[103] bietet dann eine aktenmäßige Darstellung des gegen Francke geführten Verfahrens. Er ist dramaturgisch geschickt aufgebaut: Nach der Darstellung des offiziellen Schriftwechsels (alles exakt nach den Quellen) folgt zunächst die Vernehmung der äußeren Zeugen (Studenten, Bürger, ein Buchhändler). Ihr schließt sich das Verhör der „kleineren" Magister an (darunter irrtümlich nun auch Joachim Lange). Den eigentlichen Höhepunkt bildet dann die Vernehmung Franckes. Auch hier steht wieder die Apostelgeschichte, diesmal mit ihren Gerichtsszenen im Hintergrund. Die Bewertung des Verfahrens wird bewußt (und auch hierin wieder Gottfried Arnold folgend) einem Dritten überlassen. Dabei handelt es sich diesmal – kaum von ungefähr – um Christian Thomasius. Callenberg gibt an dieser Stelle dessen gesamte Leipziger Prozeßschelte wieder.[104]

Teil 3 („Was darauf erfolget")[105] suggeriert durch seine Überschrift zwar eine zeitliche Abfolge, nimmt in Wirklichkeit aber nur eine Abset-

---

und wappnete sich zu geduldiger Übernehmung alles Verdrußes und Spottes, so ihm um Christi u. der Bekenntniß seiner Wahrheit willen zustoßen möchte."

[99] *Callenberg,* Kirchenhistorie 1 [s. Anm. 70], 97 a; im Rückgriff auf *Lange,* Erläuterung [s. Anm. 46], 2 f. (Vorbericht).

[100] Noch im Jahre 1748 wird Callenberg eine biographische Studie zu Johann Arndt veröffentlichen. *Johann Heinrich Callenberg:* Erläuterung der Eislebischen Kirchengeschichte von 1608 bis 1611, da Johann Arndt daselbst gestanden. Halle 1748; vgl. *Adelung,* Callenberg [s. Anm. 67], 40.

[101] Die gleiche Denkweise begegnet auch schon bei Francke selbst; vgl. *Brecht,* Francke [s. Anm. 39], 443 u. 479. Vgl. überdies *Spener,* Erzählung [s. Anm. 15], 19: „Weilen von solcher zeit [i. e. der Zeit Arndts und seiner Nachfolger] nicht leicht ein einiger Theologus mit mehrerm eiffer die übung deß thätigen glaubens zutreiben, oder die gemeine sünden ernstlicher zustraffen vermocht hat, daß er nicht darüber viele widersacher leiden, und sich in verdacht unrichtiger lehr ziehen hätte lassen müssen."

[102] Das radikalpietistische Gedankengut Arnolds war gerade in Halle schon früh rezipiert worden. Vgl. *Arnold,* UKKH [s. Anm. 30], 1363 f. u. 1390; *Wallmann,* Pietismus [s. Anm. 4], 96; *Schneider,* Pietismus [s. Anm. 2], 413 f. Auch der junge Callenberg (* 1694) dürfte es hier gleichsam „mit der Atemluft" aufgenommen haben.

[103] *Callenberg,* Kirchenhistorie 1 [s. Anm. 70], 104–156 a.

[104] *Callenberg,* Kirchenhistorie 1, 147 a–156 a.

[105] *Callenberg,* Kirchenhistorie 1, 157–189 a.

zung sachlicher Art vor.[106] Ziel dieser Operation ist es, Franckes „Apologia“ von der gegen diesen geführten Inquisition zu trennen.[107] Anders als Spener und Lange empfindet Callenberg Franckes „Apologia“ nicht mehr als ambivalent. Er kann sich auch hier voll und ganz mit seinem Helden identifizieren.

Erst nachdem Francke abgereist ist, werden unter der Überschrift „Was nachher dazu erdichtet worden“ dann auch die problematischen Züge der Leipziger Unruhen verhandelt.[108] Dies geschieht allerdings nicht direkt, sondern in Gestalt einer Auseinandersetzung mit der antipietistischen Streitliteratur. Dabei gibt Callenberg seinen Lesern eine Reihe formaler Kriterien an die Hand, mit Hilfe derer diese die Unwahrheit der gegnerischen Beschuldigungen gleichsam a priori erkennen können.[109]

In Band 2 der „Kirchenhistorie“ entfaltet Callenberg seine Konzeption vom „Zweiten Aufbruch der Apostel“ dann vollends. Die Darstellung beginnt mit dem Weggang Franckes aus Leipzig. Seinem Vorbild folgen schon bald auch die meisten anderen Magister: Anton geht nach Rochlitz, weitere nach Wurzen, Pausitz und Halberstadt. In Leipzig bleibt zunächst noch die „Urgemeinde“ unter Führung Schades zurück: „Die meisten von den Studiosis, welche in den Collegiis biblicis, und durch den Umgang mit Hn. Francken waren auf einen beßern Weg gebracht worden [...] hielten sich noch eine ziemliche Zeit in Leipzig auf, und bewahreten die köstliche Beylage, so sie überkommen hatten [2. Tim 1, 12]“.[110] 1691 bricht dann auch Schade auf und begibt sich nach Dresden.

Callenbergs „Kirchenhistorie“ ist unvollendet geblieben. Dies hat möglicherweise äußere, mit Sicherheit aber auch innere Gründe gehabt. Allem Anschein nach gerät die durch Speners „Erzählung“ angestoßene „aktuelle, z. T. mit autobiographischen Elementen verbundene Kirchengeschichtsschreibung“ nämlich mit Franckes Tod in eine tiefe Krise.

Die Ursachen dieser Krise sind leicht auszumachen: Mit dem Verlust der geistlichen Führer und der zunehmenden Institutionalisierung des

---

106 Callenberg räumt dies auch schon bald selbst ein. *Callenberg,* Kirchenhistorie 1 [s. Anm. 70], 157 a: „Was ietzo angeführet werden soll, geschahe noch währender Inquisition; man hat es aber mit Fleiß biß hieher verspareт, um in iene Erzehlung nicht etwas frembdes zubringen.“

107 *Callenberg,* Kirchenhistorie 1 [s. Anm. 70], 158 a: „Aus dem bißher erzehleten erhellet zur Gnüge, wie man nicht die geringste Ursach gehabt, mit dem Herrn Francken so hart umzugehen. Solche seine Unschuld wird noch deutlicher zu ersehen seyn aus derjenigen Apologie, welche er nach erhaltener communication der Acten auffgesetzet, und welche mit denselben nach Hoff [i. e. nach Dresden] gesand worden.“. – In Bd. 2 seines Werkes wird Callenberg dann sogar behaupten, Francke sei zur Abfassung seiner „Apologia“ gezwungen worden. *Callenberg,* Kirchenhistorie 2 [s. Anm. 70], 100 a.

108 *Callenberg,* Kirchenhistorie 1 [s. Anm. 70], 189 a–212 a.

109 *Callenberg,* Kirchenhistorie 1, 190–191 a („schwammige“ Ausdrucksweise, übertriebene Verwendung des Konjunktivs, häufiger Gebrauch abschwächender Partikel etc.).

110 *Callenberg,* Kirchenhistorie 2 [s. Anm. 70], 42 a.

hallischen Pietismus fallen die Haftpunkte der Legendenbildung fort. Den pietistischen Geschichtsschreibern gehen also letztlich ihre Helden aus.

Tatsächlich verschwindet die Gattung dann auch rasch. Zumindest bei Callenberg geht sie dabei letztlich im „Missionsbericht" auf. Die kirchengeschichtliche Zukunft gehört wieder den Lehrbüchern, so etwa in Halle den Werken Johann Jakob Rambachs (1693–1735) und Sigmund Jakob Baumgartens (1706–1757).

4. Zusammenfassung, Ergebnis und Ausblick

Spener – Lange – Callenberg. Drei Sichtweisen der Leipziger Unruhen. Drei Deutungen eines problematischen „Urdatums". Drei Antworten auf die Frage „Was ist Pietismus?" Was läßt sich hier zusammenfassend festhalten?

Spener. Spener sieht sich vor die Aufgabe gestellt, die Leipziger pietistische Bewegung (und damit zugleich den gesamten Pietismus) vor der Verketzerung zu schützen. Er löst dieses Problem, indem er Francke und dessen Freunde in den Zusammenhang der Frömmigkeitsbewegung einordnet und das kritische Potential der Leipziger Unruhen dem frommen Übereifer einiger weniger Studenten zuschreibt. Speners Antwort auf die Frage „Was ist Pietismus?" lautet dementsprechend auch: Der Pietismus ist kein Einzelereignis (sprich: Leipzig), sondern eine mit Johann Arndt einsetzende Epoche neuer kirchlicher Frömmigkeit.

Lange. Lange sieht sich vor die Aufgabe gestellt, den hallischen Pietismus gegen die auf seine Leipziger Wurzeln zielenden Angriffe spätorthodoxer Gegner zu schützen (Löscher). Er löst dieses Problem, indem er das kritische Potential der Leipziger pietistischen Bewegung grundsätzlich in Abrede stellt und diese in die weitausgreifende Konzeption der hallischen „Mittelstraße" einzeichnet. Langes Antwort auf die Frage „Was ist Pietismus?" lautet dementsprechend auch: Der Pietismus ist strenggenommen eine Epoche neuer kirchlicher Frömmigkeit (so auch schon Spener). Er ist zugleich aber auch der Weg der wahren Kirche durch die Zeit.

Callenberg. Callenberg sieht sich vor die Aufgabe gestellt, den hallischen Pietismus gegen die auf seine Leipziger Wurzeln zielenden Angriffe frühaufklärerischer Gegner zu schützen (Thomasius).[111] Er löst dieses Problem, indem er die Leipziger pietistische Bewegung missionsgeschichtlich deutet und als einen „Zweiten Aufbruch der Apostel" be-

[111] Wahrscheinlich geht es bei Callenberg aber auch schon darum, die nach dem Tode Franckes (1727) unter einen verstärkten Druck geratende 2. und 3. hallische Generation neu zu motivieren.

greift.[112] Callenbergs Antwort auf die Frage „Was ist Pietismus?“ lautet dementsprechend auch: Der Pietismus ist strenggenommen eine Epoche neuer kirchlicher Frömmigkeit (so auch schon Spener). Er ist zugleich aber auch der Weg der wahren Kirche in die Welt.[113]

Damit werden vor allem drei Dinge deutlich:

1) Speners „Erzählung“ hat eine zu ihrer Zeit höchst ungewöhnliche Form kirchlicher Geschichtsschreibung geboten,[114] gerade deshalb aber auch schnell prototypisch gewirkt. Dies läßt sich vor allem im Blick auf den frühen hallischen Pietismus zeigen.
2) Speners „Erzählung“ ist die Mutter einer ganzen Reihe weiterer pietistischer „Geschichten des Pietismus“ geworden. Die hier vorgestellten Beispiele (Joachim Lange, Johann Heinrich Callenberg) ließen sich nämlich noch deutlich vermehren (z. B. Adam Rechenberg[115], Wilhelm Zierold[116], Paul Anton[117] und Johann Franz Buddeus[118]).
3) Speners Herleitung des Pietismus von Johann Arndt hat das Selbstverständnis der Pietisten nachhaltig geprägt. Sie ist auch in Halle allgemein akzeptiert, gleichsam schon common sense.[119] Es ist aber auch nicht zu übersehen, daß die hallischen Pietisten schon bald sehr prag-

---

112 Dabei steht deutlich erkennbar Speners „Hoffnung besserer Zeiten“ im Hintergrund. Sie klingt auch in dessen „Erzählung“ wiederholt an (vgl. z. B. *Spener,* Erzählung [s. Anm. 15], 72, 153 u.ö.), wird von Lange bis zuletzt verteidigt und spielt auch bei der Gründung des hallischen „Institutum Iudaicum“ (1728) eine entscheidende Rolle. *Greschat,* Tradition [s. Anm. 27], 315 Anm. 630.

113 Zur universalen Konzeption des hallischen Pietismus s. bes. *Hinrichs,* Preußentum [s. Anm. 35], 1–125, sowie zuletzt *Wallmann,* Pietismus [s. Anm. 4], 76–79, u. *Brecht,* Francke [s. Anm. 39], 480–483 (Lit.).

114 „Aktuelle, z. T. mit autobiographischen Elementen verbundene Kirchengeschichtsschreibung“ *(Wetzel).*

115 *Rechenberg,* „Compendium Gothanum“ 2 [s. Anm. 31]. – Die Ausgabe enthält ein Supplement zur Geschichte des Pietismus unter Einbeziehung des sogenannten „Terministischen Streites“.

116 *Zierold,* Einleitung [s. Anm. 29].

117 *Paul Anton:* De historia ecclesiastica Seculi XIIX (Manuskript). – Umfängliche Textauszüge in Callenberg, Kirchenhistorie 1 [s. Anm. 70].

118 *[Johann Franz Buddeus]:* Eines vornehmen Theologi wahrhaftige und gründliche historische Erzehlung alles dessen, was zwischen den heutigen Tage(s) so genannten Pietisten geschehen und vorgegangen ist. [o. O.] 1710; s. dazu *Walch,* Einleitung [s. Anm. 74], Bd. IV/2, 1038 f.

119 Vgl. dazu z. B. auch *Valentin Ernst Löscher:* Observanda über Arnds Bücher Vom Wahren Christenthum (1725) [ungedr. Halle, AFSt: B 8: 97, Bl. 346 a-350 b; Abschrift]. Hier heißt es am Ende: „Indeßen erhellet sattsam hieraus, daß zu wünschen sey, *man möchte diese Bücher* [Arndts Wahres Christentum] *nicht ohne unterscheid jedwedem so hoch anpreisen*, oder gar jede Doctrina darinnen suchen, wie zu *Halle* geschicht, sondern, daß vielmehr dieselben zum reinen und unschädlichen gebrauch von dem, was anstößig ist, möchten gesäubert werden. [Unterschrift:] D.V.E. Löscher“ (Bl. 350 b; Hervorhebung im Original). *Greschat,* Tradition [s. Anm. 27], 57 Anm. 235, kennt den Text zwar, verkennt aber dessen Charakter: „Eine leidenschaftliche Verteidigung von Arnds ‚Wahrem Christentum‘ gegen [!] Löschers dogmatische Kritik“.

matisch mit diesem Spenerschen Grundmodell umgehen. Sie können es nämlich einerseits enthistorisieren (und zwar sowohl im Blick auf die Vergangenheit [Lange] als auch im Blick auf die Zukunft [Callenberg]). Sie können es andererseits aber auch instrumentalisieren und es dabei im Extremfall sogar zu Wahrheitsbeweisen heranziehen (Callenberg). Der Abstand zur radikalen Kirchengeschichtsschreibung eines Gottfried Arnold ist an dieser Stelle nicht mehr groß.

Die Geschichtsschreibung des hallischen Pietismus, so bleibt abschließend festzuhalten, ist ein bislang zu Unrecht vernachlässigter Forschungsgegenstand. Hier ist noch wichtige Grundlagenarbeit zu leisten. Eine Schlüsselstellung kommt dabei zweifellos Callenbergs „Kirchenhistorie" zu. Sie läßt nämlich paradigmatisch die Leistungen und Grenzen einer Kirchengeschichtsschreibung erkennen, die die rationalistische Wendung hin zu den Quellen zwar in stupendem Fleiße mitvollzieht, zugleich aber doch auch weiterhin dezidiert theologische Kirchengeschichtsschreibung sein will. Wir brauchen eine Bestandsaufnahme zu Callenbergs „Kirchenhistorie".

Martin H. Jung

1836 – Wiederkunft Christi oder Beginn des Tausendjährigen Reichs?

Zur Eschatologie Johann Albrecht Bengels und seiner Schüler

Wer sich in theologischen Nachschlagewerken und in einschlägigen Veröffentlichungen zur Geschichte und Theologie des Pietismus über die Zukunftserwartungen Johann Albrecht Bengels (1687–1752) informieren will, stellt fest, daß über ein zentrales Datum der Bengelschen Geschichtsschau Unterschiedliches, ja Widersprüchliches geschrieben wird. Das Jahr 1836, dem seinerzeit viele württembergische Pietisten erwartungsvoll entgegenlebten, wird in der Kirchen- und Theologiegeschichtsschreibung und speziell in der Pietismusforschung mit verschiedenen eschatologischen Vorstellungen in Verbindung gebracht. Es handelt sich bei diesen Unterschieden um keine eigentliche Forschungskontroverse, sondern um eine – von vielen wohl gar nicht bewußt wahrgenommene – Unklarheit, die allerdings verschiedentlich auch zu groben Mißverständnissen Anlaß gegeben hat. Das Kernproblem ist die Frage, ob Bengel für 1836 mit der Wiederkunft Christi gerechnet hat oder nicht. Weitere Unklarheiten äußerlich-chronologischer und inhaltlicher Art betreffen dann den weiteren Ablauf der letzten Periode der Weltgeschichte, die nach Bengels Überzeugung 1836 beginnen sollte, bis zum Jüngsten Tag. Um offenkundige Mißverständnisse oder schlichte Druckfehler handelt es sich, wenn in Überblicksarbeiten zur Kirchen- und Theologiegeschichte und in theologischen Nachschlagewerken statt dem Jahr 1836 die Jahreszahlen 1835[1] oder 1837[2] genannt werden oder behauptet wird, Bengel habe für jene Zeit das Weltende oder den „Weltuntergang“ erwartet.[3]

---

[1] *Martin Schmidt:* Pietismus. Stuttgart 1972, 111; *Karl Kupisch:* Kirchengeschichte, Bd. 4: Das Zeitalter der Aufklärung. Stuttgart 1975, 138.

[2] *H[elga] Rusche:* Art. „Bengel, Johann Albrecht“. In: ²LThK 2, 1958, 202f., hier 202.

[3] *Bengt Hägglund:* Geschichte der Theologie. Ein Abriß. München ²1990, 259. In der schwedischen Originalausgabe (*Bengt Hägglund:* Teologins historia. En dogmhistorisk översikt. Lund ³1966, lautet die entsprechende Passage auf Seite 311: „han ansåg t.o.m., att världsundergången skulle kunna fastställas till ett bestämt år (1836)“. Auch Mälzer drückt sich in seiner großen Bengelbiographie an zwei Stellen mißverständlich aus, indem er mit dem Jahr 1836 den Ge-

Eine ganze Reihe namhafter Pietismusforscher bezeichnen das Jahr 1836 als den von Bengel errechneten „Termin für die Wiederkunft Christi", so wörtlich der Bengelbiograph Gottfried Mälzer,[4] ferner Martin Schmidt,[5] Erich Beyreuther,[6] Hartmut Lehmann[7] und noch weitere Autoren.[8] Einige von ihnen weisen darauf hin, daß nach Bengels Ansicht Christus kommen würde, um „das Tausendjährige Reich" zu errichten, verbinden also die Wiederkunftserwartung mit dem chiliastischen Gedanken. Daß überdies 1836 nur das erste von insgesamt zwei Millennien beginnen sollte, hebt insbesondere Gottfried Mälzer hervor.[9]

Die andere Position, die in der Theologiegeschichtsschreibung und in der Pietismusforschung vertreten wird, redet nicht davon, daß Bengel schon für das Jahr 1836 die Wiederkunft Christi erhofft habe, sondern bringt mit diesem Jahr nur den Beginn des Tausendjährigen Reichs in Verbindung. Paul Althaus zählt in seinem Lehrbuch „Die letzten Dinge"

---

danken, „daß die Welt ihrem Ende entgegengeht", in Verbindung bringt; s. *Gottfried Mälzer*: Johann Albrecht Bengel. Leben und Werk. Stuttgart 1970, 322 (Zitat) u. 234. Schäfer spricht bildhaft davon, 1836 werde Gottes Uhr „angehalten", was ebenfalls dem Mißverständnis, Bengel habe das Weltende angekündigt, Vorschub leisten kann; s. *Gerhard Schäfer*: Zu erbauen und zu erhalten das rechte Heil der Kirche. Eine Geschichte der Evangelischen Landeskirche in Württemberg. Stuttgart 1984, 151. Das Mißverständnis ist übrigens nicht neu. Schon im Jahre 1831 hat sich Bengels Schwiegersohn und Biograph Johann Christian Friedrich Burk (1800–1880) darüber entrüstet, daß „selbst in viel gelesenen Druckschriften ohne alle Scheu behauptet" werde, Bengel habe „das Ende der Welt auf das Jahr 1836 vorhergesagt", was doch „mit seinem Systeme völlig unvereinbar" sei; *J.Chr.F. Burk*: Dr. Johann Albrecht Bengel's Leben und Wirken meist nach handschriftlichen Materialien bearbeitet. Stuttgart 1831, VII.

4 *Mälzer* [s. Anm. 3], 314.

5 *Schmidt* [s. Anm. 1], 111. Schmidt stellt den Sachverhalt folgendermaßen dar: Bengel habe in seinem Buch Ordo temporum eine „biblisch-apokalyptische Zeitrechnung" entworfen und damit die „Grundlage" für „alle späteren Voraussagen des Weltendes" geschaffen, aber erst Johann Heinrich Jung-Stilling (1740–1817) habe daraus den „Termin für die Wiederkunft Jesu Christi" errechnet. Letzteres ist natürlich unzutreffend. Allerdings war Jung-Stilling von Bengel beeinflußt und hat dessen Gedanken weiterentwickelt und weiterverbreitet. Vgl. *F[riedrich] Fritz:* Johann Jakob Friederich (1759–1827). Ein Kapitel vom Glauben an einen Bergungsort und an das Tausendjährige Reich. In: BWKG 41, 1937, 140–194, bes. 155–159, 186–191; *Gerhard Schwinge:* Jung-Stilling als Erbauungsschriftsteller der Erweckung. Eine literatur- und frömmigkeitsgeschichtliche Untersuchung seiner periodischen Schriften 1795–1816 und ihres Umfelds. Göttingen 1994 (AGP, 32) bes. 89–92.

6 *Erich Beyreuther:* Geschichte des Pietismus. Stuttgart 1978, 250.

7 *Hartmut Lehmann:* Pietismus und weltliche Ordnung in Württemberg vom 17. bis zum 20. Jahrhundert. Stuttgart [u. a.] 1969, 71 f.; *Hartmut Lehmann:* Vergangenheit, Gegenwart und Zukunft im Denken des württembergischen Pietismus. In: Geschichte und Zukunft. 5 Vorträge. Hg. v. *Heinz Löwe*. Berlin 1978, 51–73, hier 53, 59.

8 *Rusche* [s. Anm. 2], 202; *Kupisch* [s. Anm. 1], 138; *Julius Roessle:* Von Bengel bis Blumhardt. Gestalten und Bilder aus der Geschichte des schwäbischen Pietismus. Metzingen [6]1981, 76; *[Friedrich Wilhelm Bautz:]* Art. „Bengel, Johann Albrecht". In: BBKL 1, 1975, 497–499, hier 498; *Richard Haug:* Bengels Theologie der Weltgeschichte. In: BWKG 88, 1988, 324–334, hier 327.

9 *Mälzer* [s. Anm. 3], 324.

Bengel zu den Vertretern eines „milden Chiliasmus“, die mit der „Wiederkunft des Herrn“ erst „am Ende des Zwischenreiches“ gerechnet hätten; Bengel habe lediglich eine „Sieges- und Blütezeit der Kirche“ erwartet.[10] Richard Bauckham rechnet Bengel deshalb zu den Postmillenniaristen, die von „einer langen Zeit des Friedens und Gedeihens für die Kirche auf Erden vor der Parusie“ ausgegangen seien.[11] Auch Gerhard Schäfer, Martin Brecht und Erhard Kunz sprechen lediglich von dem von Bengel erwarteten „Anbruch des tausendjährigen Reichs“[12], wobei Erhard Kunz ausdrücklich auf das von Bengel angenommene zweite Millennium und die erst danach stattfindende und mit Endgericht und Weltende verbundene „Wiederkunft Christi am Jüngsten Tag“ hinweist.[13] Von Friedhelm Groth wird ebenfalls die doppelte Millenniumserwartung Bengels deutlich herausgestellt,[14] während die Wiederkunftsfrage von ihm nicht ausführlich erörtert und eindeutig geklärt wird. Demgegenüber betont Johannes Wallmann, Bengel habe 1836 „keine sichtbare Wiederkunft“ Christi „in Person“ angenommen, sondern nur den Beginn der „besseren Zeiten für die Kirche“. Bengels Eschatologie nehme eine „Zwischenstellung zwischen Orthodoxie und Pietismus ein“, und erst Friedrich Christoph Oetinger (1702–1782) habe eine „pietistische Reich-Gottes-Erwartung“ entwickelt. Was den Chiliasmus anbelangt, so sagt Wallmann wie Kunz und Groth deutlich, Bengel habe „zwei unterschiedliche, aufeinanderfolgende Jahrtausende“ erwartet, also eine „Doppelung“ des Millenniums vorgenommen.[15]

Die Frage, wie Bengels Erwartung wirklich aussah, kann nicht als unwichtig beiseite geschoben werden. Zwar wäre es nicht lohnend, sich heute noch einmal in die Details von Bengels Berechnungen und in ihre überholten exegetischen und historischen Grundlagen zu vertiefen, aber die Ergebnisse seiner apokalyptischen Studien sind für die Kirchen- und Theologiegeschichte unter mehreren Aspekten von großer Bedeutung. Zunächst weil nur so Bengels Theologie angemessen verstanden und theologiegeschichtlich richtig eingeordnet werden kann in die unterschiedlichen eschatologischen Konzeptionen des Prä- und des Postmil-

---

[10] *Paul Althaus:* Die letzten Dinge. Lehrbuch der Eschatologie. Gütersloh ^{5}1949 (SASW, 9 c), 305.

[11] *Richard Bauckham:* Art. „Chiliasmus. IV. Reformations- und Neuzeit“. In: TRE 7, 1981, 737–745, hier 741,15–21, Zitat Z. 20 f.

[12] *Schäfer* [s. Anm. 3], 150; *Martin Brecht:* Art.: „Bengel, Johann, Albrecht“. In: TRE 5, 1980, 583–589, hier 587, Z. 47 f. (Zitat); *Erhard Kunz:* Protestantische Eschatologie. Von der Reformation bis zur Aufklärung. Freiburg [u. a.] 1980 (HDG, 4/7 c,1), 83.

[13] *Kunz* [s. Anm. 12], 83.

[14] *Friedhelm Groth:* Die „Wiederbringung aller Dinge“ im württembergischen Pietismus. Theologiegeschichtliche Studien zum eschatologischen Heilsuniversalismus württembergischer Pietisten des 18. Jahrhunderts. Göttingen 1984 (AGP, 21), 70–77.

[15] *Johannes Wallmann:* Der Pietismus. Göttingen 1990 (KIG, O1), 136 f.

leniarismus.[16] Ferner berührt die Frage Bengels Agieren in der Welt, sein Wirken als Kirchen- und Landespolitiker, das ja nicht losgelöst von seiner Zukunftserwartung gesehen werden kann. Und schließlich geht es bei dem Versuch, Bengels Eschatologie genau zu bestimmen, unter wirkungsgeschichtlichen Aspekten um das Weltbild, das in Württemberg in pietistischen Kreisen immerhin drei Generationen prägte und nicht ohne Einfluß war auf die Auswanderungsbewegung zu Beginn des 19. Jahrhunderts und auf die Gründung der pietistischen Gemeinschaftssiedlungen Korntal (1819) und Wilhelmsdorf (1824).

Die zitierten unterschiedlichen Aussagen über Bengels Zukunftserwartungen legen die Vermutung nahe, Bengel selbst habe sich unklar und widersprüchlich geäußert. Das ist jedoch nicht der Fall, vielmehr ist bei Bengel eine klare, in sich geschlossene Konzeption zu finden. Dafür, daß ein so wichtiger Themenkomplex sowohl in Überblickswerken zur Kirchen- und Theologiegeschichte als auch in Standardwerken der Pietismusforschung so verwirrend und widersprüchlich dargestellt wird, gibt es vier Ursachen:

1. Bengel selbst drückte sich, obwohl er sich seiner Sache sicher war, immer nur vorsichtig und andeutungsweise aus; er wollte mit seinen „Entdeckungen" nicht Neugier und Sensationslust erregen.
2. Er gebrauchte eine zwar in Anlehnung an biblische Formulierungen gebildete, aber nicht jedem unmittelbar verständliche Terminologie, die dem nicht bibelkundigen Leser den Sachverhalt verschlüsselt.
3. Der Leser der Bengelschen Gedanken steht in der Gefahr, das von Bengel Umschriebene und Angedeutete mit ihm, dem Leser, bekannten anderen Aspekten der christlichen Eschatologie zu verbinden und dadurch mißzuverstehen. Gerade die Besonderheiten der Bengelschen Erwartungen, mit denen er von traditionellen, verbreiteten Vorstellungen abwich, werden so schnell übersehen oder falsch verstanden.
4. Die verschiedenen Autoren, die sich über Bengels Eschatologie äußern, gehen nicht immer selbst auf die Quellen zurück, sondern zitieren und kombinieren die unterschiedlichen Aussagen der früheren Literatur, wodurch sowohl Irrtümer fortgepflanzt werden als auch gelegentlich neue Varianten entstehen.

Klarer als Bengel selbst haben nach seinem Tod einige seiner Schüler die eschatologischen Erwartungen ihres Lehrers und ihre eigenen beschrieben und in der Öffentlichkeit verbreitet. Eine Tochter Bengels kritisierte deshalb einmal die allzugroße Offenherzigkeit, mit der man die von ihrem Vater entdeckten eschatologischen Geheimnisse ausbrei-

[16] Zur Terminologie vgl. *Bauckham* [s. Anm. 11], 739,16–30.

te.[17] Doch diese Schriften der Schüler, die Bengels Vorstellungen veranschaulichen und vor einer Fehlinterpretation bewahren können, sind heutzutage noch weniger bekannt als die grundlegenden Werke Bengels. Deshalb soll zur Verdeutlichung der Bengelschen Gedanken und als Zeugnis für ihre weite Verbreitung auch aus einigen wichtigen Veröffentlichungen seiner Schüler zitiert werden, die in der einschlägigen Literatur zum Thema bisher nur unzulänglich berücksichtigt wurden.[18] Dabei wird sich auch die Frage stellen, ob die Schüler und Anhänger Bengels seine Ansichten einfach weitergegeben, oder aber ausgestaltet und sogar umgedeutet haben. Die Beispiele, die im folgenden gegeben werden, ließen sich noch erheblich vermehren, wenn auch weniger bekannte Bengelschüler und -anhänger einbezogen würden.

Bevor im einzelnen dargestellt wird, was Bengel und seine Schüler für das Jahr 1836 und darüber hinaus erwartet haben, soll das Ergebnis kurz vorweggenommen werden. In der Tendenz richtig sind die Darstellungen, die das Jahr 1836 mit der Erwartung des Tausendjährigen Reichs in Verbindung bringen, doch muß immer präzisierend hinzugefügt werden, daß Bengel den Beginn der ersten von insgesamt zwei tausendjährigen Perioden vor der eigentlichen Wiederkunft Christi und dem Weltende erwartete. Bengel war Postmilleniarist und Dichiliast[19] und lebte sozusagen in der Naherwartung des in weniger als hundert Jahren beginnenden ersten Tausendjährigen Reichs, verschob aber die Parusie Christi auf ein sehr fernes Datum der Zukunft. Die Zeitspanne bis zur Parusie sollte nach Bengels System noch erheblich länger sein als die Zeit, die seit der 1. Erscheinung des Herrn vergangen war.

Für die an Bibel und Glaubensbekenntnis orientierte christliche Eschatologie sind die Wiederkunft Christi, das Weltende, die Auferstehung der Toten, das Gericht und der neue Himmel und die neue Erde

---

17 Vgl. unten, 145.

18 Mälzer berichtet nur ganz knapp und andeutungsweise über die Weiterverbreitung und Umgestaltung der heilsgeschichtlichen Theologie Bengels durch seine Schüler; *Mälzer* [s. Anm. 3], 251 f., 372 f. Ausführlicher kann man sich informieren bei *Fritz* [s. Anm. 5], 140–149, 151–154 (über Friederich, Oetinger, Ph.M. Hahn, Roos); *Lehmann*, Pietismus und weltliche Ordnung [s. Anm. 7], 108 f. 152 (über Oetinger und Friederich); *Lehmann*, Vergangenheit, Gegenwart und Zukunft [s. Anm. 7], 59–66 (über Oetinger, Roos, Friederich, J.M. Hahn, Kapff, Barth); *Kunz* [s. Anm. 12], 86 f. (über Oetinger). Eine wirklich umfassende und kritisch vergleichende Übersicht gibt es bisher nicht.

19 Zum Begriff „Dichiliasmus" vgl. auch *Mälzer* [s. Anm. 3], 240, 324. Wallmann [s. Anm. 15], 137 („Dyschiliasmus"), u. *Reinhard Breymayer:* „Anfangs glaubte ich die Bengelische Erklärung ganz ...". In: PuN 15, 1989, 172–219, hier 217 („Dischiliasmus"). Er geht – in der Form „Dischiliasmus" – auf Bengels Gegner, den Ratzeburger Konsistorialrat Gottfried Kohlreiff (1676–1750) zurück. Wenn man, ohne eine Wertung vorzunehmen, von Bengels doppelter Millenniumserwartung reden will, ist freilich nur die Vorsilbe „di", die eine Verdoppelung des danach Genannten bedeutet, angemessen, da die Vorsilbe „dys" eine negativ bewertete Normabweichung und „dis" ein Auseinanderreißen, eine Trennung bezeichnet.

die zentralen Gesichtspunkte. Daneben gibt es die auf die vorletzte Zeit der Weltgeschichte bezogene und recht unterschiedlich ausgedeutete Erwartung des Tausendjährigen Reiches, die sich nur auf eine einzige Bibelstelle gründet (Apk 20,1–7), in der Kirchen- und Theologiegeschichte aber immer wieder eine erhebliche Rolle spielte und im für den deutschen Protestantismus zentralen Bekenntnis der Reformationszeit, der Confessio Augustana, ausdrücklich verworfen wurde (§ 17). In der Reformationszeit und in der 2. Hälfte des 16. und im 17. Jahrhundert herrschte unter protestantischen Theologen die Erwartung eines baldigen Weltendes vor, nur bei Außenseitern waren andere eschatologische Traditionen lebendig. Erst im Pietismus trat die Erwartung einer vorher stattfindenden positiven Veränderung der Welt in den Vordergrund der eschatologischen Überlegungen, wobei sich besonders die radikalen, separatistischen Strömungen im Pietismus und der mit seiner Territorialkirche eng verbundene und einflußreiche württembergische Pietismus durch eine besonders lebhafte Auseinandersetzung mit eschatologischen Fragen hervortaten.

Den unmittelbaren theologiegeschichtlichen Hintergrund der Bengelschen Eschatologie bildete Philipp Jakob Speners (1635–1705) Hoffnung besserer Zeiten. Bengel berief sich in seinen Schriften bei der Erörterung der eschatologischen Frage ausdrücklich auf „den theuren Spener".[20] In dem für unser Thema grundlegenden Abschnitt der Pia desideria (1675) folgerte Spener aus der Bibel, Gott habe zweifelsfrei „noch einigen bessern zustand seiner Kirchen",[21] einen „viel seligern und herrlichern stande",[22] und zwar innerweltlich, „hier auff Erden"[23] verheißen. Konkret erwartete er die Bekehrung einer beträchtlichen Zahl von Juden zum christlichen Glauben,[24] den Niedergang des Papsttums[25] und die Vereinigung der getrennten Konfessionen.[26] Er stellte jedoch keine zeitlichen Berechnungen an, redete nicht vom Tausendjährigen Reich und auch nicht von einer diesen Ereignissen vorausgehenden oder sie begleitenden Wiederkunft Christi. Als wichtig ist jedoch festzuhalten, daß sich Spener durch seine Zukunftshoffnungen zum praktischen Reformhandeln in der Gegenwart motiviert sah: Denn „es liget uns allen ob", so sagte er, das Mögliche zur Judenbekehrung, zur geistlichen Schwächung des Papsttums und zur Besserung der Kirchen „zu werck zu richten nicht säumig"

---

[20] *Johann Albrecht Bengel:* Erklärte Offenbarung Johannis und vielmehr JEsu Christi. Stuttgart 1740, 1117.

[21] *Philipp Jakob Spener:* Pia desideria. Hg. v. *Kurt Aland.* Berlin ³1964 (KIT, 170), 43,31–33, Zitat Z. 32.

[22] *Spener* [s. Anm. 21], 44,25 f.

[23] *Spener,* 43,32.

[24] *Spener,* 43,33–44,16.

[25] *Spener,* 44,17–23; 45,10–17.

[26] *Spener,* 60,36 f.

zu sein.[27] Johannes Wallmann ist zuzustimmen, wenn er diese vorsichtig formulierte Eschatologie mit dem Begriff „Chiliasmus" in Verbindung bringt.[28] Bengel selbst sah auch schon in Speners „Hoffnung besserer Zeiten" eine behutsame Wegbereitung des Chiliasmus.[29] Spener war ein Vertreter des Postmillenniarismus im Luthertum.

Johann Albrecht Bengel hat seine Zukunftserwartungen besonders in seinen Erklärungen der Johannesapokalypse dargelegt, nämlich in der nüchtern-exegetisch gehaltenen „Erklärten Offenbarung Johannis und vielmehr JEsu Christi" (1740) und in den anschaulich-beschreibenden „Sechzig erbaulichen Reden über die Offenbarung Johannis oder vielmehr JESU Christi" (1747). Über die exegetischen und chronologischen Grundlagen und die konkrete Durchführung seiner Berechnungen, die uns heute weniger interessieren, informierte er im „Ordo temporum" (1741), im „Cyclus" (1745) und im „Welt-Alter" (1746).[30]

Bengel war sich sicher, am 18. Juni 1836[31] – das konkrete Tagesdatum findet sich schon bei ihm[32] – würden die 666 Jahre nach Apk 13,18 enden, es müsse also, rechnerisch betrachtet, an diesem Tag ein erstes tausendjähriges Reich beginnen, gemäß Apk 20,2f. Freilich machte Bengel eine Unterscheidung zwischen den errechneten Zeiten und dem tatsächlichen Verlauf der Geschichte und ließ deshalb den exakten Termin, wann das 1. Millennium, aber auch das 2. und der Jüngste Tag sichtbar, erfahrbar beginnen würden, bewußt offen.[33] Zu dieser Vorsicht mahnte ihn seine intensive Beschäftigung mit dem bisherigen Verlauf der Weltgeschichte, wo die faktischen Ereignisse auch nicht immer exakt mit seinen Berechnungen übereinstimmten: „Die Historie selbs ist bisher nicht eben an diese Tage gebunden, sie bleibet aber doch nahe genug bey denselben."[34] Daraus folgt, daß „weder der Anfang noch das Ende beedes der ersten und der leztern tausend Jahr" den Menschen exakt „bekannt seyn" würden.[35] Bengel erwartete also nicht unbedingt gerade am, aber um den 18. Juni 1836 den Anbruch einer neuen, besseren Zeit.

---

27 *Spener*, 45,18–28, Zitate Z. 23 u. 26.

28 *Johannes Wallmann:* Pietismus und Chiliasmus. Zur Kontroverse um Philipp Jakob Speners „Hoffnung besserer Zeiten". In: ZThK 78, 1981, 235–266, hier 254–257. Wiederabdr. in: *Ders.:* Theologie und Frömmigkeit im Zeitalter des Barock. Tübingen 1995, 390–421, hier 409–412.

29 *Bengel* [s. Anm. 20], 1117.

30 Eine gute Übersicht über die komplizierte Materie bietet *Mälzer* [s. Anm. 3], 246–248, 311–335.

31 *Bengel* [s. Anm. 20], 1073: „Anno 1836 d. 18. Jun. fer. 1."

32 Die Angabe bei *Mälzer* [s. Anm. 3], 314, erst in der mündlichen Tradition von Bengels Schülerkreis finde sich diese konkrete Festlegung, ist falsch.

33 *Bengel* [s. Anm. 20], 963f.

34 *Bengel*, 1073.

35 *Bengel*, 963.

Schon von Bengel wurde, wenn auch am Rande, die 1836 beginnende tausendjährige Zeitspanne als die „güldene Zeit"[36] bezeichnet. Das „Welt-Königreich" sei dann „Gottes und seines Gesalbten"[37], was aber für Bengel nicht bedeutete, daß Christus selbst, „in sichtbarer Gegenwart ein Reich auf Erden aufrichten und führen"[38] werde. Ausdrücklich sagte Bengel, Christus werde nicht „vor dem jüngsten Tag vom Himmel herab kommen",[39] denn die „Zukunft oder die Erscheinung Christi" werde sich erst „an jenem grossen Tage",[40] nämlich am Jüngsten Tag, ereignen, und betonte im Gnomon: „[U]nus revera est adventus Christi gloriosus, in die novissimo [...]."[41] Zu Beginn des 1. Millenniums rechnete er lediglich mit einem „praeludium",[42] mit einer „apparitio adventus Domini Jesu",[43] und erwartete „eine neue grosse sonderbare Eröffnung des Himmels"[44] und – bei der Besiegung des Satans – einen „Vorblick des allgemeinen Gerichts".[45]

Johannes Wallmann hat bemerkt, daß Bengel „die Rede von einem ‚Tausendjährigen Reich Christi auf Erden'" gemieden und „nur von den ‚tausend Jahren'" gesprochen hat.[46] Diese Beobachtung ist richtig, die Frage ist nur, wie man sie deuten soll. Wallmann vermutet, daß sich Bengel dadurch bewußt von anderen pietistischen „Reich-Gottes-Erwartungen" abgrenzt und auch von seinen Schülern unterscheidet. Meines Erachtens muß zunächst bedacht werden, daß Bengel relativ selten und nie emphatisch über das Thema redet und in seiner Ausdrucksweise biblische Begriffe bevorzugt, weshalb gemäß Apk 20 die schlichte Rede von den „tausend Jahren" für Bengel wohl einfach die angemessene ist. Er verwendet auch den Begriff „Reich" für die erwarteten zwei Jahrtausende, wie aus den bisher schon zitierten Stellen zu ersehen ist,[47] aber er spricht tatsächlich nicht vom „Tausendjährigen Reich" oder vom „Tausendjährigen Reich Christi auf Erden". Die letztgenannte Formulierung vermeidet er sicherlich deshalb, weil sie zu sehr mit der Vorstellung ver-

---

[36] *Bengel* [s. Anm. 20], 727.

[37] *Bengel*, 948 f.

[38] *J.A. Bengel:* Sechzig erbauliche Reden über die Offenbarung Johannis oder vielmehr JESU Christi. 1747, 201.

[39] *Bengel,* Sechzig erbauliche Reden [s. Anm. 38], 201.

[40] *Bengel,* Sechzig erbauliche Reden, 1059.

[41] *J.A. Bengel:* Gnomon Novi Testamenti. Tübingen 1742, 1192 (zu Apk 19,11).

[42] *Bengel,* Gnomon [s. Anm. 41], 841, 1192.

[43] *Bengel,* Gnomon, 836–841, in einem 21 Abschnitte langen Exkurs zur Frage der Wiederkunft Christi bei der Auslegung von 1Thess 2,3, in dem er diese „apparitio" deutlich vom „eigentlichen Advent" Jesu Christi am „Jüngsten Tag" unterscheidet.

[44] *Bengel,* Erklärte Offenbarung [s. Anm. 20], 925 (zu Apk 19,11).

[45] *Bengel,* Sechzig erbauliche Reden [s. Anm. 38], 1059.

[46] *Wallmann,* Pietismus [s. Anm. 15], 137.

[47] Ich verweise außerdem auf *Bengel*, Erklärte Offenbarung [s. Anm. 20], 942; Sechzig erbauliche Reden [s. Anm. 38], 963.

bunden ist, Christus würde in jener Zeit sichtbar auf der Erde regieren, was Bengel ja gerade nicht geglaubt hat. Ob sich Bengel mit seinem Sprachgebrauch auch bewußt von anderen Chiliasten abgrenzen wollte, lassen die Quellen nicht erkennen. Inhaltlich aber war bei Bengel, wie gleich noch deutlicher werden wird, das, was man eine „pietistische Reich-Gottes-Erwartung" nennen kann, schon auf jeden Fall voll und ganz angelegt.

Bengel erhoffte sich nach 1836 bessere Zustände für die Kirche und die Welt, mit „Seegen im äusseren" und „gesunde[n], fruchtbare[n], friedliche[n] Zeiten", aber ohne „fleischliche Üppigkeit".[48] Frieden würde dann herrschen,[49] und die Menschen würden lange leben.[50] Viele Hoffnungen kreisten um das Volk der Juden, um das Heilige Land und die Stadt Jerusalem: „Mit dieser Stadt werden noch viel wichtige, widrige und fröliche Dinge, vorgehen, wie auch mit dem Lande."[51] Zwar sagte Bengel nicht ausdrücklich, alle Juden würden in ihr angestammtes Land zurückkehren, doch war er gewiß, „daß Jerusalem annoch in künftigen Zeiten von Juden und Heiden viel stärker werde bewohnet werden [...] und ein Schauplatz sehr grosser Dinge seyn".[52] Das Ende des „Tieres", womit er das Papsttum meinte, und des „falschen Propheten" (Apk 19,17–21) werde zur allgemeinen Juden- und Heidenbekehrung führen, so daß dann ein neues Gottesvolk entstehen werde: „Das wird denn aus Juden und Heiden Ein Volk geben, das dem HERRN dienet."[53] Er rechnete gemäß der Weissagung Ez 40–48 mit einer Wiedereinrichtung des Tempels in Jerusalem,[54] äußerte sich jedoch zurückhaltend über die Erwartung, der Opferkult würde wiederhergestellt.[55] Ganz klar sah er die Erfüllung der noch nicht erfüllten alttestamentlichen Verheißung kommen,[56] ohne dies jedoch konkret auszumalen. Obwohl der Teufel während der tausend Jahre gebunden sei, könne es weiterhin „Versuchungen und Prüfungen" und „Streit mit der Sünde im Fleisch" geben, und die „Heiligen" lebten noch „im Glauben, und nicht im Schauen".[57] Obrigkeiten hielt Bengel auch nach dem Jahr 1836 noch für notwendig, aber anders als in seiner Gegenwart würden sie dann „mit ihren Unterthanen als mit Brüdern umgehen".[58]

---

[48] *Bengel,* Erklärte Offenbarung [s. Anm. 20], 949.
[49] *Bengel,* Sechzig erbauliche Reden [s. Anm. 38], 822.
[50] *Bengel,* Erklärte Offenbarung [s. Anm. 20], 949.
[51] *Bengel,* Erklärte Offenbarung, 522.
[52] *Bengel,* Erklärte Offenbarung, 537, ähnlich auch 831.
[53] *Bengel,* Sechzig erbauliche Reden [s. Anm. 38], 197.
[54] *Bengel,* Erklärte Offenbarung [s. Anm. 20], 516–519.
[55] *Bengel,* Gnomon [s. Anm. 41], 278 (zu Lk 21,24).
[56] *Bengel,* Erklärte Offenbarung [s. Anm. 20], 499, 517 f., 951, 972; *Bengel,* Sechzig erbauliche Reden [s. Anm. 38], 513 f. 822, 963, 1081, 1229.
[57] *Bengel,* Erklärte Offenbarung [s. Anm. 20], 950.
[58] *Bengel,* Erklärte Offenbarung, 951.

Auf dieses Millennium folgte für Bengel eine zweite tausendjährige Periode, nach Apk 20,4, die mit einer ersten Auferstehung eingeleitet werde. Die auferstandenen Gerechten würden mit Gott im Himmel regieren, während auf der Erde gleich zu Beginn des 2. Millenniums – für „eine kleine Frist“[59] – der Satan noch einmal losgelassen werde.[60] Satan werde mit „eine[r] sehr arge[n] Kraft“ eine „grosse Menge auf das neue [...] verführen“.[61] „Da wird“, so sagte Bengel, „alles Böse sich wider alles Gute erheben und das lezte Treffen wagen [...].“[62] Dann aber komme der Satan noch deutlich vor dem Ende des 2. Millenniums in den „Pfuhl von Feuer und Schwefel“[63] (Apk 20,10). Bengel sagte nicht konkret und für jeden Leser verständlich, wie lange diese nochmalige satanische Versuchungsperiode dauern werde. Klar ist, daß er mit der „kleinen“ Frist nicht nur wenige Tage meinte, sondern daß an einen längeren Zeitraum zu denken ist. Unzutreffend ist jedoch die Interpretation, Bengel habe das 2. Millennium weitgehend als vom Bösen beherrscht angesehen und damit „die altlutherische Anschauung von den ‚bösen letzten Zeiten‘ wieder ins Recht“ gesetzt (Johannes Wallmann).[64] Wenn man nämlich Bengels Zahlen und seine Deutung der verschlüsselten biblischen Zeitangaben („eine kleine Frist“) in ein klares System bringt, ergibt sich ein Zeitraum von gut 111 Jahren, und zwar die Zeit von 2836 bis 2947, in der Satan noch einmal seine Macht ausspielen würde.[65] Außerdem sagte Bengel in einem Brief des Jahres 1746 ausdrücklich, es werde wie im ersten Jahrtausend „nicht lauter gute“ so im zweiten „nicht lauter böse Zeit überall“ sein und „die letzte Sicherheit“, d. h. die trotzige, gottlose Selbstsicherheit der Menschen, werde „hoffentlich nicht viele oder ganze Jahrhunderte einnehmen“.[66] Die Angaben, die Bengel darüber hinaus zu diesen zweiten tausend Jahren machte, sind spärlich. So findet sich beispielsweise die Andeutung, nach dem Sieg über Gog und Magog (Apk 20,8) würden „noch grosse erwünschte Dinge an allen Heiden und an dem ganzen Hause Israel erfolgen [...], zu GOttes Verherrlichung“,[67] und er sprach von „überschwenglichen Gnaden-Bezeugungen Gottes an Israel und an allen Völkern“.[68] Gleichwohl war er der Überzeugung, die Zahl der wahrhaft Gläubigen werde, wenn der Jüngste Tag, die „Zukunft

[59] *Bengel,* Erklärte Offenbarung [s. Anm. 20], 946.
[60] *Bengel,* Sechzig erbauliche Reden [s. Anm. 38], 1107–1116.
[61] *Bengel,* Erklärte Offenbarung [s. Anm. 20], 969 (zu Apk 20,8).
[62] *Bengel,* Erklärte Offenbarung, 971.
[63] *Bengel,* Erklärte Offenbarung, 952–954, 963–966.
[64] *Wallmann,* Pietismus [s. Anm. 15], 137.
[65] Vgl. *Burk* [s. Anm. 3], 278, 294.
[66] *Burk* [s. Anm. 3], 320.
[67] *Bengel,* Erklärte Offenbarung [s. Anm. 20], 951.
[68] *Bengel,* Sechzig erbauliche Reden [s. Anm. 38], 1101.

Christi", näher rücke, gering sein: „[...] ihre Zahl wird wie nichts seyn gegen die Menge deren, die den Glauben aufgegeben haben."[69]

Erst am Ende des zweiten Millenniums sah Bengel den Jüngsten Tag kommen, den er mit Vorliebe als den „Tag Christi" bezeichnete. Nun erfolge die allgemeine Auferstehung, die Wiederkunft Christi zum Gericht, das Weltende und die Begründung eines neuen Himmels, einer neuen Erde und des himmlischen Jerusalems. Erst dann, in Gottes ewigem Reich, werde das Schauen an die Stelle des Glaubens treten, die Freude die Hoffnung ablösen und vollkommene Liebe einkehren.[70]

Auffällig ist, daß Bengel zwar das Jahr 1836 häufig erwähnte, aber nie sagte, das Ende des ersten Millenniums werde exakt im Jahre 2836 sein und das Weltende exakt 3836 eintreten, sondern immer nur vom Zeitraum der zweimal tausend Jahre redete. Doch wenn man seine Berechnung über das Weltalter und die sieben verschiedenen Weltperioden auf die christliche Zeitrechnung überträgt, ergeben sich aus Bengels Zahlen eindeutig die Jahre 2836 und 3836.[71] Eine letzte Vorsicht und Zurückhaltung gegenüber den eigenen Erkenntnissen ist bei Bengel also immer zu bemerken.

Bengel bekannte sich freimütig dazu, Chiliast zu sein. Ohne Scheu nahm er das Wort in den Mund, das für viele orthodoxe Theologen ein Ausdruck der Häresie war, und unterschied zwischen einem von ihm kritisierten „unlauteren Chiliasmus" und dem wahren, „seligen Chiliasmus".[72] Doch Bengel hatte es als Württemberger leicht damit, da schon das herzogliche Pietistenedikt des Jahres 1694 ausdrücklich den „eigentlich-genannten Chiliasmum" von Ansichten unterschied, „so eigentlich zu reden nicht Chiliastisch",[73] und damit dem Pietismus und gemäßigt-chiliastischen Anschauungen den Weg bereitete.

Viele Schüler und Anhänger Bengels haben seine Berechnungen und seine Erwartungen mit all ihren Eigentümlichkeiten übernommen und auch in eigenen Schriften weiterverbreitet und weiterentfaltet. Der Reichsfreiherr Christoph Karl Ludwig von Pfeil (1712–1784), der als Regierungsbeamter in Württemberg wirkte, veröffentlichte noch zu Lebzeiten Bengels „Apocalyptische LIEDER von der offenbarten Herrlichkeit und Zukunft des HERRN", in denen er die Lehre von den zweimal tausend Jahren, von der nach dem ersten Jahrtausend erfolgenden ersten Auferstehung und der Teilhabe dieser Erstlinge an der himmlischen Regierung und von Gericht und Neuschöpfung nach dem zwei-

69 *Bengel,* Sechzig erbauliche Reden [s. Anm. 38], 1102.

70 *Bengel,* Sechzig erbauliche Reden, 1149.

71 Vgl. *Burk* [s. Anm. 3], 278.

72 *Bengel,* Erklärte Offenbarung [s. Anm. 20], 942–946.

73 Sammlung der württembergischen Geseze [sic!]. Hg. v. *A[ugust] L[udwig] Reyscher.* Bd. 8/1. Bearb. v. *Th[eodor] Eisenlohr.* Tübingen 1834, 470–479, hier 471 f.

ten Jahrtausend wiedergab.[74] Etwas unklar sind die Texte hinsichtlich der Wiederkunftslehre, da eigentlich ständig vom Kommen des Herrn geredet und eine regelrecht euphorische Jesuserwartung verbreitet wird, die den Eindruck einer starken Naherwartung vermittelt. Pfeil sagte jedenfalls nicht ausdrücklich, daß die eigentliche Wiederkunft Jesu erst am Ende des 2. Millenniums, also in sehr ferner Zukunft, zu erwarten sei.

Bengels Meisterschüler Friedrich Christoph Oetinger hat sich weit ausführlicher als sein Lehrer über die Ereignisse der Zukunft geäußert. Grundlegend ist der 1759 herausgekommene erste Teil der „Güldenen Zeit". Es handelte sich dabei um ein von Oetinger ohne Nennung seines Namens veröffentlichtes dreiteiliges Sammelwerk, das laut Vorwort „Vorblike in die besten Zeiten des Reichs Christi" geben sollte.[75] Außerdem hat sich Oetinger auch in Predigten freimütig über seine Zukunftserwartungen geäußert.[76]

Oetinger übernahm Bengels Berechnungen, die er geradezu als selbstverständlich voraussetzte,[77] und erwartete 1836 die Wende.[78] Lebhaft, in anschaulichen Bildern und untermauert durch zahllose Bibelzitate beschrieb er die zukünftigen Verhältnisse in der menschlichen Gesellschaft und in der Natur, wobei er aber im Grunde nur ausführte, was bei Bengel – vorsichtig angedeutet – schon angelegt war.[79] Häufig wurde Bengel genannt und zitiert, was den Eindruck erweckte, als ob Oetingers Ansichten völlig mit Bengel übereinstimmten. Das war jedoch, was meines Wissens von der Forschung bisher nicht bemerkt wurde, in zwei entscheidenden Punkten nicht der Fall. Oetinger redete nämlich immer nur von *einem* tausendjährigen Reich,[80] aber ohne Bengels doppelter Reichs-

---

[74] *Christoph Karl Ludwig von Pfeil:* Apocalyptische Lieder von der offenbarten Herrlichkeit und Zukunft des HErrn. Tübingen [3] 1753, bes. 42, 51, 67 f. – Das 1. Lied, eine Art Vorwort und Inhaltsverzeichnis, datiert v. 27. Oktober 1748. Im Jahre 1749 erschien die 2. Auflage.

[75] *[Friedrich Christoph Oetinger:]* Die Güldene Zeit oder Sammlung wichtiger Betrachtungen von etlichen Gelehrten zur Ermunterung in diesen bedenklichen Zeiten zusammen getragen. T. 1–3. Frankfurt, Leipzig 1759–1761, T. 1, Bl.)(2^r. – Ich zitiere die Originalausgabe, da die in der Pietismusforschung häufig herangezogene Ausgabe des Textes in der von *Karl Christian Eberhard Ehmann* veranstalteten Werkausgabe *Friedrich Christoph Oetinger*: Sämtliche Schriften. Abt. 2. Bd. 6: Abhandlungen von den letzten Dingen, desgleichen über Homiletik und Katechetik etc. Stuttgart 1864, 1–39, einen stark bearbeiteten Text bietet, der eigentlich für die wissenschaftliche Beschäftigung mit Oetinger unbrauchbar ist.

[76] Z. B. *Friedrich Christoph Oetinger:* Reden nach dem allgemeinen Wahrheits-Gefühl. Tübingen 1759, 104–119, vor allem über die Zukunft Israels, und die unten mehrfach zitierte Predigt.

[77] *Oetinger,* Güldene Zeit [s. Anm. 75], T. 1, 10.

[78] *Oetinger,* Güldene Zeit, T. 1, 43.

[79] Anders als Wallmann sehe ich hier eine Übereinstimmung zwischen Bengel und Oetinger. Schon Bengel hatte eine „pietistische Reich-Gottes-Erwartung", aber er hat sie nicht so offensiv verbreitet wie Oetinger. Vgl. *Wallmann,* Pietismus [s. Anm. 15], 137.

[80] Nur an einer Stelle, an der er die „Astronomische Maschine" von Philipp Matthäus Hahn beschreibt, redet er von den „7 Haupt-Perioden des Welt-Alters" und unterscheidet das „Königreich der 1000 Jahren auf Erden" von dem Zeitraum der „1000 Jahre im Himmel und Gog und Magog"; *[F.Chr. Oetinger:]* Biblisches und Emblematisches Wörterbuch. O.O. 1776, 94.

erwartung direkt zu widersprechen. Dieses Reich benannte er mit Vorliebe als die „güldene Zeit" oder als das „Reich Christi". Außerdem lehrte Oetinger, ebenfalls ohne Bengel ausdrücklich zu korrigieren, „zwey verschiedene Zukünfte des Herrn",[81] also eine doppelte Parusie Christi, nämlich eine Wiederkunft zu Beginn des Tausendjährigen Reichs und eine Wiederkunft am Ende, zum Gericht. Er unterschied „die Tage des HErrn", in denen Christus zu Beginn des Tausendjährigen Reichs „auf weißen Pferden" herabkommen werde, um den Antichrist zu richten, vom „eigentliche[n] Tag Christi", dem Tag „des jüngsten Gerichtes".[82] Christus werde nach Apk 19,11–16 „nicht erst an dem jüngsten Tag, sondern mehr als tausend Jahr vorher"[83] erscheinen, um kämpfend – aber nur mit dem Schwert des Wortes – sein Reich aufzurichten.[84] Dieses Reich werde er dann aber nicht persönlich regieren, sondern er werde „einen von Davids Stamm" als „Unterkönig und Statthalter" einsetzen (Bengel hatte vom „Nationen-Hirten" gesprochen[85]) und selbst „wieder in den Himmel [...] zurükgehen".[86] Dabei würde er „viele Heilige" mitnehmen zur „Hochzeit des Lammes".[87]

Oetinger erwartete die Sammlung aller Juden und die Rückkehr der einst in die assyrische Gefangenschaft verschleppten zehn Stämme Israels,[88] die Wiedererrichtung des Tempels in Jerusalem und das Wiederaufleben des Opferkults.[89] Im Tausendjährigen Reich sah Oetinger den Juden eine Führungsposition zukommen, die ganze Welt werde von Jerusalem aus regiert,[90] wo man wieder hebräisch spreche.[91]

In den „glükseligen tausend Jahr[en]"[92] werde auf der ganzen Erde unter den Menschen Frieden herrschen,[93] auch der im Alten Testament beschriebene Frieden zwischen Mensch und Tier und unter den Tieren (Jes 11) werde einkehren.[94] Unter den Menschen, über die Gott dann seinen Geist ausgießen werde,[95] herrsche Freiheit, Gleichheit und Gerechtigkeit.[96] Sie würden in Gütergemeinschaft leben, gesund sein und

---

[81] *F.Chr. Oetinger:* Neu herausgekommene Evangelien-Predigten. Reutlingen. 1818, T. 2, 399.
[82] *Oetinger,* Biblisches und Emblematisches Wörterbuch [s. Anm. 80], 153.
[83] *Oetinger,* Güldene Zeit [s. Anm. 75], T. 1, 20.
[84] *Oetinger,* Güldene Zeit, 19–22, 48 f.
[85] *Bengel,* Erklärte Offenbarung [s. Anm. 20], 929.
[86] *Oetinger,* Güldene Zeit [s. Anm. 75], T. 1, 22, vgl. auch 49 f.
[87] *F.Chr. Oetinger:* Grundbegriffe des Neuen Testaments. Frankfurt 1776, T. 2, 333.
[88] *Oetinger,* Güldene Zeit [s. Anm. 75], T. 1, 25 f., 48 f.
[89] *Oetinger,* Güldene Zeit, 33–35.
[90] *Oetinger,* Güldene Zeit, 25.
[91] *Oetinger,* Güldene Zeit, 37.
[92] *Oetinger,* Güldene Zeit, 42.
[93] *Oetinger,* Güldene Zeit, 31 f., 50.
[94] *Oetinger,* Güldene Zeit, 44.
[95] *Oetinger,* Güldene Zeit, 49.
[96] *Oetinger,* Güldene Zeit, 50–55.

alt werden.[97] Auch in der Natur, im Landschaftsbild und im Klima sah Oetinger eine „grosse Veränderung" kommen,[98] wobei er wieder alttestamentliche Prophetenworte als Grundlage seiner konkreten Beschreibungen heranziehen konnte.

Wichtig und hervorhebenswert ist die Tatsache, daß sich Oetinger in aller Ausführlichkeit über die von ihm für möglich und für notwendig erachtete Vorbereitung auf die kommende Zeit äußerte.[99] Die Gegenwart solle proleptisch am kommenden Reich Christi ausgerichtet werden, wozu Oetinger eine ganze Reihe von Veränderungen in der Gesellschaft,[100] der Politik,[101] in den Wissenschaften[102] und im Rechtswesen[103] empfahl. Das „Reich GOttes in der lezten Zeit" sah er als „das beste Muster der Regierung" an,[104] und auch den einzelnen Menschen riet er, nach der Goldenen Regel zu handeln und sich „so aufzuführen", als wenn sie schon „wirklich im Reich Christi" lebten.[105]

Am Ende der tausend Jahre erwartete Oetinger die zweite Wiederkunft Christi, nämlich seine Ankunft „mit Feuerflammen"[106] und zum Gericht. Damit war auch für ihn das Ende der Welt und die Schaffung eines neuen Himmels und einer neuen Erde verbunden. Auf das „Königreich Christi" folgte für Oetinger unmittelbar die „Stadt GOttes" (Apk 21).[107]

Voll und ganz in den Bahnen Bengels bewegte sich der junge Philipp Matthäus Hahn (1739–1790). Im Jahre 1772 veröffentlichte er anonym „Die Hauptsache der Offenbarung Johannis oder vielmehr JEsu Christi", in der er die Bengelsche Apokalypseauslegung und Geschichtsschau in Form eines Katechismus darbot, der aus 683 Fragen und Antworten bestand. Erst seit kurzem ist geklärt, daß es sich bei dieser für unser Thema wichtigen Schrift um ein Werk des jungen Hahn handelt.[108] Am Sonntag,

---

97 *Oetinger*, Güldene Zeit [s. Anm. 75], 50–55.

98 *Oetinger*, Güldene Zeit, 41–47, Zitat S. 41.

99 *Oetinger*, Güldene Zeit, 56–71.

100 *Oetinger*, Güldene Zeit, 59: Die Regierenden sollen ihren Untertanen mit Liebe und Respekt begegnen.

101 *Oetinger*, Güldene Zeit, 67: Die Regierenden sollen darauf achten, „daß sie rechtschaffene Bediente" haben, die „aufrichtig und erfahren" und „unerschroken" sein und „einen Eifer vor des Landes Wohl" haben sollen.

102 *Oetinger*, Güldene Zeit, 14: „[...] die Vereinigung der Wissenschaften [Jura, Theologie, Medizin] gehört zur Vorbereitung auf die güldene Zeit."

103 *Oetinger*, Güldene Zeit, 61: „[...] wird ein Regent die Verordnungen zernichten, welche die Juden bey den Christen verächtlich machen."

104 *Oetinger*, Güldene Zeit, 56.

105 *Oetinger*, Güldene Zeit, 71.

106 *Oetinger*, Evangelien-Predigten [s. Anm. 81], T. 2, 398.

107 *Oetinger*, Biblisches und Emblematisches Wörterbuch [s. Anm. 80], 375.

108 Verschiedentlich wurde der Memminger Pfarrer Johann Georg Bührlen (1726–1783) für den Autor des Werks gehalten, doch Breymayer hat überzeugend nachgewiesen, daß Hahn der Verfasser ist. Vgl. *Breymayer* [s. Anm. 19], 179f., 186.

dem 18. Juni 1836, so kann man hier lesen, werde das erste Tausendjährige Reich beginnen,[109] das Hahn in enger Anlehnung an Bengels Aussagen folgendermaßen charakterisierte: „Ein blühender Zustand der Kirche GOttes auf Erden, da das viele Gute [...] empor kommen, und das viele Böse [...] aufhören wird."[110] Die Menschen würden aber „noch im Glauben" und nicht im Schauen leben.[111] Im Jahre 2836 werde der Satan noch einmal für 111 Jahre losgelassen,[112] gleichzeitig finde aber die erste Auferstehung statt, die vor allem die christlichen Märtyrer betreffe, die dann anschließend tausend Jahre lang, bis zum Jahr 3836, mit Gott im Himmel regieren würden.[113] Nach dem zweiten Jahrtausend sei die „Ankunft des Herrn", das Gericht, das Ende der Welt und die Schaffung eines neuen Himmels, einer neuen Erde und eines neuen Jerusalems.[114]

Die klaren Aussagen und Jahresangaben, die Hahn in diesem Werk machte, mißfielen Bengels Tochter Maria Barbara, der Witwe von Dekan Philipp David Burk (1714–1770). In ihrem Exemplar der „Hauptsache", das sie von ihrem ältesten Sohn geschenkt bekommen hatte, hat sie einige kritische Bemerkungen eingetragen: Die Bestimmung der Zeit werde in diesem Buch „gar zu deutlich vorgelegt". Ihr Vater sei sich zwar „seiner Sache gewis" gewesen, habe aber „niemahlen die eigentliche Zeit also determinirt", und sie könne deshalb „diese all zufreymüthige offenherzigkeit nicht gut heissen".[115]

Den Ablauf der Weltgeschichte, wie ihn sich Hahn aufgrund des Bengelschen Systems vorgestellt hat, kann man auch an den von Hahn geschaffenen „Weltmaschinen" ablesen, das heißt an den großen, komplizierten Uhren, die nicht nur Stunde und Tag, sondern auf speziellen Zifferblättern die gesamte Weltgeschichte anzeigen. Hier wird ganz unmittelbar anschaulich, daß Bengel und seine Schüler nicht die Erwartung hegten, 1836 würde „die Uhr stillstehen"[116], sondern daß im Bengelschen System an einen Zeitraum von zweitausend Jahren gedacht war, in dem die Weltgeschichte weitergehen und die Uhren weiterlaufen würden. Die wichtigsten Ereignisse hat Hahn auf den Zifferblättern eingravieren lassen. Bei der Jahreszahl 1836 steht auf dem Zifferblatt der

[109] *[Philipp Matthäus Hahn:]* Die Hauptsache der Offenbarung Johannis oder vielmehr JEsu Christi, aus den fürnehmsten Schriften des sel. Herrn D.Jo.Albr. Bengels ausgezogen und in deutliche Fragen und Antworten verfasset. Schaffhausen 1772, 97, vgl. auch 118.

[110] *Hahn,* Hauptsache der Offenbarung [s. Anm. 109], 106.

[111] *Hahn,* Hauptsache der Offenbarung, 106.

[112] *Hahn,* Hauptsache der Offenbarung, 107.

[113] *Hahn,* Hauptsache der Offenbarung, 107 f., 118.

[114] *Hahn,* Hauptsache der Offenbarung, 109–112, 118, Zitat S. 111.

[115] Handschriftlicher Eintrag der Maria Barbara Burk geb. Bengel im Exemplar der UB Tübingen (Sign.: Ge 919 8°) auf dem eingebundenen Blatt vor dem Titelblatt.

[116] Vgl. die schon oben erwähnte anschauliche, aber mißverständliche Formulierung bei *Schäfer* [s. Anm. 3], 151.

berühmten „Ludwigsburger Weltmaschine" geschrieben: „Untergang des Thiers & falschen Propheten. Satan wird 1000. Jahre in den Abgrund versiegelt. Christo fallen die Königreiche der Welt zu." Darauf folgt: „Von 1836. bis 2836. Königreich Christi auf Erden oder die gute Zeit der Kirche Christi im leiblichen & geistigen, die der Engel Apoc: 10 verschworen." Und zusammenfassend überschrieb Hahn die 1000jährige Periode als die „Gute Zeit der wahren Kirche". Beim Jahr 2836 hat er eingetragen: „Erste Auferstehung. Märtyrer stehen auf vor Sabath. Der Glaubigen im Himmel 1000jährige Regierung. Apoc: 20." Ebenso gehören aber zu dieser zweiten tausendjährigen Periode „Gog und Magog": „Satan wird los eine kleine Zeit, erwekt die lezte Sicherheit & verführt Gog & Magog zum Streit mit den Heiligen. Apoc: 20." Erst mit dem Jahr 3836 endet das Zifferblatt. Hier steht kurz und bündig geschrieben: „Neu Jerusalem, Neuer Himmel, Neue Erde, Welt Ende, Gericht", wobei man sich die chronologische Abfolge dieser Ereignisse, gemäß der Bewegung des Zeigers auf dem Zifferblatt, von hinten nach vorne, vom Gericht zum Neuen Jerusalem, vorstellen muß.[117]

Hahn ist jedoch allmählich von Details der Bengelschen Berechnungen abgerückt und hat verschiedene Stellen der Johannesoffenbarung anders als Bengel gedeutet. Im Jahre 1780 zog er sogar in Erwägung, das entscheidende Jahr 1836 könnte sich als eine Fehlberechnung entpuppen. Dabei sprach er, bezogen auf dieses Jahr, auch von „JEsu Ankunft" und von der „Ankunft JEsu und seines Königreichs".[118] Also rechnete, spätestens jetzt, auch Hahn mit einer realen, personhaften Erscheinung Jesu zu Beginn des Tausendjährigen Reichs vor seiner eigentlichen Wiederkunft am Jüngsten Tag zum Gericht, lehrte also wie Oetinger eine doppelte Parusie Christi.

In der Auslegung der Johannesoffenbarung, die Hahn in seinen letzten Lebensjahren in Erbauungsstunden seiner Gemeinde in Echterdingen vortrug, wurde eindeutig nur noch von einem einzigen tausendjährigen Reich geredet[119] und ebenso klar von einer doppelten Wiederkunft Christi. Bei „seiner ersten Herabkunft"[120] werde Christus gemeinsam mit einer himmlischen Schar kämpfend das Tausendjährige Reich errichten, was Hahn ausführlichst beschreibt.[121] Während der tausendjährigen Ge-

---

[117] „Ludwigsburger Weltmaschine", in Stuttgart: Württemberg. Landesmuseum (Inv. Nr. KK 91), 1768/69 für Herzog Carl Eugen angefertigt. – Vgl. auch die – leider schlecht entzifferbare – Abbildung in: Philipp Matthäus Hahn. 1739–1790 [Ausstellungskatalog], T. 1. Stuttgart 1989 (Quellen und Schriften zu Philipp Matthäus Hahn, 6), 374, und die anderen, ähnlichen Zifferblätter ebd., 388, 397, 401.

[118] *[Philipp Matthäus Hahn:]* Eines ungenannten Schriftforschers vermischte Theologische Schriften. Bd. 3. Winterthur 1780, 185.

[119] *[Philipp Matthäus Hahn:]* Erbauungsstunden über die Offenbarung Johannis. Oder: kurze Reden über einen jeden Vers derselben. Stuttgart 1795, 678 f., 698 f.

[120] *Hahn,* Erbauungsstunden [s. Anm. 119], 703.

[121] *Hahn,* Erbauungsstunden, 673–657.

fangenschaft des Satans regierten die auferstandenen Märtyrer bereits mit Christus im Himmel.[122] Am Ende der tausend Jahre würden sich Gog und Magog erheben.[123] Und dann werde „sich Christus in einer grossen Herrlichkeit sichtbar offenbaren“[124], nämlich bei seiner Wiederkehr zum Gericht.

Zu Beginn des 19. Jahrhunderts, als die von Bengel vorausgesagten Ereignisse näherrückten, erschien nochmals eine Aufsehen erregende Schrift, die Bengels und Oetingers Erwartungen einer breiten Öffentlichkeit vor Augen stellte: der „Glaubens- und Hoffnungs-Blick des Volks Gottes in der antichristischen Zeit“, den Johann Jakob Friederich (1759–1827), Pfarrer von Winzerhausen im Dekanat Marbach am Nekkar und später von Korntal, verfaßt hatte.[125]

Das Buch war durch und durch geprägt von einer starken Naherwartung. Der Verfasser, der ehemals Hauslehrer und später Vikar bei Hahn gewesen war,[126] rechnete damit, daß die von Bengel vorhergesagten Veränderungen unmittelbar bevorstünden, und sah 1836 als das entscheidende Wendejahr an.[127] Dann werde Christus vom Himmel herabkommen und das Tausendjährige Reich errichten.[128] Diese Periode der Weltgeschichte bezeichnete Friederich häufig als die „Zukunft Christi“[129]. Im Millennium werde Christus dann aber „wahrscheinlich“ nicht „sichtbarlich“ auf dem Thron Davids in Jerusalem regieren, sondern ein Nachkomme Davids „als Stadthalter [sic!] Christi“.[130] Detailliert und anschaulich beschrieb Friederich die religiösen, gesellschaftlichen, politischen und geographischen Verhältnisse im Tausendjährigen Reich, wozu er eine Fülle von Bibelstellen als Belege heranzog. Auffallend ist, daß Friederich immer nur von *einem* tausendjährigen Reich redete und nicht von dem nach Bengels Ansicht darauffolgenden zweiten Millennium. Wollte er sich auf das unmittelbar Bevorstehende konzentrieren, oder glaubte auch er nicht mehr an die von Bengel aus der Johannesoffenbarung herausgelesene Doppelung? Die Tatsache, daß Friederich auch die Geschehnisse um Gog und Magog in das von ihm beschriebene Tausendjährige Reich hineinnahm,[131] deutet darauf hin, daß er mit einer anschließenden zweiten tausendjährigen Periode nicht mehr rechnete. Allerdings äußer-

---

122 *Hahn,* Erbauungsstunden [s. Anm. 119], 670.

123 *Hahn,* Erbauungsstunden, 671.

124 *Hahn,* Erbauungsstunden, 702.

125 *[Johann Jakob Friederich:]* Glaubens- und Hoffnungs-Blick des Volks Gottes in der antichristischen Zeit aus den göttlichen Weissagungen gezogen. Lauffen am Neckar ²1801.

126 Vgl. *Fritz* [s. Anm. 5], 162 f.

127 *Friederich* [s. Anm. 125], 2.

128 *Friederich,* 16.

129 *Friederich,* 6, 136, 161.

130 *Friederich,* 25.

131 *Friederich,* 120 f.

te er sich auch nicht zu den Themen Gericht, Weltende und Neuschöpfung.

Johann Jakob Friederich war nicht der letzte, der dem Jahr 1836 entgegenfieberte. Als der junge württembergische Pfarrer Johann Christian Friedrich Burk 1831 das Vorwort zu seiner Bengelbiographie schrieb, meinte er feststellen zu können, daß „durch den Gang der Welt-Ereignisse" Bengels Vorhersagung „deutlich in Erfüllung" gehe. Er wollte durch seine erneute Verbreitung der Bengelschen Zukunftserwartungen (einschließlich der Lehre vom doppelten Millennium) aber nicht der „Befriedigung einer unfruchtbaren Neugierde" dienen, sondern einen „Antrieb zur wahrhaftigen Buße und beharrlichem Eifer im thätigen Christenthum" geben, mahnte also ganz im Sinne der pietistischen Väter eine aktive Vorbereitung auf das Kommende an.[132]

Für die pietistischen Siedler in Wilhelmsdorf stand nicht die Reichserwartung, sondern die Hoffnung, den wiederkommenden Christus zu sehen, im Zentrum ihrer Naherwartung.[133] Daß sich der Inhalt der Zukunftshoffnung allmählich so stark auf die Person Christi konzentrierte, muß auch als eine Folge der pietistischen Jesusfrömmigkeit angesehen werden, die schon zu Lebzeiten Bengels, zum Beispiel in den erwähnten Liedern von Pfeils, so deutlich betont worden war.

Die Eschatologie Bengels und seiner Schüler war also ein kompliziertes und keineswegs einheitliches Gedankensystem. Klar und eindeutig ist, daß das Jahr 1836 als das entscheidende Wendejahr angesehen wurde und nicht bereits das Jahr 1835 oder das Jahr 1837. Klar ist ebenfalls, daß 1836 nicht mit dem Weltende, dem Gericht, dem Jüngsten Tag und dem Neuen Jerusalem gerechnet wurde, sondern mit dem Beginn einer tausendjährigen Periode, in der die Geschichte auf einer höheren Stufe weitergehen würde. Ferner ist klar, daß die Wiederkunft Christi, wie sie im Apostolikum bekannt wird, nicht 1836, sondern erst am Weltende erwartet wurde. Aber in unterschiedlicher Weise wurde für 1836 mit einer Erscheinung Christi gerechnet, wobei Bengels Schüler im Grunde die aus dem 17. Jahrhundert vertraute Lehre von einer doppelten Wiederkunft Christi aufleben ließen,[134] so daß man auf jeden Fall sagen kann: Viele Bengelschüler erwarteten 1836 zwar nicht *die*, aber eine *erste* Wiederkunft Christi, die sie sich als eine reale und nicht – wie mittelalterliche Franziskanertheologen – als eine geistliche Ankunft vorstellten und die zur Aufrichtung des Reiches dienen sollte. Klar ist dann wieder bei Ben-

---

[132] *Burk* [s. Anm. 3], VIII, vgl. auch 423–429.

[133] Vgl. *W[ilhelm] F[riedrich] Thumm:* Durch tiefe Wasser. Geschichte der Gemeinde Wilhelmsdorf O[ber]-A[mt] Ravensburg in Württemberg seit ihrer Gründung den 8. Januar 1824. Basel ²1875, 23; *Ders.*: Benedict Nimser 1799–1863. Hg. v. *Gerhard Döffinger.* Gekürzte Neuausg. v. „Durch Nacht zum Licht". Basel 1864. Wilhelmsdorf 1965, 14 ungez. S.

[134] Dies beobachtet auch *Groth* [s. Anm. 14], 256.

gel wie bei seinen Schülern, daß Christus während des Tausendjährigen Reichs nicht sichtbar gegenwärtig sein und selbst auf Erden regieren würde. Uneinheitlich beantwortet wurde aber die Frage, was nach den 1836 beginnenden tausend Jahren kommen sollte: ein zweites tausendjähriges Reich oder gleich das Weltende? Bengels Schüler zitierten ihren Meister oft und zustimmend und häufig uneingeschränkt positiv, wichen aber manchmal von seinen Anschauungen ab, und zwar nicht nur bei unwesentlichen Details (Fragen der Exegese und der konkreten Berechnungen), sondern auch in wesentlichen Strukturen seines eschatologischen Systems wie bei der Lehre von den zwei tausendjährigen Perioden und der Frage der Christuserscheinung zu Beginn des Tausendjährigen Reichs. Die Zeitbestimmungen wurden immer präziser gefaßt und immer offener verbreitet. Die Verhältnisse im Tausendjährigen Reich wurden mehr und mehr anschaulich beschrieben. Immer stärker wurde die Erwartung, 1836 eine Christuserscheinung zu erleben. Die Naherwartung wurde – bei denen, die daran festhielten – deutlich ungeduldiger und enthusiastischer.

Bengels Eschatologie läßt sich klar und eindeutig als postmillenniaristisch und dichiliastisch charakterisieren, die seiner Schüler ebenfalls uneingeschränkt durch den Begriff Postmillenniarismus, da ja auch für sie mit einer ersten Wiederkunft Christi im Jahre 1836 keine direkte Herrschaftsausübung im Tausendjährigen Reich verbunden war. Als Postmillenniaristen standen Bengel und seine Schüler und Anhänger theologiegeschichtlich betrachtet mit dem Joachimismus und den protestantischen Chiliasten des 17. Jahrhunderts in Zusammenhang, nicht aber mit den in ihren Konsequenzen radikaleren prämillenniaristischen Ansätzen aus der Zeit der Alten Kirche und vor allem einzelner Täufergruppen der Reformationszeit. Der Bengelschen Eschatologie war eigentümlich, daß sie das in der Tradition des Protestantismus sowohl in der Reformationszeit als auch in der Zeit der Orthodoxie als nahe erwartete Weltende[135] auf ein außergewöhnlich fernes Datum der Zukunft verschob, aber in einer absehbaren Zeit mit besseren Verhältnissen für die Kirche und die Welt rechnete und damit eine inhaltlich zwar anders gefüllte, aber sehr lebendige Naherwartung entfaltete. Die Hoffnungen, die Bengel und seine Schüler mit dem Jahr 1836 verbanden, beinhalteten einschneidende Veränderungen des Lebens, aber doch keinen völligen Bruch mit dem Bestehenden, wie das bei prämillenniaristischen oder traditionell apokalyptischen Konzeptionen der Fall ist.

---

[135] Vgl. hierzu die Ergebnisse einer Auswertung Tübinger Predigten und orthodoxer Kompendien aus Württemberg bei *Sabine Holtz:* Theologie und Alltag. Lehre und Leben in den Predigten der Tübinger Theologen 1550–1750. Tübingen 1993 (Spätmittelalter u. Reformation, 3), 143–170.

Wer nicht mit dem Ende, sondern mit der Besserung der Zustände rechnet, der ist – so kann man vermuten – in der Regel auch motiviert, in der Kirche und in der Welt auf das Kommende hin zu denken und zu arbeiten. Schon bei Spener war dieser Sachverhalt zu beobachten. Scheinbar im Widerspruch hierzu wird nun aber Bengel und der württembergische Pietismus von Hartmut Lehmann und anderen als zurückgezogen, weltabgewandt und quietistisch dargestellt, und als Begründung wird unter anderem auf die Bengelsche Eschatologie verwiesen.[136] Ich halte diese Sicht für unzutreffend. Gerade in einem für Pietisten sehr wichtigen Bereich, nämlich auf dem Feld der Mission, läßt sich eindeutig zeigen, daß Bengel und seine Anhänger nicht, wie behauptet wurde, einen nur geringen Eifer entfalteten, weil sie die „Bekehrung der Heiden" nicht zu den von Gott „im letzten Jahrhundert" vor dem Wendejahr 1836 erwarteten „Pflichten" rechneten,[137] sondern daß sie die von Halle ausgehenden Missionsbemühungen befürworteten und auch tatkräftig unterstützten.[138] Was Bengels Tätigkeit als Kirchen- und Landespolitiker in seiner letzten Lebensphase anbelangt, so müßten die hierfür zur Verfügung stehenden Quellen erst noch gründlich und vorurteilsfrei untersucht werden. Die in Wilhelmsdorf 1824 eingeführte Gütergemeinschaft[139] – die Oetinger schon 1759 angeregt hatte – war ein weiteres Beispiel für die Umsetzung der proleptischen Eschatologie in konkrete gesellschaftliche Praxis. Wo man bei Bengel und seinen Schülern Zurückhaltung in weltlichen Angelegenheiten beobachten kann, liegen die Gründe meines Erachtens nicht in der Eschatologie, sondern in der politischen und gesellschaftlichen Situation des Herzogtums Württemberg. Allenfalls wird man württembergischen Pietisten die Vorhaltung machen können, daß sie, was sie erkannt und in ihren Predigten und

---

[136] *Lehmann,* Pietismus und weltliche Ordnung [s. Anm. 7], 124 f., 132–134. Vgl. auch *Schäfer* [s. Anm. 3], 150: „Bengel kennt keinen Freiraum für eine Entwicklung irdischer Verhältnisse, sondern gleichsam nur die Abwicklung bis zum kommenden Äon. Die Erforschung der Natur und das Leben in einer staatlichen Gemeinschaft verlieren ihre Bedeutung." *Mälzer* [s. Anm. 3], 392 f.: „Er [Bengel] verhielt sich stets passiv, wartete ab. Ebenso fehlt jedes Interesse, im gesellschaftlichen Bereich zu wirken: kirchliche, soziale oder politische Reformen in Gang zu setzen oder auch nur zu unterstützen." Mälzer nennt als Grund hierfür aber nicht nur Bengels heilsgeschichtliche Theologie, sondern auch seinen Charakter. Schon Grete Möller führte Bengels angebliche Zurückhaltung gegenüber aktivem politischen Handeln auf seine Eschatologie zurück; s. *G. Möller:* Föderalismus und Geschichtsbetrachtung im 17. und 18. Jahrhundert. In: ZKG 50, 1931, 393–440, hier 427.

[137] *Lehmann,* Pietismus und weltliche Ordnung [s. Anm. 7], 125.

[138] Vgl. *Martin Jung:* Die württembergische Kirche und die Juden in der Zeit des Pietismus (1675–1780). Berlin 1992 (SKI, 13), 84 f., 186, 189, 192, 195. Ergänzend verweise ich auf folgende bisher unbeachtete Dokumente im Archiv der Franckeschen Stiftungen in Halle, die ebenfalls das Missionsengagement Bengels (und seiner Schüler) belegen: K 18, Bl. 212^{v}, 215^{r}, 216^{r}; K 29, Bl. 467^{r}; K 33, Bl. 185^{r}; K 36, S. 404.

[139] Vgl. *Roessle* [s. Anm. 8], 341.

Schriften formuliert haben, nicht mutiger in die Tat umgesetzt haben. Theologische Erkenntnisse und theoretische Postulate haben eben nicht automatisch eine damit übereinstimmende Praxis zur Folge.

Hermann Wellenreuther

Bekehrung und Bekehrte. Herrnhuter Mission unter den Delaware, 1772–1781

I.

Missionsgeschichte und Ethnohistorie interessieren sich beide, wenn auch unter Nutzung unterschiedlicher Methoden und Fragestellungen, für das Verhältnis zwischen europäischen und außereuropäischen Kulturen. Während die Missionsgeschichte, soweit sie sich mit dem 18. Jahrhundert befaßt, dabei von der Annahme geprägt ist, daß die Mission einen zentralen Aspekt europäischer Zivilisation, nämlich die christliche Heilsbotschaft, außereuropäischen Kulturen vermittelt und diese durch den Vermittlungsakt auch in den Bannkreis der europäischen Zivilisation gezogen habe, hat die neuere Ethnohistorie zumindest als theoretisches Postulat sich der Annahme eines wechselseitigen Durchdringungsprozesses verschrieben, dem in Nordamerika der tatsächliche Verlauf der Interaktionsprozesse als einseitiger Prozeß der Zerstörung indigener Kulturen gegenüberstehe. Das Wissen um diese Zerstörung stellt damit zugleich auch immer wieder die Richtigkeit der theoretischen Prämisse, auf der die Ethnohistorie ruht, infrage. Die Perspektive vom Ende her konfrontiert den Ethnohistoriker mit der Frage, ob nicht doch die indigenen Kulturen Nordamerikas jenen Europas von vornherein unterlegen gewesen seien und ob deshalb nicht auch die Ethnohistorie besser das Paradigma des gegenseitigen Durchdringungsprozesses zugunsten eines Unter- oder Überordnungsverhältnisses aufgeben sollte.

Einem ähnlichen grundsätzlichen Problem sieht sich auch die Missionsgeschichtsschreibung zu Nordamerika gegenüber. Während Missionare ebenso wie europäische Politiker im 18. Jahrhundert wie selbstverständlich von der Überlegenheit der europäischen Kultur und damit auch von der der christlichen Botschaft über die nordamerikanischen indigenen Kulturen und über deren Glaubensvorstellungen ausgingen, hat die Missionsgeschichtsschreibung der neueren Zeit unter dem Eindruck der Postulate der Ethnohistorie und der Anthropologie dieses Überlegenheitsparadigma durch das der grundsätzlichen Anerkennung komplexer kultischer Vorstellungen ersetzt, sich zugleich aber nicht den

Ergebnissen ethnohistorischer Forschung über die Folgen christlicher Mission für die indigenen Kulturen zu entziehen vermocht. Diese Ergebnisse deuteten auf eine tiefgreifende Verunsicherung, ja Zerstörung indigener Glaubenswelten und damit auch jener angestammten Autoritätsgefüge hin, von denen insgesamt das Überleben der indigenen Populationen selbst in einer von der weißen Zivilisation radikal umgeformten „Neuen" Welt abhängig gewesen sei. Wiederum ist die Kreisbewegung erkennbar: Das Paradigma einer komplexen kultischen Vorstellungswelt wird von der Perspektive des Untergangs indigener Glaubenswelten her gleichfalls hinterfragt. Diese Perspektive vom Ende der Entwicklung her wird jedoch zusätzlich, zumindest für das 18. Jahrhundert, dadurch kompliziert, daß sich für die christliche Mission dieser Epoche keine tiefgreifenden Erfolge nachweisen lassen. Weder führte die katholische Mission unter den indigenen Stämmen des St. Lorenzstromgebietes und der Großen Seen noch die der protestantischen Missionen unter jenen der Six Indian Nations, der Mahicans und der Delaware zu eindrucksvollen Erfolgen. Angesichts dieser Erfolglosigkeit hat denn die säkulare Forschung der christlichen Mission auch nicht den Vorwurf gemacht, indigene Kulturen zerstört zu haben, sondern sich auf die These beschränkt, daß die Mission wesentlich zur Destabilisierung indigener Kulturen beigetragen habe; sie sei Handlanger des europäischen Kolonialismus gewesen und habe entscheidend zur Stabilisierung europäischer kolonialer Herrschaft in der Neuen Welt beigetragen.

Ethno- ebenso wie Missionshistoriker haben es bisher versäumt, ihre Thesen durch die konkrete Analyse der Interaktionsprozesse zwischen indigenen und europäischen Kulturen, soweit sie sich im Missionsbereich abspielten, näher zu überprüfen. Genau dies ist die Absicht der folgenden Darlegungen. Sie konzentrieren sich dabei auf das wesentliche Ziel der christlichen Mission selbst: auf die Bekehrung zum christlichen Glauben. In der Analyse wird freilich nicht nur auf die Bekehrungskonzeption der Missionare, sondern, ausgehend von kultischen Vorstellungen der indigenen Populationen, auch auf die indigene Perzeption von Bekehrung eingegangen. Weiterführend soll dann der Frage nachgegangen werden, welche zivilisatorischen Konzepte beide Seiten mit dem Bekehrungsvorgang verbanden und in welche soziale Beziehungsgeflechte für beide der Bekehrungsvorgang selbst eingebettet war. Diese Vorgehensweise führt im letzten Teil der Darlegungen zur Analyse der Beziehungsgeflechte zwischen der Missionsgemeinde und der nichtchristianisierten Umwelt und damit auch zu der Erörterung der Frage, ob und in welchem Maße der Bekehrungsvorgang als Prozeß der Zivilisierung im europäischen Sinne oder umgekehrt als Vereinnahmung der Mission in eine indigene Kultur verstanden werden muß. Die Schlußüberlegungen versuchen, die Ergebnisse wieder in die hier nur angedeutete allgemeine Forschungsdiskussion einzubinden.

Im Mittelpunkt der folgenden Erörterungen steht die Mission der Herrnhuter Brüdergemeine unter den Delaware im Ohiogebiet. Geleitet wurde diese Mission von Missionar David Zeisberger, dem in den zuerst zwei, dann drei Missionsgemeinen weitere Missionare zur Seite standen. Die Mission begann 1772; sie endete mit der Deportation der Missionsgemeinen im Frühjahr 1781 in das Gebiet der Wyandot; mit dem Gnadenhütten-Massaker im folgenden Jahr erlitten die Missionsgemeinen einen schweren Rückschlag, von dem sie sich nicht mehr erholten. Der Analyse des Bekehrungserlebnisses und seiner Folgen für die Grundstruktur der Missionsgemeine ebenso wie der Beschreibung der Beziehungen zwischen der Missionsgemeine und der nicht-christianisierten Umwelt liegen als wichtigste Quelle die Missionstagebücher von David Zeisberger zugrunde.[1]

II.

In Welhik Thuppeck am Muskingum war der 23. Dezember 1774 ein besonderer Tag. Wie immer am Tag vor dem Weihnachtsabend herrschte reger Betrieb, aber auch Erleichterung darüber, daß die Delaware nicht in Lord Dunmore's War, den Krieg zwischen den Shawnee und Virginia, hineingezogen worden waren und deshalb genügend zu essen hatten. Und natürlich galt dies auch für die christlichen Indianer in Welhik Thuppeck, dem ersten Missionsort der Brüdergemeine im Ohiogebiet, oder, wie die deutschsprachigen Missionare den Ort nannten, in Schönbrunn.

Über diesen Tag notierte sich David Zeisberger im Missionstagebuch:

„Den 23ten Nach der Frühstunde hatten die Kinder eine gesegnete Gelegenheit, wobey ein seliges Gefühl war, worinne auch viele Erwachsene und Fremde zugegen waren, die sich des Weinens nicht enthalten konten, als sie die Kinder alleine so niedlich singen hörten. Einige kamen und sagten uns ihre Verlegenheit des Herzens und ihre Sehnsucht nach dem Bad der heiligen Taufe. Auch kommt Leben und Gefühl unter die Onondagerische Familie, daß sie selbst nicht wissen, was über sie kommt, denn sie sagten, sie hätten noch nie so was in ihren Herzen gefühlt, da sie doch getauft wären.“[2]

---

[1] Herrnhuter Indianermission in der Amerikanischen Revolution. Die Tagebücher von David Zeisberger, 1772–1781. Hg. u. eingel. v. *Hermann Wellenreuther* u. *Carola Wessel.* Berlin 1995 (Selbstzeugnisse der Neuzeit, 3), im folgenden zitiert als TDZ. Für Rat und Kritik bin ich Nicole Dannhus, Dr. Claudia Schnurmann, Carola Wessel, Dr. Dietrich Meyer und Prof. Dr. Hartmut Lehmann sehr dankbar.

[2] TDZ [s. Anm. 1], 252. Zur Onondagerischen Familie s. u., 164 f.

Ein besonderer Tag also für David Zeisberger, die Kinder und die Bewohner. Die Männer waren in den letzten Tagen von der Jagd zurückgekommen; Zeisberger selbst war trotz Hochwassers am Tag zuvor unversehrt aus Gnadenhütten, dem zweiten Missionsort, zurückgekehrt; etwa fünfzig Fremde waren nach Schönbrunn geströmt. Die Kinder hatten nach der Frühstunde Lieder gesungen, dann war jeder seiner Arbeit nachgegangen; irgendwann bereiteten Zeisberger und sein Gehilfe John Heckewelder die „geschriebene Verse und Lichtergen"[3] vor, die sie am nächsten Tag nach der Christmette an die Kinder verteilen würden.

Für einen Missionsort jedoch normal war, daß „Leben und Gefühl unter die Onondagerische Familie" kam, „daß sie selbst nicht wissen, was über sie kommt", und ebenso wenig überraschend mochte es für David Zeisberger sein, daß Seths Frau ihm gestand, „ihr [sey] der Heiland die vorige Nacht [...] ans Herz gekommen." Es sei „ihr auf einmal so geworden, daß sie hat glauben können, die Wunden in Händen und Füssen und in seiner Seite hätte er um ihre Sünden willen empfangen. Sie habe sich recht vorstellen können, wie die Dornen Crone sein Haupt zerrissen und verwundet hätte, daß ihr Herz ganz voll davon wäre, nun aber verlangte sie sehr mit seinem Blute von ihren Sünden gewaschen zu werden."[4]

Seths Frau berichtete dem Missionaren eine Vision, zugleich aber auch ein Bekehrungserlebnis. In dieser doppelten Bedeutung des Textes, in seiner Bildhaftigkeit und nicht zuletzt auch in der Person, die diese Vision als Bekehrungserlebnis berichtete, sind die Aspekte gefaßt, die sich dem Historiker stellen, der sich mit dem Thema „Bekehrung und Bekehrte" beschäftigt.

Der Text weist in seiner sprachlichen und theologischen Gestalt auf eine Auffassung von Bekehrung zurück, die mit dem Namen von Ludwig Nikolaus Graf Zinzendorf verbunden ist; dies ist aber nur die eine Seite. Denn der Text steht zugleich in einer spezifischen ethno-kulturellen Situation, die ihm über die besondere Bedeutung im Zinzendorfschen Sinne hinaus weitere Bedeutungselemente verleiht. Ich will mich im folgenden zuerst kurz mit dem Zinzendorfschen Bekehrungsbegriff, dann im zweiten Teil mit der ethno-kulturellen Situation beschäftigen, in der dieser Text gelesen werden muß.

[3] TDZ [s. Anm. 1], 253 (24. Dez. 1774).
[4] TDZ, 252–253. Zu Seths Frau s. u., 165 f.

III.

Am Ausgangspunkt von Zinzendorfs Bekehrungsbegriff begegnet uns seine Ansicht, daß alle Menschen eine Gottesvorstellung besäßen. Darüber zu spekulieren, sei überflüssig. „Daß ein Gott sei, ist in ihnen offenbar", schrieb Zinzendorf nachdrücklich in die Instruktion der Missionare, die 1735 nach Rußland zur Missionierung der Samojeden geschickt wurden.[5] Deshalb müsse sich der Missionar auf das konzentrieren, was das Eigentliche des Christentums ausmache, auf „das Lamm und seine[r] Versöhnung", er müsse „von den Wunden des Lamms" reden. Dieses nämlich sei „unser Special-GOtt ... unser Particulier GOtt"[6]. Was jedoch für Gott gelte, daß sich nämlich seine Existenz nicht rational beweisen lasse, gelte noch mehr für die zentrale Botschaft der Missionare: „die absurde Kreuz-Lehre"[7]. Da diese Lehre „absurd", vernunftwidrig und rational nicht begreifbar sei,[8] da in diesem „absurden, ridikulen Dinge" das „Kleinod der Religion" stecke,[9] könne sie auch nicht mit der Sprache des Verstandes für den Verstand dargestellt, erläutert und gepredigt werden. Wahrheit, an anderer Stelle spricht Zinzendorf von der „geheimen Weisheit"[10], definiert Zinzendorf am 11. November 1742 in Bethlehem so: „Wahrheit ist, was sich an unserm inwendigen Menschen so wahr und unwidersprechlich beweißt, als sich Essen und Trincken, an unserm Gaumen und Magen beweißt ... So muß sich das alles an unserm inwendigen Menschen beweisen was uns wahr seyn soll".[11]

Formeln wie jene in Zeisbergers Tagebuch: „glauben es ist Wahrheit was hier gepredigt wird" und „Du redest gewis Wahrheit" meinen deshalb den Begriff „Wahrheit" als innerlich gesehene und gefühlte Übereinstimmung mit dem, was gesagt wurde.[12]

---

[5] *[Zinzendorf, Nikolaus Ludwig von:]* Texte zur Mission. Mit einer Einführung in die Missionstheologie Zinzendorfs. Hg. v. *Helmut Bintz*. Hamburg 1979, 40. Ähnlich auch in einer allgemeinen Instruktion an die Missionare von 1738; Texte zur Mission, 55.

[6] *N.L. v. Zinzendorf:* Sieben Letzte Reden (Herrnhag, 11. Juni 1741). Hg. 1743, 11–12; fotomechan. Nachdr. in: Nikolaus Ludwig von Zinzendorf: Hauptschriften in sechs Bänden. Hg. v. *Erich Beyreuther* u. *Gerhard Meyer*. Hildesheim 1962/63; künftig zitiert als ZH I–VI, hier ZH II.

[7] So *Zinzendorf* auf der Synode zu Gotha; s. Texte zur Mission [s. Anm. 5], 62.

[8] Vgl. auch *Zinzendorf,* Sieben Letzte Reden. In: ZH II [s. Anm. 6], 91–95; Berlinische Reden. Hg. 1758. In: ZH I [s. Anm. 6], 172ff.

[9] So *Zinzendorf* auf der Synode in Gotha im Juni 1740; zit. nach: Texte zur Mission [s. Anm. 5], 62.

[10] So in einer Predigt in der lutherischen Kirche in Philadelphia am 11. März 1742: „Unsre Lehre ist die geheime Weisheit"; s. Sammlung Öffentlicher Reden. 1. Teil, ²1746. In: ZH II [s. Anm. 6], 108.

[11] *N.L. v. Zinzendorf:* Sammlung Öffentlicher Reden. 2. Teil, ²1746. In: ZH II [s. Anm. 6], 168.

[12] TDZ [s. Anm. 1], 103 (29. Juli 1772); 112–113 (12. Okt. 1772, Reisebericht); 136 (3. März 1773).

Zinzendorfs Begriff von Wahrheit und seine Betonung der Bedeutung von Gefühl für die Erkenntnis der christlichen Botschaft hatten direkte missionsmethodische Folgen. Diese werden erkennbar in Formeln, man könne diese „Kreuz-Lehre“ „nur vor die augen mahlen“ oder nur „wahrhaftig ans Hertz“[13] reden.

Für den Bekehrungsprozeß wie für das „neue Leben“ nach der „neuen Zeugung“ spielt das „Hertz“ in der Zinzendorfschen Missionstheologie eine entscheidende Rolle. Der Wunsch zur Bekehrung müsse, so Zinzendorf schon 1725, „von einem dringenden Hertzen“[14] herkommen, wobei das „Dringen“ Ergebnis des Wirkens des Heiligen Geistes sei. Dieser sei der Wegbereiter für jede Mission. Nachdem das Herz des Unbekehrten durch den Heiligen Geist vorbereitet sei, bestehe die wichtigste Aufgabe des Missionaren darin, seine Botschaft so zu gestalten, „daß Christus in den Hertzen eine Gestalt gewinne“.[15] Und in anderem Kontext 1737: „wenn sich ihre Begierde, Vertrauen und Sehnen, mit einer göttlichen Wahrheit, die ihnen im Geiste Gottes ans Hertz kommt, vermenget, und dieselbe mit Hunger und Durst auffänget, so gehet im Hertzen der Saame des Worts, die Flamme, die Liebe Gottes auf; das heißt die neue Zeugung.“[16]

So erfahren die Menschen, daß „das herz nicht mehr todt, daß sie elend, daß sie ohne wahres leben, daß sie verdammt sind.“[17] Voraussetzung für die Bekehrung ist, daß man eine „eigentliche Empfindung des Todes“ habe. Diese Empfindung geschieht in dem „Moment der Bekehrung“. Bekehrung heißt: „wenn einer die Kraft des Todes Jesu an seinem Hertzen erfahren hat.“[18] In dem Bekehrungsprozeß lebt nach Zinzendorf der Mensch den Tod Jesu am Kreuz nach:

„Was haben wir also bey des Heylands Todes-Kampff und blutigen Schweiß zu mercken? Nur das: Wir müssen so lange in unserm Hertzen sehr betrübt seyn ... biß wir wissen, daß der blutige Schweiß, der Streit, der Buß-Kampff JEsu Christi, uns zu gute kommt.“[19]

---

[13] *Zinzendorf,* Berlinische Reden. 1758. In: ZH I [s. Anm. 6], 13; Andreas Grasmann aus Amsterdam am 29. Feb. 1741 an die Missionare in Grönland. Büdingische Sammlung. 2. Bd.; fotomechan. Nachdr. in: Nikolaus Ludwig von Zinzendorf. Ergänzungsbände zu den Hauptschriften. Hg. v. *Erich Beyreuther* u. *Gerhard Meyer.* Bd. 1–14. Hildesheim 1964–1985, künftig zit. als ZE I–XIV, hier ZE VIII, 411–[416] 412. *Zinzendorf* auf der Synode in Marienborn, Ende Dezember; s. Texte zur Mission [s. Anm. 5], 63.

[14] *N.L. v. Zinzendorf:* Der Teutsche Socrates. 1732. In: ZH I [s. Anm. 6], 241.

[15] *Zinzendorf,* Der Teutsche Socrates. In: ZH I, 167.

[16] *N.L. v. Zinzendorf:* Antwort auf eine solide Anfrage in den Franckfurter Gelehrten Zeitungen. 1737. In: ZE VII [s. Anm. 13], 330–332.

[17] *Zinzendorf,* Berlinische Reden. In: ZH I [s. Anm. 6], 93–94; hier: 94.

[18] *N.L. v. Zinzendorf:* Sonderbare Gespräche. 1739. In: ZH I [s. Anm. 6], 83.

[19] *Zinzendorf,* Sieben Letzte Reden. In: ZH II [s. Anm. 6], 120–121.

Zinzendorf beharrte darauf, daß Bekehrung „erfahren“ wird. Dies hatte für die Mission eine wichtige Konsequenz: Sie befreite das Bekehrungserlebnis von den europäischen Regeln der Erkenntnis und öffnete es für alternative Formen des Erkennens, die in anderen Kulturen üblich waren.

Mit der Konzentration auf die Leiden Christi und der Entrationalisierung des Glaubens bereitete Zinzendorf den Weg für eine Missionsmethode, die die systematische Lehre der christlichen Glaubenssätze strikt vermied und stattdessen Kernelemente der christlichen Lehre in Bildern voller sprachlicher Ausdruckskraft und Metaphorik, die die Sinne und Gefühle der zu Bekehrenden ansprach, in Predigt und Einzelgespräch vermittelte.[20]

Damit aber rückte die Missionsmethode in erstaunlichem Maße an die indianische Weise heran, religiöse Erkenntnis durch Visionen zu gewinnen. Der Herrnhuter Missionar forderte, daß sich der Bekehrung suchende Indianer die Leiden Christi selbst vorstelle; mit dieser eigenen Vorstellung eignete er sich die Leiden und den Grund des Leidens selbst an, sie wurden als tatsächliche Leiden begriffen, das „Hertz“ wurde „hingerissen“[21], sie wurden „wahr“.

IV.

Zinzendorfs Bekehrungsbegriff greift einen Aspekt des christlichen Glaubens heraus und entwickelt diesen weiter. Er ist damit eingebettet in eine breite und tief in die Geschichte hineinreichende europäische Tradition. Solche historisch gewachsenen Traditionen lassen sich auch für indianische Gesellschaften nachweisen; Zeisberger berichtet in seinem Tagebuch etwa über die gewachsene, Überleben und Gedeihen der Shawnee und ihr Leben nach dem Tod erklärende Tradition: Die Shawnee behaupteten, sie könnten das Christentum nicht annehmen „aus dreierley Ursachen. Vors erste: Ihr ganze Nation wäre schon einmal bis auf einige wenige Überbleibsel ganz ausgerottet gewesen, da hätte ihnen Gott ein gewisses Beson[22] oder Medicin gegeben und seitdem sie

[20] *Zinzendorf,* Berlinische Reden. Rede vom 9.3.1738. In: ZH I [s. Anm. 6], 62.

[21] TDZ [s. Anm. 1], 114 (13. Okt. 1772, Reisetagebuch von Zeisbergers erster Reise zu den Shawnee).

[22] Nach *David Zeisberger:* Delaware Indian and English Spelling Book, for the Schools of the Mission of the United Brethren. Philadelphia, PA 1806, 10, bedeutet „Beson“ im Englischen „physic“; noch heute bedeutet „Besoon“ in der Sprache der Delaware Medizin; vgl. Turtle Tales: Oral Traditions of the Delaware Tribe of Western Oklahoma. Ed. *Duane K. Hall.* Anadarko, Ok. 1984, 200. Zeisberger beschreibt Beson am 1. Jan. 1773 als „Medizinische Kräuter und Wurzeln“; TDZ [s. Anm. 1], 126. Beson ist auch „Wapachsigan (ein Gift das die Krieger gebrauchen, welches das Beson ist, das sie von Gott empfangen, wovon oben schon gemeldet worden)“; TDZ, 130 (19. Jan. 1773).

das unter sich hätten, so hätten sie sich wieder ermannt und so gemehrt, daß sie nun wieder stark wären. Vors zweite, hätte ihnen Gott Brod vom Himmel gegeben und zwar auf die Weise: Es waren zwey Indianer dahin gereist wo die Sonne untergeht, die hätten es von daher mitgebracht, sie also nun Brod hätten, deswegen sie jährlich ein Fest und Tanz hielten wobey sie Gott dankten, daß er ihnen Brod gegeben, und 3tens das Todten-Fest oder den Todten-Tanz, welches sie deswegen halten, damit ihre Freunde die da sterben zu Gott kämen.[23] Von diesen 3 Sachen könnten sie nicht ablassen und insonderheit vom ersten nicht, denn sie würden alle zu Grunde gehen, wie vor Alters beynahe geschehen."[24]

Neue Lehren indianischer Prediger waren nur in dem Maße „neu", wie sie dem vorhandenen Fundus von Glaubenslehren in der indianischen Gesellschaft neue Aspekte hinzufügten. Komplexer dagegen stellt sich die Beziehung der Herrnhuter Missionsbotschaft zu den indianischen Glaubenslehren dar. Während sie in ihrer Zielsetzung wohl identisch waren – beide boten Erklärungen über die Erhaltung des Lebens im Diesseits und dessen Weiterbestehen im Jenseits an –, fehlte, soweit ich sehe, den indianischen Glaubenslehren der Gedanke des Opfertodes eines Gottes für die Verfehlungen der Menschen und die Verknüpfung des Glaubens an diesen Opfertod mit der Möglichkeit des glücklichen Weiterlebens nach dem Tod. Vielmehr war etwa bei den Shawnee, aber wohl auch bei den Delaware, das Weiterleben nach dem Tod an die gewissenhafte Fortsetzung und Ausübung kultischer Handlungen wie Tieropfer oder religiöse Tänze der Lebenden gebunden.[25] Diskontinuitäten in der Ausübung dieser kultischen Handlungen gefährdeten nicht nur, wie die Shawnee ausdrücklich hervorhoben, das glückliche Weiterleben des einzelnen nach seinem Tod, sondern das der schon Gestorbenen und der künftig noch sterbenden Mitglieder der Stammesgemeinschaft. Dies aber bedeutete auch, daß der individuelle Heilsweg an die gemeinsame Pflege der kultischen, das Überleben der gesamten Stammesgesellschaft garan-

[23] Zur Bedeutung dieser Tänze vgl. *Charles F. Voegelin:* The Shawnee Female Deity. New Haven, CT 1936 (Yale Univ. Publ. in Anthropology, 10), 12–16; Shawnee Traditions. C.C. Trowbridge's Account. Ed. *Vernon Kinietz* und *Erminie W. Voegelin.* Ann Arbor, MI 1939 (Occasional Contributions from the Museum of Anthropology of the University of Michigan, 9), 49–51. Beide Autoren kennen die Entstehungsgeschichte nicht und beide unterlegen den beschriebenen Tänzen andere Deutungen. Vgl. allgem. *William N. Fenton, Gertrude P. Kurath:* The Feast of the Dead, or Ghost Dance. A Six Nations Reserve, Canada. In: Half a Century of Dance Research. Essays by Gertrude Prokosch Kurath. Flagstaff, AZ 1986, 95–117; *Dies.:* Native Choreographic Areas of North America. Essays, 230–243.

[24] TDZ [s. Anm. 1], 122–123 (25. Dez. 1772).

[25] „Einer von ihnen sagte, er hätte bisher darum geopfert, daß es seinen Kindern wol gehen möchte in dieser und in jener Welt, nun er aber gehört hätte, daß durchs Opfern nichts zu erlangen wäre, weder zeitliches noch ewiges, so glaube er auch es sey würklich Wahrheit"; TDZ [s. Anm. 1], 182 (27. Jan. 1774).

tierenden Traditionen gebunden war. Die Errettung des einzelnen als Ziel religiösen Erlebens war in dieser Auffassung von Heilsweg zwar denkbar, aber religiöse Erkenntnis blieb auf die kultische Gruppe ausgerichtet, der der einzelne angehörte.

Damit aber stellen sich zwei Fragen: Entsprach im indianischen Verständnis die kultische Gruppe, das, was Zeisberger die „Freundschaft" nannte, der Gemeinde im christlichen Sinne und war in der christlichen Gemeinde die Errettung des einzelnen so untrennbar mit dem Heil der kultischen Gruppe verknüpft? Gab es eine Brücke von dem Zinzendorfschen individuellen Bekehrungserlebnis als Errettung des Bekehrten zu dem indianischen kommunalen Weg der Errettung der kultischen Gemeinschaft durch den gemeinsam geübten Kultus?

Das Bekehrungserlebnis wird von Zinzendorf und den Missionaren der Brüdergemeine als ein Akt des inneren Sehens und der Annahme dessen, was gesehen wird, definiert. Zentrale Aspekte dieser Erkenntnismethode waren den Indianern sehr wohl bekannt. Wir wissen zwar nicht allzu viel darüber, was Indianer unter Visionen verstanden – und das, was wir wissen, stammt eben aus der Feder von Missionaren wie Zeisberger und Heckewelder. Aber es lohnt sich doch, eines dieser Zeugnisse näher anzusehen. In Zeisbergers Tagebuch finde ich folgenden Bericht:

[1. Jan. 1773] „der bekante Indianer Prediger Scattameek [...] (gab vor), er wäre im Himmel gewesen und hätte eine Unterredung mit dem Sohn Gottes gehabt [...] der hätte ihm auch offenbaret, daß die Indianer Beson (medicinische Kräuter und Wurzeln) trinken solten, sich von der Sünde zu reinigen, wenn sie das fleissig thäten, würden sie zu ihm kommen und wenn sie ihm glaubten, so würden sie auf dem Wasser wie über Land gehen können, wenn sie auch nur wenig pflanzten, würden sie doch genug zu leben haben und dergleichen noch viel mehr. [...] [Der Häuptling] Netawatwees sandte bald darauf eine Botschaft an die Shawanosen [...], daß 3 ihrer Prediger eine neue Offenbarung von Gott gehabt, ja selber mit ihm gesprochen hätten."[26]

Berichte über Visionen indianischer Prediger ruhen auf einer Voraussetzung, die der näheren Betrachtung vorwegzuschicken ist: die Bereitschaft der Indianer, die Visionen und die daraus abgeleiteten Lehren als „wahr", um Zeisbergers Begriff zu benutzen, zu glauben. Diese Bereitschaft mag auf den ersten Blick überraschen. Es gibt jedoch zu viele Hinweise darauf, daß sich die indianischen gerade in dieser Hinsicht in nichts von den europäischen Menschen unterschieden. Ich will nur ein Beispiel nennen: Als die Lehre von Scattameek in den anderen Stämmen 1771 bekannt wurde, wandten sich die Bewohner von der Landwirt-

[26] TDZ [s. Anm. 1], 126 (1. Januar 1773); Scattameeks Lehre „wurde von noch 2 andern Predigern unterstüzt" (126).

schaft ab und konzentrierten sich darauf, entsprechend den Geboten der offenbarten Lehre zu leben – mit dem Ergebnis, daß die Region im folgenden Jahr durch eine schwere Hungersnot heimgesucht wurde. Endlich: In die Missionsgemeinen kamen Indianer selbst aus viele Tagesreisen entfernten Regionen, nachdem sie gehört hatten, dort würde „Wahrheit" gepredigt.

Es besteht somit kein Zweifel, daß Verunsicherung und Sehnsucht nach Heilsgewißheit bei den Indianern der Ohioregion weit verbreitet waren; vergegenwärtigt man sich die schweren militärischen Niederlagen, den ständigen Druck durch weiße Siedler auf die Stämme und deren Land, die immer wieder ausbrechenden Seuchen und endlich die permanenten Subsistenzkrisen, dann wird diese religiöse Unruhe verständlich.[27]

In diesem Kontext wirkten nicht nur die wenigen christlichen Missionare, sondern auch die indianischen Prediger. Beide hatten Konjunktur. Die indianischen Prediger behaupteten, ihre Seelen seien im Himmel gewesen, hätten dort mit Gott oder seinem Sohn gesprochen, von denen sie Botschaften und Erkenntnisse über den rechten Weg zum wahren Heil erhalten hätten; mit der Reise in den Himmel, wo seine Seele „auch ihre Nahrung bekäme", legitimierte der indianische Prediger Scattameek seine Botschaft. Sieht man einmal davon ab, daß sich in dieser Botschaft unverkennbare christliche Elemente wiederfinden, dann bleibt: Der indianische Prediger legitimiert über den direkten Kontakt, die Vision, und in dieser mit dem direkten Gespräch mit Gott, allgemein dem höchsten Wesen, einen Heilsweg, den er dann als Botschaft an die Menschen weiterreichte. Die Botschaft wird gesehen, erfahren, verkündet. Sie ist im Sinne endgültiger Erkenntnisse „wahr". Diese Fähigkeit, in Visionen Wege zum Heil zu sehen und zu erfahren,[28] legitimierte und konstitu-

[27] Die christliche Theologie, auch die der Brüdergemeine, geht davon aus, daß am Ausgangspunkt der Sehnsucht nach Heilsgewißheit das Gefühl von Verworfenheit stehe; es ist nicht klar, ob die Shawnee und Delaware eine ähnliche Vorstellung besaßen; die zahlreichen Klagen von Häuptlingen bei Vertragsverhandlungen über die Folgen des Alkoholmißbrauchs für die Moral der Indianer deuten wie auch zahlreiche Aussagen von David Zeisberger darauf hin, daß die Indianer eine Vorstellung von einem nach ihrem Wertesystem guten moralischen Leben hatten. Inwieweit die Erkenntnis, daß sie in ihrem Leben von diesem Wertesystem abwichen, zu dem Gefühl des Verworfenseins führte, läßt sich nicht eindeutig klären, da entsprechende Äußerungen von David Zeisberger etwa in seinem Bericht über seinen ersten Besuch einer Shawnee Siedlung im Oktober 1772 nur mit großer Zurückhaltung als Hinweise auf solche Vorstellungen herangezogen werden sollten; vgl. TDZ [s. Anm. 1], 113–114.

[28] Eine wesentliche Gemeinsamkeit zwischen der christlichen Botschaft, wie sie von den Herrnhuter Missionaren verkündet wurde, und der indianischer Prediger bestand darin, daß sich beide auf die Frage des rechten Weges zum Heil und damit auch auf die Frage nach dem Leben nach dem Tode konzentrierten. Immer wieder aber wurde von indianischen Predigern die Herrnhuter Ansicht, daß es nur einen richtigen Weg zu diesem Heil und zum ewigen Leben gebe, abgelehnt und statt dessen dem Herrnhuter Weg zum ewigen Leben „ein andern Weg" für die Indianer gegenüber gestellt. So berichtet Zeisberger etwa unter dem Datum des 9. Dez.

ierte die Autorität des Predigers – dementsprechend war dies auch kein Amt und auch nicht nur Männern vorbehalten, denn auch Frauen konnten Visionen haben[29] – in der indianischen Gesellschaft. Durch seine Fähigkeit, mit Gott in Kontakt zu treten, war er wie Gott, wie Scattameek auf Kritik eines bekehrten Indianers entgegnete.

Der vermittelten Vision des indianischen Predigers mit ihren Folgerungen stellten die Herrnhuter Missionare die in der Bekehrung selbsterlebte Vision gegenüber: Der Indianer sah „die Wunden in Händen und Füssen und in seiner Seite" und erkannte, Jesus habe diese „um ihre Sünden willen empfangen." Sie, Seths Frau, konnte sich „recht vorstellen, wie die Dornen Crone sein Haupt zerrissen und verwundet hätte, daß ihr Herz ganz voll davon wäre". Der Unterschied zur indianischen Religiosität wird hier deutlich: Während der indianische Gläubige die Vision eines Predigers als „wahr" erkennt und damit zum Anhänger von dessen Lehre wird, erfährt der sich zum christlichen Glauben bekehrende Indianer die „Kreuz-Lehre" selbst; er hängt nicht einer Fremderfahrung an, sondern wird aufgrund seiner eigenen Erfahrung bekehrt. Die Funktion der Missionare war nicht mehr, die Lehren der Vision, die sie selbst gehabt hatten, zu vermitteln, sondern denjenigen, die die Bekehrungsvision durchlebt hatten, bei der Gestaltung ihres Lebens im Einklang mit den Erfordernissen der Bekehrungsvision zu helfen.[30] Daß die Missionare in dieser helfenden Funktion ein gerütteltes Maß europäischer Moralvorstellungen und Zivilisation in das Leben der bekehrten Indianer einführten, sei angefügt, freilich mit dem Zusatz, daß von einer quasi durch die Hintertür eingeschleusten Europäisierung indianischen Lebens deshalb noch keine Rede sein kann.

Die Methode, Heilsgewißheit indianischer Provenienz zu erreichen, unterschied sich damit in vier Punkten von der, wie die Indianer in Schönbrunn ihre Bekehrung erlebten: Erstens: In den Missionsgemeinden sahen die Indianer selbst die letzte Erkenntnis und waren damit nicht mehr auf die Vermittlung durch den indianischen Propheten angewie-

---

1776: „Ein gewisser Indianer in Goschachgünk [...] predigt frey und öffentlich, daß der Brüder Lehre nicht für die Indianer, sondern für die weissen Leute sey. Den Indianern hätte Gott einen andern Weg, selig zu werden vorgeschrieben und den wolle er ihnen nun zeigen"; vgl. TDZ [s. Anm. 1], 347.

[29] Vgl. dazu Eintrag zum 19. März 1775: Ein fremder Indianer berichtet: „Seine Frau, die immer gesagt hatte, es wäre alles Lügen was hier gepredigt würde, sie wüste es besser, denn sie wäre am Ort der Geister gewesen, wo die Erdbeere und Heidelbeere so gros wie Äpfel im Überfluß wären, wo sie auch gedächte hinzukommen, wo wir aber hinkämen, da wolte sie nicht hin, daher sie auch in keine Versammlung ging"; vgl. TDZ [s. Anm. 1], 264.

[30] Wie ich oben ausgeführt habe, begreift Zinzendorf Bekehrung nicht als Vision, sondern als „Anschauen des gecreuzigten Heilands". Im Kontext der eigenen kultischen Lebenswelt konnte der Indianer diesen Bekehrungsbegriff nur als Vision verstehen. Meine Benutzung des Visionsbegriffs an dieser Stelle gibt dementsprechend die indianische Wahrnehmungsweise wieder.

sen. Zweitens: Durch das Bekehrungserlebnis hatte der einzelne Indianer selbst die Möglichkeit, seine Erlösung als letzte Wahrheit zu erkennen. Der Bekehrungsvorgang hob drittens den Indianer im Akt der Bekehrung aus einem durch Autoritätshierarchien definierten gesellschaftlichen Rang heraus auf eine neue, selbst Autorität stiftende Stufe: Der bekehrte Indianer wurde, gerade weil er die letzte Wahrheit als Vision gesehen hatte und sie ihm nicht vermittelt worden war, selbst zum Propheten. Und viertens endlich war das christliche Bekehrungserlebnis in höchstem Maße individuell, es galt nur für den einzelnen und war nicht gültig für die soziale Gruppe, in die er eingebettet war. Die Gruppe konnte sich auch durch die Erfüllung der gepredigten Forderungen selbst das Bekehrungserlebnis nicht aneignen. Hier lag die ethnokulturelle Problematik des Bekehrungserlebnisses.

V.

In dem Dialog, der sich im Juni 1775 zwischen dem indianischen Propheten Wangomen und den bekehrten Indianern in Schönbrunn entspannte, wurde Wangomen von einem der Bekehrten, nämlich von Isaac, entgegen gehalten:

„O wie bistu doch so blind und vom Satan besessen! denke doch ja nicht, daß wir dir ein Wort glauben, ehedem haben wir dir wol geglaubt weil wirs nicht besser verstanden haben, nun aber wissen wir an wen wir glauben und daß unsre Lehre vom gecreuzigten Heilande ewiglich stehen wird, du aber mit deiner Lehre zuschanden werden wirst. Wangomen antwortete ihm darauf und sagte, er solte nicht so viel reden, sondern bedenken daß was er ihm sagte, das sagte er zu Gott. Er wolte den Brüdern noch mehr vorpredigen, sie sagten ihm aber, er möchte doch lieber zu unsern Kindern in die Lehre gehen, die könten ihm noch sagen was zu seiner Errettung diene.“[31]

Dieser Dialog verdeutlicht die Konsequenzen der Bekehrung: Durch diese war der Bekehrte durch seine Erkenntnis der letzten Wahrheit nicht nur als Prophet im Sinne der Bedeutung des Wortes in der indianischen Gesellschaft legitimiert, sondern dadurch war auch, da es für den Bekehrten nur eine letzte Wahrheit geben konnte, dem indianischen Propheten die eigene Legitimation genommen. Wangomen blieb nur, „zu unsern Kindern in die Lehre gehen“. In letzter Konsequenz hieß dies auch, daß die Herrnhuter Konzeption von Bekehrung die Grundlage der Autorität der indianischen Prediger zerstörte.[32]

---

[31] TDZ [s. Anm. 1], 276–277 (11. Juni 1775).

[32] In der Forschung wird davon ausgegangen, daß damit auch die Grundlage des indianischen Kultus zerstört worden sei. Dies scheint mir freilich keinesfalls zwingend aus der Zerstörung

Nun wird man sich davor hüten müssen, die Unterschiede zwischen den indianischen und europäischen Gesellschaften und Kulturen überbetonen zu wollen; die Fähigkeit zur Erkenntnis und Vermittlung der letzten Heilsgewißheit stiftete nicht nur in den indianischen, sondern auch in den neuzeitlichen europäischen Kulturen Autorität im ganz praktischen Sinne; und in beiden Gesellschaften machten sich diesen Umstand auch weltliche Obrigkeiten zu Nutze. Wie Wangomen mit dem Häuptling Packanke in Kaskaskunk und Scattameek mit Netawatwees 1771 in Gekelemukpechünk verbündet waren, so lebten im Deutschland des achtzehnten Jahrhunderts lutherische und katholische Territorialfürsten mit ihren lutherischen und katholischen Bischöfen in inniger Verbundenheit, während in England der König gar Oberhaupt der anglikanischen Kirche war.

Und noch eine Parallele fällt ins Auge: Auch in Europa war zumindest in der Reformationszeit die von Luther postulierte neue direkte Beziehung zu Gott als Durchbrechung der gesellschaftlichen Hierarchien und als Gefahr für die ständische Gesellschaft begriffen und gedeutet worden – nicht nur in einem politisch radikalen Sinne wie von Thomas Müntzer. Gerade diese Parallele legt die Frage nahe, ob nicht gleichfalls in den Missionsgemeinen der Herrnhuter Brüdergemeine die hierarchischen Strukturen der indianischen Gesellschaften durch den Bekehrungsakt ersetzt wurden durch neue, auf die Autonomie des Individuums ausgerichtete Strukturen – Strukturen, die damit freilich gleichermaßen von den traditionellen indianischen wie europäischen Gesellschaftsformen weggeführt hätten. Lassen sich solche soziale Folgen der Bekehrung in den christlich-indianischen Gemeinden erkennen?

VI.

Neben den indianischen Predigern und den beiden Häuptlingen Netawatwees und Packanke sind uns bisher dreierlei Figuren begegnet: die „Onondagerische Familie", die Frau von Seth und Isaac. Diese drei repräsentieren unterschiedliche Positionen in der Missionsgemeine ebenso wie in der indianischen Gesellschaft.

Die „Onondagerische Familie" war Anfang November 1774 von Shenango nach Schönbrunn gekommen; sie bestand neben Thomas und Marie aus den Söhnen Nicolaus und Joseph und den beiden Töchtern

der Autorität der indianischen Prediger zu folgen. Denn diese waren nicht per se die Wahrer des indianischen Kultus; für dessen Bewahrung und Pflege waren die Häupter der lineages zuständig, zumindest bei den Delaware. Überdies deutet Zeisbergers Bericht über die Gründungslegende der Shawnee darauf hin, daß diese unabhängig von der Existenz und dem Wirken der indianischen Prediger und Propheten bestand; s. TDZ [s. Anm. 1], 122–123.

Christine und Polly.[33] Zeisberger kannte die Familie von Besuchen in Shenango und fühlte sich ihr auch als adoptierter Onondaga verbunden; er nannte Thomas „seinen Oncle“[34]. Die Familie war am Mohawk River getauft worden, weshalb sie bei ihrer Ankunft schon christliche Namen hatte. Sie gehörte am 23. Dezember 1774 zur beträchtlichen Gruppe derer, die zwar die Erlaubnis erhalten hatten, sich in Schönbrunn niederzulassen, die aber noch nicht in die Missionsgemeine aufgenommen worden waren. Die Familie war getauft, aber dies war ein formaler Akt geblieben. Erst jetzt regte sich bei ihr so etwas wie „Leben und Gefühl [...], daß sie selbst nicht wissen, was über sie kommt, denn sie sagten, sie hätten noch nie so was in ihren Herzen gefühlt, da sie doch getauft wären.“[35] In der Terminologie Zinzendorfs wirkte in ihnen der Heilige Geist, sie erhielten „ein dringendes Herz“. In den folgenden Tagen nahmen sie wie alle anderen an den religiösen Versammlungen teil. Aber erst am 28. Dezember 1774 legte Thomas Onondaga Zeisberger seinen inneren Zustand offen:

„[Er habe] schon etliche Jahre in lauter Unruhe seines Herzens zugebracht, dabey hätte er viel überlegt und gesucht wo sein Herz wol seyn könte, habe es aber nirgends gefunden, als jezo da er hieher gekommen und von des Heilands Menschwerdung, Leiden und Sterben gehört hätte, und sagte: Ich glaube nun, Er hat sein Blut auch für mich Sünder vergossen, Sein Eigenthum will ich ganz seyn, es ist kein Haar an mir, das nicht seine seyn soll, das sagte er mit Thränen in den Augen.“[36]

Nach diesem Bekenntnis seiner individuellen Errettung wurden er ebenso wie sein Sohn Nicolaus, von dem keine ähnliche Äußerung überliefert wird, am 1. Januar 1775 in die Gemeine aufgenommen und die anderen Familienmitglieder in den folgenden Monaten in die Gemeine eingesegnet.[37] Wir halten fest: Dem Bekenntnis der individuellen Bekehrung steht die Taufe einer sozialen Gruppe, der „Onondagerischen Familie“, gegenüber.

Die Stellung von Seths Frau in der Gemeine unterschied sich von der der „Onondagerischen Familie“ in mehrfacher Hinsicht: Von ihrer sozialen Herkunft her gehörte sie zu den einflußreichen Familien der Delaware; Netawastond, ihr Ehemann, der nach Zeisberger vor seiner Taufe „ein grosser Feind des Evangelii war“, hatte zum Kreis der Kultusverwalter in der indianischen Gesellschaft gehört; überdies war er der Bruder

---

[33] TDZ [s. Anm. 1], 248 (17. Nov. 1774).

[34] TDZ, 249 (26. Nov. 1774).

[35] TDZ, 252 (23. Dez. 1774).

[36] TDZ, 253 (28. Dez. 1774).

[37] TDZ, 254–255 (1. Jan. 1775); 260 (12. Feb. 1775, Marie, Frau von Thomas); 275 (25. Mai 1775, Joseph und Polly, Kinder von Thomas und Marie); 283 (20. Aug. 1775, Christina, Tochter von Thomas und Marie)

von Laweloochwalend, der vor seiner Taufe am 2. April 1774 Häuptling in dem wichtigen Ort Shenenge gewesen war; Netawastond war nur drei Monate nach seinem Bruder am 17. Juli 1774 getauft worden. Nach ihrer Bekehrung wurde seine Frau am ersten Weihnachtstag auf den Namen Verona getauft und damit in die religiöse Gemeinschaft aufgenommen.[38]

Stand die „Onondagerische Familie" in der Gesellschaft der Delaware eher am Rande, so gehörten Seth und Verona zum Kreis der Autorität ausübenden Familien der delawarischen Gesellschaft.[39] Zur Elite der delawarischen Gesellschaft dagegen zählte der Dritte, Isaac, der mit Wangomen diskutiert hatte. Isaac, sein indianischer Name war Glikhican, hatte vor seiner Taufe dem Ratsgremium in Kaskaskunk angehört; damals galt er als engster Berater von Häuptling Packanke; in Kriegszeiten waren ihm als Captain Häuptlingsfunktionen zugefallen. Glikhican wurde noch in Langundoutenünk am 24. Dez. 1770 auf den beziehungsreichen Namen Isaac getauft. Bald darauf war er in die Abendmahlsgemeine, den inneren Kreis der Missionsgemeine, aufgenommen worden.[40]

In Schönbrunn lebten demnach drei Gruppen: Erstens jene, die ungetauft waren, aber die Erlaubnis zur Ansiedlung erhalten hatten; zweitens die Gruppe der Getauften und innerhalb dieser Gruppe wieder drittens die sehr viel kleinere Gemeinschaft der Abendmahlsteilnehmer. Diese ausgeprägte Gruppenhierarchie war freilich durchlässig. Allerdings war sie nicht nur durch eine Aufwärtsmobilität, also vom Status des Ungetauften über den des Getauften zum Communicanten, sondern auch umgekehrt durch eine ebenso lebhafte Abwärtsmobilität geprägt. Beide,

---

[38] TDZ [s. Anm. 1], 253 (25. Dez. 1774); das Zitat, TDZ, 215 (3. Juli 1774); TDZ, 187 (2. April 1774); 220 (17. Juli 1774).

[39] Nach wie vor bleibt unklar, welche Rolle und Funktion „Autorität" in den indianischen Gesellschaften des 18. Jahrhunderts hatte. Häuptlinge wie der Shawnee Gischenatsi beschwerten sich, die jungen Leute würden den Häuptlingen nicht mehr gehorchen; vgl. Zeisbergers Bericht über seine zweite Reise zu den Shawnee in TDZ [s. Anm. 1], 172: Klagen, die mehrmals von David Zeisberger im Diarium verzeichnet werden. Diese Klage setzt natürlich voraus, daß nach Ansicht der Häuptlinge der normale Zustand war, daß die jungen Leute den Anweisungen der Häuptlinge und des Rates Folge leisteten. Ein anderer Aspekt des Begriffes „Autorität" liegt in der Frage, was „Autorität" konstituierte. Beim Prediger war dies sicherlich die Vision. Für den Häuptling und den War Captain mußten es andere Elemente sein. Aus Zeisbergers Schriften wie aus dem Diarium geht hervor, daß die Zugehörigkeit zu einer bestimmten Familie schon an sich Autorität als Möglichkeit konstituieren mochte – nur so ist zu verstehen, daß etwa der Enkel von Netawatwees, Gelelemend, als dessen Nachfolger vorherbestimmt war; vgl. TDZ, 312 (21. April 1776). Aus dem Tagebuch geht jedoch auch hervor, daß Gelelemend nach dem Tod von Netawatwees nicht automatisch an dessen Stelle rückte, sondern der Zustimmung nicht nur des obersten Rates, sondern auch des Stammes insgesamt bedurfte. Dieser Prozeß zog sich über achtzehn Monate hin. Im März 1778 war Gelelemend noch nicht als oberster Häuptling bestätigt; vgl. TDZ, 442 (20. März 1778). In diesem Prozeß spielten andere, Autorität konstituierende Merkmale wie Tapferkeit und Erfolg in der Jagd – die Fähigkeit also, die Mittel zum Erwerb europäischer Waren bereitzustellen – eine wichtige Rolle.

[40] Vgl. Anm. 43 (s. u.).

Aufwärts- wie Abwärtsmobilität, wurden von den Missionaren bestimmt, die in schwierigeren Fällen sich des Rates der indianischen Helfer versicherten. Ob die Schilderung des „dringenden Herzens" geglaubt und damit die Erlaubnis zur Niederlassung erteilt, ob die Erzählung des Bekehrungserlebnisses akzeptiert und damit der Kandidat zur Taufe angenommen und endlich, ob die Intensität der Religiosität in der „Bande"[41] überzeugend dargestellt und der angehende Communicant zum ersten Mal eingeladen wurde, beim Abendmahl zuzusehen, ob er dann bei nochmaliger Prüfung zum zweiten Zusehen zugelassen wurde, ob er endlich nach der dritten bestandenen Prüfung als Communicant am Abendmahl teilnehmen konnte – allen diesen Fragen gingen intensive Gespräche zwischen der betreffenden Person, den Missionaren und ihren indianischen Helfern voraus. Anders formuliert: Dem aus dem Bekehrungskonzept abgeleiteten autoritätsstiftenden Anspruch auf eine neue Gleichheit der letzte Erkenntnis besitzenden einzelnen Gläubigen stand eine stark regulierte und gegliederte religiöse Gemeinschaft gegenüber, die mehrere Stufen und Ränge kannte. Mehr noch: Die Zulassung zu der einen oder anderen Gruppe orientierte sich nicht am Status des einzelnen in der sozialen Gemeinschaft, sondern an seinem immer hinterfragten individuellen religiösen Zustand. Die Mechanismen der Missionsgemeine ignorierten soziale Beziehungs- und Bindungsgeflechte der indianischen Gesellschaft.

Diese religiös-strukturelle Hierarchie stand in enger Beziehung zu einer in der Missionsgemeine deutlich erkennbaren weltlich-politischen Hierarchie einerseits, zu einer Spiegelung indianischer kultischer und ethnischer Formationen in der christlichen Gemeinschaft andererseits.

VII.

Die Strukturen der weltlich-politischen Hierarchie werden erkennbar in der Analyse der Personen, die die Missionsgemeine nach außen etwa gegenüber dem obersten Rat der Delaware in Gekelemukpechünk vertraten. Dabei handelt es sich um einen sehr kleinen Personenkreis. Zwischen dem 1. Juni und dem 15. November 1774, einer politisch wegen Lord Dunmore's War außerordentlich unruhigen Zeit, wurde die Missionsgemeine Schönbrunn gegenüber der Außenwelt durch sieben Personen vertreten.[42] In der Reihenfolge der Häufigkeit waren dies:

---

[41] Der Begriff „Bande" bezeichnet in der Herrnhuter Terminologie das intensive, den religiösen Zustand des Gläubigen erforschende Gespräch.

[42] TDZ [s. Anm. 1], 205 (13. Juni); 206 (17. Juni); 206–209 (23. Juni); 214–215 (3. Juli); 217–218 (11. Juli); 218 (12. Juli); 226–227 (24. Aug.); 228 (28. Aug.); 232–233 (1. Okt.); 235 (12. Okt.); 236 (27. Okt.); 238–244 (5. Nov. 1774).

Isaac	8
Jakob Gendaskund	6
Augustinus	6
Willhelm	3
Cornelius	2
Johannes	2
Nathanael	2

Von den sieben Personen ist Isaac als ehemaliger Captain und Sprecher des Rates von Kaskaskunk schon vorgestellt worden; er verfügte über große politische Erfahrung. Ähnliches gilt für Jakob Gendaskund; er war War Captain der Munsee gewesen und am 24. Dez. 1770 in Langundoutenünk getauft worden. Auch Augustinus war vor seiner Taufe am 24. Mai 1774 Häuptling der Munsee gewesen; sein indianischer Name war Newollike. Willhelm alias Bill Chelloway, Bruder von Job Chelloway, einem Häuptling, gehörte zur Führungsgruppe der Indianer, unter denen in den 1740er Jahren in Checomeco die Brüdergemeine mit ihrer Mission begonnen hatte. Cornelius, ehemals selbst Häuptling in Wyalusing, durch seine Heirat mit einer Häuptlingsfamilie verbunden, war am 6. Jan. 1766 noch in Friedenshütten getauft worden und spielte bis zu seinem Tod 1792 im Alter von beinahe hundert Jahren in der Missionsgemeine eine wichtige Rolle. Ähnliches gilt auch für Johannes, den ehemaligen indianischen Propheten Papunhank, der nach einer religiösen Erweckung Missionare der Brüdergemeine in seinen Ort Machiwihilusing gerufen hatte. Nathanael, Enkel des ersten Bekehrten in Checomeco, entstammte gleichfalls einer Häuptlingsfamilie.[43] In der Missionsgemeine gehörten zumindest sechs der sieben zum Kreis der „Communicanten".[44]

Der Befund zeigt, wie stark die Herrschafts- und Machtstrukturen der unbekehrten indianischen Gesellschaft in der Herrschaftsstruktur der Missionsgemeine weitertradiert wurden. Bruchlos übten Indianer, die vor ihrer Bekehrung wichtige Funktionen ausgeübt hatten, solche auch nach Aufnahme in die Brüdergemeine aus, während sich umgekehrt kaum ein Fall nachweisen läßt, in dem einem Indianer, der keiner Häuptlingsfamilie entstammte oder vor seiner Bekehrung keine wichtige Funktion ausgeübt hatte, nach seiner Bekehrung solche Funktionen übertragen worden wären.

---

[43] Die Daten beruhen auf der Prosopographie der Getauften Mitglieder der Missionsgemeinen im Ohiogebiet; TDZ [s. Anm. 1], 580–607.

[44] Johannes war im Mai 1765, Cornelius am 30. Mai 1767, Nathanael am 10. Aug. 1771, Willhelm am 21. Dez. 1771, Isaac alias Glikhican am 11. April 1772 und Jacob Gendaskund am 30. Mai 1772 in die Abendmahlsgemeine aufgenommen worden; s. Catalogus derer von unsern Brüdern getauften Indianern des Nördlichen Theils von America: Moravian Archives Bethlehem, Box 313, Folder 7. Augustinus war gerade erst getauft worden.

Diese Kontinuität von Funktion und Amt über die Bekehrung hinaus war natürlich nicht nur Folge einer hierarchischen Grundstruktur der Gemeine, sondern auch Ergebnis des Zusammenwirkens bekehrter und unbekehrter indianischer Gemeinschaften. Diese These wird nicht nur dadurch nahegelegt, daß Netawatwees als der oberste Häuptling der Delaware gelegentlich namentlich einen der sieben bekehrten Indianer bat, an einer Sitzung des obersten Rates als Vertreter der Brüdergemeine teilzunehmen,[45] sondern auch dadurch, daß die effektive Vertretung der Interessen der Brüdergemeine im obersten Rat ein von den unbekehrten Indianern anerkanntes Autoritätsprofil voraussetzte, wie es bei ehemaligen Häuptlingen und indianischen Predigern zweifellos vorhanden war.

Beide Faktoren deuten darauf hin, daß die Verzahnung der Autoritäts- und Machtstrukturen zwischen bekehrten und unbekehrten indianischen Gemeinschaften enger war, als gemeinhin angenommen und üblicherweise auch erwartet wird. Die Analyse zeigt überdies, daß diese Verzahnung nicht nur die religiösen und sozialen Implikationen des Bekehrungserlebnisses unterlief und möglicherweise aushöhlte, sondern daß indianische gesellschaftliche Verhaltensmuster zumindest ebenso intensiv in Missionsgemeinen wie umgekehrt europäische Verhaltensmuster in unbekehrte indianische Gemeinschaften hineinwirkten. Indianische, Gemeinschaft stiftende, hierarchische soziale Strukturen blieben auch nach der Bekehrung als individuellem Erlebnis in der Missionsgemeine trotz dessen Autorität zerstörenden Potentials erhalten.

Diese Thesen werden durch die Betrachtung der Kontinuitäts- und Verbindungslinien indianischer kultischer Gemeinschaften in die Missionsgemeine hinein bestätigt und vertieft. Das Fortleben dieser kultischen als sozialen Gemeinschaften in der Missionsgemeine weist überdies darauf hin, daß der christliche, untrennbar mit dem Individuum verknüpfte Bekehrungsbegriff als Voraussetzung zur Errettung im christlichen Sinne von den indianischen Gläubigen nur begrenzt, möglicherweise aber überhaupt nicht akzeptiert wurde.[46]

Dies zeigt sich darin, daß die geographische Nähe der Missionsgemeine Schönbrunn zu Gekelemukpechünk und Goschachgünk auch zu einer stärkeren Verankerung der herrschenden Familie in beiden Gemeinden führte. Von den Mitgliedern der engeren Familie des obersten Häuptlings Netawatwees wurden folgende Personen durch die Taufe in die Gemeinen Schönbrunn und Lichtenau aufgenommen: Sein Sohn Gi-

---

[45] Z.B. Eintrag zum 12. Juli 1774; TDZ [s. Anm. 1], 218.

[46] Zumindest im Falle von Augustinus wird man Zweifel daran haben müssen, ob er den christlichen Bekehrungsbegriff akzeptiert hatte; generell postuliert die These eine Parallele zum indianischen Visionsbegriff. Vision einer Wahrheit konnte zu einem späteren Zeitpunkt durch die neue Vision einer „besseren" Wahrheit außer Kraft gesetzt werden.

deon alias Saktelaeuche[47], seine Enkel Johannes, alias Netanewand[48], Thomas alias Gutkigamen[49] und Helena, die allerdings in Gnadenhütten getauft wurde,[50] dann Salomo alias Allemewi[51], Häuptling der Munsee und Onkel von Netawatwees, und endlich aus der „Freundschaft“[52] von Netawatwees Anna Johanna, ein Mädchen von 13 Jahren.[53] Gideon, Johannes und Salomon brachten zugleich umfangreiche Familien in die Gemeine mit.

Der gleiche Vorgang läßt sich am Beispiel der Bekehrung des Häuptlings Welapachtschiechen aus Assünnünk aufzeigen. Dieser war am 25. Dez. 1777 auf den Namen Israel getauft worden. Aus seiner Familie und „Freundschaft“ wurden in den folgenden Monaten getauft: Die Enkelin Martha Elisabeth[54], David[55] mit Frau, Israels Söhne Anton und Jakob[56], die Tochter Esther[57] mit Familie, die Enkelin Dorothea[58] mit Ehemann Johann Jakob, die Witwe Anna Margretha „aus Israels Freundschaft“[59], Israels Cousine Martha[60], Israels Schwester Eva[61], die Tochter Martha[62] und endlich das Mädchen Salome aus Israels „Freundschaft“.[63]

Insgesamt bildete der Familienverband, genauer: die „Freundschaft“, die Israel in die Missionsgemeine einbrachte, einen Kreis von etwa zwanzig Personen, dem ein ähnlich großer Kreis der „Freundschaft“ und Familie von Israel in Goschachgünk gegenüberstand: Denn die gesamte „Freundschaft“ war im Herbst 1777 von Assünnünk weggezogen mit dem erklärten Ziel, der Missionsgemeine beizutreten oder zumindest näher bei dieser zu wohnen.

---

47 Getauft am 25. Dez. 1776; TDZ [s. Anm. 1], 350.

48 Getauft am 28. Juli 1776; TDZ, 328.

49 Getauft am 11. Sept. 1774; TDZ, 229.

50 Getauft am 8. Dez. 1780; s. Catalogus [s. Anm. 44], f. 85.

51 Getauft am 25. Dez. 1769; s. Catalogus, Nr. 642.

52 Mit „Freundschaft“ bezeichnet Zeisberger eine lineage innerhalb eines Stammes; ausführlicher dazu TDZ [s. Anm. 1], 24 Anm. 50. So wie Zeisberger den Begriff benutzt, wird er als seltenere Wortbedeutung von *Johann Heinrich Zedler:* Großes Vollständiges Universal-Lexicon. Bd. 9. Halle, Leipzig 1734, 1838, im Artikel „Freundschafft“ wie folgt definiert: „Aber zu der natürlichen Freundschafft gehöret auch noch die Bluts-Freundschafft, welche nahe Anverwandte unter einander haben [...]“.

53 Getauft am 6. Jan. 1778; TDZ [s. Anm. 1], 427.

54 Getauft am 25. Jan. 1778; TDZ, 430.

55 Getauft am 6. Jan. 1780; Catalogus [s. Anm. 44], f. 84.

56 Getauft am 6. Jan. 1778; Catalogus, f. 83.

57 Getauft am 2. Jan. 1780; Catalogus, f. 84.

58 Getauft am 1. Feb. 1778; TDZ [s. Anm. 1], 431.

59 Getauft am 28. Mai 1778; Catalogus [s. Anm. 44], f. 83.

60 Getauft am 17. Sept. 1778; Catalogus, f. 84.

61 Getauft am 25. Dez. 1778; Catalogus, f. 84.

62 Getauft am 2. Jan. 1780; Catalogus, f. 84.

63 Getauft am 22. Mai 1778; TDZ [s. Anm. 1], 447.

Einer der wichtigsten Gründe für diese Form von Kettenwanderung lag darin, daß die „Freundschaft“ mit der Bekehrung von Welapachtschiechen ihr kultisches Oberhaupt als Bewahrer der für den Heilsweg der sozialen und kultischen Gemeinschaft wichtigen Traditionen, der bei bestimmten Festen Opfer zelebrierte und Kulthandlungen leitete, verloren hatte.[64] Mit der Bekehrung folgten Mitglieder der Freundschaft dem Vorbild ihres kultischen Oberhauptes und hielten damit die matrilineare lineage als soziale und kultische Gemeinschaft in der Missionsgemeine intakt.[65]

Dieser Vorgang läßt sich freilich auch anders deuten, nämlich als ein Prozeß der allmählichen Re-Indianisierung der am europäischen Modell orientierten Herrnhuter Missionsgemeine. Als Subtext und Substruktur zur europäisch-christlichen Gemeinschaft entstanden indianisch-kultische Gruppen in der Missionsgemeine, deren Mitglieder zwar ein christliches Bekehrungserlebnis vorwiesen, aber deren Motive für den Eintritt in die Gemeine in der sozialen Kohäsion der sie zuvor einenden Verwandtschaftsbindungen lagen.

VIII.

Wie lassen sich diese religiösen und sozialen Vorgänge deuten? Daß zwischen beiden ein enger Zusammenhang besteht und sich beide gegenseitig befruchteten und beeinflußten, dürfte durch die Darstellung klar geworden sein. Der Schlüssel zum Verständnis scheint mir in der spezifischen Herrnhuter Bekehrungsvorstellung und in ihrer Nähe zur indianischen Konzeption von Vision als Möglichkeit zur Erkenntnis des Heilswegs zu liegen. Aus indianischer Sicht erlaubte das Herrnhuter Bekehrungskonzept die Annahme der christlichen Heilsbotschaft als individuell erfahrene Heilsgewißheit, ohne daß damit auch die aus europäischer Sicht mitgedachten moralischen und individualistischen Implikationen übernommen werden mußten. Bekehrung zu einer neuen „Wahrheit“ war vielmehr aus indianischer Sicht Befreiung aus der kultischen Abhängigkeit vom indianischen Prediger als Visionär, aber nicht Befreiung von den sozialen Bindungen der „Freundschaft“. In der indianischen Gesellschaft waren diese sozialen Gemeinschaften immer auch

---

[64] TDZ [s. Anm. 1], 129 (14. Jan. 1773); 356–357 (10. Feb. 1777).

[65] „Weil nun Echpalawehund der Aelteste in der Familie ist, der das Opfer jedesmal verrichtet hat, und die Freunde nun sehen, daß er von seinen alten Gebräuchen und Gewohnheiten ablassen und gläubig werden will; so haben sie schon gesagt, wenn er das thäte, so würden sie genöthigt sein ihm nachzufolgen, sonst würde es ihnen nicht wol ergehen“; TDZ [s. Anm. 1], 129. Für eine knappe Beschreibung des Versammlungshauses einer lineage als kultisches Zentrum s. TDZ, 357.

kultische Gemeinschaften; nur in der kultischen Gemeinschaft hatten individuelle Bekehrungserlebnisse Sinn und Funktion, weil sie nur so Teil der Rettung und des Heils der kultischen Gemeinschaft wurden. Bekehrung im Zinzendorfschen Sinne hätte aber auch bedeutet, daß der einzelne bewußt den sozialen Verband verlassen hätte,[66] mit dem er in der gemeinsamen kultischen Handlung zuvor seinen und der Gruppe gemeinsamen Heilsweg gesichert hatte.[67] Die Analyse zeigt, daß der indianische Bekehrte möglicherweise zu dieser letzten Konsequenz nicht oder nur begrenzt bereit war.

Bekehrung, als souveräner individueller Akt verstanden, mußte nicht notwendigerweise ältere soziale Formationen zerstören, sondern stellte vielmehr die Entscheidung darüber, ob man in diesen älteren sozialen Formationen verharrte, in neuem Maße in die Entscheidungskompetenz dessen, der in der Vision die neue Heilsgewißheit für sich selbst gesehen und in seinem „Herzen" erfahren hatte. In der individuellen Vision war der christliche Heilsweg, die „Kreuz-Lehre" als „wahr" erkannt worden. Die radikale Reduktion der christlichen Botschaft durch die Herrnhuter auf die „Kreuz-Lehre" hatte dafür den Weg frei gemacht. Sie hatte damit die übliche Kombination von Christentum und europäischer Zivilisation als arbiträre Verknüpfung entlarvt – ohne daß diese Implikation von den Herrnhuter Missionaren während des achtzehnten Jahrhunderts erkannt worden wäre. Denn in den Gemeine-Ordnungen waren die europäisch-

---

[66] Auf der englischen Provinzial Synode hatte Zinzendorf 1754 dazu dezidiert ausgeführt: „[...] es gibt zweierlei Gattung von Principiis und Denkweisen von Leuten unter uns: Einige Leute wenn sie sich bekehren, so geben sie sich dem Heiland ganz über, so dass von der Stunde an des Heilands oder der Gemeine Denkweise das reglement ihrer Gedanken wird. Eine *andere Sorte* von Menschen nehmen sich vor, sich zum Heiland und auch zur Gemeine zu bekehren, sie wollen aber ihre väterliche und Landes Fashion lebenslang zugleich mit beibehalten; [...] Wenn die Gemeine nicht so wichtig ist, daß er gerne gemein-mässig denkt, sondern seine Väter und Mütterliche, National, Stadt- und Dorfdenkweise dem Heiland opponiert – dass seine Sache darüber zurückstehen muss, des denke ich dann auch so, wenn er heimgegangen ist. Wer z. E. lieber eine Englische Haube trägt als eine Mährische, oder eine andere Gemein-Tracht, gehört nicht auf den Brüder Gottesacker"; Minutes of the Provincial Synode at Lindsey House. London, May 13–20, 1754, fols. 45–46. In: Minutes etc. of Provincial Conferences and Synods of the Moravian Brethren in England, 1743–1755. Copied from the Records in the Provincial Archives of the Moravian Church at 22 Fetter Lane, London. Bd. 1. In: John Rylands Library, Manchester, R 92072, Ryl. Eng. Ms. 1054.

[67] Zeisberger erklärt den Zusammenhang in seinem Eintrag vom 14. Jan. 1773 so: „Da unter den Indianern die Gewohnheit ist, daß der älteste in der Freundschaft das jährliche Opfer, wozu 3–4 und mehr Hirsche oder Bären erfordert werden, verrichten muß, damit nicht Krankheiten unter sie kommen und es ihnen wol gehen möge. Wenn das hingegen nicht beobachtet, sondern unterlassen wird und es wird eines von ihnen krank, so ist das sicherlich die Ursach, daß das Opfer unterlassen worden"; TDZ [s. Anm. 1], 129. Auch die Shawnee hatten die Notwendigkeit der kontinuierlichen Ausübung kultischer Handlungen als Voraussetzung für das Überleben in ihrer Begründung, weshalb sie sich nicht bekehren konnten, hervorgehoben; s. dazu oben, 158 f.

zivilisatorischen Aspekte des Christentums sehr wohl verankert. Und an diesen rieben sich denn auch die bekehrten Indianer in den folgenden Jahren immer intensiver.[68]

Dem Zinzendorfschen radikal individuellen Bekehrungsbegriff stand ein indianischer Heilsbegriff gegenüber, der das Schicksal des einzelnen an die religiöse Handlung der kultischen Gruppe, der „Freundschaft", band. Vieles deutet darauf hin, daß die Indianer den individuellen Bekehrungsbegriff als Vision mißverstanden, den implizierten Individualismus des Begriffs nicht akzeptierten, sondern statt dessen ihren in die kultische und ethnische Gruppe eingebetteten Begriff vom Heilsweg in die Missionsgemeine einbrachten.

IX.

Die Analyse der Beziehungen zwischen einer Missionsgemeine und der sie umgebenden indianischen Gesellschaft provoziert Fragen an unsere üblichen Vorstellungen von Beziehungen zwischen europäischen und außereuropäischen indigenen Gesellschaften: Stimmt die Annahme, daß die europäische immer der indigenen Kultur überlegen war? Gilt von vornherein die Annahme, daß europäische Mission indigene Religionen zerstören würde und in der Mission tatsächlich zerstörte? Sind dies nicht eurozentrische Paradigmen, die bisher eine eingehendere Untersuchung der Beziehungsgeflechte zwischen europäischen und indigenen Gesellschaften eher behinderten als förderten?

Natürlich ist es richtig, daß der europäische Expansionsprozeß zur Zerstörung vieler und Umformung mancher indigener Gesellschaften führte – auch im religiösen Bereich. Aber führten diese Kontakte nicht auch zu ebenso tiefgreifenden Wandlungen in den europäischen Gesellschaften selbst? Innerhalb Europas haben wir inzwischen durch die Forschungen von Keith Thomas und anderen Historikern gelernt, wie viele „heidnische" Elemente im Prozeß der Christianisierung in das Christentum eindrangen.[69] Die Geschichte der Herrnhuter Mission im Ohiogebiet läßt vermuten, daß ein solcher gegenseitiger Durchdringungsprozeß auch die Geschichte der europäischen Expansion in die amerikanische, afrikanische und asiatische Welt mitprägte.

---

[68] Jene für die Gemeinen des Ohiogebietes sind abgedruckt in TDZ [s. Anm. 1], 559; vgl. auch ergänzende Konferenzprotokolle in TDZ, 553–558.

[69] *Keith Thomas:* Religion and the Decline of Magic. Studies in Popular Beliefs in Sixteenth- and Seventeenth-Century England. London 1971. Die Rolle und Bedeutung magischer Vorstellungen unterschiedlicher, vor allem afrikanischer, nicht aber indianischer Provenienz hebt für Nordamerika besonders hervor *Jon Butler:* Awash in a Sea of Faith. Christianizing the American People. Cambridge, MA 1990. Vgl. auch *David D. Hall:* Worlds of Wonder, Days of Judgment. Popular Religious Belief in Early New England. New York 1989.

Eingangs wurde von der zirkelhaften, vom Ende der Zerstörung indigener Kulturen her formulierten Kritik an der Wirkungsweise der Mission auf die indigenen Kulturen gesprochen – eine Perspektive, die gleichfalls weitgehend den Forschungsansatz der Ethnohistorie bestimmt. Die eingehendere Betrachtung einer Missionsgemeine, ihrer Binnenstruktur, der Konzepte und Funktionen von Bekehrungen für die Missionare und für die Delaware, endlich die Analyse der sich daraus ergebenden Beziehungsgeflechte zwischen Missionsgemeine und der sie umgebenden nicht-christianisierten Gesellschaft hat gezeigt, daß die der Kritik an der christlichen Mission zugrundeliegenden Paradigmen ebenso wie jene, die den rückwärtsgerichteten Frageansatz der Ethnohistorie prägen, so global nicht aufrechterhalten werden können.

Die Ergebnisse deuten aber auch noch auf einen anderen Zusammenhang hin, dessen Bedeutung nur durch eine vergleichende Missionsgeschichte geklärt werden kann: nämlich die Bedeutung der Bekehrungskonzeption selbst. Zumindest legen die Ergebnisse meiner Erörterungen die Vermutung nahe, daß die radikal pietistische, entdogmatisierte Bekehrungskonzeption Zinzendorfs, die auch David Zeisbergers Missionsarbeit leitete, eine wesentliche Voraussetzung für die spezifische Form der Rezeption christlichen Gedankenguts bei den Delaware bildete. Es ist immerhin denkbar, daß Bekehrungskonzeptionen, die Bekehrung im Gegensatz zur Zinzendorfschen Lehre an die Akzeptanz eines ausgefeilten Lehrgebäudes banden, zu anderen Formen von Rezeptionen in indigenen Gesellschaften führten.

Tânia Ünlüdağ

Nation und Mission

Das Verständnis von „Nation" in programmatischen Texten der Rheinischen Missionsgesellschaft 1799–1914

Eine begriffsgeschichtliche Skizze

Der Titel dieses Beitrages deutet an, daß es im folgenden nicht um einen Abriß der äußeren Geschichte der Rheinischen Missionsgesellschaft (RMG) gehen wird. Um dem Verständnis von „Nation", wie es in einer der größten deutschen Missionsgesellschaften des 19. Jahrhunderts virulent war, auf die Spur zu kommen, bietet sich vielmehr eine begriffs- und mentalitätsgeschichtlich orientierte Durchsicht programmatischer Äußerungen dieser Missionsgesellschaft zwischen 1799 und 1914 an.[1]

---

[1] Die Anmerkungen zu den folgenden Ausführungen wurden auf das Notwendigste, d. h. vor allem auf Zitatnachweise beschränkt. Die einschlägige Literatur zum Thema „Mission" ist umfangreich und wird hier nicht aufgelistet. Zur Geschichte der Rheinischen Missionsgesellschaft [RMG] wurden herangezogen: *L. von Rohden:* Geschichte der Rheinischen Missions-Gesellschaft. Barmen 1888; *Eduard Kriele:* Geschichte der Rheinischen Mission. Erster Band: Die Rheinische Mission in der Heimat. Barmen 1928; *Gustav Menzel:* Die Rheinische Mission. Aus 150 Jahren Missionsgeschichte. Wuppertal 1978. Zur Vertiefung des Themas bzw. hinsichtlich weiterer Literatur- und Quellenangaben vgl. *Lothar Schreiner:* Adat und Evangelium. Zur Bedeutung der altvölkischen Lebensordnungen für Kirche und Mission unter den Batak in Nordsumatra. Gütersloh 1972; *Wolfgang R. Schmidt:* Mission, Kirche und Reich Gottes bei Friedrich Fabri. Wuppertal 1965; *Tânia Ünlüdağ:* Mentalität und Literatur. Zum Zusammenhang von bürgerlichen Weltbildern und christlicher Erziehungsliteratur im 19. Jahrhundert am Beispiel der Wuppertaler Traktate. Köln 1993 (Schriftenreihe des Vereins für Rheinische Kirchengeschichte, 108); *Klaus J. Bade:* Friedrich Fabri und der Imperialismus in der Bismarckzeit. Revolution – Depression – Expansion. Freiburg i. Br. 1975 (Beiträge zur Kolonial- und Überseegeschichte, 13); Imperialismus und Kolonialmission. Kaiserliches Deutschland und koloniales Imperium. Hg. v. *Klaus J. Bade.* Wiesbaden 1982 (Beiträge zur Kolonial- und Überseegeschichte, 22); *Karl Hammer:* Weltmission und Kolonialismus. Sendungsideen des 19. Jahrhunderts im Konflikt. München 1978; *Horst Gründer:* Christliche Mission und deutscher Imperialismus 1884–1914. Eine politische Geschichte ihrer Beziehungen während der deutschen Kolonialzeit (1884–1914) unter besonderer Berücksichtigung Afrikas und Chinas. Paderborn 1982.

Das grobe Strukturprinzip der folgenden Ausführungen bilden nicht zufällig drei für die deutsche, europäische und internationale Geschichte folgenreiche Kriege: Die sogenannten „Befreiungskriege" gegen Frankreich, die 1815 mit dem Wiener Kongreß und dem dort beschlossenen Anschluß des Generalgouvernements Berg an Preußen sowie der „Heiligen Allianz" endeten, der deutsch-französische Krieg von 1870/71, der die Gründungsphase des Zweiten Deutschen Kaiserreichs abschloß, sowie der Beginn des Ersten Weltkrieges, der das Ende eben dieses Kaiserreiches und den Abschluß der imperialistischen Phase im engeren Sinne einleitete. Diese drei Kriege verdienen auch unter frömmigkeitsgeschichtlichen Aspekten besondere Aufmerksamkeit, da sie von Erwekkungsbewegungen begleitet wurden, die trotz ihres gewiß unterschiedlichen historischen Charakters als religiös-patriotische bzw. religiös-nationalistische anzusprechen sind. In diesen Erweckungsphasen kam eine jeweils spezifische Auffassung vom Wesen und den Aufgaben (bzw. der „Mission") einer wie auch immer gestalteten deutschen Nation zum Tragen. Diese Zuschreibungen bzw. ihre Veränderungen anhand von Texten der RMG nachzuvollziehen, ist Ziel dieses Beitrages.

Das zugrundegelegte Quellenkorpus umfaßt Jahres- und Monatsberichte, Konferenzprotokolle und Predigten, Denkschriften, Instruktionen, volkstümliche Traktat- und Werbetexte, Artikel aus populären und wissenschaftlichen Missionsorganen, die von der RMG selbst bzw. ihren leitenden Personen und Gremien verfaßt und/oder herausgegeben wurden. Der Akzent liegt also auf der Analyse gleichsam „ideologischen" Materials, d. h. auf Texten, in denen sich die RMG selbst darstellte bzw. ihr programmatisches Selbstverständnis formulierte. Die Untersuchung „empirischen" Materials, also aus der konkreten Missionspraxis stammender Informationen, würde möglicherweise andere Ergebnisse als die hier vorgestellten zeitigen. Das Verständnis von „Nation", wie es im praktischen Missionshandeln zum Ausdruck kam, ist nicht Gegenstand der folgenden Ausführungen.

Das Thema der vorliegenden Skizze eröffnet zwei Perspektiven von „Nation" in den Diskursen der RMG – eine Außen- und eine Innenperspektive. Die Außenperspektive, die im folgenden mit deutlichem Vorrang behandelt werden wird, bezieht sich auf die Frage nach der Ambivalenz von Universalismus, Internationalismus und Nationalismus; mithin geht es um das Verständnis von „äußerer" Nation und Religion. Die Innenperspektive würde sich entsprechend auf die Interdependenz von „innerer" und „äußerer" Mission bzw. die innergesellschaftliche Integrationsfunktion der „Heiden"bekehrung konzentrieren. Es stünde das Problem der „inneren" Nation und Reichsgründung zur Debatte; es würde sich mithin um die Bedeutung der „Heiden"mission für die deutsche Gesellschaft handeln. Mögliche Überlegungen zur Innenperspektive sollen an dieser Stelle dennoch angedeutet werden, weil die äußere

Mission von erheblicher gesellschaftlicher Wirksamkeit in Deutschland gewesen sein dürfte, insofern die von ihr vorgegebenen Orientierungsmuster die Wahrnehmung der gesellschaftlichen Realität prägten. Schon die im Erweckungs- und Gründungsfieber des Jahres 1814 entstandenen Missions-, Bibel- und Traktatgesellschaften zielten auf die Evangelisierung des deutschen Volkes als Mittel gegen die verderbliche französische „Fremdherrschaft“ und damit als weltanschauliche Basis einer „inneren“ Reichsgründung.[2] 1871 war das Reich Gottes in den Augen der Missionsfreunde „in dieser Welt“ angekommen, es mußte aber gerade darum „unser Volks- und Staatsleben von christlichem Geiste berührt, auf Gottesfurcht, Gerechtigkeit und Wahrheit sich erbaue[n]“.[3] Die zweite, die innere Nationwerdung und gesellschaftliche Integration des Deutschen Reiches mußte sich auf der Grundlage einer Volksevangelisierung im Nachvollzug der äußeren Reichseinigung vollziehen. 1814 wie 1871 wurde das Gelingen der inneren Nationwerdung Deutschlands von der fortschreitenden und erfolgreichen inneren Missionierung abhängig gemacht, der die Erfolge der „Heiden“mission als Vorbild dienten. Es handelte sich zugleich jeweils um einen Vergemeinschaftungsprozeß, der in Konfrontation mit einem äußeren Gegner (Frankreich) und in Abgrenzung von dessen „Unkultur“ sich vollziehen mußte.

Die Geschichte der protestantischen Mission im 19. Jahrhundert ist, was ihre Anfänge und ihre theologische Begründung angeht, untrennbar mit der pietistischen bzw. der Erweckungstheologie verbunden. Dabei spielt der eschatologische „Reich-Gottes“-Begriff eine zentrale Rolle nicht nur für die Begründung der Missionsaktivität. Das Spannungsverhältnis vielmehr, in dem er permanent zum diesseitigen „Reich“ oder zu den „Reichen“ dieser Welt stand, war im Lauf der in Frage stehenden Epoche Problem jeder Reflexion über den Standort der Mission. Im selben Zusammenhang steht die Frage nach der Beziehung zwischen biblisch begründeter Heilsgeschichte und profaner Weltgeschichte; die Nähe bzw. Ferne der beiden Entwürfe zueinander bestimmte jeweils den Grad der Säkularisierung religiös motivierten Handelns oder – aus anderer Perspektive – das Niveau der Spiritualisierung „profanen“ Handelns. Die jeweiligen Definitionen bzw. Konnotationen des „Reich-Gottes“-Begriffs und ihre Wandlungen im historischen Kontext bilden die Grundlage für das Verständnis beider Themenbereiche. Der „Reich-Gottes“-Begriff wird daher im folgenden nicht in seiner dogmatischen oder religionsgeschichtlichen Bedeutung nachvollzogen, vielmehr wird

---

[2] Vgl. *Tânia Ünlüdağ* unter Mitarbeit von *Marcus Puschnerat:* Historische Texte aus dem Wupperthale. Quellen zur Sozialgeschichte des 19. Jahrhunderts. Hg. v. *Karl-Hermann Beeck.* Wuppertal 1989, 464–466.

[3] Berichte der Rheinischen Missions-Gesellschaft Nr. 1, 1872, 2.

nach dem Bedeutungsgehalt gefragt, der ihm in den Quellentexten jeweils beigelegt wird.

Die Elberfelder Missionsgesellschaft von 1799, gemeinsam mit der Barmer Missionsgesellschaft von 1818 nucleus der späteren RMG, war eine Vereinigung von Erweckten mit überregionalen und internationalen Kontakten und Kommunikationsstrukturen. Ihr historischer Stellenwert ist zugleich untrennbar mit der Erfahrung der französischen „Fremdherrschaft“, die als Herrschaft des Antichristen erfahren wurde, und – im Kontext der „Befreiungskriege“ – mit einer großen Wertschätzung Großbritanniens verbunden, das als wirtschaftliche, politische, militärische und wesentlich auch religiöse Führungsmacht verstanden und akzeptiert wurde. Letzteres gilt vor allem für das Jahr 1814, in dem im Wuppertal auf Anregung der British and Foreign Bible Society und in Anwesenheit des Predigers und Londoner Agenten Robert Pinkerton die Bergische Bibel- und die Wuppertaler Traktatgesellschaft gegründet wurden, die beide auf die vorbereitenden Initiativen der EMG und auf deren Kontakte zurückgingen. 1816 kam es im Wuppertal zu einer großen Erweckungsbewegung, die eindeutig als religiös-patriotische im historischen Umfeld der „Befreiungskriege“ zu verstehen ist.

Die philadelphische Gemeinde der Erweckten, deren Elberfelder Dependance sich 1799 zunächst konventikelhaft-abgeschlossen (die Mitgliederzahl blieb auf die magische 12 beschränkt) als Gruppe von Kaufleuten und Pastoren konstituierte, manifestierte ihren ausgesprochenen Internationalismus formalorganisatorisch – als Hilfs- dh. Kollektenverein für die Londoner bzw. die Baseler Missionsgesellschaft –, aber vor allem rituell. Man bestimmte, „jedesmal an dem Tage u. zu der Stunde sich zu versammeln, wo in Osten u. Westen, Süden u. Norden die Freunde der Mission u. auch die Missionare zusammen sind, um so gemeinschaftlich in einem Geiste miteinander u. für einander am Thron unseres Erbarmers zu erscheinen – nehmlich: am ersten Montag jeden Monats, Abends um 8 Uhr, die Sitzungen mit Gebät anzufangen u. zu endigen; die eingehenden Nachrichten, das Reich Gottes betreffend, verlesen, Beschlüsse fassen u. darüber sowohl als über die eingehenden Beiträge Protokoll führen.“[4]

Expansionismus ist im Missionsauftrag und -gedanken per se angelegt. Aber der pietistische Erweckungs- und Missionsbegriff ist individualistisch. Ziel der Mission ist eine weltweite Gemeinde der erweckten Individuen. Es handelt sich um ein chiliastisch begründetes, auf das Sammeln Einzelner zielendes Wachstum. Natürlich ist auch schon im Konventikelhaften der EMG ein elitärer Zug erkennbar, der allerdings rein

[4] Historischer Bericht und Uebersicht von dem Entstehen und Fortgang der Missions-Gesellschaft, für die Ausbreitung des Reichs Jesu unter den Heiden zu Elberfeld, 3.6.1816; Archiv der VEM RMG 119 (früher A/d 1). Hervorhebungen im Original.

spirituell begründet wurde und von der Bescheidenheitspflicht sowie einem starken Brüderlichkeitsbewußtsein den „Heiden" gegenüber gedämpft war. Es ist aufschlußreich, daß die RMG späterhin in ihren Jahresberichten zwischen dem display ihres quantitativen Wachstums beziehungsweise ihrer Erfolge (Zahlen, Statistiken, die die Fortschritte im „Reiche Gottes" dokumentieren) einerseits und der normativen Bescheidenheitsattitüde andererseits lavierte – Hinweise auf einen dem rasanten 19. Jahrhundert gegenüber skeptischen Fortschritts- und Produktivitätsbegriff.

Die Missions(hilfs)arbeit wurde in der Elberfelder Missionsgesellschaft nicht als äußere Kolonisierung, auch nicht als innere, mentale Besitzergreifung der „heidnischen Brüder" durch die Christen verstanden, vielmehr als spirituelle Befreiung und wahre Erleuchtung – und dies durchaus in Parallele zum aufklärerischen enlightenment. Die Verwandtschaft von Pietismus und Aufklärung kommt deutlich zum Ausdruck. Der Zusammenschluß verschiedener regionaler deutscher Missionsgesellschaften zur RMG 1828 mag und mochte formalorganisatorisch mit erhöhter Effizienz begründet sein, aber dieses Argument bleibt äußerlich. Die Vereinigung enthält eine weitere Bedeutungsdimension im Hinblick auf die Motivation der Wuppertaler Ende der 20er Jahre, nicht mehr nur als Hilfsgesellschaft für Basel und London tätig zu sein, sondern selbst Missionare zu entsenden. Dieser Wunsch hing eng, wie es in einem Vortrag 1828 heißt, mit „den großen Fortschritten, die die Ausbreitung des Reiches Gottes in unsern Tagen macht"[5], zusammen. Deutsche Missionare gebe es, so wurde argumentiert, zwar allerorten, sie würden aber nicht von einer deutschen Gesellschaft ausgesandt. Die Entsendung der ersten „eigenen" Missionare der RMG 1829 geschah in enger Verbindung mit der englischen Missionsgesellschaft. Zur Feier der Aussendung sprach der Direktor der Pariser Missionsgesellschaft, ein Engländer. Die Tatsache, daß sich unter den deutschen Missionaren ein Teilnehmer an den „Befreiungskriegen" befand, veranlaßte den Missionsmann – so der Bericht – zu der Bemerkung, „[e]s sei ihm besonders merkwürdig, daß unter unsern Missionaren einer sey, [...] der unlängst noch in dem gewaltigen Kampfe für Freiheit gegen die Franzosen gefochten habe und nun mit französischen und englischen Missionaren auf einem Schiff verbündet zu Einem Feldzuge hinaus gehe, zum Kampfe gegen des Teufels Reich in Südafrika. Er versicherte die Missionare, daß die Gebete Deutschlands, Frankreichs und Englands sie begleiten würden auf dem Ocean und daß die Franzosen nicht blos für die französischen Missionare, die Engländer nicht blos für die englischen, die Deutschen nicht blos für die deutschen

---

[5] Vortrag vor den Deputierten der 4 Missionsgesellschaften zu Cöln, Wesel, Elberfeld und Barmen, 16.7.1828 (Protokollbuch der Rheinischen Missions-Gesellschaft 1828 bis 1833); Archiv der VEM RMG 1 (früher A/a 1).

beten würden, sondern ihrer aller Fürbitte sie gemeinsam vor Gott tragen werde. Sie stammten von drei Nationen, aber sie wären eins in der Liebe zu Christo; die einzige Eifersucht unter ihnen dürfe nur die seyn, wer von ihnen am demüthigsten, niedrigsten, treuesten, eifrigsten und gläubigsten wäre."[6]

Der erwecklich-missionarische internationale Missionsbund blieb bestehen, er setzte sich jedoch nicht mehr aus sendungsbewußten Individuen zusammen, sondern aus Repräsentanten von Organisationen, die schon als nationale begriffen wurden. Die RMG verstand sich zwar nach wie vor als Teil eines internationalen Netzwerkes (oder „Bundes", wie der zeitgenössische, aus der Bundestheologie entlehnte Begriff lautete), aber sie definierte sich bereits, wenn schon nicht als deutsche im völkerrechtlichen Sinne, so doch dezidiert als „rheinische" und damit deutsche Missionsgesellschaft, die ihre eigenen Sendboten – versehen mit einem „Sendungsauftrag" – in Abstimmung und Kooperation mit den anderen hinausschickte in die „Heiden"welt.

Dieser zuvorderst nur organisatorisch verengte Internationalismus der Missionsgesellschaften war kein Ausweis von Universalität: Es scheint, als sei die Allianz im „Kreuzzug" gegen Frankreich, d. h. gegen die Aufklärung und die Revolution – die erfolgreich gewesen war, weil Gott an der Seite der christlichen Nationen gestanden hatte –, in gewandelter Form fortgesetzt in einer Allianz der frommen europäischen Nationen (in denen die Zielprojektion des Reiches Gottes gesellschaftlicher Konsens ist) gegen das „Reich des Teufels", sei es in Südafrika oder generell im nichtchristlichen „Heiden"land.

Die „heilige Missionssache" war zwar nach wie vor „eine gemeinsame Angelegenheit der ganzen Christenheit"[7], aber daran waren neben dem zu Anfang des Jahrhunderts unbestritten führenden „brittischen Israel"[8] nunmehr auch dezidiert deutsche Missionare beteiligt. Der „Mangel an Schiffahrt und Colonien", so wurde 1830 in der RMG argumentiert, könne für Deutschland („unser vielgeliebtes und reich gesegnetes Vaterland") keine vor dem Herrn geltende Entschuldigung sein, auf die Aussendung eigener Missionare zu verzichten.[9]

„Vielleicht war es bisher für uns Deutsche noch nicht an der Zeit, unmittelbar zu wirken; daß es aber jetzt an der Zeit sei, davon sind wir auf's gewisseste überzeugt, und unsre Rheinische Missionsgesellschaft

---

[6] Missions-Blatt Nr. 14 vom 13.7.1829.

[7] Missions-Blatt Nr. 15 vom 27.7.1829, 53.

[8] Zur Führungsposition Großbritanniens vgl. u. a. Nachrichten von der Ausbreitung des Reichs Jesu überhaupt und durch Missionarien unter den Heiden insbesondere. 1. Heft. Elberfeld 1800; 2. Aufl. Elberfeld 1804, 3–12, bes. 7.

[9] Erster Bericht der Rheinischen Missionsgesellschaft von ihrer Stiftung (im Jahre 1828) bis Ende Juli 1830. Barmen 1830, 3 f.

gründet ihr Bestehen auf den Trost, daß der Herr uns zu diesem Werke berufen hat!"[10]

Neben das britische Weltreich als „Israel" der neuen Zeit trat – eine Art „Wettlauf" auf dem Missionsfeld, der dem imperialen Wettlauf vorausging? – Deutschland als „Israel der neuen Bundeszeit", wie der Wuppertaler Pastor Friedrich Wilhelm Krummacher in den 30er Jahren konstatierte.[11] Deutschland stellt sich angesichts der ausstehenden politischen Einheit nicht als Kulturnation (mögliches Surrogat für das liberale Bildungsbürgertum), sondern im Deutungssystem der erweckt-konservativen Klasse allmählich als Missionsnation dar, die der formalstaatlichen Einheit (noch) nicht zwingend bedarf. In diesem Zusammenhang ist die passivische Attitüde bedeutsam: Die Verantwortung für das missionarische Handeln wird an einen wie auch immer vernommenen „Ruf" Gottes abgegeben. Expansionismus und Aktivismus haben dergestalt kein verantwortliches Subjekt. Diese Denkstruktur begegnet im Bereich des politischen Handelns später wiederholt in der deutschen Geschichte – in den Deutschland „aufgezwungenen" Kriegen von 1870/71 bis 1939.

Die organisatorische Zusammenarbeit mit den nichtdeutschen Gesellschaften blieb erhalten. Die RMG selbst verstand sich als „Bund" gleichgesinnter und gleichberechtigter regionaler deutscher Einzelgesellschaften.[12] Die föderalistische Struktur der in der RMG zusammengeschlossenen Vereine spiegelt organizistische romantisch-konservative Staatsvorstellungen; diese Struktur fungierte, wenn auch nicht institutionell festgeschrieben, als Leitvorstellung auch für die internationalen Beziehungen der Missionen. Diese Verfassung hatte theoretisch – selbstredend unter Ausschluß der zunächst nicht-gleichwertigen „Heiden" – eine egalitäre Komponente, ohne aber die Möglichkeit der Superiorität eines einzelnen Gliedes statuarisch auszuschließen; sie barg damit zugleich die Gefahr einer Hierarchisierung. Die einzelnen Missionsunternehmen waren als Glieder eines „Körpers" aufeinander angewiesen. Es galt, die Missionsaufgabe arbeitsteilig, das heißt modern und effizient, im Weltmaßstab zu organisieren. In den Leitungsgremien der großen internationalen Missionsgesellschaften waren nicht ohne Grund und Konsequenz erfahrene und erfolgreiche Kaufleute, Unternehmer oder Bankiers vertreten; die Logistik der Missionsarbeit im 19. Jahrhundert war ausgesprochen fortschrittlich. Die RMG stand, so kann man zusammenfassen, in den 30er Jahren in einer missionarischen Sendungsinternatio-

---

10 Erster Bericht, 4.

11 Predigt über 1. Könige 8, 65. und 66. von F.W. Krummacher, Pastor zu Gemarke, gehalten am 20. October 1833 in der evangelisch-reformirten Kirche zu Elberfeld, in Gegenwart Sr. Königlichen Hoheit des Kronprinzen. o.O. [Elberfeld] o.J. Zit. nach: *Ünlüdağ/Puschnerat* [s. Anm. 2], 258.

12 Vgl. dazu und zum folgenden *Ünlüdağ* [s. Anm. 1], 56–202 und passim.

nale mit nationalen Dependancen. Die alte EMG hatte in einer individualistisch akzentuierten Sendungsinternationale mit regionalen, gar lokalen Niederlassungen gestanden.

Die in den 30er Jahren erkennbare, ganz allmählich und durchaus nicht kontinuierlich verlaufende Zielrichtung auf eine deutsche Nation vollzog sich etwa über verbale Ehrenbezeugungen dem preußischen Königshaus gegenüber und über die wiederholte Rede vom „lieben, deutschen Vaterlande"[13] sowie über die Verpflichtung der „evangelische[n] Christenheit Deutschlands" zur Mission unter den „Heiden". Mit der Konfessionalisierung der deutschen Erweckungsbewegung und den damit zusammenhängenden Auseinandersetzungen um die Union – vor allem im Rheinland – ging zwar einerseits die Akzentuierung des „Bundes" aller Denominationen in der und durch die RMG einher. Andererseits vollzog sich in den 30ern, gleichsam ungewollt, zugleich der gegenläufige Trend, eine Partikularisierung in Form einer allmählich stärker werdenden Betonung einer spezifisch deutschen Mission. Zunächst aber blieb die Versicherung der international integrierenden Funktion der Mission für die universale respublica christiana gültig.

Es war zunächst ein missionstheologisch begründetes christlich-europäisches Nationalbewußtsein, das verstärkt wurde. Friedrich Fabri erklärte 1859 in einer ausführlichen Broschüre[14] dem erwecklichen Universalismus, der die bekehrten „Heiden" potentialiter zu Brüdern und Schwestern mache, eine klare Absage.[15] Die „Heiden"mission dürfe, gerade angesichts der Entchristlichung der europäischen Völker und deren dadurch bedingter Schwächung, nicht zu nationaler und kirchlicher Eigenständigkeit der Bekehrten führen. Da das Christentum aber „laut des Beweises der Geschichte das unentbehrliche Culturprincip der Völker" sei,[16] müsse eine naiv betriebene „Völkerbekehrung" anstelle der alten pietistischen „Einzelbekehrung" notwendig zu der verhängnisvollen und biblisch gänzlich unbegründbaren Aussicht führen, „daß möglicherweise die Leitung der Weltgeschichte von den europäischen Völkern noch einmal auf die Hindus und Mongolen übergehen werde".[17] Auf den „Trümmern europäischer Cultur", die die gegenwärtige „Lage der Christenheit" befürchten lasse, würden „heidnische Völkermassen" die Führung übernehmen. „In dieser Weltzeit",[18] argumentierte Fabri, seien die „Län-

---

[13] Berichte der Rheinischen Missions-Gesellschaft 5, 1834, 3.

[14] *Friedrich Fabri:* Die Entstehung des Heidenthums und die Aufgabe der Heidenmission. Nebst zwei Beilagen: Ueber den Ursprung der Sprache, und Ueber den christlichen Staat. Barmen 1859.

[15] Vgl. *Fabri* [s. Anm. 14], 68, 71 und passim.

[16] *Fabri*, 101.

[17] *Fabri*, 100.

[18] *Fabri*, 100.

der des ehemaligen römischen Reichs" [...] „der Mittelpunkt und die Träger der Weltgeschichte und der Weltgeschicke". Auch Amerika sei und bleibe „weltgeschichtlich" betrachtet, „ein Anhängsel Europas, wie kolossal auch seine materielle Entwicklung sein und werden mag."[19] In einer aufschlußreichen Mischung aus apokalyptischen Visionen vom Untergang des christlichen europäischen Abendlandes und einer neuzeitlich verlängerten translatio-imperii-Theorie bremste Fabri den Expansionstrieb und das Freiheitspotential der Mission. Er versuchte, die Mission durch Wiederbelebung eines stark eschatologisch und individualistisch ausgerichteten pietistischen Bekehrungsbegriffs ihrer durchaus politisch-diesseitigen Emanzipationsressourcen und Gleichberechtigungsperspektiven zu entkleiden. Fabris Bemühung um einen theologisch begründeten konservativen Missionsbegriff ist allein vor dem Hintergrund der Erfahrung und Gegnerschaft zur 1848er Bewegung, ihrer liberalen Emanzipations- und nationalen Einheitsbestrebungen zu verstehen. Zugleich enthält Fabris Argumentation die unbeabsichtigte Bestätigung der theologisch denkbaren Egalität aller Gläubigen im Reich Gottes und auch auf dieser Welt in der Gemeinschaft der Betenden.

Das Heidentum sei, so Fabri, gleichsam als Folge des Turmbaus zu Babel entstanden, „Fluch und Segen" seien unter den Völkern, die vormals eine Einheit bildeten, ungleich verteilt worden. Diese einstmalige Einheit und damit auch die Gleichheit aller Völker aber sei „auch [durch] die Botschaft des Evangeliums und die gläubige Annahme desselben"[20] „für diese Weltzeit" nicht zu erlangen. Ergo: Die „Heiden"völker werden in dieser Welt auch durch die Annahme des Evangeliums nicht frei werden. Auf die mögliche Frage, wozu Mission dann noch nötig sei, antwortete Fabri auf traditioneller eschatologischer Grundlage und zugleich unter eindeutigem Einfluß von Darwins Evolutionslehre, es sei sogar eilig mit der Mission, da die „Heiden" durch die Berührung mit den Weißen früher oder später der Vernichtung anheimfielen und daher eiligst im Sinne der reichsgeschichtlich eschatologisch begründeten „Heiden"mission bekehrt werden müßten.[21]

Wurde so einerseits die faktische „Überlegenheit" der europäischen Nationen zunächst biblisch-theologisch hergeleitet und explicite festgestellt, so argumentierte Fabri – und das ist neu – wesentlich auch im noch recht avantgardistischen biologistischen Stil des 19. Jahrhunderts und verlieh damit seinen Thesen zugleich religiöse und wissenschaftliche Dignität. Die Vernichtung der „Heiden"völker sei ein „welthistorisches Gesetz"[22] und zugleich ein „unerbittlich [...] göttlich geordnetes Ge-

---

19 *Fabri* [s. Anm. 14], 100f.
20 *Fabri*, 100.
21 Vgl. *Fabri*, 102f.
22 *Fabri*, 102.

setz"[23], das sich am deutlichsten im Fall der nordamerikanischen Indianer erweise. „Thatsache" sei auch, „daß die gläubige Annahme der Botschaft des Evangeliums die heidnischen Stämme nicht von der Erfüllung dieses Geschickes befreit."[24] Die erlösende Gleichheit aller Völker und Nationen ist dem prophetischen Reich zugesprochen, das keinesfalls von dieser Welt sein wird. Damit ist der theologisch denkbaren Variante einer Gleichheit von missionierten und missionierenden Völkern (wie sie im pietistisch-philanthropischen, dort allerdings individualistisch geprägten und nicht kollektiv gerichteten Missionsgedanken gegeben war) eine klare Absage erteilt. Darwinistisches Entwicklungs- und Selektionsdenken, krasser Positivismus und heilsgeschichtlicher Biblizismus gingen eine Koalition ein, in deren Kontext die Ausrottung der sogenannten heidnischen Völker als Determinismus verstanden wurde, „nach welchem nicht nur durch Krieg und Unterjochung, sondern schon durch die fortgesetzte Berührung der niederen Rasse mit der höheren jene dem Aussterben entgegeneilt."[25]

Im selben Jahr erschien das Lehrbuch „Leitfaden der Weltgeschichte" des Seminarlehrers der RMG und späteren Inspektors Ludwig von Rohden in erster Auflage.[26] Im Unterschied zu Fabri hob Rohden die Erwähltheit Deutschlands („Das deutsche Volk war von alters her zum Hüter und Pfleger der göttlichen Gnadenschätze ausersehen"[27]) hervor. Diese Zuspitzung auf die Deutschen als neues Volk Israel korreliert mit einer massiv moralisch besetzten Stigmatisierung der „Heiden", die bei Rohden nicht mehr als die „armen, unbekehrten Heidenbrüder" der früheren Missionszeit angesprochen werden, auch nicht, wie bei Fabri, als schlicht rassisch minderwertig und damit dem Selektionsgesetz verfallend, sondern als unzivilisiert und unkultiviert (roh, faul, ekelhaft, schmutzig, wild etc.).[28] Die Mission erhält notwendig eine zivilisatorische Funktion. Die Scheidung von Nichtchristlichem und Christlichem wird in einer unzweideutigen Bewertungspolarität mit Verderbtheit hier und Sittlichkeit dort identifiziert. Das Volk der Reformation, also das deutsche, kann – Rohden argumentiert historisch – aus dieser Geschichte zudem einen legitimen Anspruch auf die moralische Führung der christlichen Nationen ableiten, während den „heidnischen" und damit verabscheuungswürdigen Völkern kein Anspruch auf Humanität oder Toleranz zusteht.

---

[23] *Fabri* [s. Anm. 14], 103.

[24] *Fabri*, 102.

[25] *Fabri*, 103.

[26] *G.L. von Rohden:* Leitfaden der Weltgeschichte für die höheren Classen evangelischer Gymnasien und Realschulen, sowie zum Privatgebrauch für Lehrer und für Gebildete überhaupt. Lübeck 1859. 2. Aufl. 1867.

[27] *v. Rohden* 3, vgl. auch 14.

[28] Vgl. dazu *Schreiner* [s. Anm. 1], 44 f. und passim.

In Rohdens Begründungszusammenhang galt eine angenommene Bedrohung des deutschen Volkes von außen her gerade als Ausweis seiner Erwähltheit, als „heilsgeschichtliche Qualität“, die Rohden „von Israel typologisch auf das deutsche Volk [überträgt], das die Erfüllung der religiös-geschichtlichen Weltsendung des Heiligen Römischen Reiches Deutscher Nation nach dem in der Geschichte kund gewordenen Willen Gottes angetreten“[29] habe. Diese Ambivalenz von Auserwähltheit und permanenten Bedrohungsgefühlen spielte später in der deutschen Geschichte eine erhebliche Rolle – von 1870/71 bis 1939.

Die Beachtung der Zwei-Reiche-Scheidung wurde allmählich zugunsten des Nachweises der Wirkung des göttlichen Heilsplans in der Weltgeschichte aufgeweicht. Zugleich wurde gerade diese Trennung auf der programmatisch-ideologischen Ebene und im Widerspruch zu den angeführten und anderen Äußerungen immer wieder beschworen. Durch die faktische Preisgabe der Trennung von Gottes- und Menschenreich geriet die RMG in den Sog der „weltlichen Händel“, in den Strom nationaler und ökonomischer Interessen. Diese Gefahr wurde in den Kreisen der Missionsgesellschaft registriert, die häufigen Verhandlungen über diese Frage, etwa auf Missionskonferenzen oder Sitzungen der Deputation zeigen, daß man sich immer wieder um eine klare Standortbestimmung bemühte. Unter mentalitätsgeschichtlichem Aspekt ist das Scheitern dieser Abgrenzungsbemühungen von den weltlichen Dingen erklärlich, ohne daß damit ein relativistischer und apologetischer Zug in die Analyse hineinkommen soll. Wie aber hätte sich eine Missionsgesellschaft, institutionell, personell und programmatisch, aber auch weltanschaulich vielfältig verwoben in den sozioökonomischen und politischen Kontext der deutschen Gesellschaft nach der Jahrhundertmitte, dem „realpolitischen“, tatsachenorientierten und szientistisch-industriellen „Geist der Zeit“ nach den gescheiterten Emanzipationsbewegungen der 40er Jahre entziehen können?

In den 50er Jahren liegt mithin diesem Quellenbefund nach die für das Verständnis von Nationalismus und Internationalismus paradigmatische Wandlungsphase der RMG; sie wird wesentlich zunächst durch ein theoretisches Vor-Denken des Zusammenhangs von Heils- und Weltgeschichte markiert. Die Tendenz zur Verweltlichung der Mission, die sich im zivilisatorischen Anspruch den „Heiden“ gegenüber manifestierte, verdankte sich einer allmählichen Aufweichung der Scheidung der zwei Reiche und der unausweichlichen Involvierung der komplexer werdenden Missionspolitik und sich ausdehnenden Missionsarbeit in die politischen Strömungen und gesellschaftlichen Tendenzen ihrer Zeit. Die EMG hatte als Konventikel strenge Abgeschiedenheit von der sie unmit-

[29] *Schreiner* [s. Anm. 1], 46.

telbar umgebenden Welt gepflegt, der man mit Mißtrauen und Ablehnung gegenübergestanden hatte, und ihre Missionsanstrengungen blieben bescheiden und vor der andersdenkenden Außenwelt mehr oder minder „verborgen", waren im Grunde privates Engagement kleiner Gruppen oder gar einzelner.

Der Versuchung, göttliche Heilsgeschichte und menschliche Weltgeschichte zu verknüpfen, war man dennoch im Grunde ungewollt schon 1814 erlegen, als man auch im Wuppertal, gemeinsam mit englischen Missionsaktivisten, erwecklicherseits den alliierten Sieg über die Franzosen als Triumph der erweckten Christenheit über den Antichristen und Revolutionserben Napoleon gefeiert hatte. Die Gemeinde der Erweckten aber war zunächst eine unbürokratische Internationale der bewußten Christen, die der unerleuchteten „Heiden"welt gegenüberstanden und in koordiniertem Handeln die nötigen Schritte zur Integration der „heidnischen Brüder" unternahmen. Mit dem Ausbau der Organisation und den damit verbundenen logistischen Anforderungen in den 50er Jahren wurde die RMG zu einer professionellen Missionsagentur, deren per definitionem auf Expansion angelegte „Ware" – die Verkündigung des Evangeliums und die Werbung neuer Christen – in Konkurrenz zu gleichen Unternehmungen anderer Nationen trat: Es entstand eine Art edler Wettbewerb um die Seelen der „Heiden". Zugleich wurde die internationale Verbindung unter den einzelnen Gesellschaften, freilich mehr und mehr aus rein organisatorischen Gründen, beibehalten. Aber die Sinnstiftung im großen „Reich" der übernationalen Erweckungs- und Missionsgemeinschaft reichte allein als Kompensation für die fehlende säkulare Nation offenbar nicht mehr aus; das spezifisch nationale deutsche Missionselement verstärkte sich und erfuhr eine theologische Begründung.

Zugleich drängte der fortschrittsgläubige und vom technisch Machbaren enthusiasmierte „Geist" des „historischen" 19. Jahrhunderts zu einer Materialisierung des Erlösungsversprechens im Diesseits. Insofern trifft das Urteil Schreiners zu, daß – bezogen auf Rohden – „Welt- und Kirchengeschichte als Reichsgottesgeschichte in wachstümlicher Entwicklung zusammen[genommen]"[30] würden, daß der „Sinn der Heilsgeschichte [...] in ihrer immer stärkeren Auswirkung in der Weltgeschichte bis zu deren Erfüllung im tausendjährigen Reich Christi"[31] bestand. Damit wurde – aus dezidiert theologie- oder missionsgeschichtlicher Perspektive – der „Messianismus säkularisiert".[32] In mentalitätsgeschichtlicher Hinsicht muß umgekehrt argumentiert werden: Bestimmte säkulare – philosophische, ökonomische, politische – Tendenzen des 19. Jahr-

[30] *Schreiner* [s. Anm. 1], 41.
[31] Vgl. *Rohden* [s. Anm. 26], 680, u. *Schreiner*, 44.
[32] *Schreiner*, 46.

hunderts konnten auf diese Weise theologisch sanktioniert und damit metaphysisch legitimiert werden. Die äußerst wirkungsvolle Unterfütterung nationalistischer und imperialistischer Bewegungen – man denke nur an die Etymologie und die Konnotationen des Begriffes „Sendung“ gerade im politischen Raum – war hier vorgedacht. Diese „Spiritualisierung des Weltlichen“, wie man sie nennen könnte, hatte eine mentalitätsprägende Qualität und damit erheblich tiefere Wirkung auf die Wahrnehmung der Zeitgenossen als die ideologische Instrumentalisierung der Kirche für politische Zwecke oder ein auf Zeitschriften und Kirchen- wie Politcliquen beschränktes Bündnis von Thron und Altar.

Die theologisch vorgedachte Parallelisierung von Heils- und Weltgeschichte und deren Konsequenzen für die Missionsarbeit eröffnete die legitime Möglichkeit, ja Zwangsläufigkeit einer Zuwendung der Mission zu den „weltlichen“ Dingen.

Die Wende zur Welt äußerte sich in den 60er Jahren in konkreten Unternehmungen, zunächst in der Aussendung von Kolonisten in die südafrikanischen Missionsgebiete. Dieser Umstand ist darum aufschlußreich, weil der Gedanke, der bereits 1828 aufgetaucht war, zunächst von der Deputation mit dem Hinweis auf die Trennung weltlicher und missionarischer Interessenssphären abgelehnt worden war. Noch in den 40er Jahren hatte der konfessionstreue Lutheraner und unionskritische Inspektor der RMG, Johann Christian Wallmann, in einer Reflexion über Jes 53 weltliche Interessen und religiöse Missionspläne scharf voneinander abgegrenzt.[33] 1860 wurde darüber verhandelt, ob die „Aussendung christlicher Handwerker, die mit der Ausübung ihres Berufes zugleich Missionstätigkeit verbinden sollen“, sinnvoll sei und inwiefern die „Verbindung gewerblicher, industrieller und kolonisatorischer Unternehmungen für die Mission ratsam“[34] wäre. 1863 schließlich wurden die ersten „Missionskolonisten“ mit einem, wenn auch zweitrangigen, Zivilisierungsanliegen ausgeschickt.[35] Nach langer Debatte über die Rechtmäßigkeit der Verbindung zwischen Mission und Handelsunternehmung wurde, juristisch unabhängig von der RMG, aber in enger personeller und finanzieller Verknüpfung mit ihr, 1869 eine „Aktiengesellschaft für Handel in Arbeitsgebieten der RMG“ etabliert, aus deren Konkursmasse 1882 der „Rheinisch-Bornesische Handelsverein“ hervorging.

Mit dem Jahr 1871 und dem Sieg Deutschlands über Frankreich ging auch durch die Organe und Verlautbarungen der RMG eine Welle nationaler Begeisterung. Der „Kleine Missionsfreund“, ein Traktatblatt für Kinder, berichtete in seiner 4. Ausgabe von einer „Deutsche[n] Sieges-

---

[33] Vgl. *Kriele* [s. Anm. 1], 124 f.
[34] Zit. nach *Kriele,* 155.
[35] Vgl. *Kriele*, 218 f.

feier in Damraland". Die rheinischen Missionare hatten ein „großes Siegesfest" ausgerichtet, und auch die Herero wurden von der allgemeinen Freude ergriffen, „als sie dann auch von dem herrlichen Siege hörten, den unsere tapferen Deutschen erfochten."[36] Das Missionsblatt vom Januar 1871 widmete den Psalm 46 „unserm lieben deutschen Volke, unserm theuren Könige und dem gesammten tapfern Heere als Neujahrs-Gabe" und ermutigte die Heimatgemeinde „und das Volk in Waffen" angesichts eines „von Stolz und Verblendung wahnsinnig berauschte[n] Frankreich" und seiner „schäumende[n] Wuth"; historische Reminiszenzen an den Dreißigjährigen Krieg werden bemüht.[37] Deutschland, so erhellt aus den Texten nach 1871, mußte vor allen anderen europäischen Nationen den Vorzug genießen, weil dem „deutsche[n] Volk [...] schon vor mehr als tausend Jahren die Gnade und Wahrheit des Herrn, das süße Evangelium verkündet" worden war. Gott habe die Deutschen „vor so vielen andern Völkern" erleuchtet, und daher mahnt der Schreiber: „Deutschland, Deutschland vergiß nicht, was der Herr Dir Gutes getan hat!"[38] Zunächst ist diese Mahnung auf die ausstehende innere Reichsgründung gerichtet; sie läßt aber auch schon die Möglichkeit eines speziellen „deutschen Berufes" in der Welt erkennen, eine missionarische Pflicht des „deutschen Wesens", die sich aus der Geschichte und dem zivilisatorischen Niveau einer christianisierten, wahrhaft evangelischen deutschen Nation ergeben könnte. So wird der Krieg gegen Frankreich folgerichtig als „Gottesgericht" aufgefaßt,[39] nicht als bloße militärische Auseinandersetzung. Deutschland sei „zur Zuchtruthe erwählt" gewesen und mußte selbst „aus tausend neuen Wunden bluten, ehe seine politische Erhöhung sich vollziehen durfte".[40] Das Gottesgericht in Gestalt der siegreichen preußisch-deutschen Armeen mußte nicht nur Paris, das „moderne[] Babel", heimsuchen – auch Kriegsgreuel waren in Kauf zu nehmen[41] –, sondern das französische Volk in seiner Gesamtheit, das „hochbegabt[], aber seit lange unglücklich[]" sich durch „Unglaube[n] und ungöttliche[s] Wesen" auszeichnete.[42] Dieser Bericht, offenbar von Fabri verfaßt, verlängerte die moralisch-rassistische Zuschreibung, die 1859 zunächst für die „Heiden" als inferiore Völker galt, auf die Franzosen, mithin auf ein – unter missionarisch-erwecklichen Aspekten – potentielles „Brudervolk". Die Militarisierung der in den Verlautbarungen

[36] Der kleine Missionsfreund 4, 1871, 52.
[37] Missions-Blatt Januar 1871, 2.
[38] Missions-Blatt August 1871, 57 f.
[39] Vgl. Berichte der Rheinischen Missions=Gesellschaft 1, 1871, 1.
[40] Berichte 1, 1871, 3.
[41] Berichte 1, 1871, 4.
[42] Berichte 1, 1871, 5.

der RMG geführten Sprache belegt den aggressiven Grundcharakter, der die Kongruenz von Heils- und deutscher (Welt-)Geschichte begleitete.[43]

Der Bericht Nr. 7 im Juli 1871 zieht die konsequente Bilanz der deutschen Kriegserfolge: „Der deutsche Name ist geachtet in allen Landen, unserm Vaterlande unter den Völkern der Erde für jetzt der erste Platz angewiesen worden."[44] Der Beruf des „gesegneten deutschen Volkes"[45] war nunmehr deutlich vorgezeichnet: „Deutschland, jetzt an die Spitze der Völker der Erde gestellt, hat mit seinen Siegen, mit seiner neuen Machtstellung die Aufgabe erhalten, die Hauptarbeit zu thun unter den das Reich Gottes bauenden Nationen, die Aufgabe, auch als der Hauptevangelist das Wort vom Kreuz zu tragen bis an die Enden der Erde, also das Werk der Mission mit Kraft und Nachdruck in viel größerem Umfange als bisher zu treiben."[46] Heils- und Weltgeschichte waren ineinander gefallen, die eine dient der anderen zugleich als Auslegungssystem. Die „Welt der Mission" war tendenziell „deutsche Welt" geworden, damit erhielt der missionarische Expansionismus notwendig einen politischen Zug. Umgekehrt konnte politisch-ökonomisch orientiertes expansionistisches Machtkalkül mit einem Sendungsauftrag im zugleich religiösen und profanen Verständnis legitimiert werden. Gleichzeitig wurde die Überlegenheit des Deutschen Reiches im europäischen Mächtekonzert ausgewiesen, das aus Missionsperspektive zwar traditionell eurozentrisch mit einer gewissen Sonderstellung Großbritanniens aufgefaßt worden, aber theoretisch egalitär ausbalanciert gewesen war.

„Nun unser Vaterland ist größer geworden, der Herr hat es größer gemacht. Du christliches Volk deutscher Nation vergiß nun nicht, daß auch das Reich Gottes größer werden muß und zwar so groß, daß es kein Volk mehr giebt auf Erden, dem das Heil in Jesu Christo nicht nahe gebracht sei."[47]

Bei Friedrich Fabri, 1857 bis 1884 erster Inspektor der RMG, sind die Konsequenzen dieses Denkansatzes stringent zu Ende geführt. Er mag für das Missionsverständnis und für die Missionspraxis der RMG insgesamt allein nicht repräsentativ sein, zumal er in den eigenen Reihen wegen seines kolonialpolitischen Engagements nicht unkritisiert blieb und sein Weggang seitens wichtiger Kreise der RMG nicht sehr bedauert wurde. Aber Fabri war als langjähriger Leiter der Rheinischen Mission und ihres Seminars von großem Einfluß auf die Geschicke der Missionsgesellschaft. Daher ist es im Rahmen einer begriffs- und mentalitätsgeschichtlichen Analyse aufschlußreich, seine sehr populäre und politisch einflußreiche

[43] Vgl. Berichte 11, 1871, 331.

[44] Berichte der Rheinischen Missions = Gesellschaft 7, 1871, 194.

[45] Berichte 7, 1871, 195.

[46] Berichte 7, 1871, 196.

[47] Berichte 7, 1871, 196.

Schrift „Bedarf Deutschland der Colonien?“ aus dem Jahr 1879 zu betrachten. Sie ist m. E. ein wichtiges Indiz für die legitimatorische Leitfunktion der (Missions)theologie im 19. Jahrhundert im Hinblick auf säkulare Bewegungen. Es ist bemerkenswert, daß die frühe Äußerung eines deutschen Theologen und Missionsinspektors zur Kolonialfrage für weite Kreise kolonialpolitisch Interessierter in Deutschland zur Argumentationsgrundlage wurde.

Fabri argumentierte ausdrücklich als Missionsmann[48] und auf der Basis der einschlägigen Erfahrungen. Angesichts der wirtschaftlichen und gesamtgesellschaftlichen Krise im Deutschen Reich plädierte er für eine aktive deutsche Kolonialpolitik, u. a. unter Verweis auf die Lösung innerdeutscher sozialer Spannungen und ökonomischer Probleme; auch der Gedanke der Deutschen als „Volk ohne Raum“[49] taucht auf. Die Weltmachtstellung des Reiches wurde mit der göttlichen Vorsehung begründet; die daraus folgende „Erfüllung einer nationalen Aufgabe“, nämlich die Bemühung um Kolonien, könne nicht „von dem Beifall oder Mißbehagen anderer Völker und Staaten abhängig“[50] gemacht werden. Großbritannien wurde als politischer und ökonomischer Rivale beneidet und bewundert, zugleich klingen bereits die Wendungen vom „perfiden Albion“ und vom „Krämervolk“ leise an. Dennoch zeuge die koloniale Macht Englands beispielhaft von seiner „culturellen Kraft“. In „friedlichem Wetteifer“ sollten die Deutschen den „angelsächsischen Vettern“ folgen.[51] Daß dieses friedliche „Nacheifern“ faktisch Lippenbekenntnis bleiben mußte, erweist der Gesamtkontext der Broschüre; es wird deutlich, daß eine deutsch-britische Rivalität zugunsten der Durchsetzung deutscher Interessen billigend in Kauf genommen wurde.

Fabri empfahl den deutschen Missionsgesellschaften, es den neueren englischen gleichzutun:

„Die englischen Missions-Gesellschaften [...] haben zwar principiell nichts mit Politik zu thun und auch nichts mit colonialen Annexionen, doch macht begreiflicherweise auch in ihnen bei dem Beginn neuer Missions-Unternehmungen der nationale Instinct sich unmittelbar geltend. Man zögert nicht, dahin zu gehen, wohin die großen Entdeckungen den Weg zeigen, wo zugleich neue Pfade für den brittischen Handel, vielleicht auch neue coloniale Erwerbungen sich zu erschließen verheißen.“[52] Mit dem Verzicht auf eine eigene Kolonialpolitik leiste Deutschland durch seine Missionsgesellschaften für England und Holland „uneigennützig“

[48] *Friedrich Fabri:* Bedarf Deutschland der Colonien? Eine politisch-ökonomische Betrachtung. Gotha 1879, IV.
[49] Vgl. *Fabri* [s. Anm. 14], 52 f.
[50] *Fabri*, 56.
[51] Vgl. *Fabri*, 108.
[52] *Fabri*, 98.

„culturelle[] Pionier-Dienste".[53] Das rein pragmatische sozial- und wirtschaftspolitische Kalkül, das Fabri in seiner „politisch-ökonomische[n] Betrachtung" in den Vordergrund stellte, um ein Bündnis missionarischer und kolonialer Interessen zu legitimieren, wurde überhöht durch die Begründung einer deutschen Kulturmission: „Will das Deutsche Reich seine wieder gewonnene Machtstellung auf längere Zeiten begründen und bewahren, so wird es dieselbe als eine Cultur-Mission zu erfassen und dann nicht länger zu zögern haben, auch seinen colonisatorischen Beruf aufs Neue zu bethätigen."[54] „Denn die Colonial-Frage ist für uns überhaupt keine politische Machtfrage. Wer sich bei derselben von dem Bestreben einer Macht-Erweiterung Deutschlands leiten ließe, hätte das Wesen derselben schlecht erkannt. Sie ist vielmehr eine Cultur-Frage. Wirthschaftliche Bedürfnisse, in Verbindung mit allgemein nationalen Gesichtspunkten, weisen darauf hin, sie praktisch in Angriff zu nehmen. Deutschland, indem es nach Colonial-Besitz sich umschaut, ist nicht von einem Gelüste nach Macht-Erweiterung geleitet, sondern es will nur eine nationale, ja wir dürfen sagen, eine sittliche Pflicht erfüllen."[55] Das „deutsche Wesen", an dem die „Welt genesen" soll, ist hier ebenso vorgebildet wie die Attitüde des Zu-Kurz-Gekommenen, die die deutsche Politik oft und verhängnisvoll bestimmt hat. Es ist m. E. nicht zwischen dem Missionstheologen und dem Kolonialpolitiker Fabri zu trennen, insofern der zweite als eine Art negativer Abweichung vom ersten betrachtet werden könnte. Fabri argumentierte, so zeigt der Kontext seiner übrigen Schriften, durchaus von theologischer Grundlage aus und von seiner Leitungspraxis in der Mission her. Der organisatorische Ausbau der RMG unter seiner Ägide ist unbestreitbar. Bezeichnenderweise setzte Fabri die unter seinem Vorgänger Wallmann eingeführten informierenden „Quartalschreiben" an die Missionare nicht nur als „Rundschreiben" fort, er versah sie vielmehr mit „Randbemerkungen zur Zeitgeschichte", die einen zunehmend größeren Raum beanspruchten. Der Missionsinspektor betätigte sich in ihnen als eine Mischung aus (außen)politischem Redakteur und Vorgesetztem mit pädagogischem Anspruch: Die Rundschreiben „sollten und wollten dazu anleiten, das Geschehen in der Welt sub specie regni dei zu beobachten"[56] – exakt dieser kleine methodologische Leitfaden gilt auch für Fabris große Arbeiten.

Fabri kann aufgrund seiner expliziten Verquickung von Missions- und Kolonialpolitik sicher als eine Art „Extremfall" der RMG gelten, zumal er deshalb angegriffen wurde und 1884 schließlich aus der RMG ausschied. Aber die Äußerungen des immerhin von 1857 bis 1884 führen-

[53] *Fabri* [s. Anm. 14], 98.
[54] *Fabri*, 108.
[55] *Fabri*, 56.
[56] *Kriele* [s. Anm. 1], 151.

den Repräsentanten der RMG sind Zeichen für die angesichts der politischen und wirtschaftlichen Verhältnisse im Deutschen Reich immer drängenderen Fragen bezüglich des Verhältnisses von Mission und Politik, von Gottes Reich und weltlichem Reich. Fabri führte konsequent vor, wohin eine dezidiert auf der Erweckungstradition basierende Sendungstheologie führen konnte, wenn sie sich mit darwinistischem Fortschritts- und Bewährungsdenken verband und Heils- und Weltgeschichte parallelisierte. Die Deputation der RMG sah sich bemerkenswerterweise veranlaßt, unmittelbar nach Fabris Ausscheiden im Dezember 1884 in einem Rundschreiben an ihre Missionare in Deutsch-Südwestafrika die traditionelle Losung der Scheidung von Mission und anderen Interessen erneut auszugeben: „Eure Aufgabe ist es, Christum zu predigen und die Seele eures Volkes zu retten; jene aber [die Kaufleute, Bergbauinteressenten und Siedler; Ü.] wollen sich selbst bereichern, wollen Handel, Gewerbe, Industrie, unbekümmert, ob das Volk darüber zugrunde geht. Noch nirgend ist in der Heidenwelt eine europäische Kolonie entstanden ohne die schwersten Ungerechtigkeiten. [...] Die Deutschen werden es schwerlich viel besser machen, und Ihr werdet die Aufgabe haben, Euer Volk vor Mißhandlungen und Vergewaltigung der Weißen zu schützen, solange Ihr könnt. [...] Haltet Euch von allen politischen Fragen fern."[57]

Mochte diese wie manche andere Anweisung im alten pietistisch-erwecklichen Missionsgeist auch Rückbesinnungsbemühungen auf philanthropische Redlichkeit dokumentieren, die RMG konnte sich doch nicht – wie Hammer meint[58] – ganz dem nationalen und imperialistischen Zug der „Welthändel" entziehen. Selbst für einen so vorsichtigen Historiker der RMG wie Eduard Kriele befand sich die Gesellschaft zwischen 1884 und 1914, also im Zeitalter des Imperialismus, „auf ihrem Höhepunkt".[59] Er ist zwar bemüht, diesen Aufstieg der Gesellschaft in eine rein zeitliche, d. h. zufällige Parallele mit „dem glänzenden weltpolitischen und kolonialen Aufschwung Deutschlands"[60] zu bringen und die kritische, ja ablehnende Haltung der rheinischen Missionsfreunde und -aktivisten gegenüber den „neuen", den kolonialpolitischen „Freunden" hervorzuheben.[61] Tatsache ist aber u. a., daß die Neu-Guinea-Mission (1887) als „unmittelbare Folge der deutschen Kolonialbewegung" eingeschätzt werden muß[62] und daß die RMG schon 1883 „auch eine

[57] Deputation der RMG an die Namakonferenz vom 29.12.1884. Zit. nach *Bade* [s. Anm. 1], 225 f.
[58] *Hammer* [s. Anm. 1], 258.
[59] *Kriele* [s. Anm. 1], 274.
[60] *Kriele*, 274.
[61] Vgl. *Kriele*, 274–275.
[62] *Kriele*, 298.

deutsche Kolonial-Mission geworden [war], ohne daß sie es erstrebt hätte, und zwar als die erste von allen deutschen Missionsgesellschaften".[63] Diese Äußerungen beziehen sich auf die deutsche „Erwerbung" Deutsch-Südwestafrikas, ein Vorgang, an dem unter anderem der Fabri-Freund Lüderitz und der rheinische Missionar Büttner (als Unterhändler der deutschen Kolonialregierung) beteiligt waren. Die „Besitzergreifung", so resümiert Kriele, hätte sich nicht so reibungslos vollzogen, wenn „Südwest-Afrika nicht schon seit Jahrzehnten rheinisches, also deutsches Missionsgebiet gewesen" wäre.[64] Im Deutschen Kolonial-Lexikon aus dem Jahr 1920 jedenfalls wurde der RMG bescheinigt, sie habe „unter schwierigen Verhältnissen Pionierdienste geleistet und der späteren deutschen Kolonisation vorgearbeitet."[65]

Die RMG war 1885 durch ihren Inspektor (Schreiber) auf einer außerordentlichen Missionskonferenz in Bremen vertreten, die 1866 einst als „kontinentale" Konferenz ins Leben gerufen worden war. Dieses Treffen nun war ausschließlich von Vertretern deutscher Missionen besucht und behandelte die Frage der „Stellung der Mission zur deutschen Kolonialbewegung"; den Vorsitz hatte Fabri. Entgegen einer offenen Verbindung von Mission und Kolonialpolitik vertrat die Konferenz die Auffassung, die Mission müsse ihren „göttlichen Charakter" wahren, „demzufolge sie in göttlichem Auftrag durch die Predigt des Evangeliums Jesu Christi unter den Heiden im Dienst des Königs des Gottesreiches steht und für seine Ehre und Macht"[66] arbeite. Des weiteren sei die Mission international und müsse es bleiben, d.h. sie müsse ungeachtet der staatsrechtlichen Zugehörigkeit der Gebiete, in denen sie wirke, arbeiten können. Die Mission müsse in der Lage sein, den Kolonialbehörden gegenüber ihre Unabhängigkeit zu wahren, könne aber für den Schutz, der ihr von behördlicher Seite gewährt werde, „mit ihrem moralischen Einflusse wie ihrer Sachkenntnis der Kolonial-Macht freiwillige Gegendienste leisten".[67] Internationalität, Neutralität und Unabhängigkeit waren für die RMG insofern rein strategische Notwendigkeiten, als die meisten ihrer Missionsgebiete nicht in deutschem Kolonialgebiet lagen und sie von daher auf Verständigung mit holländischen oder englischen Behörden angewiesen war. Mit „freiwilligen Gegendienste[n]" wollte sich die deutsche Mission dennoch „besonders gern" bei deut-

---

[63] *Kriele* [s. Anm. 1], 298.

[64] *Kriele*, 299.

[65] Stichwort „Rheinische Mission". In: Deutsches Kolonial-Lexikon. Hg. v. *Heinrich Schnee*. Bd. 3, Leipzig 1920, 168 f.

[66] *Gustav Warneck:* Eine bedeutsame Missions-Konferenz. In: Allgemeine Missions-Zeitschrift. Monatshefte für geschichtliche und theoretische Missionskunde 12, 1885, 35–563, hier 551.

[67] *Warneck* [s. Anm. 66], 551 f.

schen Kolonialregierungen revanchieren, aber nur, „wenn ihr die Kolonial-Politik keine Hindernisse in den Weg“[68] lege.

Die Diskussionen auf der Bremer Konferenz von 1885 zwischen einer mehr kolonialenthusiastischen deutschen Minderheit und einer missionarisch-„nüchtern“ [69] abwägenden Mehrheit bestimmten das ambivalente Entscheidungsbild. Einerseits wird in dem betreffenden Bericht von dem Wesen der Mission als „universale[m] Werk“ gesprochen, das nicht national sei, aber auch nicht antinational, sondern „über- resp. international“.[70] Die „Verstimmung“ zwischen England und Deutschland seit „Beginn der kolonialen Ära“[71] wird bedauert. Der internationale Status quo, nach dem weltlicher Kolonialbesitz und nationale Besetzung der Missionsstationen (noch) nicht kongruent sind, wird ausdrücklich festgeschrieben, man bedankt sich bei fremden Kolonialmächten für Schutz und Hilfe und wünscht dasselbe von der deutschen Regierung für ausländische Missionare in deutschen Kolonialgebieten. Dennoch war man sich zugleich bewußt, daß das „deutsche Volk [...] sich aufgemacht [habe], um mehr als bisher an den Reichtümern der Welt Anteil zu bekommen, indem es in überseeischen Ländern feste Besitzungen erworben und die Macht des geeinigten Vaterlandes zum Schutze deutscher Interessen überall in der Welt geltend macht.“[72] In Analogie zum politischen Expansionismus Deutschlands wurde gewünscht, daß, „wenn das deutsche Volk seine Missionsleistungen steigert, [es] nach und nach dahin kommen [wird], daß alle bis jetzt von der Mission unberührten deutschen Kolonien mit deutschen Missionaren besetzt werden.“[73] Unter Verweis auf das negativ mahnende Beispiel der unheilvollen Verquikkung von französischer Politik und katholischer Mission, wie es sich in der Tonking-Episode 1882 gezeigt habe, betonen die Versammelten einerseits „nachdrücklich“[74] die Trennung von Mission und den „Interessen der Weltreiche, so große Vorteile diese Weltreiche auch durch ihren Dienst genießen“. Die zivilisatorische Arbeit der Missionare („die als selbstverständlich nur nebenbei berührt wurde“)[75] könne ergänzt werden durch ihre Funktion als Friedensvermittler und Ratgeber, „aber nicht als Pioniere für Annexionen, auch nicht als eigentliche Kolonialbeamte“.[76]

Doch verlautbarte Abgrenzungsabsichten von Weltpolitik und Mission, die durch einige prohibitive Bestimmungen bzw. Empfehlungen un-

---

[68] *Warneck* [s. Anm. 66], 552.
[69] Vgl. *Warneck*, 552.
[70] *Warneck*, 553.
[71] *Warneck*, 553.
[72] *Warneck*, 547.
[73] *Warneck*, 555.
[74] *Warneck*, 557.
[75] *Warneck*, 557.
[76] *Warneck*, 558.

terbaut wurden (kein Einsatz ehemaliger Missionare als Kolonialbeamte etc.) wurden fragwürdig durch das Zugeständnis („ganz natürlich und selbstverständlich"), „daß der deutsche Missionar weder sein deutsches Wesen, noch seinen deutschen Patriotismus zu verleugnen habe und daß er überall ganz von selbst auch das Deutschtum pflegen werde, schon dadurch, daß das von ihm gepflanzte Christentum deutsche Art an sich trage."[77] Trotz aller Versuche mithin, auf der Ebene der Ideologie die beiden Reiche getrennt zu halten, konnte sich die Mission der Mentalität ihrer Zeit nicht entziehen, ja sie war repräsentativer Teil der herrschenden Deutungskultur. Die spezifische Missionstheologie, wie sie von der RMG und anderen Missionsunternehmen vertreten wurde, legitimierte in der schließlich geschichtsmächtig gewordenen Variante nationale, imperialistische und rassistische Erklärungsmuster und führte im sozioökonomisch-politischen Kontext der deutschen Geschichte nach 1871 zu einer so starken Affinität von Missionszielen und nationalem Interesse, daß die ideologische Propagierung des neutralen Charakters der Missionen immer unglaubhafter werden mußte.

In der Diskussion um Pro und Contra der Allianz von Mission und nationaler Politik vertrat Gustav Warneck, 1871 bis 1874 als Reise-, d. h. Werbeprediger für die RMG und als theologischer Lehrer am Barmer Missionsseminar tätig, in einem Artikel in der „Allgemeinen Missionszeitschrift" die prinzipielle Unabhängigkeit der Mission von der Reichspolitik, die sich in der Freiwilligkeit der Missionsdienste für die Kolonialinteressen äußere.[78] Maßstab für die Aktivität der Mission sei der „Befehl[] unsres himmlischen Königs Jesus Christus".[79] Wenn aber zuvor die deutsche Kolonialbewegung, „so fern sie auch in ihren Motiven wie Zielen dem Reiche Gottes" stehe, als „eine große göttliche Missionsgelegenheit" definiert und angemahnt wird, „wenn Gott im Himmel Gelegenheiten macht, so müssen seine Knechte auf Erden die Hände rühren", so wurde auf diese Weise eine grundsätzliche Interessenharmonie von evangelischem Christentum und deutschem Imperialismus eröffnet, die jede formalorganisatorische oder programmatische Verbindung von christlicher Mission und weltlicher Politik geradezu überflüssig werden ließ.[80]

Warnecks Barmer Nachfolger Schreiber äußerte sich moderater und vorsichtiger zur Frage der „Besetzung deutscher Kolonien mit deutschen Missionaren".[81] Die Mission habe in erster Linie nicht die Interessen des

---

77 *Warneck* [s. Anm. 66], 558.

78 *Gustav Warneck:* Zur Beurteilung der Zeichen der Zeit. In: Allgemeine Missions-Zeitschrift 13, 1886, 3–8.

79 *Warneck* [s. Anm. 78], 7.

80 *Warneck*, 4.

81 Titel des Beitrages von *Schreiber.* In: Allgemeine Missions-Zeitschrift 13, 1886, 56–62.

Deutschen Reiches, sondern diejenigen des Reiches Gottes im Auge, und man müsse von daher aufgrund der faktischen internationalen Überschneidung von Missions- und Kolonialgebiet mit Forderungen dieser Art zurückhaltend sein, wolle man nicht die bisherige Missionsarbeit gefährden. Dennoch hielt auch Schreiber es für wünschenswert, „daß unser deutsches Volk zu dem Bewußtsein gelangt", daß es die „heilige Pflicht" zur Mission habe.[82] Schreiber setzte bezeichnenderweise hinzu, diese Aufgabe falle aber nicht dem Staat, sondern der „deutschen Missionsgemeinde [zu], die in ihren Missionsgesellschaften und Anstalten ja auch schon die dazu erforderlichen Organe besitzt."[83] Diese Lösungsvariante einer arbeitsteiligen Trennung von vorrangig kultivierendem und zivilisierendem Staat und primär evangelisierenden (Missions)gesellschaften stellt sich als eine Weiterentwicklung des föderativen Netzwerk-Gedankens der Missionsgesellschaften dar, die eine Zentralisierung für kontraproduktiv hielten.

Die Festschrift zum 75jährigen Jubiläum der RMG aus dem Jahr 1903 schließlich dokumentiert den Abschluß des Identifizierungsprozesses von Heils- und Weltgeschichte. Dabei sind die Beiträge im Jubiläumsband keineswegs primitiv nationalistisch oder chauvinistisch gehalten, mit Ausnahme der ausgesprochen rassistischen Beschreibung der „Heiden", die sich bereits seit der Mitte des 19. Jahrhunderts angekündigt und seitdem kontinuierlich verstärkt hatte. Neu war aber die Offenheit, mit der die beiden Reiche zusammengebracht wurden. Im Beitrag „Was hat die RM in den 75 Jahren in kultureller Beziehung geleistet?"[84] liest man zu Anfang zunächst das missionsobligatorische Bekenntnis „Missionsarbeit ist Reichgottesarbeit"[85], dann aber folgt der aufschlußreiche Abschnitt: „Aber wenn auch das Reich Gottes nicht von dieser Welt ist, so schwebt es doch, sobald es in dieselbe eintritt, nicht in der Luft, sondern faßt in den irdischen Verhältnissen Wurzel und bringt diese in Bewegung, sie erneuernd und umgestaltend. Indem die Mission die Heiden zu Christen macht, macht sie sie auch erst recht zu Menschen, und indem sie unter ihnen das Himmelreich pflanzt, pflanzt sie auch die wahre Kultur."[86]

Ausschlaggebend ist, daß das Reich Gottes, theologisch futurisch und klarer Gegensatz zum imperium, in „diese Welt eintritt", d. h. daß Reich Gottes und Weltreich zusammenfallen (können), zumindest im Akt der Mission. Mission und Zivilisierung werden eins, letztere ist notwendige Folge der Evangelisierung. Daraus folgt konsequent die Gedankenreihe

---

[82] *Schreiner* [s. Anm. 1], 59.

[83] *Schreiner*, 59.

[84] Beitrag von *Johannsen* (Dhünn). In: Rheinische Missionsarbeit 1828–1903. Gedenkbuch zum 75jährigen Jubiläum der Rheinischen Mission. Barmen 1903, 172–197.

[85] *Johannsen* [s. Anm. 84], 173.

[86] *Johannsen*, 172. Hervorhebungen von mir.

Heiden-Nichtmenschen-Nichtkultur und Christen-Menschen-Kultur. Man wird das aus theologiegeschichtlicher Perspektive durchaus als Folge einer Säkularisierung des Missionsgedankens auffassen können. Unter dem sozial- und mentalitätsgeschichtlichen Aspekt stellt sich dieser Zusammenhang jedoch als die spirituelle Legitimierung der politischen Realität dar, die damit eine besondere normative Qualität erhält, d. h. die metaphysische Rechtfertigung der konkret sich vollziehenden imperialistischen Herrschaft und ihrer Folgen in den Kolonien liefert. „Jeder Missionar", heißt es weiter, „der zu den Heiden geht, ist ein Kulturträger im weitesten Sinne des Wortes. Er nimmt die ganze Kultur, die ihn in der Heimat umgeben hat, und die Sittlichkeit, die er als geschlossener sittlicher Charakter besitzt, mit hinaus. Aber nicht etwa, um sie wie so manche sogenannte ‚Kulturträger' draußen zu verlieren, sondern um sie weiterzugeben, weil er sich als Schuldner der Heiden weiß."[87]

Der Missionar als idealer Typus des deutschen „Pionier[s] der Kultur"[88] konnte notwendigerweise die ihm begegnende „heidnische" Kultur nur als Barbarei, als eigentlich Fremdes und damit Verwerfliches erfahren. Deutsche christliche Kulturmission in den Kolonien zog diesen Denkmustern zufolge auch bewußte Zerstörung der traditionellen Stammeskulturen nach sich, die nicht aus Überlegenheitsbewußtsein betrieben wurde – das würde den Vorwurf der Inhumanität nicht ausschließen –, sondern eine paternalistische Erziehungsschuld war – Mission ist Humanisierung. In einer Festschrift zur Hundertjahrfeier der Rheinischen Mission heißt es im Abschnitt „Die Rheinische Mission als Erzieherin primitiver Völker" einleitend über die Wirkungen der christlichen Mission auf die „Germanen, die Kelten, die nordischen und die slawischen Völker": „Das Christentum hat die ihm anvertrauten Völker in Europa in einer langen und oft harten Schule zu den Herrenvölkern der Welt und zu den Trägern der fortgeschrittensten Menschheitskultur herangebildet."[89] Der evangelische Universalitätsgedanke, der im erwecklich-individualistischen Missionskonzept der Anfangszeit eine zumindest potentielle Egalitätsforderung enthielt, war am Anfang des 20. Jahrhunderts einer unumstößlichen, religiös begründeten Völkerhierarchie gewichen, die durch das Missionskonzept nicht relativiert, sondern stabilisiert wurde.

Diesem Befund widerspricht nicht, daß die RMG Kritik an einigen „Auswüchsen" der rein weltlichen Kolonisation übte; die paternalistische Auslegung des Ranges der Missionare erforderte vielmehr, die „Eingeborenen" als „Menschen" zu behandeln und „die Menschenrechte der Farbigen" beispielsweise gegenüber den egoistischen Interessen weißer

[87] *Johannsen* [s. Anm. 84], 181 f.
[88] *Johannsen*, 182.
[89] *Julius Richter:* Hundert Jahre Rheinische Mission. Gütersloh o.J. [1928], 4 u. 5.

Siedler „in jeder nur möglichen Weise zu schützen".[90] 1904 zeigte die RMG ausgesprochene Zivilcourage, als sie die aufständischen Herero gegenüber publizistischer Scharfmacherei in Deutschland insofern verteidigte, als sie die Ursachen des Aufstands, ihrer Auffassung nach die wucherischen Geschäftspraktiken weißer Händler, anprangerte. Die Missionsgesellschaft wurde deshalb scharf von Kolonialkreisen angegriffen und mußte sich auch den öffentlichen Tadel des Reichskanzlers Bülow gefallen lassen. Warneck erteilte in der „Allgemeinen Missions-Zeitschrift" einem „kolonialen Übermenschentum", dem die „Eingebornen Gegenstände der Ausbeutung" seien, eine deutliche Absage; aus der Perspektive der Mission verstand er die „Eingebornen" dagegen als „Gegenstände [!] der Rettung".[91] Diese patriarchalische Fürsorgeverpflichtung ließ ihn mahnen: „Ihr Väter reizet eure Kinder nicht zum Zorn, das gilt auch gegenüber den Naturkindern."[92] Schließlich bemühte sich die RMG um Vermittlung zwischen den Herero und der deutschen Regierung und mahnte die ersteren mit einem Hirtenbrief nach Römer 13 zur Beendigung des Aufstandes. Die RMG verstand sich in dieser Sache als Vertreterin einer „christlichen Ethik", wie Warneck schrieb, die sich gegen „sittliche[] Laxheit"[93] wandte. Die deutsche Mission wollte nicht nur deutsch sein, sie wollte christlich-deutsch sein – auf dieser Prämisse allein beruhte die Legitimation für ihre Einmischung in die weltlichen „Händel". Die „Einheit der Weltmission trotz ihrer Vielgestaltigkeit", der Spagat zwischen „Gefühl der inneren Zusammengehörigkeit" und „gegenseitige[r] Anerkennung der nationalen und kirchlichen Eigenart" wurde noch im Jahresbericht der RMG für 1913 unternommen,[94] als Beweis wurde auf das Edinburgher Continuation Committee, eine Art Missionsvölkerbund, hingewiesen.

Im folgenden Bericht für das Jahr 1914 nahm man dementsprechend den Zusammenbruch der missionarischen Internationale mit „Erschütterung" zur Kenntnis. Doch zugleich wurde das 1914/15 immerhin bemerkenswerte Bekenntnis zur institutionalisierten Vorkriegs-Internationale der Mission durch den Vorwurf unterlaufen, daß das „stolze, freie, protestantische England im Bunde mit dem despotischen Rußland, dem atheistischen Frankreich, dem Belgien der Kongogreuel, dem meuchelmörderischen Serbien die Waffen gegen unser, ihm stamm- und glau-

---

[90] *Spiecker:* Die Aufgaben der nächsten Zukunft auf den einzelnen Gebieten. In: Gedenkbuch [s. Anm. 83], 198–212, hier 204.

[91] *Gustav Warneck:* Der Aufstand der Herero und die Angriffe auf die Mission. In: Allgemeine Missions-Zeitschrift 31, 1904, 194–205, hier 195.

[92] *Warneck* [s. Anm. 91], 205.

[93] Zit. nach *Kriele* [s. Anm. 1], 312; vgl. auch: Die Rheinische Mission und der Herero-Aufstand. Erlebnisse und Beobachtungen rheinischer Missionare. Barmen 1904.

[94] Berichte der Rheinischen Missions=Gesellschaft 84, 1914, 3.

bensverwandtes Vaterland erhoben hat"[95] und daß Großbritannien damit die „unverzeihliche Schuld" trage, „den europäischen Krieg zu einem Weltkrieg gemacht zu haben". Für die Kooperation der Missionen bedeute dies, daß man deutscherseits vor der „Thatsache" stehe, „daß die Arbeitsgemeinschaft mit den englischen Missionskreisen nicht nur äußerlich durch den Zwang der Ereignisse unterbrochen, sondern auch innerlich zur Unmöglichkeit geworden"[96] sei. Stattdessen müßten sich nunmehr die deutschen Missionsgesellschaften „in dieser Zeit der gemeinsamen Not"[97] enger zusammenschließen. Über die gefallenen Missionsangehörigen heißt es, daß sie „ihrem irdischen Könige und, wir zweifeln auch nicht, ihrem himmlischen Könige treu bis in den Tod gewesen"[98] seien. Im Oktober 1914 hatte auch Missionsinspektor Spiekker aus Barmen für die RMG einen offenen Brief „An die evangelischen Christen im Auslande" unterschrieben, in dem sich deutsche Missionsleute und Theologen gegen eine deutsche Schuld am Weltkrieg verwahrten: „Einer Welt in Waffen gegenüber erkennen wir es klar, daß wir unsere Existenz, unsere Eigenart, unsere Kultur und unsere Ehre zu verteidigen haben. [...] Gerade weil dieser Krieg unserem Volke freventlich aufgezwungen ist, trifft er uns als ein einiges Volk, in dem die Unterschiede der Stämme und Stände, der Parteien und der Konfessionen verschwunden sind. [...] Darin aber wissen wir uns mit allen Christen unseres Volkes einig, daß wir die Verantwortung für das furchtbare Verbrechen dieses Krieges und alle seine Folgen für die Entwicklung des Reiches Gottes auf Erden von unserm Volk und seiner Regierung abweisen dürfen und müssen."[99]

Die Universalität des Reiches Gottes, die Internationalität aller Christen war zerbrochen. Das nationale Integrationskonzept des Reiches dieser Welt war bindungsstärker als das christlich-missionarische des Reiches Gottes. An seine Stelle war mit dem Kriegsbeginn die trügerische und fatale innere Reichsgründung getreten, die auch die rheinischen Missionsleute über die „Ideen von 1914" in die nationale Gemeinschaft der Deutschen einband.

---

95 Berichte der Rheinischen Missions=Gesellschaft 85, 1915, 4.

96 Berichte 85, 1915, 4f.

97 Vgl. Berichte 85, 1915, 5.

98 Berichte 85, 1915, 8.

99 Rheinische Missions=Berichte. Oktober 1914, 215–218, hier 216 u. 218.

Rezensionen

Wallmann, Johannes: Theologie und Frömmigkeit im Zeitalter des Barock. Gesammelte Aufsätze. Tübingen: J.C.B. Mohr (Paul Siebeck) 1995. – 439 S.

Mit den Gesammelten Aufsätzen von Johannes Wallmann liegt ein Band vor, der für die Erforschung der Kirchen- und Theologiegeschichte des 17. Jahrhunderts hohe Beachtung beanspruchen kann. Aus dem Forschungsschwerpunkt des Autors, der Orthodoxie- und Pietismusforschung in der protestantischen Kirchengeschichte zwischen Reformation und Aufklärung, sind hier 17 Studien zusammengefaßt, über deren Auswahl Wallmann im Vorwort drei Gründe nennt: 1. Es sollten Beiträge aufgenommen werden, die an entlegenen Orten erschienen sind, um sie der Forschung leichter zugänglich zu machen. 2. sollte in der Auswahl die interdisziplinäre und internationale Ausrichtung der kirchengeschichtlichen Forschung deutlich werden, so daß die europäische Dimension der frühneuzeitlichen Kirchengeschichte erkennbar wird. 3. wurde auf eine ausgewogene, zeitliche Streuung der Themen geachtet, so daß die protestantische Kirchengeschichte des 17. Jahrhunderts insgesamt ins Blickfeld treten kann.

Mehrheitlich waren diese Studien ursprünglich Vorträge, die nun für den Druck noch einmal gründlich durchgesehen wurden. Den Begriff „Zeitalter des Barock" im Titel des stattlichen Bandes versteht Wallmann als zusammenfügende Klammer zweier Zeitalter in der nachreformatorischen protestantischen Kirchen- und Theologiegeschichte, die oft voneinander getrennt erforscht werden: das Zeitalter der Orthodoxie und des Pietismus. An deren Zusammenschau und ihren Beziehungen ist Wallmann besonders interessiert, um so ihre jeweilige Eigenart besser erfassen zu können.

Die Konzentration dieser Aufsatzsammlung auf das 17. Jahrhundert, das in allen historischen Disziplinen seit einiger Zeit eine lebendige, fruchtbare Erforschung erlebt, erhöht die Attraktivität dieses Bandes ganz erheblich. Denn mit ihm kann die allgemeinhistorische Frühneuzeitforschung, die Literaturwissenschaft, die Philosophiegeschichte und die Volkskunde einen reichhaltigen Einblick in die kirchen- und theologiegeschichtliche Erforschung dieser Zeit nehmen. Gehört doch die Pietismusforschung nun schon seit einigen Jahrzehnten – und in zunehmendem Maße auch die Orthodoxieforschung – zu den besonders lebendigen und produktiven Gebieten im Rahmen der kirchengeschichtlichen Forschung insgesamt.

Der Überblick über die Themen der 17 Aufsätze zeigt zunächst, daß die lutherische Orthodoxie und der Pietismus schwerpunktmäßig mit jeweils 7 Studien vertreten sind und die internationalen Einflüsse und Beziehungen zwischen europäischen Ländern mit 3 Arbeiten. Aus der Fülle der in diesen Aufsätzen zum Ausdruck gebrachten Sachgebiete im Rahmen der Kirchen- und Theologiegeschichte des 17. Jahrhunderts lassen sich folgende Schwerpunkte erkennen: Frömmigkeitsgeschichte, Eschatologie, Orts-, Landes- und Universitätsgeschichte (besonders Basel, Berlin, Dresden, Erfurt, Frankfurt a. M., Genf, Halle, Hamburg, Helmstedt, Jena, Leipzig, Straßburg und Wittenberg). Bei den Personen stehen Johann Arndt und Philipp Jakob Spener im Zentrum. Sowohl für die Arndt- wie für die Spenerforschung enthält der Band wichtige Beiträge.

„Die Kirchengeschichtsforschung hat sich die immense Bedeutung Arndts noch kaum zum Bewußtsein gebracht“ (4). Diese Feststellung Wallmanns und seine eigenen Forschungen haben die jüngste Arndtforschung schon verschiedentlich zu weiteren Erkundungen angeregt. In dem Aufsatz: „Johann Arndt und die protestantische Frömmigkeit“ nimmt Wallmann zur Rezeption der mittelalterlichen Mystik im Luthertum Stellung und zeigt insbesondere die breite Skala von mystischen, spiritualistischen und naturphilosophischen Quellen auf, die Arndt in seinen Büchern vom wahren Christentum aufgenommen und bearbeitet hat. Er enthält wichtige Hinweise zur unterschiedlichen Arndtrezeption und zu seinem literarischen Werk insgesamt. Grundthese ist, daß Arndt nicht einen eigenen Typ protestantischer Mystik ausgebildet habe, sondern die Sprache der Mystik und ihre Bilder in die lutherische Frömmigkeit zu transponieren versuchte, um sie so zu verlebendigen und zu verinnerlichen. Auch der Aufsatz „Herzog August d. J. zu Braunschweig und Lüneburg als Gestalt der Kirchengeschichte“ ist ein profunder Beitrag zur Arndtforschung. Er verdankt sich einem Referat, das Wallmann im Herbst 1979 anläßlich eines Arbeitsgespräches in der Herzog August Bibliothek in Wolfenbüttel gehalten hat. Mehrere der in diesem Band zusammengefaßten Aufsätze Wallmanns sind durch Kontakte mit diesem Forschungszentrum frühneuzeitlicher Theologie-, Geistes- und Kulturgeschichte veranlaßt worden. Erstmals wird hier den Spuren genauer nachgegangen, die den fürstlichen gelehrten Sammler und Begründer der berühmten Wolfenbütteler Bibliothek mit Johann Arndt verbinden. Es treten zwei der entschiedensten Verteidiger Arndts bei den sog. Arndtschen Streitigkeiten kurz vor und nach dem Tod Arndts wesentlich deutlicher als bisher auf den Plan: der Leibarzt Herzog Augusts, Melchior Breler, und sein Hofprediger in Hitzacker, Heinrich Varenius. Ihre Zeugnisse machen eine engere und länger währende Verbindung zwischen Herzog August und Johann Arndt zu „einer einigermaßen gesicherten historischen Tatsache“ (34). Herzog August in Wolfenbüttel und Herzog Christian in Celle haben bei den aufkommenden Arndtschen Streitigkeiten ihren fürstlichen Schutz allein den Arndtverteidigern zukommen lassen, während der Arndtgegner Lukas Osiander in Tübingen das Opfer fürstlicher Zensur wurde. Dieser obrigkeitliche Schutz über das Werk Arndts kann nach Wallmann in seiner kirchengeschichtlichen Bedeutung kaum überschätzt werden. Als „Schirmherr des ‘Wahren Christentums’“ könnte Herzog August einen festen Platz in der Kirchengeschichte beanspruchen. Auch der Blick auf seine intensiven Arbeiten am deutschen Bibeltext und der Streit um die Einführung seiner „Kirchenharmonie“ in den Gottesdienst der braunschweigischen Kirche, den Wallmann als Vorläufer des bekannten preußischen „Agendenstreites“ unter König Friedrich Wilhelm III. versteht, geben Herzog August d.J. von Braunschweig-Lüneburg als Gestalt der Kirchengeschichte deutlichere Konturen.

„Kirchengeschichtswissenschaft hat die Aufgabe, durch immer erneuten Rückgang auf die Quellen die Berechtigung überlieferter Urteile zu überprüfen, Klischees zu zerstören und vertraut gewordene Ansichten zu revidieren“ (47). Im Aufsatz „Die Rolle der Bekenntnisschriften im älteren Luthertum“ überprüft Wallmann das seit Gottfried Arnold tradierte Bild von der lutherischen Orthodoxie als der klassischen Zeit lehrgesetzlicher Bindung an die Bekenntnisschriften. In den Lehrstreitigkeiten der Orthodoxie nach 1580, bei dem Huberschen Streit, dem christologischen Streit zwischen den Württemberger und den Gießener Theologen sowie beim Rathmannschen Streit, spielt die Frage nach Übereinstimmung oder Abweichung von den Bekenntnisschriften keine Rolle. Dies gilt auch für die Kontroversen um Jakob Böhme und Johann Arndt in der lutherischen Orthodoxie. In den „Loci theologici“ des Johann Gerhard wird den Bekenntnisschriften bei der Entwicklung der evangelischen Lehre nur eine marginale Bedeutung zuerkannt. Erst nach dem Dreißigjährigen Krieg ändert sich diese Lage, so daß sich Georg Calixt und Philipp Jakob Spener gegen den Vorwurf verteidigen müssen, vom Augsburger Bekenntnis abgefallen zu sein. Indem Wallmann den Gründen dieser Zäsur näher nachgeht und Fragen nach ihrer Bedeutung stellt, wird ein differenzierteres Bild in den Beziehungen zwischen Orthodoxie und Pietismus deutlich.

Der Geschichte der Universität Helmstedt und ihrer vom Späthumanismus geprägten Theologie, besonders derjenigen von Georg Calixt, widmet sich der Vortrag, den Wallmann zum 400jährigen Gründungsjubiläum der ehemaligen Universität Helmstedt im Jahre 1976 gehalten hat. In knappen Strichen zeichnet er die Grundzüge und Wirkungen der Theologie Calixts nach, besonders den Einsatz Calixts für die Wiedervereinigung der getrennten Konfessionen. Es ist nach Wallmann vor allem das Verdienst Calixts, „wenn wir das Vordringen der Toleranzidee im 17. Jahrhundert nicht einfach den kirchlichen und außerkirchlichen Randgruppen, sondern gerade auch der protestantischen Universitätstheologie zuschreiben können“ (80). Toleranz in Religionsangelegenheiten forderte aber in der Mitte des 17. Jahrhunderts auch der frühabsolutistische Territorialstaat. Wallmann weist auf die Denkschrift des braunschweigisch-wolfenbüttelschen Kanzlers Johann Schwartzkopff an Herzog August hin, in der dieser bewegte Klage über die Theologen führt, die im Geist der lutherischen Orthodoxie ausgebildet sind und deshalb äußerst ungeeignete und unzuverlässige Staatsdiener seien. Der Fürst solle sich nur an in Helmstedt ausgebildete Theologen wenden, da er allein dadurch sicher sein könne, daß er keine aufrührerischen Prediger ins Land bekomme! Der Kanzler hat besonders den Oberhofprediger in Wolfenbüttel, Joachim Lütkemann, im Auge, der von der Kanzel der Wolfenbütteler Marienkirche das Unrecht und die Unterdrückung der Schwachen beim Aufbau des absolutistischen Staates mit heftigen Worten kritisierte. Wallmann hat auf diese einst berühmte Regenten-Predigt Lütkemanns hier erstmals wieder hingewiesen und daran anschließend die Frage gestellt, ob „das, was man so leichthin lutherische Obrigkeitsfrömmigkeit nennt, nicht eher aus humanistischen als aus reformatorischen Wurzeln“ stammt (86). Calixts Stellung zum landesherrlichen Kirchenregiment ist bisher noch nicht genauer untersucht worden. Aber es ist auffällig, daß Calixt sich offenbar nicht in den breiten Strom der Klagen lutherischer Theologen über die „Cäsaropapie“ der deutschen Fürsten einordnen läßt.

Zwei Aufsätze widmen sich den noch wenig erforschten Problemen der Eschatologie im 17. Jahrhundert. Mit der Straßburger lutherischen Orthodoxie hat sich der Spenerforscher Wallmann im Zusammenhang mit der theologischen Biographie Speners intensiv beschäftigt. Die Studie in diesem Band gilt besonders dem historischen Verständnis der Theologie Johann Conrad Dannhauers. Den Zusammenhang von Polemik und Ethik bei diesem einflußreichen lutherisch-orthodoxen Theologen erklärt Wallmann mit Hilfe seines apokalyptischen Endzeitbewußtseins, das seine heftige Polemik gegen Papst, Juden und Schwärmer in seinem theologischen Spätwerk verständlich macht. „Für das Verstehen der lutherischen Orthodoxie in der Zeit des Dreißigjährigen Krieges ist die Berücksichtigung der eschatologischen Dimension unverzichtbar“ (99). In dem Aufsatz „Reich Gottes und Chiliasmus“ zeichnet Wallmann ein auf gründlichen Quellenstudien fußendes, spannendes Bild von der Auseinandersetzung der lutherischen Orthodoxie mit der neuen Welle des Chiliasmus am Anfang des 17. Jahrhunderts. Da sich der Pietismus Speners vor allem auch durch seine Zukunftserwartung nach Wallmann von der lutherischen Orthodoxie abgrenzt, ist es naheliegend, nach Einbruchstellen für den Chiliasmus besonders in der Frömmigkeitsliteratur des 17. Jahrhunderts zu suchen. Nicht bei Johann Arndt selbst, aber bei seinen Anhängern und Verteidigern ist Wallmann fündig geworden. Namentlich Paul Egard scheint der erste lutherische Theologe zu sein, „der die Deutung von Apk 20 auf die Zukunft vertritt und den Anbruch eines tausendjährigen Reiches erwartet“ (118).

Mit dem Aufsatz „Johann Sebastian Bach und die ‚Geistlichen Bücher‘ seiner Bibliothek“ kommentiert Wallmann den Stand der gegenwärtigen Bachforschung aus kirchenhistorischer Sicht und geht vor allem dem Verzeichnis der „Geistlichen Bücher“ Bachs nach, um seinen historischen Standort näher beschreiben zu können. Er kommt zu dem Ergebnis, daß Bachs Bestand an geistlichen Büchern völlig im Rahmen der Leipziger lutherischen Orthodoxie verbleibt, also dem geistigen Raum der lutherischen Spätorthodoxie zuzurechnen ist. Das geistlich-theologische Interesse Bachs galt ganz und gar der Literatur seiner lutherischen Kirche.

Mit verschiedenen Aspekten der Spenerforschung beschäftigt sich Wallmann in sechs der hier zusammengefaßten Aufsätze. Freilich war Spener auch schon stets bei den zuvor behandelten Themen präsent.

In dem Aufsatz „Spener und Dilfeld“ geht er dem Hintergrund des ersten pietistischen Streites nach. Schon in dieser aus dem Jahre 1968 stammenden Arbeit, der ältesten Studie dieses Bandes, wird die Intensität deutlich, mit der Wallmann kritische Fragen an die bisherige Forschung stellt und neue Verstehensperspektiven eröffnet. Im Streit zwischen Spener und Dilfeld ging es um die Frage nach der Notwendigkeit einer besonderen Erleuchtung durch den Heiligen Geist für das Verstehen der Heiligen Schrift. Die theologiegeschichtliche Bedeutung dieser Kontroverse sieht Wallmann darin, daß es sich hier gar nicht um einen Streit zwischen Pietismus und Orthodoxie handelt, sondern letztlich um den in die Zukunft weisenden Kampf des Pietismus mit dem Rationalismus. In den ein gutes Jahrzehnt zuvor in der reformierten Kirche der Niederlande ausgebrochenen Streitigkeiten zwischen Ludwig Wolzogen und Jean de Labadie sieht er einen Vorläufer jenes sog. ersten pietistischen Streites.

Dem Kirchenverständnis Speners ist der Aufsatz gewidmet, der auf einen Vortrag zum 350. Geburtstag Speners zurückgeht: „Geistliche Erneuerung der Kirche nach Philipp Jakob Spener“. Hier wird vor allem das Reformprogramm der Pia Desideria entfaltet. Die Erfahrung der erneuernden Kraft des Heiligen Geistes ist die Voraussetzung zur Kirchenreform. Während in der lutherisch-orthodoxen Kirche das Wirken des Geistes streng an das Amtshandeln des Pfarrers gebunden ist, will Spener den Handlungsspielraum des Heiligen Geistes erweitern, nicht nur bei den berufenen Amtsträgern, sondern auch bei den Laien in den sog. Collegia pietatis. Die berühmte Formel von der „ecclesiola in ecclesia“, die in den Pia Desideria noch nicht auftaucht, wird in der von Spener intendierten Bedeutung aufgezeigt, die jene seit dem Mittelalter überkommene Einheit von Christentum und Gesellschaft erstmals grundsätzlich infrage stellte. Der Aufsatz schließt mit Überlegungen zu den Geisterfahrungen im Pietismus, besonders zu Speners Geisterfahrungslehre.

Zwei Aufsätze beschäftigen sich vor allem mit dem späten Spener und seinem Wirken in Berlin. In dem einen geht es um eine Charakteristik von Speners antisozinianischen Schriften. Obwohl Spener schon früh die Unterschiede zwischen Pietismus und Sozinianismus herausgestellt hat, setzte er sich erst in seiner letzten Zeit in Berlin mit den Sozinianern auseinander, weil es in der Mark Brandenburg im Gegensatz zu den bisherigen Wirkungsstätten Speners an Sozinianern keinen Mangel hatte. Die Eigenart von Speners Auseinandersetzung mit dem Sozinianismus arbeitet Wallmann durch einen Vergleich mit den antisozinianischen Schriften des Abraham Calov heraus. In dem anderen Aufsatz wird Speners Berliner Amtstätigkeit im Rahmen des geistigen Lebens Berlins um 1700 ausführlich dargestellt. Während der Berliner Zeit Speners brachen die bekannten, langandauernden Streitigkeiten zwischen Orthodoxie und Pietismus aus. Die gesamtkirchengeschichtliche Bedeutung der Berliner Jahre Speners liegt in seinem vielfältigen Einsatz für den Pietismus vor allem in Halle und in Württemberg, so daß sie die Entscheidungsjahre für die Durchsetzung des Pietismus darstellen.

Die beiden letzten Aufsätze dieses Bandes geben die auch – über den engeren Kreis der Pietismusforscher hinaus – aufmerksam verfolgte Kontroverse zwischen Kurt Aland und Johannes Wallmann wieder, bei der es um die Bedeutung der Frage nach den Anfängen des Pietismus sowie um Speners „Hoffnung besserer Zeiten" gegangen ist. In seinen „Spener-Studien" (in der Aufnahme eines von Aland gebrauchten Titels) antwortet Wallmann auf die Kritik Alands an dem bekannten Spenerbuch Wallmanns „Philipp Jakob Spener und die Anfänge des Pietismus", das 1970 in der 1. Auflage erschienen ist. (Auch hier hat sich Aland in seiner Erwiderung auf Wallmann desselben Titels bedient!) Auf vier Fragen konzentriert Wallmann die Problematik über die Anfänge des Pietismus: Speners Verhältnis zu seinem Lehrer Dannhauer, zu Luther sowie die Frage nach der Herkunft des pietistischen Gemeinschaftsgedankens und nach den Anfängen der pietistischen Eschatologie. In dem Aufsatz „Pietismus und Chiliasmus" geht die Kontroverse zwischen Aland und Wallmann nur noch um die Themen der Herleitung des Frankfurter Collegium pietatis sowie vor allem der pietistischen Eschatologie. Wallmann hatte schon 1966 in der Festschrift für Hanns Rückert auf die Bedeutung der eschatologischen Gedanken Speners für die Bestimmung der Eigenart seiner Theologie hingewiesen. In seinem Spenerbuch zeigte er dann die „Hoffnung besserer Zeiten" in den Pia Desideria als „einen Knotenpunkt in der Geschichte der Eschatologie des Luthertums" (402). Aland dagegen bestreitet, daß in den Pia Desideria Speners von einer chiliastischen Zukunftshoffnung geredet werden dürfe. Der Streit zwischen Aland und Wallmann ist von subtilen Begriffsbestimmungen und auch manchen Spitzfindigkeiten nicht frei, dennoch haben die hier verhandelten Sachfragen erhebliche Bedeutung für das, was unter Pietismus zu verstehen ist. Der Pietismus ist offenbar ein Feld, auf dem sich die Pietismusforscher nicht ungern streiten! In dem Maße, in dem eine solche wissenschaftliche Kontroverse die Sachfragen voranbringt, wird ihr Nutzen nicht bestritten werden können. Die Positionen Wallmanns haben insgesamt die stichhaltigeren Argumente für sich, so daß sie in der gegenwärtigen Pietismusforschung womöglich modifiziert, aber nicht grundsätzlich in Frage gestellt werden. Nur auf einer neu zu entdekkenden Quellenbasis wären hier weitere Entwicklungen denkbar.

Für seine Heimatstadt Erfurt hat Wallmann aus Anlaß des Stadt- und Universitätsjubiläums im Jahre 1992 das Thema „Erfurt und der Pietismus im 17. Jahrhundert" aufgegriffen. Über Johann Matthäus Meyfart, Bartholomäus Elsner und Johann Melchior Stenger während des sog. Erfurter Frühpietismus kommt Wallmann auf den kurzen Aufenthalt von August Hermann Francke in Erfurt 1690/91 zu sprechen, in dem er den Höhepunkt der pietistischen Bewegung in dieser Stadt sieht. Ein Überblick über den radikalen Pietismus in Erfurt schließt den Aufsatz ab.

In mehreren Aufsätzen Wallmanns führt die Darstellung über die Grenzen Deutschlands hinaus. Drei Studien beschäftigen sich eigens mit den wechselseitigen Einflüssen und Beziehungen zwischen Deutschland und der Schweiz, den Niederlanden, dem Baltikum und Finnland im 17. Jahrhundert. Auch hier sind die beiden Schwerpunkte Orthodoxie und Pietismus im Zusammenhang im Blick. Die Einflüsse der Schweiz auf Theologie und religiöses Leben des deutschen Luthertums stellt Wallmann besonders anhand von Reise- und Studienaufenthalten lutherischer Deutscher in der Schweiz dar. Von Arndts Baseler Studienzeit über Johann Valentin Andreaes Schweizer Reise erstreckt sich der Überblick bis zu Speners Studium in Basel und seiner Begegnung mit Jean de Labadie in Genf.

Die in der Pietismusforschung vielfach diskutierten Fragen nach den zeitlichen und räumlichen Anfängen des Pietismus in Europa diskutiert Wallmann unter dem Titel „Labadismus und Pietismus", wobei es ihm speziell um die Frage nach den Einflüssen des niederländischen Pietismus auf den deutschen lutherischen Pietismus geht. Bei der Suche nach Einflüssen des niederländischen Pietismus auf die Entstehung des lutherischen Pietismus in Deutschland kommt Wallmann zu keinen positiven Ergebnissen. Es bestätigt sich die Einsicht Albrecht Ritschls, daß es sich beim reformierten und lutherischen Pietismus um gleichartige, in ihrer Entstehung jedoch voneinander getrennte Bewegungen handelt. Ganz anders steht es jedoch bei den Wirkungen der von Labadie hervorgerufenen Bewegungen in der niederländischen Kirche. Sie wurden im lutherischen Deutschland mit großer Anteilnahme wahrgenommen. Den erheblichen Einfluß des Labadismus auf den lutherischen Pietismus hat Wallmann schon in seinem Spenerbuch anhand der Briefe zwischen Anna Maria van Schurman und Johann Jakob Schütz nachgewiesen. Allerdings warnt er vor einer simplen Herleitung des Pietismus aus dem Labadismus. Der Weg zum Pietismus war im lutherischen Deutschland schon lange zurückgelegt, ehe es zur Berührung mit dem Labadismus kam (194). Als Frömmigkeitsbewegung hat der lutherische Pietismus vom Labadismus keinen entscheidenden Einfluß empfangen. Hier wertet Wallmann den Einfluß Arndts und der puritanischen Erbauungsbücher wesentlich stärker. Aber der pietistische Gemeinschaftsgedanke, der Gedanke der Sammlung der Frommen als Kern der Kirche, hat vom Labadismus entscheidende Anstöße bekommen. Spener jedoch hat den labadistischen ecclesiola-Begriff in den Begriff der ecclesiola in ecclesia selbständig umgebildet. Damit kann geurteilt werden, „daß vom niederländischen Pietismus, genauer: vom Labadismus ein entscheidender Anstoß ausgegangen ist zur Entstehung des lutherischen Pietismus" (196).

Den noch wenig erforschten Beziehungen des frühen Pietismus zum Baltikum und zu Finnland widmet sich Wallmann in einer Studie, die ursprünglich als Vortrag zum 350. Jubiläum der Universität Helsinki gehalten worden ist. Im Eingang zu seinem Aufsatzband spricht Wallmann der Theologischen Fakultät der Universität Helsinki den Dank für die Verleihung des theologischen Ehrendoktors aus. Zwei Persönlichkeiten sind es, die im baltisch-finnischen Raum in enger Beziehung zum Frankfurter Pietismus standen: Johann Fischer in Riga und Johann Gezelius in Turku.

Der Überblick über die inhaltlichen Schwerpunkte der Aufsätze Wallmanns zeigt das eindrucksvolle, breite Spektrum, mit dem hier zentrale Themen und Problemstellungen in der Kirchen- und Theologiegeschichte des 17. Jahrhunderts dargestellt und diskutiert werden. Zwei Hauptvorzüge kennzeichnen m. E. die Aufsätze Wallmanns: das breite, intensiv ausgelotete Quellenfundament, das jedem Aufsatz zugrunde liegt, sowie die klare Gliederung und Gedankenführung, die auch die fachlich nicht vorgebildeten Leser ansprechen ebenso wie diejenigen, die sich in verschiedener Hinsicht forschend mit dem 17. Jahrhundert beschäftigen. Von den Forschungen Wallmanns sind schon viele Anstöße und Anregungen zu weiteren Erkundungen ausgegangen, was wohl vor allem daran liegt, daß hier intensive, spezielle Quellenstudien stets mit den Fragen nach der Bedeutung und den Konsequenzen im Blick auf größere Zusammenhänge herausgestellt werden. Neben den vielen Antworten und Thesen, die Wallmann argumentativ darbietet, sind es öfters gerade auch seine Fragen, die anregend wirken und zu weiteren Forschungen geführt haben und in der Zukunft gewiß führen werden.

Dem Band sind bibliographische Nachweise für den jeweiligen Erstdruck beigegeben (der Vortrag über die Straßburger lutherische Orthodoxie wird hier zuerst in deutscher Fassung veröffentlicht) sowie Register über Orte, Länder und Personen. Ein Sachregister erübrigt sich, da im Inhaltsverzeichnis die Aufsätze mit detaillierten Themenübersichten versehen sind.

An Druckfehlern ist mir nur S. 349 „ergeblich" statt „vergeblich" aufgefallen sowie die unterschiedliche Schreibweise bei J. und J. V. Andreae und Andreä (IX).

Neuendettelsau

Wolfgang Sommer

Evangelisches Lexikon für Theologie und Gemeinde (ELThG). Hg. v. *Helmut Burkhardt u. Uwe Swarat* in Zus.-Arb. m. *Otto Betz, Michael Herbst, Gerhard Ruhbach, Theo Sorg*. Bd. 1–3. Wuppertal, Zürich: R. Brockhaus Verlag 1992–1994. – Registerbd. erst. v. *Winfried Glatz*, 1996.

An deutschsprachigen mehrbändigen universalen Nachschlagewerken zur evangelischen Theologie und Kirche hat es seit über hundert Jahren eigentlich keinen Mangel gegeben. Den Anfang machte ab 1854 die „Realencyklopädie für protestantische Theologie und Kirche" (RE; 1. Auflage 1854–1868, 2. Auflage 1877–1888, 3. Auflage 1896–1912 mit 24 Bänden), die in der ersten Blütezeit einer modernen Geschichtswissenschaft von einer neuen, intensiven protestantischen Kirchengeschichtsschreibung bestimmt war. Die seit 1976 in vielen Bänden erscheinende „Theologische Realenzyklopädie" (TRE), das heute bei weitem umfassendste Werk, versteht sich als Nachfolgerin der RE. Nach der Jahrhundertwende kam als von der Religionsgeschichtlichen Schule in den beiden bibelexegetischen Disziplinen geprägt „Die Religion in Geschichte und Gegenwart – Handwörterbuch für Theologie und Religionswissenschaft" hinzu (RGG; 1. Auflage 1909–1913, 2. Auflage 1927–1932, 3. Auflage 1956–1965 mit 7 Bänden); und obwohl die „RGG^3" heute noch nach wie vor zu den Standardwerken zu zählen ist, wird inzwischen vom Verlag eine 4., völlig neubearbeitete Auflage vorbereitet. Als Frucht der kirchlichen Erfahrungen und der theologischen Erkenntnisse seit den zwanziger Jahren und insbesondere der Kirchenkampfzeit kann das nach dem theologischen Neuaufbruch der Nachkriegszeit herausgegebene Werk „Evangelisches Kirchenlexikon" angesehen werden (EKL; 1. Auflage 1956–1961 mit 4 Bänden, 2. durchgesehene Auflage 1962), welchem seit 1985 als völlige Neufassung in 5 Bänden eine jetzt gerade bis auf den Registerband abgeschlossene 3. Auflage mit dem Untertitel „Internationale theologische Enzyklopädie" folgte (EKL³; der Registerband ist für 1997 angekündigt). Zu erwähnen ist schließlich als Taschenbuchveröffentlichung das „Taschenlexikon Religion und Theologie“ in erst 4, dann 5 Bänden (TRT; 1. Auflage 1971; 4., neu bearb. u. stark erw. Auflage 1984). – Was rechtfertigt angesichts dieses Angebots die Herausgabe eines „Evangelischen Lexikons für Theologie und Gemeinde“ (im folgenden: ELThG)? Die Frage nach dessen Besonderheit und Berechtigung soll daher in dieser Rezension im Vordergrund stehen. Dabei legt sich bisweilen ein Vergleich mit dem „EKL³“ nahe. Auf die eingehende Analyse einzelner Artikel muß verständlicherweise verzichtet werden. Doch soll auf die denkbare Frage eine Antwort gegeben werden, warum ein solches theologisches Universallexikon in einem Jahrbuch speziell zu „Pietismus und Neuzeit“ einer ausführlicheren Besprechung gewürdigt wird.

Das ELThG hat in drei Bänden (mit durchgehender Seitenzählung: S. 1–2232) rund 2800 Stichwortartikel und zusätzlich rund 1000 Verweisungsstichwörter (das EKL³ hat ca. 1500 Artikel, zu denen allerdings im Registerband 5000 Personenartikel und -hinweise kommen sollen; man sollte nicht von Verweisen statt von Verweisungen reden). Das Stichwortregister des Registerbandes umfaßt zusätzlich allein 117 zweispaltig und sehr klein bedruckte Seiten. Schon daran ist erkennbar, daß das ELThG in der Tat mehr ein Lexikon mit zahlreichen, jedoch eben meist knapp gefaßten, wenn auch unterschiedlich langen Informationen darstellt als eine eingehend, in ausführlichen Artikeln referierende Enzyklopädie, womit nichts über den Wert der einzelnen Darstellung gesagt ist. Auch die Quellen- und Literaturangaben, zwischen denen leider meist nicht klar geschieden wird und welche bei einigen Kurzartikeln ganz fehlen, sind recht knapp gehalten (dabei häufig Hinweise auf TRE-Artikel). Wie allgemein üblich, stammen die Artikel von einer großen Zahl ausgewählter Autoren und Autorinnen, wobei allerdings Zweierlei auffällt (siehe Autorenregister im Registerband): Viele Autorennamen sind wenig bekannt und stehen für nur ein oder zwei Artikel. Und: Oft stammen Artikel von den sechs Herausgebern und Fachgebietsbetreuern: von Betz zur „Biblischen Geschichte und Theologie“; von dem für die Kirchen- und Theologiegeschichte sowie die Konfessions- und Sektenkunde zuständigen Ruhbach allein etwa 275, also fast zehn Prozent aller Stichwörter; von Burkhardt und Swarat zur Systematischen Theologie, Philosophie, Religions- und Missionswissenschaft; und von Herbst und Sorg zum Bereich Praktische Theologie. Autoren mit zahlreichen, d. h. 35 und mehr Artikeln sind außerdem Felix Flückiger, Volker Gäckle, Erich Geldbach und Jan Olaf Rüttgardt. Vereinzelt sind Autoren sowohl am ELThG als auch am EKL³ beteiligt. – Der Registerband ist besonders hervorzuheben, nicht nur weil er nachträglich erschien und vielen Abonnenten anscheinend nicht bekannt wurde, sondern mehr noch weil er aufgrund seines detaillierten Stichwortregisters ein unverzichtbares

Arbeitsinstrument darstellt. Schließlich erhöht die kurze Entstehungszeit von drei bzw. fünf Jahren und damit eine für das ganze Stichwortalphabet etwa einheitliche historische Aktualität ganz erheblich den Gebrauchs- und Verkaufswert eines solchen mehrbändigen, in Bänden, nicht in Lieferungen erschienenen Werks. (Der Wert des EKL³ ist nach Ansicht des Rez. gerade als Enzyklopädie, trotz der Verweisungen in den Artikeln und der Verweisungsstichwörter solange gemindert, als ein Stichwortregister nicht vorliegt, zumal darüber hinaus alle Personenartikel ebenfalls erst gesammelt im Registerband folgen, statt ins Hauptalphabet eingeordnet; auch fällt die lange Erscheinungszeit des EKL³ von jetzt zwölf Jahren – angekündigt waren am Anfang etwa vier Jahre!; inzwischen trat die deutsche Wende von 1989 ein – zum Nachteil aus. – Die TRE bietet in ihren zahlreichen Bänden jeweils Bandregister und zusätzlich einen Registerband zum Inhalt der Bände 1–17, was etwa der Hälfte des Gesamtwerks entspricht.)

Allerdings sind, wie die Abkürzungsverzeichnisse, so auch das Stichwortregister und die Verweisungen des ELThG nicht immer vollständig oder zuverlässig. Zum Beispiel taucht zwar im Stichwortartikel Ethik, wie im Stichwortregister nachgewiesen, der Begriff Konziliarer Prozeß auf, mit Verweisung auf einen eigenen Artikel, den es dann aber gar nicht gibt; dagegen taucht der Begriff auch im Artikel Konziliarität auf, ohne daß das Register es nachweist. Solche Beispiele ließen sich vermehren.

Nun aber zum Inhaltlichen. Im Vorwort der Herausgeber finden sich drei Hinweise:

(1) Das Lexikon wolle eine Stimme desjenigen Teils des deutschsprachigen Protestantismus sein, „der vom Pietismus und der Erwekkungsbewegung geprägt ist und sich für Impulse aus der weltweiten evangelikalen Bewegung offenhält. Diese Position hat sowohl die Auswahl der Stichworte als auch die Art ihrer Behandlung beeinflußt, natürlich auch den Kreis derer, die um Mitarbeit gebeten wurden" (IV).

Damit steht das ELThG in der Nachfolge des im selben Verlag erschienenen und vom selben ersten Herausgeber verantworteten einbändigen „Evangelischen Gemeindelexikon" (EGL; 1978, Sonderausgabe 1986), das recht positiv aufgenommen wurde, weil es vor allem über die Erwekkungs- und die Gemeinschaftsbewegung des 19. und 20. Jahrhunderts in Artikeln zu Personen, Bewegungen und Werken Informationen bot, welche in vergleichbaren Nachschlagewerken im allgemeinen nicht in dem Umfang berücksichtigt werden. Eine Besonderheit des EGL hat zudem das ELThG übernommen, nämlich die Beigabe von spaltenbreiten schwarzweißen Personenporträts, die zwar nicht in reproreifer Qualität erscheinen, aber ein Identität und Reminiszenz stiftendes „Bild" von vielen Männern und Frauen der Kirchen- und Theologiegeschichte bis in die Gegenwart vermitteln (Bildnachweise am Ende von Band 3). Für das dreibändige Werk wurden viele der Bildnisse nicht einfach wieder übernommen, sondern gegen andere ausgetauscht. Die Artikel des ELThG wurden sogar sämtlich neu und weit überwiegend von anderen Autorinnen und Autoren verfaßt.

Bei genauerem Hinsehen stellt man allerdings entgegen der programmatischen Aussage des Vorworts fest, daß wie im EGL so auch im ELThG der Pietismus (Stichwortartikel: 4 Spalten) etwas weniger eingehend behandelt wurde als die Erweckungsbewegung (Stichwortartikel: 11,5 Spalten) und die Gemeinschaftsbewegung (Stichwortartikel: 5,5 Spalten, vom selben Vf. Jörg Ohlemacher wie im EKL[3] und weitgehend identisch). Der Artikel „Erweckungsbewegung", dem ein fast nur biblisch orientierter theologischer Artikel „Erweckung" eines anderen Autors vorausgeht, enthält jedoch nicht die zu erwartende Informationsfülle; er ist nicht klar strukturiert, zieht keine deutlichen Abgrenzungen zur historisch vorausgehenden Erweckung bzw. zum Spätpietismus (etwa 1780–1820) und zur nachfolgenden Gemeinschaftsbewegung bzw. problematisiert solche Abgrenzungsfragen nicht ausreichend und läßt teilweise die im Vorwort propagierte Internationalität vermissen (schließlich mögen Formulierungen wie „mancherlei", „hier und dort", „eh und je" vielleicht noch in einer Predigt ihren Platz haben, nicht jedoch in einem Informationsinstrument). – Auch sonst scheint das Lexikon mehr als beabsichtigt auf die Darstellung des deutschsprachigen Raums konzentriert zu sein. Warum fehlt z. B. ein Artikel zu Jane Leade? Andererseits findet sich in keinem vergleichbaren lexikalischen Nachschlagewerk ein eigener Artikel zur Liebenzeller Mission wie im ELThG. – Daß solche Stichwortartikel wie zum Beispiel der zur Homosexualität im ELThG ihr eindeutig evangelikales Gepräge haben und sich damit von der öffentlichen Mehrheit in evangelischer Theologie und Kirche heute unterscheiden, wird niemanden verwundern dürfen.

(2) „Theologie und Gemeinde im Titel des Lexikons bezeichnen nicht nur seinen Gegenstand, sondern auch den Adressatenkreis" (Vorwort, III). Das heißt praktisch, daß das Werk mehr auf Gemeinde als auf Kirche orientiert ist und zudem der gesellschaftliche Kontext von Gemeinde oft ausgespart bleibt. Folgende Beobachtungen sollen das belegen: Es gibt keinen eigenen Artikel zum Stichwort Kirche, vielmehr wird dort auf einen langen Artikel Gemeinde/Kirche verwiesen. Die Artikel mit Komposita von Gemeinde sind zahlreich (im EKL[3] haben keinen eigenen Artikel wie im ELThG: Gemeindebeitrag, Gemeindebibelschule, Gemeindebrief, Gemeindediakon/in, Gemeindeleitung, Gemeindeordnung, Gemeindeprinzip, Gemeindetag unter dem Wort, Gemeindewachstums-Bewegung, Gemeindezentrum, Gemeindezucht). Zahlreich sind allerdings auch die Artikel mit Komposita von Kirche bzw. mit dem Attribut Kirchlich (z. B. Kirchengebet, Allgemeines; Kirchengeschichtsschreibung, Geschichte der; Kirchensteuer; Kirchenunionen – wieder-

um Stichwortartikel, die im EKL[3] nicht stehen; andererseits hat dieses Artikel, die das ELThG nicht hat: z.B. Kirchliche Arbeitervereine, Kirchliche Beratungsstellen, Kirchlicher Entwicklungsdienst, Kirchliches Dienstrecht). Was an diesen Beobachtungen deutlich wird, nämlich eine gewisse Reserviertheit gegenüber der Institution Kirche und ihren Einrichtungen bei gleichzeitiger Nähe zu sog. evangelikalen Parallelstrukturen und -institutionen, bestätigt sich beispielsweise bei den Arbeitsgemeinschaften, die eines eigenen Artikels für wert gehalten wurden (9) oder als Verweisungsstichwörter auftauchen (7), wobei dennoch solche fehlen wie: Arbeitsgemeinschaft der Evang. Jugend, Arbeitsgemeinschaft Kirchlicher Entwicklungsdienst, Arbeitsgemeinschaft Ökumenisches Liedgut. – Auch eine Distanz zur Ökumene ist festzustellen, wenn wahrhaftig ein eigener Artikel zum Ökumenischen Rat der Kirchen (oder zu World Council of Churches oder zu Weltkirchenrat) fehlt und dessen Untergliederungen wie zum Beispiel die Kommission für Glauben und Kirchenverfassung nicht einmal im Stichwortregister, wenn auch z.B. im Artikel Konziliarität, zu finden sind (allerdings wird von Faith and Order – ungenau mit Glaube und Kirchenverfassung übersetzt – auf den Artikel Ökumenische Bewegung verwiesen). Daß sich zu den „Konvokationen" für „Gerechtigkeit, Frieden und Bewahrung der Schöpfung", es sei denn eine versteckte allgemeine Erwähnung unter „Konziliarität", nichts findet, verwundert nicht mehr.

Verständlicher ist da schon, daß die Herausgeber auf Artikel zu nicht direkt Theologie und Kirche, sondern deren humanwissenschaftliches oder gesellschaftliches Umfeld betreffenden Begriffen verzichteten (Anthropologie, Dienstleistungsgesellschaft, Industriegesellschaft, Konflikt, Mündigkeit, Resozialisierung, Supervision, Vorurteil u. ä. m.; die letzten beiden sind sogar nicht einmal im Stichwortregister enthalten). Aber auch Artikel zu „Psychotherapie" und selbst zu „Pastoralpsychologie" wurden nicht für notwendig befunden.

Daß die Gemeinde als Adressatenkreis gelegentlich in den Artikeln Vereinfachungen und die Reduzierung von Faktennennungen bei gleichzeitiger breiterer Darstellungsweise bedingt, muß respektiert werden. Daß dann aber konkrete Angaben ohne jegliche Erläuterung erfolgen wie beispielsweise „Nitzschenum" und die Namensnennung Adolf von Harnack im Artikel „Apostolikumsstreit" (den es nicht nur in Preußen gab, sondern u. a. auch in Baden), nützt da wenig.

(3) „Die Artikel stehen auf der Höhe des gegenwärtigen Standes der Wissenschaft und sind zugleich weitgehend allgemeinverständlich geschrieben" (Vorwort, III). Der erste Teil dieser Feststellung wäre nach Ansicht des Rez. vor allem an der Behandlung der historisch-kritischen Bibelwissenschaft im einzelnen zu überprüfen. Es werden zwar umstrittene Fragen in diesem Bereich (z. B. Entmythologisierung) nicht grundsätzlich zugunsten eines Bibelpositivismus ausgespart. Doch es verwun-

dert schon, wenn zum Beispiel zur Apostelgeschichte kein eigener Artikel geboten wird und sich nur in einem einspaltigen Artikel „Lukas" ein versteckter Hinweis auf das Lukanische Doppelwerk findet. Ähnliches gilt für den Begriff Religionsgeschichtliche Schule. Und der Artikel „Bibelwissenschaft, moderne" ist in dieser Beziehung doch wohl auch nicht als befriedigend zu bezeichnen.

Der besondere Wert des ELThG besteht neben seiner vielfältigen, obschon teilweise einseitigen Informationsfülle, die durch das Stichwortregister des unverzichtbaren Registerbandes eindrucksvoll demonstriert wird, und neben seiner einheitlichen Aktualität, welche in einer kurzen Entstehungszeit gründet, in seiner Ausrichtung auf Erweckungsbewegung und Gemeinschaftsbewegung, auf ein evangelikales Gemeindeverständnis und auf evangelikale Werke und Institutionen. Fast immer werden hier und auf allen anderen Sachgebieten konzentrierte, detaillierte, zutreffende Auskünfte gegeben (relativ wenige Druckfehler sind am Ende von Band 3 und am Ende des Registerbandes aufgelistet). Das rechtfertigt allemal die Herausgabe eines solchen Werks, welches eine begrüßenswerte Ergänzungsfunktion innerhalb der nicht wenigen deutschsprachigen mehrbändigen Universallexika zur evangelischen Theologie und Kirche bzw. Gemeinde wahrnimmt.

Durmersheim Gerhard Schwinge

Religion und Religiosität im Barock. Hg. v. *Dieter Breuer* i. Verb. m. *Barbara Becker-Cantarino, Heinz Schilling u. Walter Sparn*. Teil 1–2. Wiesbaden: Harrassowitz 1995 (Wolfenbütteler Arbeiten z. Barockforschung, 25). – XXII, 906 S.

Die beiden Bände bieten 65 Vorträge, die beim 7. Jahrestreffen des Wolfenbütteler Arbeitskreises für Barockforschung 1991 gehalten worden sind. Nicht in allen Fällen ist ersichtlich, was sie eigentlich mit dem Barock zu tun haben. Die Besprechung wird sich hauptsächlich auf die Beiträge konzentrieren, die einen Bezug zur Pietismusforschung haben. Im Vorwort reflektiert der Herausgeber Breuer, warum bisher Hemmnisse bestanden hatten, sich dem für diese Epoche gewichtigen Thema der Religiosität zuzuwenden. Benannt werden rationalistische Abneigung, eine sich weiterhin behauptende, auf die Aufklärung und Säkularisierung gerichtete finale Geschichtsbetrachtung und konfessionelle Vorurteile. Der Kongreß griff dagegen die Perspektive der profanhistorischen Konfessionalisierungsforschung auf. Sein „Ziel war das interdisziplinäre Gespräch zwischen Vertretern der Geschichtswissenschaft, Literaturwissenschaft, Kunstgeschichte, Musikgeschichte, der Theologie und Kirchengeschichte, der Philosophie und der Volkskunde über die religiöse Überlieferung vornehmlich des 17. Jahrhunderts" (XXI). Bei diesem vielfältigen Angebot, das dennoch nicht erschöpfend sein konnte, ist das Interesse der Pietismusforschung gegeben.

Fünf Vorträge sollten „Perspektiven" vorgeben. Hartmut Lehmann, „Zur Bedeutung von Religion und Religiosität im Barockzeitalter", konstatiert zunächst die defizitäre Behandlung von Religion und Religiosität in wichtigen einschlägigen Gesamtdarstellungen. Dagegen wird auf den politischen Bezug der Religion, ihre Bedeutung für die Alltagswelt, auf die einsetzende Relativierung des Christentums und die gegenläufigen Bemühungen um Rechristianisierung hingewiesen, wobei die Breite der Phänomene beträchtlich und sogar spannungsreich sein kann; außerdem eignet ihnen jeweils eine eigene Geschichte. Zu beachten ist schließlich jeweils das Verhalten der späteren historischen Rezeption. Der Rechtshistoriker Michael Stolleis entscheidet sich hinsichtlich der Alternative Konfessionalisierung oder Säkularisierung bei der Entstehung des frühmodernen Staates letztlich für die Säkularisierung gegenüber der Episode bleibenden Konfessionalisierung, wobei die Religion einzelnen Kollektiven oder den Individuen überlassen werde. Der Systematiker Jörg Baur schlägt mit guten Gründen angesichts bestehender Widersprüche und Vorurteile eine korrigierte, präzisierte und reflektierte Orientierung und Verständigung über das lutherische Christentum im konfessionellen Zeitalter vor, die wesentlich positiver ausfällt als in den sonst herrschenden Geschichtsbildern. Dagegen führt der Literaturhistoriker Hans-Georg Kemper die Konkurrenz von Religion und Poesie anhand der protestantischen Poetiklehrbücher vor, was einmal mehr auf die Verselbständigung der Poesie hinausläuft. Insgesamt ist zu konstatieren, daß die „Perspektiven" der Barockforschung weiterhin stark auseinandergehen und das Ringen um angenäherte Sichtweisen weitergehen muß.

Ein erster von fünf thematischen Komplexen gilt „Kirche, Staat und religiösen Bewegungen". Mehrere Beiträge demonstrieren hinsichtlich verschiedener Situationen, daß das staatliche oder herrscherliche Interesse vor dem kirchlichen den Vorrang hat. John Bruckner, Experte für den Spiritualismus des 17. Jahrhunderts, geht der Frage nach: „Das von Abraham von Franckenberg herausgegebene Briegische Bedencken (1627) – ein vorpietistisches Dokument?" Das anonyme Gutachten war auch Spener bekannt, konnte aber wegen der Kritik an Predigt- und Sakramentsgottesdiensten von ihm nicht rückhaltlos gebilligt werden. Die Adressierung ist noch volkskirchlich, aber der Inhalt ist auf eine intensivierte Nachfolgefrömmigkeit ausgerichtet. Noch konsequenter wäre es m. E., bereits von einem pietistischen Dokument zu sprechen. Detlef Ignasiak sieht das Politik- und Religionsverständnis Herzog Ernsts des Frommen in den kulturkritischen Schriften von Ahasverus Fritsch und Veit Ludwig von Seckendorff gespiegelt. In der Hofkritik sind neustoizistische Traditionen wirksam. Fritschs Verhältnis zu Spener wird noch genauerer Bestimmung bedürfen. Roswitha Jacobsen führt vor, daß Frömmigkeit in den Leichenpredigten für sächsische Fürsten zuerkannt werden mußte, daß dies aber nur mittels traditioneller Topoi möglich war und damit der Säkularisierung im Verständnis des Herrscheramtes Vorschub leistete. Ähnlich verhielt es sich übrigens mit den biblischen Identifikationsbildnissen katholischer Herrscher, die von Friedrich Polleross präsentiert werden. Adalbert Wichert macht mit der Auslegung von Jes 53 des Juristen Daniel Casper von Lohenstein unter dem Titel „Bekenntnis und Virtuosität" bekannt. Trotz reichlicher Zitate ist die Validität der Interpretation schwer zu beurteilen, zumal dem Vf. Luthers Vorlesung von 1544 als mögliche Vorlage entgangen ist. In einem weiteren Beitrag im 2. Teil arbeitet Thomas Borgstedt „konfessionelle Strukturen in Lohensteins Arminiusroman" heraus, wobei Lohensteins lutherische Vorstellungen von politischer Gestaltung als faktisch weltfremd qualifiziert werden. Dieter Merzbacher ordnet die Edition des Syrischen Neuen Testaments durch den Wittenberger Hebraisten Martin Trost in die Bemühungen um die Sprachreform im Umkreis der Fruchtbringenden Gesellschaft ein. Ob die Phrase „Ecclesia semper reformanda" damit etwas zu tun hat, muß offen bleiben.

Die Abteilung „Die Künste in Gottesdienst und Liturgie" ist ganz überwiegend mit katholischen Themen besetzt, obwohl die Frage interessant sein könnte, welche Affinitäten der Barock zu den Konfessionen hatte. Immerhin macht Ernst Koch auf die Literaturgruppe der „Orgelweihpredigten des 17. und 18. Jahrhunderts aus dem obersächsisch-fränkischen Raum" und ihre Strukturen aufmerksam. Daß Einweihungspredigten als zeitgenössische Interpretation wertvoll sein können, macht Peter Kalchthaler für die Wallfahrtskirche Neu-Birnau deutlich. Interessant ist der Hinweis von Johannes Zahlten, daß biblische Bildprogramme in der katholischen barocken Monumentalmalerei nur in der Frühzeit und dort nur unter protestantischem oder gegenreformatorischem Einfluß ausgeführt wurden.

Ein weites Feld tut sich in dem Komplex „Erbauung, Meditation, Mystik" auf. Wilfried Barner handelt „Über das ‚Einfeltige' in Jakob Böhmes ‚Aurora'". Das Motiv hat seine Wurzeln in Luthers Bibelübersetzung und stellt sich deutlich gegen die gelehrte Theologie. Hartmut Laufhütte führt in „die religiöse Dimension der Freundschaft zwischen Sigmund von Birken und Catharina Regina von Greiffenberg" ein, wobei es im Gewand der Emblematik auch um die Verwirklichung protestantischer politischer Erwartungen gegangen ist. Der Beitrag von Thomas Althaus befaßt sich mit der spracherotischen Perspektive in von Greiffenbergs sowie in Quirinus Kuhlmanns Geistlichen Sonetten. Ferdinand von Ingen weist auf „Die Wiederaufnahme der Devotio Moderna bei Johann

Arndt und Philipp von Zesen" hin, der bei von Zesen bereits eine deutlich irenische Tendenz eignet. Brigitta Stoll demonstriert überzeugend die „Frauenspezifische Verwendung von mystischem Traditionsgut im ‚Geistlichen Frauenzimmerspiegel' des Hieronymus Oertl" (†1614), mit der die Frauen faktisch auf die gängigen sozialen Muster festgelegt worden sind. Georg Braungart befaßt sich mit „Erbaulicher Zweck und poetischer Anspruch: Benjamin Schmolcks Vorreden-Apologetik". Der Viel-Dichter zwischen Orthodoxie, Pietismus und galanter Dichtung wird sonst nur wenig beachtet; er ist jedoch ein banales Beispiel gegen die These von der Säkularisation der Poesie. H. F. Fullenwider untersucht die Auslegung der Stelle Hld 2,3 in den Künsten in der Verbindung mit dem Ignatiuszitat „Eros meus crucifixus est" und der Vorstellung vom Christus/Cupido, die zeitweilig in beiden Konfessionen vorkommt. Die „Religionspädagogische Aneignung der Hohelied-Tradition in Friedrich Spees ‚Güldenem Tugend-Buch'" behandelt Martina Eicheldinger. Anhand der Rhetorica caelestis des bayerischen Jesuiten Jeremias Drexel weist Hanspeter Marti auf, wie auf das an sich schlichte Reden des Gebets Elemente der Rhetorik angewendet werden, um den menschlichen Willen auf Gott auszurichten. Am Beispiel ausgewählter Kapitel der Pia desideria von Herman Hugo S.J. führt Gabriele Rödter exemplarisch in die „Devotionlyrik im Kräftespiel von Emblematik, Rhetorik und Meditationspraxis" ein. Daß und wie die Emblematik auf Protestanten gewirkt hat, zeigt die Untersuchung von Jean Daniel Krebs „G.Ph. Harsdörffers geistliche Embleme zwischen katholisch-jesuitischen Einflüssen und protestantischen Reformbestrebungen". Der Beitrag schließt: „Diese Perspektive relativiert die Vorstellung eines manchmal in diesem Zusammenhang zu eng gefaßten, endogenen ‚Frühpietismus'." In der Tat können einem manche Aufsätze des Doppelbandes bewußt machen, daß die Anregung, dem Verhältnis von katholischer Frömmigkeit und Pietismus nachzugehen, bald aufgenommen werden muß. Dem echten Problem, inwiefern Harsdörffer auch als Erbauungsschriftsteller zu gelten hat, wird an anderer Stelle des Bandes aufgrund von dessen Schauplatzanthologien von Oliver Pfefferkorn nachgegangen. Ingrid Höpel zeigt, daß die emblematischen Erbauungsbücher des Nürnbergers Christoph Beer († 1712) bereits den Übergang vom Emblem zur Buchillustration vollziehen. Ausgehend von der Kritik der Gottschedin an der Sprache des Pietismus macht Peter-André Alt deutlich, daß davon zunächst nur der ältere samt dem radikalen Pietismus, nicht aber der hallische und spätere Pietismus mit Ausnahme Zinzendorfs betroffen waren. Die Gottschedin habe zugleich den barocken Manierismus im Visier gehabt. Dem Problem der unterschiedlichen Tonlagen in der Sprache sollte weiter nachgegangen werden.

Die größte Abteilung betrifft die „Konfessionelle Kultur und literarische Formen". Patrice Veit geht anhand von Leichenpredigten dem Gebrauch von Kirchenliedern im Privatleben der Lutheraner nach. W. Gordon Marigold erörtert die Problematik des Gebrauchs der Perikopenlieder und präsentiert dann die Perikopenlieder des Würzburger Bischofs Johann Philipp von Schönborn, die möglicherweise auch als Brücke zwischen den Konfessionen gedacht waren. Andreas Palme konstatiert zugleich (lutherische) „Konfessionalität und Interkonfessionalität in den Sinngedichten Friedrich von Logaus". Der von Hellmuth Thomke vorgeführte Sachverhalt der „Zügelung und Unterdrückung des Theaters durch die Obrigkeit in den reformierten Staaten", ausgenommen die calvinistischen Höfe, ist an sich bekannt. Die konfessionelle Problematik kommt nach Dietmar Peil in den Schuldramen des Magdeburger Rektors Georg Rollenhagen († 1609) nur verhalten zum Vorschein, sie war also kein dringliches Thema. Anregend ist die Auffassung von Yves Carbonnel, der Grimmelshausens Simplicius Simplicissimus als „Drei Erbauungsbücher in einem" begreift (Heilige Schrift, Buch der Welt, Buch der Natur), ohne daß jedoch die Linien zu Johann Arndts Vorstellung von den unterschiedlichen Offenbarungsbüchern gezogen werden. Ein religiöses Konzept, das Czepko und Scheffler verwandt ist, nimmt auch Siegfried Streller in Grimmelshausens Simplicianischen Schriften an. Zwei weitere Beiträge von Andreas Solbach und Barbara Bauer befassen sich mit den religiösen und moralischen Intentionen in Werken Johann Beers. Inge Bernheiden versucht, „Die Religion im autobiographischen Schrifttum des 17. Jahrhunderts" exemplarisch anhand der Darstellungen Johann Valentin Andreaes, Anna Vetters und Johann Conrad Dippels zu beschreiben, was bei der Komplexität der ausgewählten Autoren ein problematisches Unterfangen bleiben muß. Auf „Das geistliche Tagebuch der Anne Bathurst" (* 1639), einer englischen Philadelphierin, macht Peter Cersowsky aufmerksam.

Die letzte Abteilung ist „Religion und Wissenschaften" gewidmet. Walter Pape reflektiert unter den Formeln „Heiliges Wort und weltlicher Rechenpfennig" über die Entwicklung der Sprachauffassung bei Böhme, Kircher und Leibniz. Susanne Edel weist die Bekanntschaft mit der Kabbala nicht nur in der Theosophie Böhmes, sondern auch in der Metaphysik Leibnizens nach. Detlef Döring vermag zu belegen, daß die Religion den Juristen Samuel von Pufendorf weit stärker beschäftigt hat, als zumeist angenommen wird. Dabei handelte es sich um ein Luthertum mit scharfer Ablehnung des Papsttums und mit bewußter Distanz zum Calvinismus. Unverkennbar sind moderne Entsprechungen zum Pietismus, die über den Konfessionalismus hinausführen. Steffen Arndal befaßt sich mit Christian Friedrich Richter, der als Arzt sowie Apotheker des Waisenhauses in Halle die ganzheitliche medizinische Anthropologie seines Lehrers Georg Ernst Stahl mit mystischer, nach innen gewendeter Frömmigkeit und Erfahrung verband, wie seine Lieder ausweisen.

Die beiden Tagungsbände geben zumindest eine Ahnung von der keineswegs erschöpften Vielfalt möglicher Themen. Daß sich ein übergreifendes Resultat ergeben habe, wird man nicht sagen können. Dies wäre wohl nur bei einer energischeren Strukturierung und Konzentration zu erreichen, könnte dann aber einen echten und eigentlich auch notwendigen interdisziplinären Gewinn versprechen. M.E. bieten die an der Perspektive der Konfessionalisierung und ihrer Entwicklung orientierten Beiträge die meisten übergreifend relevanten Einsichten. Außerdem müßte sich eine Behandlung der Religiosität des Barock trotz aller Vorbehalte wohl bewußter und konzentrierter dem Phänomen der Frömmigkeit stellen. In diesen Richtungen dürfte sich ein gemeinsames weiteres Bemühen lohnen.

Münster/W. Martin Brecht

Sträter, Udo: Meditation und Kirchenreform in der lutherischen Kirche des 17. Jahrhunderts. Tübingen: J.C.B. Mohr (Paul Siebeck) 1995 (BHTh, 91). – 188 S.

Philipp Jakob Spener hat bekanntlich in den *Pia Desideria* als ersten Punkt einer dringend notwendigen Kirchenreform die Aufgabe genannt, „das Wort GOttes reichlicher unter uns zu bringen". Was damit angesichts der doch zahlreich stattfindenden Gottesdienste gemeint ist, erläutert Spener durch drei konkrete Forderungen: private Bibellektüre, fortlaufende Lesung aller biblischen Bücher im öffentlichen Gottesdienst und schließlich Einrichtung „andere(r) versamlungen" neben dem Gottesdienst zur gemeinsamen Lektüre und Besprechung der Bibel mit dem Ziel, daß „die gantze versamlung erbauet würde": die Einrichtung von *collegia pietatis*. „Reichlicher" bedeutet also in diesem Zusammenhang bei Spener nicht einfach „mehr", sondern in anderer Weise und intensiver das Wort Gottes an die Christen heranzubringen, als das in der üblichen Predigt geschieht, die er in diesem Zusammenhang in mehrfacher Hinsicht für unzureichend erklärt. Spener stellt damit auch die Empfehlung der *collegia pietatis* in den Rahmen einer Kirchenkritik, die sich vor allem als Kritik an ihrer Predigtpraxis äußert. Er erwartet, daß gerade diese Versammlungen dem Mißstand des kirchlichen Lebens abhelfen können, und er stellt sie in dieser Beziehung neben die private und kirchliche Bibellesung. Alle drei Vorschläge dienen lediglich der meditativen Aneignung der auch in der Predigt vermittelten Glaubensinhalte. Das ist Speners eigene Deutung der *collegia*. Aber ist sie richtig? Dient sie nicht eher der Verschleierung der Tatsache, daß die *collegia pietatis* ebenso wie die chiliastische *Hoffnung besserer Zeiten* die lutherische Orthodoxie hinter sich lassen und auf die grundsätzlich kirchenkritische Tradition des mystischen Spiritualismus zurückgehen? Steht also die Einrichtung der *collegia* in Kontinuität zu der im 17. Jahrhundert weit verbreiteten innerlutherischen Reformdiskussion im Anschluß an einen orthodox adaptierten Arndt, oder bedeutet sie den Bruch mit dieser und den Anschluß an eine aus spiritualistischem Geist erwachsene prinzipielle Kirchenkritik, die sich auf den ‚anderen', eben den spiritualistischen Arndt berufen konnte?

Dieses alte und immer noch kontrovers diskutierte Problem nach der Herkunft des Pietismus Spenerscher Prägung aus dem mystischen Spiritualismus oder aus der lutherischen Orthodoxie steht unausgesprochen auch hinter dem hier anzuzeigenden Buch von Udo Sträter, „Meditation und Kirchenreform in der lutherischen Kirche des 17. Jahrhunderts". Die Johannes Wallmann gewidmete Bochumer Habilitationsschrift schließt mit einem Spener-Kapitel, das die Frage in einer neuen und überraschenden Weise beantwortet, freilich nur indirekt durch die Darstellung selbst. Die Antwort lautet: beides ist richtig. Spener kann sich nach Sträter zu Recht darauf berufen, daß er mit den *collegia* theologisch in der Tradition der orthodoxen Reformbestrebungen steht, deren wichtigstes Mittel die Meditation ist. Aber eben die Realisierung der Reform gerade an diesem Punkt, der Versammlung von nach tieferer Gotteserkenntnis strebenden Christen zu meditativer Lektüre und Gespräch, erweist sich dann als Bruch mit der Kirchlichkeit, die innerhalb des Luthertums möglich ist. Die Forderung nach Vertiefung der Frömmigkeit und einem dem Glauben entsprechenden Leben, die aus einem verbreiteten Ungenügen an der üblichen Kirchlichkeit erwächst, enthüllt demnach die ihr eigene, aber verborgene Problematik – ihre separatistisch-antikirchliche Sprengkraft –, sobald sie in der konkreten Gestalt der *collegia pietatis* realisiert wird. Denn dann zeigt sich, daß diese Gestalt nicht nur zur *Vertiefung* der Frömmigkeit, sondern zu ihrer *Verselbständigung* führt, zu einer Überbetonung des bisher defizitären Moments der Erfahrung des Glaubens. Je nachdem, ob man nun den Zusammenhang der Spenerschen *collegia* mit den Forderungen nach einer stärker meditativ bestimmten Frömmigkeit betont oder deren Umschlag in eine selbstbezogene Erfahrungsfrömmigkeit, wird man den Zusammenhang oder den Unterschied zwischen Spener und der lutherischen Orthodoxie hervorheben. Diese überraschende Perspektive, unter die hier dieses Charakteristikum des Spenerschen Pietismus rückt, ist nur ein – aber ein besonders markantes – Ergebnis der Untersuchung Sträters über den Zusammenhang zwischen Meditation und Kirchenreform. Dieses Ergebnis ist bei Sträter auch nicht ausdrücklich formuliert, sondern – zumindest was den erwähnten „Umschlag" betrifft – auf den letzten Seiten seines Buches nur eben noch angedeutet. Aber wer Sträters gründlichen Analysen der bei Arndt beginnenden und zu Spener führenden Tradition der Kirchenreformvorschläge folgt, kann sich der Nötigung zum Weiterdenken an diesem kritischen und spannenden Punkt kaum entziehen. Speners *collegia* als Beispiel dafür, daß eine in kritischer Absicht „richtige" Idee als verwirklichte deren Widerlegung bedeutet – das ist gewiß eine systematisch-theologische Zuspitzung von Sträters Untersuchungsergebnis, aber doch wohl keine, die dieses Ergebnis verfälscht. Man könnte daraus die Forderung ableiten, die *collegia pietatis* perspektivisch zu betrachten: als Korrektiv wären sie berechtigt zur Verinnerlichung der Verkündigung, als realisierte Gestalt zeigten sie die Gefahr einer sich verselbständigenden Frömmigkeit. Vorausgesetzt ist dabei natürlich, daß die Hauptthese des Buches, die zu dieser perspektivischen Sicht auf Speners *collegia pietatis* führt, in sich stimmig ist und überzeugend entfaltet wird. Gehen wir also vom Ende an den Anfang der Untersuchung Sträters zurück.

Die Arbeit geht aus von der bekannten Tatsache, daß seit der Wende vom 16. zum 17. Jahrhundert, genauer seit Johann Arndts *Wahrem Christentum*, im Protestantismus bei Theologen, aber auch bei gebildeten Laien eine entschiedene Kritik an den innerkirchlichen Zuständen zu finden ist. Konstatiert wird ein zweifacher Mangel bei den meisten sich für gut evangelisch haltenden Christen: ein Mangel an ernsthafter Frömmigkeit und ein Mangel an erkennbarer Besserung ihres Lebens. Ihr Christentum dringt weder ins Innere, ins Herz, noch hat es die erforderlichen Konsequenzen, die „Früchte", im Äußeren. Der lutherische Glaube macht die Menschen weder fromm noch gut. Er bleibt ein folgenloses und darum wertloses Annehmen der „reinen" Lehre. Zur Abhilfe wird nun überall eine Verstärkung der privaten Frömmigkeitspflege, vor allem durch Einführung meditativer Elemente in das kirchlich-religiöse Leben gefordert. So hofft man, der Verkündigung zur Wirkung zu verhelfen oder ihre Wirkung zu verstärken, Lehre und Leben in Einklang zu bringen. Diesen Zusammenhang zwischen *kirchenkritischen* und *-reformerischen Tendenzen* im 17. Jahrhundert und der Empfehlung und Praktizierung von *Meditation* aufzuweisen und verständlich zu machen, ist Sträters Absicht.

Die prägnant formulierte These der Arbeit lautet: „[D]ie Meditation [ist] im Luthertum des 17. Jahrhunderts diskutiert und propagiert worden [...] im Zuge der innerlutherischen Kirchenkritik und Reformdiskussion als ein Mittel der Kirchenreform. Hintergrund dieser Diskussion und Propagierung der Meditation ist die [...] Erkenntnis lutherischer Theologen, daß der Predigt nur begrenzte Reichweite und Wirkung beschieden war"(7). Anders formuliert: „[D]ie innerkirchliche Selbstkritik [war] Ausgangspunkt und Motivation für eine unübersehbare Erbauungs-, Predigt und Meditationsliteratur, die werbend, überzeugend und stabilisierend die erkannten Defizite [scil. der kirchlichen Wirklichkeit] zu bewältigen helfen sollte"(31). Oder wieder im Blick auf die Funktion von Meditation: „Die Meditation, als Frömmigkeitsübung zwischenzeitlich fast völlig aus dem Gebrauch der Reformationskirchen verdrängt und auf literarische Enklaven reduziert, erfuhr in der lutherischen Kirche neue Aufmerksamkeit und entschiedene Befürwortung als mögliche Antwort auf die immer stärker empfundene und offengelegte Krise des kirchlichen Lebens“ (68).

In der zuletzt zitierten Formulierung taucht der Begriff auf, der für die Plausibilität der These entscheidende Bedeutung hat: der Begriff der Krise. Sträter setzt sich ausführlich mit den verschiedenen Theorien einer Krise der Frömmigkeit auseinander, die zugleich das Entstehen einer „neuen“ Frömmigkeit um 1600 erklären sollen. Die präzise Darstellung der wichtigsten dieser Theorien und der Aufweis, „daß in der gegenwärtigen frömmigkeits- und mentalitätsgeschichtlichen Forschung zu viele unterschiedliche Krisen beschworen“ werden (15), ist ein großes Verdienst der Arbeit (9–30). Keine der bisher vorgeschlagenen Deutungen erscheint Sträter überzeugend: weder die Behauptung einer durch Naturkatastrophen, Kriege, Seuchen usw. ausgelösten allgemeinen Krise des 17. Jahrhunderts, in der eine neue Erbauungsliteratur mit vielfältigem Trost die Angst der Menschen bewältigen half (H. Lehmann); noch die Annahme einer „Krise der Heilsgewißheit“, also einer nur kurzfristig von der reformatorischen Verkündigung überdeckten religiösen Angst, zu deren Abwehr die Erbauungsliteratur die Funktion des Trostes und der Vergewisserung des Heils zu übernehmen hatte (K. Erdei); noch schließlich die Infragestellung einer Frömmigkeitskrise im Sinne der Zellerschen Theorie des Auseinanderfallens von Lehre und Leben um die Jahrhundertwende überhaupt (E. Axmacher). Sträter setzt all diesen Theorien eine eigene Deutung der Frömmigkeitskrise entgegen, die man als Modifikation der Zellerschen Krisentheorie betrachten könnte. Dessen unbestimmten und lediglich im Rückschluß aus der neuen Frömmigkeit ermittelten Begriff der Frömmigkeitskrise ersetzt er durch den einer „*Krise der Kirchlichkeit*, die sich in einer Krise der kirchlichen Verkündigung manifestiert“ (30). Die um die Jahrhundertwende einsetzende „innerlutherische Kirchenkritik“, der „intensive Bemühungen um eine umfassende innere Kirchenreform“ korrespondierten, sei „nun wirklich Ausdruck einer als zunehmend bedrohlich empfundenen Krise“ (30).

Dieser Begriff einer „Krise der Kirchlichkeit“ vermeidet zwar einige Schwächen des Zellerschen Krisenbegriffs, entgeht aber nicht der Hauptschwierigkeit, die sich aus der Berufung auf die Gewährsleute für die Annahme der Frömmigkeitskrise ergab. Berief Zeller sich dafür fast ausschließlich auf Weigel, so meint Sträter sich auf eine breite Quellenbasis stützen zu können, da sowohl Vertreter des mystischen Spiritualismus als auch orthodoxe Lutheraner als schließlich auch Pietisten sich diese Kirchenkritik zu eigen machten. Die „Krise“ wäre demnach ein allgemein konstatiertes Phänomen. Sollten die allenthalben geäußerten Klagen über den verderbten Zustand des kirchlichen Lebens nicht auf Erfahrungen beruhen, also die tatsächlichen Verhältnisse widerspiegeln?

Entsprangen sie nicht der „Erkenntnis" (auch) lutherischer Theologen von der begrenzten Wirksamkeit oder gar Wirkungslosigkeit der bisherigen Predigt (7)? War nicht die propagierte Meditation die „Antwort auf die immer stärker empfundene und offengelegte Krise" (68)? Solche Formulierungen legen die Vermutung nahe, Sträter nehme die „Krise der Kirchlichkeit" als eine wirklich gegebene an, als die zusammenfassende Benennung für den tatsächlich höchst bedenklichen Zustand der lutherischen Kirche während des gesamten 17. Jahrhunderts. Damit wäre die Zeit der lutherischen Orthodoxie wie in älteren, aber immer noch nachwirkenden kirchengeschichtlichen Darstellungen als eine Zeit äußerlich intakter, aber „toter", unwirksamer Kirchlichkeit gedeutet. Die Frage „‚Wie bringen wir den Kopff in das Hertz?'" (1) wäre danach eher im Sinne einer Klage und Feststellung eines traurigen Zustands kopflastiger und „herzloser" Religiosität zu verstehen. Sträter will offenbar diesem Zerrbild der lutherischen Orthodoxie nicht Vorschub leisten. Vor allem verbietet sich der methodologischen Reflexion natürlich der naive Rückschluß von der Tatsache der Kritik auf die tatsächlichen Zustände. Darum erklärt er einschränkend die *Krise der Kirchlichkeit* letztlich als eine Krise im *Bewußtsein* der kirchlichen Elite. „Als krisenhaft stellt sich die kirchliche Situation des 17. Jahrhunderts in erster Linie im Bewußtsein der kirchlichen Theologenschaft dar, nicht notwendig zugleich im Bewußtsein des ‚Kirchenvolks', dessen Zustand als kritisch beurteilt wurde" (32). Die „Standortgebundenheit und Intentionalität" der kirchenkritischen Autoren will die Arbeit ausdrücklich als ihre Grenze berücksichtigen (33). Darum fühlt sich Sträter wohl einer Auseinandersetzung mit den Arbeiten H. Leubes enthoben, die er zwar u. a. für die Beobachtung heranzieht, im 17. Jahrhundert seien der innerlutherischen Kirchenkritik ganze Bücher gewidmet worden (30), deren Relativierung oder gar Bestreitung des Realitätsgehalts der Vorwürfe er jedoch mit keinem Wort erwähnt. Dabei wären Leubes „Reformideen", wenn schon nicht mit ihren Nachweisen einer höchst lebendigen und anspruchsvollen Kirchlichkeit im 17. Jahrhundert, so doch mit ihrer Erklärung der Motive der verbreiteten Kirchenkritik für die Thematik der Arbeit durchaus ein wichtiger Prüfstein gewesen. Solche Motive erkennt Leube z. B. im religiös begründeten Verantwortungsgefühl der Pfarrer für das Seelenheil ihrer Gemeindeglieder, in den verschiedenen ‚Heimsuchungen' und ‚Strafen' Gottes als Anlaß zu prophetischen Bußpredigten, in der Erwartung des baldigen Weltendes. Leube hätte die „Grenze" befestigen helfen können, innerhalb derer sich die Arbeit halten will: Es gibt eine Krise der Kirchlichkeit *im Bewußtsein der Theologen*. Die Ausblendung der Frage nach der Motivation der Kirchenkritik bei Sträter scheint mir dahin zu führen, daß der methodische Vorbehalt einer (vielleicht nur?) im Verstehen der Theologen vorhandenen Krise von Predigt und Verkündigung für die Durchführung von Sträters These kaum noch eine Rolle spielt. Nie taucht etwa der Gedanke auf, die heftige Kritik an dem gefühlsmäßig lauen und ethisch folgenlosen Glauben der Kirchenchristen könnte einem kirchlich-religiösen Maximalismus entspringen, der in seiner Realitätsfremdheit nur die Funktion eines Korrektivs haben konnte. Auch der ja unbestreitbare Spiritualismus Johann Arndts wird als Motiv für seine Kirchenkritik außer acht gelassen; dieser wird im Gegenteil bescheinigt, daß sie, weil „auf Empirie beruhend [...]", den Glauben an seinen Früchten habe verifizieren wollen (35). Auf der anderen Seite werden durchaus Motive genannt, die das Luthertum anfällig machten für die Gefahr einer Trennung von Lehre und Leben (z.B. die theologische Sündenlehre, 24f., oder die Abwehr des Synergismus, 52f.). Und schließlich gewinnt die Kirchenkritik allein schon durch die Fülle der Zeugen – aus dem ganzen Jahrhundert und ohne Unterscheidung nach den Motiven ihrer Klagen herangezogen – unter der Hand (gegen Sträters Absicht?) eine Plausibilität, als sei sie die Spiegelung der wahren Verhältnisse in der lutherischen Kirche.

Der Ertrag der neuen Krisentheorie, der Theorie von der *Krise der Kirchlichkeit* im gesamten 17. Jahrhundert, besteht zweifellos darin, daß sie die neue Frömmigkeit nicht ableitet aus einer Krise, die von allgemeinen, äußeren Faktoren her definiert ist (Nöte, Kriege, hohe Mortalität), sondern daß sie die Krise (das Krisenbewußtsein) aus den zeitgenössischen Texten selbst erhebt, denen damit „erlaubt" wird zu sagen, was sie von sich aus sagen wollen; daß diese Theorie ferner in der Lage ist anzugeben, wann und mit wem die Krise sowie die neue Frömmigkeit begannen: nämlich mit Johann Arndt um die Jahrhundertwende. Ihr Grundsatz ist die Interdependenz zwischen Krise bzw. Krisenbewußtsein und dem Mittel zur Behebung der Krise. Diesem Grundsatz ist zuzustimmen, er ist methodisch angemessen und sachlich fruchtbar. – Die Problematik der neuen Konzeption aber scheint mir darin zu bestehen, daß sie zu pauschal aufgrund des Faktums der Kritik an der Wirkungslosigkeit der Verkündigung, am heidnischen Leben der Christen usw. den Krisenbefund erhebt. Ohne Differenzierung nach Motivation und Anlässen solcher Kritik bleibt m.E. die Rede von der *Krise der Kirchlichkeit* wenig aussagekräftig, auch und gerade wenn man sie als eine Krise im Bewußtsein der Theologen versteht. Kann denn die spiritualistische Kritik an der völlig verderbten Kirche, deren bloß konventionelle Religiosität nichts anderes sei als Abgötterei, in einen Topf geworfen werden mit einer partiellen und selbst schon traditionellen (das heißt nicht: unernsthaften!) Kritik an der Kaltsinnigkeit vieler Christen „in dieser letzten bösen Zeit", gemeint als Vorrede für eine Paränese, oder mit der rhetorisch kunstvollen Ausmalung einer düsteren Folie für die Propagierung idealer kirchlicher und religiöser Verhältnisse? Berücksichtigt man diese und andere Differenzen, so scheint es mir noch immer am einleuchtendsten, die

Krise der Kirchlichkeit mit Johann Arndt beginnen zu lassen, sie als Krise bzw. als Krisenbewußtsein aber auf die bei ihm wirksamen und durch ihn gemäßigt weiterwirkenden spiritualistischen Tendenzen zu begrenzen. Dann freilich könnte man nicht das gesamte 17. Jahrhundert und alle von Sträter als Zeugen benannten Theologen für die Krisentheorie in Anspruch nehmen. So sehe ich z. B. in Johann Gerhards Kirchenkritik, etwa in der Widmungsvorrede zum 1. Teil der *Schola pietatis*, keinen Ausdruck des Bewußtseins „einer als zunehmend bedrohlich empfundenen Krise“, und schon gar nicht läßt sich seine meditative Schriftstellerei als Antwort auf eine solche lesen.

Interessanterweise tut Sträter selbst dies auch nicht (vgl. Kap. 3.2; 42 – 52). Denn er konstatiert zwar auch bei Gerhard eine „wache[ ] Kritik am zeitgenössischen christlichen Leben“ (45), beschreibt dann aber Gerhards Anleitung zur Meditation zu Recht ohne jeden Bezug auf diese Kritik. Gerhards ganz meditativ bestimmte *Schola pietatis* sei ein Erbauungsbuch, „das in persuasiver Absicht einen *Grundkurs der christlichen Existenz* anbietet“ (Kursivsetzung E. A.). Hier wird Meditation als Hilfe für die Praktizierung des ganz „normalen“ Christenlebens bestimmt, nicht als Mittel zur Bekehrung von Scheinchristen zu einem erst wahrhaft christlich zu nennenden Glauben.

Doch damit habe ich bereits vorgegriffen auf die Hauptschwierigkeit dieser Krisentheorie, deren Vorzug ja darin bestehen soll und auch besteht, die Interdependenz von Krise(nbewußtsein) und Meditation zu erhellen. Die Krise muß als umfassendes Phänomen verstanden werden, weil sie an ihrem Ursprung und dann bei allen kritischen Reformtheologen mit der Propagierung der *Meditation als Instrument der Krisenbewältigung* verbunden ist (Kursivsetzung E. A.). Sträter bringt die Meditation (also das, was Zeller die „neue Frömmigkeit“ nannte) in einen funktionalen Zusammenhang mit der kirchlichen Krise. Die Feststellung eines krisenhaften Mißstands im Leben der Kirche hängt so mit der Meditation zusammen, daß diese als Mittel der Kirchenreform eingesetzt wird. Umgekehrt ist die Arbeit nur insoweit am Thema der Meditation interessiert, als diese in Entsprechung zur Kirchenkritik und -reform steht, zugespitzt gesagt: deren Funktion ist. So gibt Sträter in Kap. 4 einen „thematisch geordneten Überblick, der die Propagierung der Meditation in ihrer funktionalen Relationalität zum innerkirchlichen Hauptproblem jener Zeit, der krisenhaft empfundenen Wirkungslosigkeit der kirchlichen Verkündigung, darstellt.“ Die folgende Einräumung ist wichtig: „Die Geschichte der Meditation im Luthertum des 17. Jahrhunderts geht nicht auf in der Geschichte ihrer Propagierung als komplementäres oder alternatives Instrument zur Predigt“ (73). Das kann doch nur heißen: Es gibt auch Meditation, Erbauungsliteratur, außerhalb jenes funktionalen Zusammenhangs, unabhängig von der Intention der Krisenbewältigung, also z. B. schlicht als Möglichkeit der „Einübung“ in Frömmigkeit, der

Stärkung und Vertiefung von Frömmigkeit in Entsprechung zu einem religiösen Bedürfnis, nicht der Erweckung harter Herzen und der Bekehrung von Scheinchristen. Wenn das aber zutrifft, dann taugt die Feststellung der funktionalen Relation zwischen Krise und neuer Frömmigkeit nicht zur Erklärung des Aufkommens der Meditation gleichzeitig mit der *Krise der Kirchlichkeit*. Das Aufkommen oder die Erneuerung der Meditation zu erklären, war aber eine wesentliche Zielsetzung der Arbeit (vgl. 1–8; 9–33). Krise und Meditation erklären sich in ihr wechselseitig: Daß bei Arndt die Krise beginnt, ist erkennbar an der Meditation als Mittel der Kirchenreform; und umgekehrt wurde die fast verdrängte Meditation in der lutherischen Kirche „als Methode zur persönlichen Applikation und Verinnerlichung der Glaubenslehren [...] wiederentdeckt", als man ihrer als Antwort auf die Krise des kirchlichen Lebens bedurfte (vgl. die letzte Formulierung der „These", oben S. 221). Wie erklärt man dann aber das Auftauchen von Meditation ohne Bezug auf ein Krisenbewußtsein? Die Unsicherheit bei der Bestimmung des Verhältnisses zwischen Krise und Meditation scheint mir unübersehbar. Ein Grund dafür liegt m. E. in dem undifferenzierten Krisenverständnis (gleicherweise bei Arndt, Gerhard, Dunte, Lütkemann, H. Müller, Spener ...). Jetzt zeigt sich aber, daß die vorausgesetzte funktionale Relation von Meditation und Krisenbewußtsein ihrerseits zu dem pauschalen Verständnis der Krise beiträgt. Ist die Meditation relational zur Krise zu verstehen (nämlich als „Rettung der bedrohten Kirchlichkeit" [73]), so muß diese allgemein und umfassend sein, eben weil die neue Frömmigkeit dies auch ist. Die Meditation ihrerseits wird in dieser Relation faktisch verengt auf den Aspekt, Mittel der Kirchenreform zu sein. Diese Verengung ist ihr hier von der Annahme ihrer *Entstehung* im Zusammenhang mit der Krise her mitgegeben.

Die kritischen Anfragen gegenüber Sträters neuer Krisentheorie zielen darauf, daß die (faktisch in Anspruch genommene) Ausschließlichkeit der Relation zwischen Kirchenkritik bzw. *Krise der Kirchlichkeit* und neuer Frömmigkeit bzw. Meditation den komplexen Phänomenen nicht gerecht wird: weder der Kirchenkritik und den Reformvorschlägen noch der meditativen Literatur. Muß man daraus nicht den Schluß ziehen, daß man hinsichtlich der neuen Frömmigkeit, der Erbauungsliteratur und ihrer Entstehungsbedingungen, auf alle einseitigen, monokausalen Ableitungen verzichten und damit rechnen sollte, daß hier wohl sehr verschiedenartige Kräfte am Werk waren, die jeweils in ihrer Eigenart zu erfragen sind? Damit erst wäre dem gegen Lehmann und Erdei zu Recht geltend gemachten Grundsatz Sträters, daß die Texte selbst ernst zu nehmen sind, wirklich Rechnung getragen (partiell auch gegen ihn selbst). Hinzukommen müßte freilich ein zweiter Untersuchungsgang, der die Reformdiskussion im 17. Jahrhundert vom neuesten Forschungsstand aus auf ihre Motivation hin untersucht. Hierfür hat Sträter zwar viel Material und die wichtigsten Gesichtspunkte bereits erarbeitet, aber seine These behindert, wie gesagt, die differenzierte Auswertung.

Daß die Rezension sich bisher fast ausschließlich mit der These und den Grundbegriffen der Arbeit befaßt hat, ist aus der Forschungssituation heraus wohl verständlich. Es wäre jedoch eine ungerechtfertigte Verschiebung der Gewichte, wenn darüber die Fülle der Ausführungen zum Thema Meditation und Kirchenreform ganz in den Hintergrund träte. Hier wäre vor allem auf die beiden mittleren Kapitel 3 und 4 hinzuweisen, die unabhängig von der zugrundeliegenden These wesentliche Informationen und gründliche Analysen zum Verständnis der Meditation im Luthertum enthalten, an dem die weitere Arbeit an diesem Thema nicht vorbeigehen kann. Die vier Abschnitte des 3. Kapitels, „Instrumentalisierung der Meditation in der ersten Hälfte des 17. Jahrhunderts", sind kleine, in sich abgerundete und inhaltsreiche Studien über J. Arndt, J. Gerhard, L. Dunte und J. Schmid, zugleich exemplarisch zu lesen, insofern hier schon ein großer Teil der Argumente für die Empfehlung der Meditation vorgeführt wird. In der Zusammenfassung dieses Kapitels sind besonders aufschlußreich die Ausführungen über die „theoretischen Grundlagen für die Propagierung der Meditation", die „in der lutherischen Dogmatik bereit(lagen)" (68–71), sowie die kurze Bemerkung über die Nähe des lutherischen Glaubensbegriffs zur Meditation (72).

Das 4. Kapitel beansprucht bescheiden, lediglich auf „Aspekte der Meditation des 17. Jahrhunderts" einzugehen, gibt aber in Wahrheit einen wohl vollständigen und reich belegten Überblick über Begründungen, Themen, Anlässe und Zielsetzungen der Meditation. Es zeigt zunächst, wie unter dem Eindruck des „Mißerfolg(s) der Predigt" der „Zuhörer" als für sein Hören und Aufnehmen des Worts selbst verantwortliches Subjekt, andererseits als „*Objekt* pastoralen Handelns" durch Katechisierung, Predigtexamen und individuelle Seelsorge (wieder-)entdeckt wird. Die Privaterbauung, die „wiederkäuende" Betrachtung *(ruminatio)* wird als Mittel propagiert, die Wirkung der Predigt zu intensivieren (Kap. 4.1). Die „persönliche Applikation der Predigt in der Meditation" (Kap. 4.2) wird im Laufe des 17. Jahrhunderts so wichtig, daß die Meditation „gegenüber der Predigt einen eigenständigen Stellenwert, ja sogar den Vorrang" erhalten kann (90). Die Schuld für den Mißerfolg der Predigt wurde von den auf Reformen drängenden Theologen weitgehend den Hörern zugeschrieben, die deshalb immer aufs neue ermahnt wurden, die Predigt durch Betrachtung „ins Herz zu fassen". Eine neue Predigtgattung entstand: die Predigt über das Predigthören. Auch das Abendmahl soll vertieft werden durch meditative Vergegenwärtigung des Passionsgeschehens (Kap. 4.3). In der Predigtlehre gewinnt die Rhetorik Bedeutung, insofern sie die Mittel zeigt, um die Predigtwirkung affektiv zu verstärken (Kap. 4.4). Die private Bibelmeditation wird aufgewertet und durch zahlreiche Anleitungen erleichtert (Kap. 4.5). Selbst der Katechismus, dessen Wirkung eher im Bereich von *intellectus* und *memoria* liegt, wird als Meditationsgegenstand (von Luther her) wieder entdeckt (Kap. 4.6). Eine herausragende Rolle für die Intensivierung der Frömmigkeit spielt die Sonntagsheiligung, die als Gelegenheit zu ganztägiger Beschäftigung mit dem Wort Gottes besonders gern und ausführlich von den Kirchenreformern bedacht wird. Hier finden alle Weisen der Meditation ihren Ort und ihren festen Halt. Hier waren sie auch am leichtesten zu sichern, insofern die Sonntagsheiligung mit obrigkeitlicher Hilfe jedenfalls als Sonntagsruhe durchzusetzen war. Aber hier stießen die Reformer auch am deutlichsten an die Grenze dessen, was auf (theologisch wie weltlich) gesetzlichem Wege für die Schaffung des wahrhaft frommen Christen zu erreichen war (Kap. 4.7 u. 8). Spener hat daraus die Konsequenz gezogen und die Hebung der Frömmigkeit durch Meditation, die auch er als wichtigstes Mittel gegen den Verfall der Kirchlichkeit propagierte, als freiwilliges *exercitium pietatis* aus den Fesseln der Gesetzlichkeit gelöst. Damit aber wurde aus der geforderten Meditation als Korrektiv der stets unvollkommenen Christlichkeit wirklich die Praxis der Frömmigkeit, die den wahren Christen hervorbringt (Kap. 5).

Dieser kurze Überblick über die Themen, die Sträters Buch behandelt, kann nicht annähernd einen Eindruck vermitteln von der Vielfalt der Informationen, die der Leser hier gewinnt und die ihm komprimiert, aber nie in der Attitüde überlegener Wissenschaftlichkeit dargeboten werden. Reizt die dem Ganzen zugrundeliegende These zur Auseinandersetzung, so besticht die Durchführung durch Fülle und Ordnung des Inhalts und Prägnanz der Darstellung. Aus beidem erwächst der kirchen- und frömmigkeitsgeschichtlichen Erforschung des 17. Jahrhunderts ein Gewinn, den sie erkennen und nutzen wird.

Bielefeld Elke Axmacher

Andreae, Johann Valentin: Gesammelte Schriften. Bd. 2: Nachrufe, Autobiographische Schriften, Cosmoxenus. Bearb., übers. u. komm. v. *Frank Böhling, Roland Edighoffer, Wilhelm Kühlmann, Werner Straube.* Stuttgart-Bad Cannstatt: frommann-holzboog 1995. – 577 S.

Nachdem 1994 die Gesamtausgabe der Schriften Johann Valentin Andreaes mit Bd. 7 eröffnet worden ist, liegt nun bereits ein weiterer Band der Ausgabe vor, der vor allem biographisches Schrifttum enthält, das zum Teil bisher schwer zugänglich war. Zusätzlich enthält er die allegorische Reformschrift De Christiani Cosmoxeni Genitura Iudicium von 1612/15.

Die biographischen Schriften schließen an Andreaes Autobiographie an, die für Band 1 der Gesamtausgabe vorgesehen ist, und enthalten auch interessante Details zu Andreaes Werde- und Lebensgang, obwohl es sich bei ihnen vor allem um zwei Leichenreden – zum einen für die Mutter Andreaes, zum anderen für seinen Bruder handelt. Außerdem setzen sich zwei kleinere Schriften mit Andreaes Studium an der Universität Tübingen auseinander (Vale Academiae Tubingensi, Mora philologica) und zeigen damit etwas von Andreaes Einstellung zum Bildungssystem Universität und den sich für ihn daraus ergebenden Aporien, daß ihm eine – modern formuliert – ganzheitliche Ausbildung vorschwebte. In dem als „Apologie" (23) konzipierten Nachruf auf Tobias Heß verteidigt er die Christlichkeit des umstrittenen paracelsischen Arztes und vermittelt etwas von der „Atmosphäre von Chiliasmus, Spiritualität und mystischer Naturphilosophie" (8), die in dem Kreis um Heß geherrscht hat. Der Nachruf auf den Freund und Förderer Wilhelm von Wense, mit dem gemeinsam Andreae in Tübingen ein Collegium Mathematicum gegründet hat, zeichnet schließlich das idealtypische Bild eines gelehrten, frommen protestantischen Menschen, der um eine Verbesserung der Wissenschaft bemüht war, wie sie auch Andreae vorschwebte.

Die Reformschrift De Christiani Cosmoxeni Genitura Iudicium fällt im Gesamtkontext etwas aus dem Rahmen, denn hier geht es Andreae wesentlich um eine christliche Anthropologie, in der er einen ausgesprochenen Perfektionismus vertritt, der synergistische Züge trägt. Es wird nicht deutlich, warum diese Schrift zu dem biographischen Schrifttum hinzugenommen wurde. Thematisch hätte sie besser dem für Band 12 vorgesehenen Civis Christianus zugeordnet werden können, als dessen Anhang sie ja auch in der Ausgabe von 1619 erschienen ist. Konstitutiv für beide Schriften ist der Gegensatz von weltlichem und geistlichem Leben.

Die ersten beiden Schriften, von Frank Böhling übersetzt und kommentiert, die Lobrede auf die Mutter Andreaes – Mariae Andreanae Merita Materna von 1632 – und die Rede auf den früh verstorbenen Bruder – Johannis Ludovici Praecox Maturitas – lenken zunächst einmal die Aufmerksamkeit auf Maria Andreae, geb. Moser (1550–1632) selbst. Man lernt hier eine Persönlichkeit kennen, der es neben der Versorgung ihrer Familie (vier Söhne und drei Töchter) auch noch gelang, nach ihrer Verwitwung den angesehenen Beruf der Leiterin der Hofapotheke in Stuttgart – ab 1607 – auszuüben. Ihre Kenntnisse, die sie dazu befähigten, muß sie sich autodidaktisch angeeignet haben. Andreae selbst empfiehlt sie bewundernd der Nachwelt als „exempli splendor" (42), die mit einem „animo masculo" (48) ausgestattet der Familie auch nach dem Tod des Vaters 1601 ein angemessenes Auskommen ermöglichte, so daß alle Söhne studieren und alle Töchter angemessen verheiratet werden konnten (vgl. 58). Andreae hebt indessen vor allem ihre Bemühungen um die rechte, tugendhafte und strenge Erziehung der Kinder hervor und betont ihre Frömmigkeit, die sie in praktische Nächstenliebe umsetzte. So kümmerte sie sich in den Jahren von 1622 bis 1632, als sie ihren Beruf schon längst aufgegeben hatte und bei ihrem Sohn Johann Valentin in Calw lebte, um die Armen der Stadt und wurde wegen ihrer Verdienste als „Pauperum mater" (78) tituliert. Neben die praxis pietatis tritt eine verinnerlichte lutherische Frömmigkeit, die sich vor allem am regelmäßigen Kirchgang und dem kontinuierlichen Lesen der Bibel und orthodoxen Schrifttums (Luther, Brenz, Andreae, Osiander, Nicolai u.a., vgl. 70) zeigt. Osiander hätte eine aufschlüsselnde Anmerkung verdient. Hier handelt es sich nämlich nicht um den auf S. 56 erwähnten Andreas Osiander, sondern doch wohl um Lukas Osiander d.Ä. Interessanterweise ist sich Andreae der Tatsache bewußt, daß die Persönlichkeit seiner Mutter und nicht die des früh verstorbenen Vaters die Erziehung der Kinder entscheidend geprägt hat und hebt ihre Verdienste als die größeren hervor (vgl. 94). Daß es sich gerade in den ausführlichen Beschreibungen der tugendhaften Frömmigkeit Maria Andreaes um für Leichenreden typische Stilisierungen handelt, muß dabei allerdings berücksichtigt werden – und hätte durchaus auch in der Einleitung erwähnt werden können.

Dieser Einwand gilt auch für die Gedächtnisschrift auf Johann Ludwig Andreae (1590–1610), Johann Valentins jüngeren Bruder, dessen Lebensweg kräftig stilisiert wird. Etwas verwirrend wirkt es, daß zwar der Herausgeber der Gesamtausgabe Wilhelm Schmidt-Biggemann im Vorwort erwähnt, daß Johann Ludwig an Syphilis gestorben sei (8); dies aber vom Bearbeiter übergangen und von Andreae selbst nur andeutungsweise erwähnt wird (132). Falls diese Todesursache zutrifft, müßte der von Andreae beschriebene tugendhafte Lebenswandel seines Bruders zumindest relativiert werden. Inwiefern gerade die Beschreibung des moralisch völlig unanstößigen Lebenswandels der gesamten Familie – Andreae erwähnt, daß die Mutter das Leben der Söhne stark kontrolliert habe, so daß sie keine Gelegenheit hatten zu sündigen („Non licuit nobis peccare"; 124) – eine Selbstrechtfertigung Johann Valentins darstellt, auch in den Zusammenhängen mit seiner Relegierung von der Universität Tübingen im Jahre 1607, muß zumindest gefragt werden. Ansonsten hinterläßt das Lebensbild den Eindruck eines hochbegabten (112, 120f.), leidenschaftlichen (122) und wohl auch abenteuerlustigen jungen Mannes, der bereits mit 15 Jahren als Bester seines Jahrgangs die Magisterwürde erlangte, ein Theologiestudium begann und es abbrach, um als Prediger an einem Feldzug ins Elsaß teilzunehmen. Während dieses Feldzuges erkrankte er an einem Fieber, litt an Geschwüren, begleitet von Wahnvorstellungen (132f.). Das heißt, hier zeigten sich Symptome, die für das Krankheitsbild des fortgeschrittenen Stadiums der Syphilis charakteristisch sind – und starb am 9.8.1610 in Straßburg. Andreae läßt seine Gedächtnisrede auf den Bruder jedoch nicht mit dessen Tod enden, sondern beschreibt seine nach dem Tod des Bruders angetretene Bildungsreise. Interessant ist dabei der Hinweis auf seine eigenen schriftstellerischen Aktivitäten in dieser Zeit, die er als „ludicra" (vgl. 140) bezeichnet und von denen er meint, daß ihre Publikation besser unterblieben wäre – wiederum ein Hinweis darauf, daß Andreae sich sehr bald von seinen Rosenkreuzer-Schriften distanziert hat (vgl. auch die Anm. S. 531 f.).

Die von Wilhelm Kühlmann und Werner Straube edierte Abschiedsrede auf die Universität Tübingen – Vale Academiae Tubingensi – bedient sich ebenfalls eines konventionellen Rahmens, der akademischen Deklamatio, hinter der sich jedoch „persönliche Optik" und „leise Ironie" (149) Andreaes verbirgt. Die Herausgeber betonen, daß durch diese Rede das Verhältnis Andreaes zur Tübinger Gelehrtenwelt wichtige Anhaltspunkte erkennen läßt (vgl. 152). Gleichzeitig werden Andreaes breite Interessen und Forschungen deutlich. Er hat nicht nur Kenntnisse in der Theologie, sondern vor allem auch in Mathematik, Medizin, Philosophie und Jura erworben und außerdem von den privaten Bibliotheken seiner Lehrer profitiert. Trotzdem hinterläßt die Schrift den Eindruck von Distanz gegenüber den akademischen Lehrern.

Anschaulicher werden Andreaes Vorbehalte gegenüber dem akademischen Leben in der Mora philologica, die nicht 1609, sondern wohl 1611 oder 1612 abgefaßt wurde (vgl. 225), ebenfalls von Straube und Kühlmann herausgegeben. Die Schrift gibt eine Studienberatung durch Andreaes Lehrer und Gönner David Magirus und Matthias Hafenreffer wieder und thematisiert das zentrale Problem Andreaes: „der Verbindung praktischer Frömmigkeit und eines die neuen Wissenschaften integrierenden lebenslangen Erkenntnisstrebens" (223). Andreae sucht die Studienberatung, weil sein Interesse für Sprachen, Mathematik und Geschichte kritisiert worden ist. Über Magirus wird er an Hafenreffer verwiesen, der zunächst die Besorgnis äußert, daß Andreae sich mit seinen vielen Gebieten verzetteln könnte. Jedoch bestärkt er ihn in der Verknüpfung der verschiedenen Fächer, betont dabei aber, daß die persönliche Frömmigkeit mit dazu kommen müßte (vgl. 242). Neben die modernen Sprachen stellt Hafenreffer die biblischen Sprachen, die unerläßlich seien, um sich ohne Ausleger mit dem Urtext befassen zu können. Hafenreffer erkennt den Wert der Mathematik und der neuen Naturwissenschaften an und fordert zum Studium der politischen Geschichte auf. Als wichtigstes betont Hafenreffer jedoch die Frömmigkeit, die den Gipfel der Wissenschaften darstelle (256). Gleichzeitig wird die derzeitige Ausbildung an den Universitäten scharfer Kritik unterzogen: die Ausbildung sei häufig oberflächlich (vgl. 268), die Studenten seien der Welt zu sehr zugeneigt und nicht fromm genug.

Diese Kritik am Universitätsbetrieb spielt auch in dem Nachruf auf

Tobias Heß – Tobiae Hessi Immortalitas (1619), ediert von Frank Böhling – eine Rolle: auch Tobias Heß habe unter seinen Studienbedingungen gelitten, als Negativbeispiele zählt Andreae Erfurt, Jena, Altdorf und Tübingen auf (vgl. 302). Das der Welt zugewandte Studentenleben habe Tobias Heß von seiner ursprünglichen Frömmigkeit zunächst abgelenkt. Nach dem Studium praktizierte er eine Weile als Jurist, wandte sich dann der galenischen und paracelsischen Medizin zu (vgl. 308 ff.) und schließlich auch der Theologie (vgl. 314 f.). Andreae nimmt Heß vor Anschuldigungen in Schutz, die behaupten, daß er Chiliast gewesen sei (vgl. 318), und kritisiert freimütig dessen chaotisches Familienleben (vgl. 322 f.). Er schildert das langsame Sterben des Freundes, das dieser mit christlichem Gleichmut ertragen habe. Als weitere Apologie dienen zwei angefügte Nachrufe auf Heß von dem Juristen Thomas Lansius und dem Freund Wilhelm Bidembach (Druckfehler auf S. 349: ertagen statt ertragen).

Die Leichenrede auf Wilhelm von Wense – Jonathan Wensius (1642) – schildert Andreaes Freundschaft zu ihm. Dabei hätte die Einleitung erläutern müssen, warum Wilhelm von Andreae Jonathan genannt wird. Die Erklärung dafür verbirgt sich stattdessen in der Anm. auf S. 572 f., daß nämlich die Titulierung als Jonathan – nach 1. Sam 18–21 – zu den „topischen Exempeln der Freundschaft" (573) gehöre. Genauso wie Andreae war Wilhelm von Wense bestrebt, die Sitten gemäß der Lehre des Evangeliums zu verbessern (vgl. 472). Zu diesem Zweck wollte Andreae mit ihm eine Societas Christiana gründen. Dieser Plan wurde durch den Krieg zunichte gemacht (vgl. 472). Wense bemühte sich dann, eine Adelsschule zu gründen, doch auch dieser Plan scheiterte (vgl. 478). Wense gilt Andreae als der vollkommene Christ (vgl. 496). Die Rede endet mit dem Gebet an Christus, den weiteren Lebensweg zu begleiten (S. 496 „neque instantia, neque futura [...]" ist das Zitat aus Röm 8,38 nicht nachgewiesen). Angefügt sind einige Epizedien auf Wilhelm von Wense.

Eine letzte, etwas ausführlichere Besprechung verdient die Schrift De Christiani Cosmoxeni Genitura Iudicium (1612/15), ediert von Roland Edighoffer, da sie eines der Hauptthemen von Andreaes literarischem Schaffen anspricht: die Fremdheit des Christen in der Welt und den Widerspruch zwischen weltlichem und geistlichem Leben. Schon der Titel der Schrift bzw. die Namensgebung weist darauf hin, daß mit Christian Cosmoxenus „der weltfremde Christ, der allen Verführungen der Welt standhält und seine Lebensführung dem Heiland anvertraut" (363) gemeint ist. Von dieser Haltung her läßt sich auch die hier von Andreae geäußerte Kritik an der Astrologie verstehen, auch wenn Edighoffer nachweist, daß sich Andreae in anderen Schriften positiv über die Astrologie äußert (vgl. 356 ff.). Der Exkurs zur „Befreiung von der tyrannischen Vormundschaft der Gestirne" (364) überzeugt hingegen nicht; der

Verweis auf den Kolosserbrief wirkt willkürlich, und die folgenden Erläuterungen zur altjüdischen Tradition, derer sich Paulus und in seiner Folge auch Andreae angeblich bedient haben, bleiben nebulös. S. 369 geht es um Andreaes Bezugnahme auf vier empfehlenswerte Bücher (Liber Scripturae, Liber Vitae, Liber Conscientiae, Liber Naturae, vgl. 433 f.), derer sich der Wiedergeborene bedienen soll. Edighoffer hat hier nicht erkannt, daß Andreae diese Bücher aus Johann Arndts Schrift Vier Bücher [sic!] vom Wahren Christentum entnommen hat, mit seinen Erklärungen verfolgt er daher eine völlig falsche Fährte. Zutreffend ist jedoch der Verweis auf Paracelsus (371 ff.). S. 399 hätte bei der Adam-Christus Parallele auf Röm 5 verwiesen werden müssen, nicht zuletzt weil die Entgegensetzung von Adam und Christus zentraler Bestandteil christlicher Anthropologie ist. Die Vorstellung, von der zu verwirklichenden Gottebenbildlichkeit begegnet ebenfalls bei Arndt und ist verbunden mit der Absage an die Selbstliebe (amor sui), eine Vorstellung, die auf Augustin zurückgeht (400). Aus Kapitel VII des Textes „De parentibus, Consanguineis & agnatis" geht hervor, daß Andreae keine Spiritualisierung betreibt: der Renatus geht eine Blutsverwandtschaft mit Christus ein, und dies doch wohl mit Hilfe des Abendmahls. Er hat Gott zum Vater und die Kirche als Mutter, d. h. die Kirche ist unverzichtbar. Christus ist der einzige Freund und Vertraute (vgl. Kap. IX). Das Kapitel XI ist von der Ehe- und Brautmystik Philipp Nicolais beeinflußt. Darauf hat bereits 1977 Martin Brecht hingewiesen. Aus der Ehe gehen zahlreiche Nachkommen hervor (vgl. Kap. XII): zur „Iustificatio & Beatitudo" gesellen sich zahlreiche christliche und göttliche Eigenschaften. Die lange Reihe der nun folgenden personifizierten Tugenden hätte eine aufschlüsselnde Anmerkung verdient. Es handelt sich hier nicht nur um eine Inszenierung von Allegorien (vgl. Anm. S. 564), sondern es werden ganz konkret zahlreiche christliche Märtyrer der Alten Kirche genannt, unter die sich allerdings auch Ernst und August gereiht haben. Vermutlich sind mit ihnen die glänzenden Sterblichen (vgl. 421) August von Braunschweig-Lüneburg und Herzog Ernst von Sachsen-Gotha gemeint. Nur wenige Namen bezeichnen einfach christliche Eigenschaften wie beispielsweise Concordia oder Simplicia. Die guten Früchte vom guten Baum (420) beziehen sich auf Mt 7,17. In Kap. XV werden die umfangreichen Tugenden des wahrhaftigen Christen genannt, die ihn befähigen, als König sowohl den Makro- wie den Mikrokosmos zu beherrschen (vgl. Kap. XVI). In Kap. XVIII wird als „Thesaurus thesaurorum" (432) das Wort Gottes genannt. Hier überzeugt die Anmerkung des Herausgebers (568 f.) wiederum nicht. Selbstverständlich meint Andreae mit dem Wort Gottes die Bibel, die sich nach der Lehre der Orthodoxie selbst auslegt: Andreae umschreibt dies hier mit den Worten „verbi se ipsum probans, verbum sibi semper conveniens, verbum intus convincens" (432). Der Schluß der Schrift macht deutlich, daß es sich bei Christian

Cosmoxenus um einen Idealtypos handelt (vgl. 440), trotzdem wird an seiner Vorbildposition festgehalten und die Nachahmung empfohlen. Der weltflüchtige Moralismus der Schrift entläßt den Leser etwas ratlos. Andreaes Vorstellungen eines christlichen Lebens zeigen hier eine Rigidität, die schwer nachvollziehbar bleibt.

Es fällt positiv auf, mit welcher Akribie gerade Frank Böhling, Wilhelm Kühlmann und Werner Straube die zahlreichen Personennamen verifiziert und mit kurzen Lebensläufen und Geburts- und Sterbedaten angeführt haben. Hier haben sie eine editorische Arbeit geleistet, die ihnen hoch anzurechnen ist. Das gilt auch für die von ihnen angefertigten präzisen und gut lesbaren Übersetzungen. Die erwähnten Versäumnisse, was die geistigen Bezüge Andreaes angeht, sollten für die weitere Edition dafür sensibilisieren, daß der protestantische Kontext des Theologen Johann Valentin Andreae stärker miteinbezogen werden muß. Wäre dies geschehen, hätten die Herausgeber sowohl die Einbettung von Andreaes Leichenreden in die Tradition der Gattung bzw. gegebenenfalls deren Abweichung von ihr schärfer profilieren als auch die Bezüge zu Johann Arndt und Philipp Nicolai herstellen können.

Siegen Ute Gause

Francke, August Hermann: Segensvolle Fußstapfen. Bearb. u. hg. v. *Michael Welte.* Gießen: Brunnen-Verlag 1994 (TVG Klassiker). – XXVI, 506 S.

Nach dem Hg. geht „der Plan des Brunnen Verlags, die Hauptschrift August Hermann Franckes über sein berühmtes Lebenswerk, die Franckeschen Stiftungen zu Halle, in Erinnerung an die ersten Anfänge dieser segensreichen Einrichtung vor 300 Jahren einer größeren Öffentlichkeit zugänglich zu machen, [...] noch in die Zeit vor der ‚Wende' zurück" (Vorwort, VII). Dabei bestand wohl von Anfang an eine Verbindung mit Kurt Aland, der seinen Schüler ermutigt, ihm „immer wieder neu Anstöße gegeben" und ihn „mit Rat und Tat begleitet hat" (VII).

In seiner „Einführung" (IX-XXVI) geht W. nach einer Vorbemerkung zur aktuellen Situation der Stiftungen (IX f.) zunächst kurz auf Zielsetzung und Entstehungssituation der Schrift ein (X–XII). Ausgangspunkt ist die Wertung Alands, daß die „Fußstapfen" keine historische Darstellung sein wollen, sondern eine „Werbeschrift" mit apologetischer und missionierender Zielstellung sind (Xf.; Aland, a. a. O., 595 f., nicht 395). Anschließend verweist W. dann auf die Ausführungen Franckes im Vorwort zur ersten Ausgabe 1701, aus denen hervorgeht, „daß der Bericht über die Anstalten im Zusammenhang mit einer im Herbst 1700 erfolgten Visitation des Waisenhauses durch eine Regierungskommission entstanden ist" (XI). Darauf hatte schon P. Weniger in seinem Aufsatz in PuN 17, 1991, 95–120, hingewiesen und daraus gegen Aland gefolgert, daß die „Fußstapfen" sehr viel stärker von dieser speziellen Entstehungssituation her interpretiert werden müssen (a. a. O., 97 f.). Leider geht W. auf diese grundsätzliche Fragestellung nicht ein, er zitiert Weniger nur in einer Anmerkung zur Frage der Bezeichnung der Franckeschen Stiftungen als „Glauchasche Anstalten" (IX Anm. 1), obwohl er im folgenden diese Entstehungssituation und das weitere Zusammengehen des hallischen Pietismus mit Brandenburg-Preußen kurz darstellt (XI f. mit Berufung auf Aussagen von Brecht I, 1993, 531, und Deppermann, 1961). Den Hauptteil der Einführung nimmt dann ein Überblick über die Geschichte der Stiftungen ein, wobei W. im wesentlichen den Aussagen Franckes folgt, ergänzt durch einige Hinweise auf neuere Forschungsergebnisse (XII–XXIV).

Am Schluß der Einführung macht W. Angaben zur Textgrundlage seiner Ausgabe (XXIV–XXVI). Zwar hat er bewußt auf eine „kritische Ausgabe" verzichtet (XXV), doch hat er sich zumindest intensiv mit den Ausgaben der 3. Auflage von 1709 beschäftigt und ist hier zu interessanten und die Forschung weiterführenden Ergebnissen gekommen. So unterscheidet er zu Recht zwischen einer ersten Ausgabe Anfang 1709 mit dem Dedicationsdatum 5. Januar 1709 (XXIV; vgl. dazu die Angaben S. 425), einer weiteren Ausgabe im Spätsommer des Jahres (XXIV) und weiteren Nachdrucken mit Abweichungen, die nur bei neuen Drucken entstehen können, wie anderem Seitenumbruch, anderen Ausschmükkungen usw. (XXIVf.). Allerdings ist seine Datierung aller dieser unterschiedlichen Drucke auf das Jahr 1709 falsch. Ein Beleg dafür ist die von W. als Textgrundlage gewählte Ausgabe mit dem Dedicationsdatum 5. Juni 1709, denn der dieser Ausgabe vorangestellte Grundriß der Anstalten, der vermutlich wie bei allen anderen Exemplaren vor dem Titelblatt stand, aber durch die beigefügte Erklärung des Grundrisses drucktechnisch fest mit der Dedikation verbunden war (3–8; Bogen a 1–4), enthält Gebäude, die erst 1711 errichtet worden sind (Speisesaal, Großer Saal und Englisches Haus, Erklärung S. 5 f.).

Die Ausgabe gibt nach dem Hg. „den Text des Sammelbandes von 1709 unverändert wieder". Orthographie und Zeichensetzung seien beibehalten worden, allerdings wurde der alte Fraktur-Druck aufgegeben, und dementsprechend wurden die Umlaute modernisiert und Schrägstriche durch Kommata ersetzt (XXV). Stichproben anhand der in Halle vorhandenen Exemplare mit dem späteren Dedicationsdatum ergaben mancherlei Unterschiede in der Textwiedergabe. Das liegt z. T. daran, daß auch diese Ausgaben wiederum in Einzelheiten voneinander abweichen, also vermutlich von unterschiedlichen Nachdrucken stammen; z. T. handelt es sich aber auch um offensichtliche Druckfehler bzw. um Verlesungen bei der

Erstellung der Druckvorlage, die wohl unter einem gewissen Zeitdruck erfolgt ist (vgl. Vorwort). Vermutlich ist so z.B. die falsche Schreibweise des Namens von Johann Friedrich Ruopp entstanden, des 1708 verstorbenen Adjunkts der Theologischen Fakultät und Inspektors der königlichen Freitische, der hier als Kuopp erscheint und dementsprechend auch im Personenregister geführt wird (417 bzw. 484).

Leider hat der Hg. auf einen den Text begleitenden historisch-kritischen Kommentar verzichtet. Statt dessen bietet er eine umfangreiche Zeittafel (465–479) und verschiedene Register, die dem Leser helfen sollen, „den Text und die Zeit August Hermann Franckes besser zu erschließen" (XXVI). Dieser Versuch, die Kommentierung vor Ort durch eine Zeittafel zu ersetzen und den Leser dadurch zugleich auf die größeren geschichtlichen Zusammenhänge hinzuweisen, ist sicherlich gut gemeint, doch er führt, wie das Personenregister dokumentiert, im Ergebnis dazu, daß der Leser zwar über die Größen der Kultur- und Geistesgeschichte der Zeit informiert wird, daß aber im Text selbst auftauchende Namen nicht immer erläutert werden. So werden von den insgesamt 184 im Personenregister verzeichneten historischen Namen 79 nur in der Zeittafel erwähnt, von 105 im Text namentlich genannten Personen werden nur 25 in die Zeittafel einbezogen, von den übrigen 80 erfährt der Leser nur das, was im Text steht. Sicherlich wird man hier differenzieren müssen: Vielfach handelt es sich um historische Autoritäten (28), wobei der Hg. im Personenregister immerhin mehrfach die Vornamen ergänzt hat; bei den Zeitgenossen handelt es sich z.T. um lokale Größen (14) oder Spender (10), wo eine biographische Verifizierung sicherlich schwierig ist; doch es bleiben 28 Namen der Universitäts- und Geistesgeschichte, die im Text genannt werden, wie Boyle, Cellarius, Grotius, Hoffmann, Katharina v. Genua, Köpcke, J. Chr. Lange, J. Lüders, J.W. Petersen u.a. ohne jede Erläuterung, während der Leser in der Zeittafel über Bach, Buxtehude, Fahrenheit, Gottsched, Händel, Kant, Rembrandt u.a. informiert wird, die mit den „Fußstapfen" nicht einmal indirekt in Beziehung gebracht werden können.

Möglicherweise mußte aus verlagstechnischen Gründen auf eine Kommentierung vor Ort verzichtet werden. Dann wäre es sicherlich die bessere Lösung gewesen, die biographischen und weitere vom Text her wichtige Informationen, wie das auch in anderen entsprechenden Ausgaben geschehen ist, im Personenregister zu notieren. Dann wäre es wohl auch nicht zu solch merkwürdigen Fehlleistungen gekommen, daß Christian Leberecht v. Exter unter: Leberecht, Christian, im Personenregister auftaucht (vgl. Ehrengard, Elisabeth; Pudelwels, Maria Sophia), der Jurist Tentzel (166) mit dem Akzisedirektor Johann Christian Tentzel (114ff.) verbunden wird und Johann Samuel Stryck (1668–1715), der zweimal in den Verlagsübersichten als Autor genannt worden ist (215, 425), im Personenregister unter seinem Vater subsummiert wird. Vermutlich wäre dann auch die erwähnte falsche Lesung des Namens Ruopp spätestens bei der Erstellung des Personenregisters aufgefallen und korrigiert worden. Leider ist das Personenregister insgesamt unvollständig, es fehlen nicht nur wiederholt weitere Stellenangaben, sondern auch eine Reihe von Namen, die im Text auftauchen. Das gilt speziell für die Autoren in den Verlagsverzeichnissen, die vom Hg. nur teilweise aufgenommen worden sind.

Aber auch bei einer Kommentierung der Namen im Personenregister bliebe offen, wie der Leser über im Text nicht namentlich genannte Personen informiert wird. Sicher muß hier einiges noch von einer historisch-kritischen Ausgabe erschlossen werden, doch anderes ist bereits bekannt und würde sicherlich auch den Leser einer „volkstümlichen" Ausgabe interessieren (vgl. dazu A. H. Francke: Werke in Auswahl. Hg. v. E. Peschke. Berlin 1969, 30–55). Aus Raumgründen kann ich das hier zu beobachtende Mißverhältnis zwischen allgemeiner und konkreter Information nur an einem besonders auffälligen Beispiel dokumentieren. W. hat in der Einführung zu Recht auf die Visitation der Anstalten durch eine Regierungskommission im Herbst 1700 und ihre besondere Bedeutung für die Entstehung der „Fußstapfen" hingewiesen (XI). Er beruft sich dafür auf Franckes Vorwort zur Erstausgabe von 1701. Hier spricht Francke von vier Geheimräten, die auf Befehl des Kurfürsten nicht nur „alles in Augenschein genommen", sondern Francke auch „eine schriftliche Deduction und Beantwortung aller zur hinlänglichen Nachricht dienenden Puncte anbefohlen" haben (19). In der Zeittafel findet sich an der entsprechenden Stelle zum Oktober 1700 auch ein Hinweis auf die „Besichtigung des Waisenhauses durch eine von den Magdeburgischen Ständen geforderte Untersuchungskommission", aber Namen werden nicht genannt (474). Dafür findet sich in der Rubrik: Kirchen- und Zeitgeschichte, zur Jahreszahl 1700 ein Hinweis auf „Kath. Bestrebungen zur Rückgewinnung der Protestanten" mit den Namen: Spinola, Bossuet und Leibniz, der bereits vorher bei der Gründung der Berliner Akademie der Wissenschaften mit seinen Eckdaten erwähnt worden war (473), und im Anschluß an die Katholischen Bestrebungen wird, immer noch in Parallele zur Visitation des Waisenhauses, Gottsched verzeichnet, der 1700 geboren ist (mit Todesjahr 1766). Das alles ist sicherlich durchaus erhellend für den weiteren historischen Zeitbezug, aber wäre es für den Leser nicht mindestens ebenso interessant zu erfahren, wer diese 4 Geheimräte waren, die das Waisenhaus besichtigt haben, zumal es sich dabei, wie ein Blick in die vom Hg. in der Einführung genannte Untersuchung von Deppermann (136 f.) zeigt, um für die Geschichte des hallischen Pietismus wichtige Leute handelt: (1) Nikolaus Bartholomäus von Danckelmann (1650–1739), Präsident der Magdeburgischen Amtskammer und ab 1709 Kanzler der Regierung des Herzogtums Magdeburg, der nach dieser Untersuchung zu einem eifrigen Förderer der Anstalten wurde (vgl. Deppermann a. a. O., 138 A. 73); (2) Georg Rudolf von Schweinitz (†1707), Geheimer Hof- und Kammergerichtsrat, Domherr zu Magdeburg, der Francke in Fragen der Armenversorgung von Anfang an beraten und durch großzügige Spenden unterstützt hat (vgl. zur vorl. Ausgabe, S. 31, den Hinweis in: Francke, Werke in Auswahl 1969, 34 A.5, ferner Deppermann, a. a. O., 28ff., 141 u. ö.); (3) als Vertreter der Stände Carl von Dieskau, Landrat des Saalkreises; und (4) der in der Zeittafel und im Personenregister erwähnte Samuel Stryck (vgl. 469 u. 486), der zu Beginn seiner Wirksamkeit 1692 Francke zunächst kritisch gegenüberstand, aber sehr bald sein Werk unterstützte und ihm auch persönlich nähertrat.

In einem anderen Bereich hat der Hg. diese Aufgabe, unklare Hinweise zu verifizieren, durchaus wahrgenommen: So hat er in einigen Fällen bei biblischen Zitaten ohne Stellenangabe diese Angaben ergänzt, also das weitergeführt, was Francke selbst vielfach in seinen Anmerkungen getan hat. Aber diese Stellenangaben finden sich nur im Bibelstellenregister (480f.), während sich der Leser des Textes zunächst selbst die Mühe machen muß, mit Hilfe einer Konkordanz die entsprechende Stelle zu erschließen, und erst, wenn er seinen Fund im Bibelstellenregister nachtragen will, feststellen kann, ob der Hg. diese Arbeit bereits eventuell getan hat. Eine hilfreiche Ergänzung bieten ferner das Ortsregister (488–490), das Sachregister (491–496) und die Worterklärungen und Übersetzungen (497–508). Allerdings läßt das Sachregister den Benutzer an vielen Punkten auch im Stich. So wird zwar die Essentia dulcis notiert, dagegen taucht das in der Einführung im Dativ zitierte Fleckfiebermittel „Elixir Polychresto“ (XIX) im Sachregister nicht auf, möglicherweise weil es im ursprünglichen Fußstapfen-Register genannt wird (439, mit Verweis auf I. 42, also vorliegende Ausgabe S. 167, in beiden Fällen in der auch für die Einführung richtigen Schreibweise im Nominativ). Sachlich wichtige Stichworte wie Arbeitshäuser (177), Gärten (188), hortus medicus (458), Universität (197, 217 u. ö.) u. a. fehlen in beiden Registern, bei anderen Stichworten fehlen wichtige Stellen. Ich muß mich hier wieder auf ein Beispiel beschränken. W. hat selbst in seiner Einführung auf die besondere Bedeutung der Mitarbeiter für die Entwicklung der Anstalten hingewiesen und die Namen der wichtigsten Mitarbeiter genannt (XXI). In seinem Sachregister werden einige Belegstellen genannt, aber es fehlen nicht nur einige der im Fußstapfen-Register genannten Stellen (442), möglicherweise um den Benutzer dazu anzuregen, auch dieses Register einzusehen und mit den entsprechenden Seitenzahlen der vorliegenden Ausgabe zu ergänzen, sondern weitere wichtige Aussagen Franckes zu diesem Thema insgesamt (z. B. 176, 195, 223, 240, 259 u. ö.). Vor allem aber wird weder in der Einleitung noch im Register deutlich, daß Francke vielfach Ausführungen seiner Mitarbeiter in seine Berichte einbezogen hat. Das liegt wiederum daran, daß diese Mitarbeiter an diesen Stellen nur in ihrer Funktion genannt worden sind, vom Prinzip der Ausgabe her nicht vor Ort verifiziert werden, so namenlos bleiben und deshalb diese Stellen auch im Personenregister nicht dem jeweiligen Namen zugeordnet werden; das gilt etwa für den Inspektor des Buchladens Elers (162–164, 325–327, 422–426), den Inspektor des Pädagogiums H. Freyer (329–324), oder die Ärzte des Waisenhauses (274–277, 321–324, 419–422).

Zu den Ärzten und der medizinischen Versorgung des Waisenhauses bedarf es einer gesonderten Bemerkung. Zwar wird der eine Arzt, Christian Friedrich Richter, an anderen Stellen in den „Fußstapfen" genannt und erscheint deshalb nicht nur im Personenregister (486) und in der Zeittafel (473), sondern wird von W. auch in der Einführung als „der Arzt" des Waisenhauses besonders gewürdigt (XIX f.). Dagegen werden die vielfältigen Hinweise auf „die medici" des Waisenhauses weder im Register der Fußstapfen noch im Register der Ausgabe aufgenommen. W. zitiert zwar in seiner Einführung an einer Stelle aus einem Bericht der Ärzte (XX Anm. 45), aber den Hinweisen auf „die Medici des Waysen-Hauses" (419; vgl. 274 u. 321) ist er nicht nachgegangen. Ebenso hat er nicht den Hinweis beachtet, daß es sich hier vermutlich um zwei Mediziner handelt, von denen einer die Ausarbeitung der Medicamente besorgte, während der andere die Praxis führte und täglich die Kinder besorgte (190 Punkt 8 u. 9). Dabei hätte er bei seinem Gewährsmann für die medizinische Versorgung und die Gewinnung neuer Medikamente nachlesen können, daß dieser zweite Mediziner Christian Sigismund Richter (1673–1739) war, der älteste Bruder, der Anfang 1700 zur Unterstützung in der praktischen Arbeit eingesetzt wurde (vgl. Altmann 1972, 17 f., 35 f.; ferner das Personenregister in TGP III/1). W. geht übrigens in seiner Einführung auch nicht auf die Krankenversorgung, bzw. die besondere „Anstalt [...] für die Krancken" ein, die in der von ihm abgedruckten „Erklärung des Grund=Risses vom Waysen=Hause" (4) bei Zimmer 11 im obersten Stockwerk erwähnt wird. In den Berichten bis 1709 fehlt jeder Hinweis auf ein solches Krankenhaus, das tatsächlich erst in späterer Zeit eingerichtet worden ist, ein weiterer Beleg dafür, daß der von W. seiner Ausgabe zugrunde gelegte Text der „Fußstapfen" nicht aus dem Jahre 1709 stammt, sondern ein Nachdruck aus späterer Zeit ist.

Abschließend sei mir eine persönliche Anfrage erlaubt. Dem Herausgeber mußte eigentlich bei der Übernahme der Aufgabe bekannt gewesen sein, daß E. Peschke in seiner historisch-kritischen Ausgabe der Schriften und Predigten A.H. Franckes in TGP II selbstverständlich auch eine Ausgabe der „Fußstapfen" fest eingeplant hatte. Zumindest hat sein Lehrer Aland als verantwortlicher Mitherausgeber bei der Aufteilung der Editionsaufgaben von dieser Planung gewußt. Ich kann es durchaus verstehen, daß Aland nicht glücklich darüber gewesen ist, daß die Edition der „Fußstapfen", die in der Planung bei Peschke für den Band 3 vorgesehen war, sich immer wieder hinausgezögert hat, und statt dessen nach den Streitschriften (TGP II/1) zunächst die von seinem historischen Interesse her gesehen unwichtigeren Predigtbände (TGP II/9–10) erschienen sind, die Peschke von seinem Interesse an der Theologie Franckes her besonders am Herzen lagen und deren Edition er auch deshalb vorangetrieben hat, um den von ihm geplanten Umfang der Ausgabe vor weiteren Kürzungen zu sichern. Ich kann es auch noch begreifen, daß Aland daraufhin den Plan des Brunnen Verlags aufgegriffen hat, zu dem publikationsgünstigen Jubiläumstermin eine preislich erschwingliche Ausgabe der „Fußstapfen" für einen größeren Leserkreis zu veranstalten. Was ich nicht verstehen kann, ist die Tatsache, daß dieses dann ohne Absprache mit Halle ins Werk gesetzt worden ist. Das kann auch nicht mit der Situation „vor der Wende" begründet werden, denn wissenschaftliche Kontakte waren auch zu dieser Zeit möglich und wurden etwa in der Pietismuskommission verantwortungsbewußt wahrgenommen. Soweit mir bekannt ist, war schon in der Zeit vor der Wende ein Mitarbeiter Alands in Halle, um die verschiedenen Ausgaben der „Fußstapfen" in Halle aufzunehmen. Doch zu einem Gespräch mit Peschke oder einem seiner Mitarbeiter ist es damals nicht gekommen. Vieles von dem, was ich jetzt nachträglich in meiner Rezension kritisch anmerken mußte, wäre durch solche Kontakte im Vorfeld zu vermeiden gewesen, da wir in Halle natürlich bei der Vorbereitung der Edition etwa bei der Erstellung einer Arbeitsbibliographie auf ähnliche Probleme gestoßen waren. Hier wäre ein Austausch ohne weiteres möglich gewesen, und der Hg. hätte z. B. mit Verweis auf die oben genannte Auswahl-Edition auch einzelne Ergebnisse übernehmen können. Statt dessen wird in der Einführung leider der Eindruck erweckt, als hätten „die vierzig Jahre DDR-Mißwirtschaft" (IX) nicht nur die Gebäude der Stiftungen zerstört, sondern auch keine nennenswerte wissenschaftliche Forschung zur Geschichte der Stiftungen zugelassen. Wie die vom Hg. zitierten Arbeiten von Altmann (XIXf.), Schicketanz (XXI) und Weniger (IX) zeigen, ist das keineswegs so gewesen, und der Hg. hätte durchaus noch weitere Beiträge zur Geschichte der Stiftungen nennen können (vgl. den Forschungsüberblick von A. Sames in PuN 22, 1996 [1997], 113–123).

Ohne Zweifel wird die vorliegende Ausgabe der Fußstapfen, schon von dem günstigen Preisangebot her, ihre Käufer finden. Doch sie bietet nicht nur an manchen Stellen einen fehlerhaften bzw. unvollkommenen Text, sondern sie läßt leider unnötigerweise an vielen Punkten den Leser mit dem Text allein. Sie ist keine Konkurrenz zu der in TGP II geplanten historisch-kritischen Ausgabe, vielmehr bestätigt sie, daß eine solche Ausgabe dringend erforderlich ist und die zu neuem Leben erwachten Franckeschen Stiftungen zusammen mit dem neuen Interdisziplinären Zentrum für Pietismusforschung in Halle in die Pflicht genommen sind, die von E. Peschke unter vielen Schwierigkeiten begonnene, z. T. nur von ihm selbst weitergeführte Edition der Schriften und Predigten A.H. Franckes an diesem Punkte aufzunehmen und zu einem erfolgreichen Abschluß zu führen.

Halle Friedrich de Boor

Koski, Suvi-Päivi: Geist=reiches Gesang=Buch vuodelta 1704 pietistisenä virsikirjana. Tutkimus kirjan toimittajasta, taustasta, teologiasta, virsistä ja virsirunoilijoista. Zusammenfassung: Das Geist=reiche Gesang=Buch aus dem Jahre 1704 als ein pietistisches Gesangbuch – eine Untersuchung zu dem Herausgeber, zu dem Hintergrund, zu der Theologie, zu den Liedern und Liederdichtern des Buches. Helsinki: Suomen Kirkkohistoriallinen Seura 1996. – 502 S.

Die Verfasserin Suvi-Päivi Koski hat eingehende Forschungen zur Gesangbuchgeschichte betrieben und ist dem deutschen Publikum bereits durch ihre Vorträge über pietistische Gesangbücher bekannt. An der Erforschung des 1704 erschienenen Gesangbuchs Freylinghausens hat sie bereits seit über zwei Jahrzehnten gearbeitet; im Dezember 1996 erschien diese bedeutende wissenschaftliche Arbeit als Dissertation.

Die Monographie Koskis enthält zwei relativ ausführliche Einleitungsteile, die schon für sich genommen von großer Bedeutung sowohl für die Gesangbuchgeschichte als auch für die Erforschung der Geschichte des Pietismus überhaupt sind. Der erste Teil befaßt sich mit dem Leben Johann Anastasius Freylinghausens und dessen theologischen Denken, wie es in seiner 1703 erschienenen Grundlegung der Theologie zum Ausdruck kommt. Im Gegensatz zur früheren Forschung schreibt Koski Joachim Justus Breithaupt einen entscheidenden Einfluß auf die religiöse Entwicklung Freylinghausens vor jener Phase zu, in der ein enger Kontakt zu Francke erste Priorität gewinnt.

Man hat Freylinghausens Dogmatik unlängst als die Normaldogmatik des hallischen Pietismus bezeichnet. Die verdienstvolle Analyse dieses Werkes durch Koski dürfte die erste in solcher Gründlichkeit sein (36–74). Die Verfasserin setzt das theologische Denken Freylinghausens mit Hilfe eines umfangreichen Literaturmaterials und zahlreicher Vergleiche zu dem seiner Zeitgenossen in Beziehung. Interessant ist vor allem, wie sie die Rolle der Mystik in diesen Zusammenhang einbezieht.

Das zweite, relativ umfangreiche Hauptkapitel, das zum Einleitungsteil gerechnet werden kann, benennt und analysiert die Vorbilder und Vorgänger des GG 1704. Dazu zählt als erstes die Praxis Pietatis Melica, ein 1640 von Johann Crüger herausgegebenes Gesangbuch, dem im 17. Jahrhundert eine führende Stellung zukam. Koski sieht allerdings nicht einmal dessen 1702 erschienene Auflage als im eigentlichen Sinne pietistisch an.

Größere Bedeutung als Vorbilder kommt den eigentlichen pietistischen Gesangbüchern zu, von denen die Verfasserin zunächst das 1692 von Anders Luppius herausgegebene Buch A & O Andächtig Singender Christen=Mund vorstellt, „die Stammform der pietistischen Gesangbücher des 17. Jahrhunderts". In den Kreis der von Luppius ausgewählten Lieder war sogar eines aus der Feder J. Fr. Mayers gelangt! Als besonders wichtig für die Geschichte der pietistischen Gesangbücher betrachtet Koski die Sammlung Geistliche Lieder und Lobgesänge aus dem Jahre 1695. Entgegen früherer Meinungen nimmt sie als Druckort Erfurt an und hält das Werk für die wahrscheinlich erste Liedersammlung, an deren Entstehung Freylinghausen selbst beteiligt war. Die früher geäußerte Annahme, Luppius sei ihr Verfasser, wird von Koski bezweifelt.

Die Analyse dieser beiden relativ wenig bekannten pietistischen Gesangbücher stellt eine Pionierleistung dar. Über die Liederdichter des Erfurter Gesangbuches gibt es beispielsweise nur ein vorläufig noch ungedrucktes Verzeichnis, das von Koski erstellt wurde. Ähnliche Verzeichnisse hat sie auch zu anderen Gesangbüchern angelegt, die dem GG 1704 als Vorbilder dienten. Auch weiß die Verfasserin einiges über das Hallesche Geist=reiche Gesang=Buch von 1697 zu sagen, obwohl von diesem kein einziges Exemplar erhalten ist.

Koski sieht in Freylinghausen auch den eigentlichen „primus motor" des Darmstädter Geist=reichen Gesang=Buchs von 1698. Sie geht dabei auch auf die Gründe ein, warum sich dieser trotzdem im Hintergrund hielt. Als letztes Vorbild zum GG 1704 präsentiert die Verfasserin das Neu=verfertigte Darmstädtische Gesang=Buch aus dem Jahre 1699. Auch in seiner Aufmachung stößt sie auf die Handschrift Freylinghausens.

Das letzte, im Vergleich zu den vorangegangenen kürzer gefaßte Kapitel, in dem das Umfeld des GG 1704 in Augenschein genommen wird, befaßt sich mit der Stellung der Gesangbuchmusik im hallischen Pietismus sowie mit seinem Musikverständnis, das bislang nur wenig erforscht wurde. Anhand umfangreichen Quellenmaterials vermag die Verfasserin aufzuzeigen, daß die Pietisten hier über keine einheitlichen Normen verfügten. Der früheren Vorstellung, Gottfried Vockerodt sei der eigentliche Musik-Ideologe des Pietismus gewesen, erteilt Koski eine Absage. Vielmehr sieht sie den Einfluß Arndts, Speners und Arnolds als mindestens gleichbedeutend an, nicht zu vergessen den konkreten Ausgestalter der Musiktheologie des hallischen Pietismus, Freylinghausen. Das Bild von den melodischen Vorlieben der Pietisten wird im Hauptteil der Untersuchung über weite Strecken vervollständigt, wo Koski eine detaillierte Analyse des GG 1704 Lied für Lied bietet.

Dieser umfangreiche Teil (117–371) ist eine grundlegende Untersuchung der Struktur, der Textdichter und der Theologie des GG 1704. Er stellt die erste vollständige Präsentation des gesamten Inhalts des Buches dar. Die Lieder werden von Koski in fünf Gruppen unterteilt. Zur ersten Gruppe gehören die alten Lieder bis etwa um 1618, zur nächsten solche aus dem Zeitraum 1618–1675. Die neuesten Lieder werden in drei Untergruppen eingeteilt, wobei als erste die calvinistischen und spenerischen, als zweite radikale, einzelne nicht-hallische und sonstige, sowie als dritte Gruppe Lieder Hallescher Textdichter zur Sprache kommen. Das älteste Liedmaterial ist sehr gut vertreten, denn über die Hälfte der Lieder ist vor dem Jahr 1675 geschrieben worden. Die Hälfte stammt von bekannten und unbekannten hallischen Pietisten.

Die Verfasserin ist sämtliche Lieder durchgegangen und hat ihre Verfasser ausfindig gemacht, sofern diese identifizierbar waren. Den Löwenanteil stellen Lieder Paul Gerhardts dar, auf den nächsten Plätzen folgen Luther, Johann Scheffler, Johann Wilhelm Petersen, Gottfried Arnold, Johann Rist und Laurentius Laurenti – nach ihnen erst kommt der erste hallische Pietist Michael Müller. Die Verteilung auf der lutherischen Skala ist somit sehr breit gefächert! Unter allen 58 Dichtern finden sich nur vier Frauen.

Die beachtliche Sachkenntnis der Verfasserin kommt in dieser Identifizierungsarbeit und vor allem auch darin, wie sie die Lieder und ihre Verfasser in ihren historischen Zusammenhang einordnet, zum Vorschein. Dadurch wirft die Gesangbuchgeschichte auch ein Licht auf die Geschichte des Pietismus überhaupt. Koski sieht sich fortwährend genötigt, frühere Forschungsmeinungen zu korrigieren. Für verdienstvoll halte ich ferner, daß Koski auch die Rezeption des GG 1704 in ihre Untersuchung mit einbezieht, wobei die Reaktion der Wittenberger von besonderem Interesse ist. Auch fiel ihr die vorsichtig zustimmende Haltung Löschers zur Theologie Freylinghausens auf.

In diesem Zusammenhang könnte man eine kleine kritische Anmerkung anbringen. Die Verfasserin hat sich vielleicht nicht vollständig die politischen Faktoren klargemacht, die in der zweiten Hälfte des 17. Jahrhunderts und noch Anfang des folgenden Jahrhunderts in den Einstellungen der Wittenberger zur kirchlichen Situation in Brandenburg-Preussen zum Tragen kamen. Die Orthodoxen machten sich Sorgen um die Zukunft des Luthertums angesichts des vom Calvinismus ausgeübten Drucks, was sich auch in ihrer Haltung zum Pietismus niederschlug. In der ansonsten von großer Sachkenntnis gekennzeichneten Untersuchung Koskis wirkt somit die Bewertung des von den Wittenbergern gegebenen Feedbacks etwas dünn. Auch scheint sich die Verfasserin über die Beliebtheit des Hochorthodoxen Gerhardt in einem pietistischen Gesangbuch zu wundern. Als Erklärung führt sie an, daß Freylinghausen die Lieder nach ihrem Inhalt und nicht nach der Person ihres Verfassers ausgewählt hat, was sicher richtig sein mag. Aber muß man überhaupt in der Dichtung Gerhardts nach pietistischen Elementen suchen? Das Verhältnis zwischen Orthodoxie und Pietismus ist ein Thema, bei dem es immer wieder schwerfällt, die Fäden zu entwirren.

Die Dissertation enthält eine ausführliche deutschsprachige Zusammenfassung. Der des Finnischen unkundige Leser kann zudem leicht auf den Anlageteil zurückgreifen, in dem beispielsweise alphabetische Verzeichnisse der Lieder und ihrer Verfasser zu finden sind. Dennoch wäre es zu begrüßen, wenn dieses bedeutende, die Geschichte des Pietismus beleuchtende Werk auch auf Deutsch erscheinen würde.

Vertrieben wird das Buch von Tiedekirja, Kirkkokatu 14, FIN-00170 Helsinki, FAX: +358-9-635177.

Helsinki — Pentti Laasonen

Witt, Ulrike: Bekehrung, Bildung und Biographie. Frauen im Umkreis des Halleschen Pietismus. Tübingen: Max Niemeyer 1996 (Hallesche Forschungen, 2). – 257 S.

Historische Frauenforschung hat im Moment Konjunktur; und sie macht glücklicherweise auch vor der Kirchengeschichte nicht Halt. Diese geschichtswissenschaftliche Dissertation schließt eine Forschungslükke. Mit scharfem Blick hat die Autorin erkannt, daß die bisherige kirchengeschichtlich orientierte Forschung kein Bewußtsein „von einer besonderen weiblichen Präsenz im Pietismus" (4) mehr hat. Dieses Defizit erklärt sie aus dem spezifischen Interesse der Kirchengeschichte, der es meist nur um die sog. Hauptgestalten geht. Die Rezensentin muß ihr in dieser Beurteilung leider zustimmen.

Daß die Zuwendung zu den im Pietismus in Erscheinung getretenen Frauen neue Perspektiven auf den Pietismus insgesamt eröffnet, ist das Verdienst dieser Arbeit, die im Gefolge von Max Weber und Wilhelm Hennis zeigen will, wie sich bestimmte Formen praktizierter Frömmigkeit auf die Selbst- und Weltbezüge der Menschen auswirken (vgl. 10). Die Autorin möchte einen Zusammenhang herstellen zwischen der ekstatisch-chiliastischen Bewegung der von ihr als „Extraordinäre" titulierten Frauen mit der Formierung des Halleschen Pietismus und der Entwicklung der Franckeschen Bekehrungstheologie (Kapitel II). An der Geschichte der sog. Weiblichen Anstalten soll exemplifiziert werden, wie sich diese pietistische Bekehrungstheologie auf die Erziehung der Schülerinnen, das Frauenzimmerstift und das Witwenhaus ausgewirkt hat (Kapitel III). Ein letztes Kapitel widmet sich schließlich der Frage, wie der „hallesche Heilsweg" (18) von den Frauen aufgenommen worden ist. Dabei hat Ulrike Witt auf bislang nicht ausgewertetes Briefmaterial aus den Archiven der Franckeschen Stiftungen zurückgegriffen.

Das Kapitel II stellt zunächst dar, wie die Ereignisse in den 1690er Jahren – also das Auftreten von Prophetinnen in Erfurt, Quedlinburg, Halberstadt, Halle und Lübeck und die Veröffentlichungen von Johanna Eleonora Petersen und Rosamunde Juliane von der Asseburg – zu einer Ausdifferenzierung der bislang eher diffusen pietistischen Bewegung führten (vgl. 24). Zwischen dem Ende des Jahres 1691 und dem Frühjahr 1693 kam es immer wieder zu ekstatischen Geisterfahrungen und Stigmata an Frauen, die zumeist aus unteren Schichten stammten. Gleichzeitig traten diese Frauen als Mahnerinnen auf, die zur Umkehr aufriefen und das kommende Reich Gottes verkündigten. Innerhalb pietistischer Kreise galten diese Prophezeiungen als glaubwürdig. Die Frauen wurden als „religiöse und moralische Autoritäten" (37) akzeptiert. Unterstützt wurden die extraordinären Frauen von Mentoren, die sich zu ihren Fürsprechern machten. Sie kamen meist aus höheren Schichten und waren theologisch gebildet. Durch sie wurden die ekstatischen Erfahrungen erst in breiteren Kreisen bekannt. Zudem interpretierten sie die Ereignisse und Visionen ihrer Schützlinge und wirkten damit als Multiplikatoren. Ulrike Witt schildert die zunehmende Distanzierung August Hermann Franckes von der Lüneburger Prophetin Adelheid Sybille Schwartz, die eintrat, als ihre Prophezeiungen nicht eintrafen. Hier begann nun die Trennung der Bewegung in einen radikal separatistischen und einen gemäßigten innerkirchlichen Teil. Zeitgleich reagierte die Obrigkeit auf die extraordinären Frauen, die nun aus den Städten verwiesen wurden.

Die kirchlichen Gegner der pietistischen Bewegung kritisierten, daß die Frauen, die an der Erneuerungsbewegung beteiligt waren, die „gottgewollte Ordnung, wie sie sich im Gemeinwesen, in Hauswesen und Kirche konkretisierte" (60), bedrohten. Eine solche Veränderung der Geschlechterrollen erschien als Gefahr. Die unmittelbaren göttlichen Eingebungen der Frauen stellten zudem die Einmaligkeit der göttlichen Offenbarung in Frage und emanzipierten von der kirchlichen Gnadenvermittlung. Als besonders gefährlich erschienen dabei neben den Extraordinären die Frauen, die sich als Verfasserinnen geistlicher Schriften hervortaten. Was Ulrike Witt hier an (laien-)theologischer Literatur von Frauen anführt, ist enorm (vgl. 63 Anm. 261; 64, 152, 154) und bedürfte dringend einer eigenständigen Untersuchung. Bisherige Werke zur Geschichte des Pietismus erwecken ja den Eindruck, daß nur Johanna Eleonora Petersen als Autorin hervorgetreten ist.

Die Kritik der Gegner aus dem kirchlichen Raum am Verhalten der Frauen und das Ausbleiben der von den Extraordinären angekündigten Ereignisse führte nun zu einer Distanzierung von den Frauen. Die Theologen des Pietismus – vor allem Spener, Lange und Canstein –, denen es um eine Reform innerhalb der protestantischen Kirche ging, beurteilten die Geschehnisse nach ihrem Nutzen für die pietistische Reform und kamen zu einer negativen Einschätzung. Von da ab galten die Erfahrungen der Ekstatikerinnen als „teuflische Einflüsterungen oder einfach [...] Produkte weiblicher Einbildungskraft" (70). Während in der bisherigen Forschung die Distanzierung August Hermann Franckes von den Ekstatikerinnen meist auf den mäßigenden Einfluß Philipp Jakob Speners zurückgeführt wird, ist Ulrike Witt der Meinung, daß Francke seine Vorstellungen vom pietistischen Heilsweg in Auseinandersetzung mit den Heilserfahrungen der Extraordinären entwickelte: „Ein Vergleich des extraordinären Geschehens der frühen 1690er Jahre mit der von Francke ungefähr zeitgleich entwickelten Heilslehre zeigt, daß die gegenseitigen Sympathien weder Zufall waren, noch Zeugnis der Verführung des halleschen Pietisten durch die ‚entzückten' Frauen. Vielmehr waren ihnen zentrale Momente der Heilsauffassung gemeinsam. So hielten sowohl die Extraordinären als auch der Hallenser an der Möglichkeit einer unmittelbaren Erfahrbarkeit göttlichen Wirkens fest und behaupteten dabei die weitgehende Unabhängigkeit von kirchlicher Heilsvermittlung" (83).

Diese These scheint mir ziemlich gewagt. Auch wenn eine Beeinflussung Franckes durch die Extraordinären durchaus wahrscheinlich ist, darf seine Theologie nicht auf sein Bekehrungserlebnis reduziert werden. Die von der Autorin behauptete Unabhängigkeit von kirchlicher Heilsvermittlung trifft meines Erachtens nicht zu: Francke hat beispielsweise stets an der Predigt als Konstitutivum des Glaubens festgehalten, und seine Bemühungen in Halle (dokumentiert beispielsweise in seinem „Glauchischen Gedenck-Büchlein" von 1693, in dem er die sonntägliche Predigt als Mittel- und Höhepunkt des Gottesdienstes beschreibt) zeigen deutlich eine andere Intention und Stoßrichtung als die der Extraordinären. Daß Francke durch die außergewöhnlichen Heilserfahrungen der Frauen angeregt wurde zu klären, wie der pietistische Heilsweg gläubiger Christen und Christinnen auszusehen habe, und dabei einen separatistischen, außerkirchlichen Weg nicht befürwortete, kann sehr weitgehend auch aus seinen Erfahrungen mit den Widerständen, die ihm in Halle von lutherisch-orthodoxer Seite entgegengebracht wurden, erklärt werden.

In der Schilderung der Geschichte der Weiblichen Anstalten in Halle untersucht die Autorin, wie die Franckesche Bekehrungstheologie Eingang in das pädagogische Konzept der Anstalten gefunden hat. Franckes Ziel war dabei eine „Universalverbesserung in allen Ständen" (89). Angeregt durch eine Schrift des Erzbischofs von Cambrai, François de la Mothe Fénelon, über die Mädchenerziehung machte er sich dessen Auffassung zu eigen, daß den Mädchen und späteren Frauen eine wichtige Funktion für die Reform der Gesellschaft zukäme.

1698 gründete Francke das Gynäceum, mit dem Ziel einer christlichen Erziehung der Mädchen aus Adel und Bürgertum. Da es im Gegensatz zu den Zielen des Pädagogiums nicht darum gehen konnte, die Mädchen auf irgendeine Form von Berufstätigkeit vorzubereiten, lag ein Schwerpunkt des Bildungskonzeptes auf der „Unterweisung im ‚Grunde des

Christentums'" (114). Daneben trat Elementarunterricht in Lesen und Schreiben. Auf Wunsch der Eltern kamen die Fächer Griechisch, Vokalmusik und Singen dazu. Die Förderin des Gynäceums, Freifrau von Gersdorf, setzte außerdem durch, daß Hebräisch und Arithmetik gelehrt wurden. Dennoch besaß die intellektuell-wissenschaftliche Arbeit bei der Mädchenerziehung keinen hohen Stellenwert. Zusätzlich zu Unterricht und Erbauung mußten die Mädchen praktische Arbeiten, wie Sticken, Nähen, Spitzen wirken, Stricken und Spinnen, verrichten. Genauso wie im Pädagogium wurde Wert darauf gelegt, daß die Mädchen wenig Zeit zur freien Verfügung besaßen. Das Konzept stieß bei den teilweise nicht aus pietistischen Kreisen stammenden Mädchen auf keine große Gegenliebe. Sie beklagten sich über die sehr einfache Ausstattung der Räume, das schlechte Essen und die Abschirmung nach außen. Tatsächlich wurde versucht, die Mädchen völlig von anderen Einflußbereichen zu isolieren. Einige Schülerinnen verließen daraufhin die Anstalt, die schließlich schon im März 1703 wieder aufgelöst wurde.

Als Nachfolgeinstitution wurde im Oktober 1704 das Frauenzimmerstift gegründet, in dem Unverheiratete, Witwen und Waisenmädchen Aufnahme finden sollten. Für die Stiftsgenossinnen galt die strenge Regel, ihr gesamtes Leben auf Gottesfurcht auszurichten. Langfristig war dem Unternehmen Weibliche Anstalten kein Erfolg beschieden. Das Stift hatte keinen besonderen Zulauf, und auch das 1709 neugegründete Gynäceum verzeichnete abnehmende Schülerzahlen, so daß das gesamte Projekt schließlich auslief. Die außerhäusliche Erziehung der Mädchen wurde in pietistischen Kreisen also nicht der Normalfall. Dies lag vielleicht auch an dem mangelnden Profil der Anstalt. Eventuell wirkte es sich negativ aus, daß sich im Gynäceum anders als im Pädagogium „pietistisches Erziehungsanliegen und profane Staatsinteressen" (149) nicht überschnitten.

Das letzte Kapitel beschreibt Lebensläufe und Selbstbilder pietistischer Frauen, die zum engen Kreis von Halle gehörten. Die Rolle der Henriette Katharina Freiin von Gersdorf beim Aufbau der Anstalten wird gewürdigt. Im Gegensatz zur älteren Forschung, die sie als eine mystizistische Subjektivistin identifiziert hat, zeigt Ulrike Witt, daß diese umfassend gebildete Frau durchaus auf dem Boden der lutherischen Kirche stand. So lehnte sie dezidiert die Lehre der Petersens von der Wiederbringung aller Dinge ab, weil sie nicht mit der Bibel vereinbar sei. Auch hatte die lutherische Rechtfertigungslehre bei ihr Vorrang vor jeder unmittelbaren inneren Erfahrung (vgl. 157). Henriette Freiin von Gersdorf setzte sich unter anderem für protestantische Glaubensflüchtlinge ein und versuchte, im Gynäceum eine sorgfältige Bildung der Mädchen durchzusetzen. Außerdem kritisierte sie die klosterähnliche Erziehung der Mädchen. Hier wird endlich einmal der Beitrag gewürdigt, den Frauen zum Aufbau der Anstalten in Halle leisteten.

Am Beispiel ausgewählter Betreuerinnen in den Weiblichen Anstalten wird deren Aneignung der pietistischen Bekehrungstheologie gezeigt. Dabei wird deutlich, daß die Identifikation mit den Frömmigkeitszielen dem beruflichen Engagement im Wege stand. Die Überzeugung, daß es zentral auf die Bekehrung der zu erziehenden Mädchen ankäme, führte teilweise zu einem Antiintellektualismus, der sich mit einer Lehrtätigkeit kaum mehr vereinbaren ließ (vgl. 187 f.). Bei den Schülerinnen fand der pietistische Heilsweg zwar Resonanz; die ausbleibende Glaubensgewißheit wurde vielen Schülerinnen dabei jedoch zum großen Problem. Nachdem die Schülerinnen die Anstalt verlassen hatten und wieder weltlichen Einflüssen ausgesetzt waren, erfolgte bei den meisten von ihnen eine Abwendung von den vermittelten pietistischen Idealen. Das Konzept erwies sich meist als im Alltag nicht tragfähig.

Der Befund des letzten Kapitels stimmt nachdenklich. Die Rezeption der pietistischen Vorstellung vom Heilsweg führte bei vielen Frauen anscheinend in Unsicherheit und Zweifel und setzte gerade nicht Energien für eine Umgestaltung der Welt nach pietistischen Vorstellungen frei. Dies vielleicht nicht zuletzt deshalb, weil es solche Möglichkeiten für Frauen in den Lebensvollzügen in der Familie nicht gab. Die Rolle der Frau als Vermittlerin religiöser Werte in der Familie scheint in Halle als Ideal noch nicht entdeckt worden zu sein. Eventuell deutet auch dieses vorläufige Fazit auf eine „unterschiedliche Rezeption und Wirkung religiöser Heilsvorstellungen auf Welt- und Selbstbild von Männern und Frauen" (236). Dafür aber bedürfte es „weitere[r] Forschungen zur frühneuzeitlichen Geschlechtergeschichte" (236). Unbedingt.

Bislang kommen innovative Arbeiten zur protestantischen Frauen- und Mentalitätengeschichte fast ausschließlich aus dem Umkreis der Geschichtswissenschaft. Die Kirchengeschichte muß sich fragen lassen, ob sie diese Felder weiterhin vernachlässigen will. Es stimmt schon nachdenklich, daß die vielen (laien-)theologischen Schriften von Frauen aus dem Pietismus bisher von der Kirchengeschichte nicht erforscht worden sind. An Ulrike Witts fundierter und interessanter Studie werden auf Dauer die Standardwerke der Geschichte des Pietismus* hoffentlich nicht vorbeigehen.

Siegen

Ute Gause

---

* Zu diesen rechne ich allerdings im Gegensatz zur Autorin (vgl. 4 Anm. 17) nicht nur die Geschichte des Pietismus von *Johannes Wallmann*, sondern auch die im Erscheinen begriffene mehrbändige Geschichte des Pietismus, deren erste beiden Bände schon vorliegen und von *Martin Brecht* herausgegeben wurden [Bd. 1: Das 17. und frühe 18. Jahrhundert. Göttingen 1993; Bd. 2: Der Pietismus im 18. Jahrhundert. Göttingen 1995]. Ist der Autorin hier ein Lapsus unterlaufen?

Wege in die Welt. Reiseberichte aus 250 Jahren Brüdermission. Hg. v. *Hartmut Beck*. Erlangen: Verl. d. Ev.-Luth. Mission 1992 (Erlanger Taschenbücher, 69). – 300 S.
Mission in Quellentexten. Geschichte der Deutschen Evangelischen Mission von der Reformation bis zur Weltmissionskonferenz 1910. Hg. v. *Werner Raupp*. Erlangen: Verl. d. Ev.-Luth. Mission; Bad Liebenzell: Verl. d. Liebenzeller Mission 1990. – 479 S.

Quellen zur Missionsgeschichte finden sich häufig nur in Archiven oder verstreut in einzelnen Drucken. Umso erfreulicher ist es, daß nun zwei Bände mit einer großen Anzahl von Texten zur Mission vorliegen. Die Herausgeber setzen allerdings unterschiedliche Schwerpunkte: Während Beck sich auf 200 Jahre Mission der Herrnhuter Brüdergemeine konzentriert, beschäftigt Raupp sich allgemein mit 400 Jahren deutscher protestantischer Mission.

Hartmut Becks Edition von Reiseberichten aus der Mission der Herrnhuter Brüdergemeine „Wege in die Welt“ bietet eine ergänzende Quellensammlung zu der Gesamtdarstellung der Herrnhuter Mission, die von demselben Autor unter dem Titel „Brüder in vielen Völkern“ zu deren 250. Jubiläum 1982 vorgelegt wurde und in den die Dokumente ursprünglich aufgenommen werden sollten.

Nach einer kurzen Einleitung zur Praxis der Herrnhuter Mission folgen Berichte aus 14 zeitlich und geographisch unterschiedlichen Arbeitsfeldern der Herrnhuter. Die Quellen, die von den Anfängen der Missionsarbeit bis zum ersten Weltkrieg und von Zentralasien über die Karibik bis nach Labrador reichen, wurden von Männern und Frauen, von Handwerkern und gebildeten Theologen in unterschiedlichen Stilformen verfaßt, einige sehr unterhaltsam, andere eher sachlich-informativ. Diese gelungene Auswahl zeigt die Vielfalt der Herrnhuter Missionsbemühungen. Durch die Schilderungen von Abenteuern und skurrilen Begegnungen bekommt der Leser einen guten Eindruck sowohl von der Gefährlichkeit solcher Missionsreisen als auch von den interessanten Erlebnissen der Missionare und erfährt außerdem viel über andere Völker und Länder.

Jedem Reisebericht ist eine kurze Einleitung vorangestellt, die die zum Verständnis der Quelle nötigen Hintergrundinformationen liefert. Überschriften untergliedern die Dokumente, sind allerdings teilweise unpassend. So wird der Bericht einer Reise des Missionars Christian August Martin in Nicaragua 1872, bei der er sechs Dörfer besucht, Gottesdienste hält, einen Kampf zwischen Pferden und eine traditionelle Zeremonie miterlebt, Betrunkenen begegnet und teilweise freundlich, teilweise abweisend empfangen wird, mit er Überschrift „Aus weiblichem Munde“ versehen, die sich auf „Schimpfreden aus weiblichem Munde“ bei dem Empfang in einem der besuchten Dörfer bezieht (155–156).

Einige Begriffe werden im Text in runden Klammern erläutert, wobei nicht immer deutlich wird, ob es sich um Bemerkungen des Verfassers oder des Herausgebers handelt. Darüber hinaus werden unbekannte Worte, Orte und Personen in Anmerkungen erklärt, die leider recht knapp ausfallen und am Schluß des Buches zusammengefaßt werden. Dort finden sich, dem Vorbild der Darstellung „Brüder in vielen Völkern" folgend, auch einige Karten. Die Abbildung der Karten bereits am Beginn des jeweiligen Abschnitts und eine ausführlichere Kommentierung hätten das Verständnis der Texte erleichtert. Allzu oft wird die Kenntnis des Darstellungsbandes vorausgesetzt.

Eine größere Distanz des Herausgebers wäre wünschenswert gewesen. Beck übernimmt in einigen Fällen unreflektiert Begriffe der Herrnhuter und spricht z. B. weiterhin von „Freinegern", obwohl er selbst erwähnt, daß diese heute Buschlandcreolen genannt werden (62). Auf problematische Bereiche wie das Verhältnis der Herrnhuter zur Sklaverei oder die Verbindungen zur Kolonialregierung (was bedeutete es z. B., daß der oben erwähnte Missionar Martin auch Steuereinnehmer war, 145?) wird nicht eingegangen.

Die Darbietung der Quellen genügt den Ansprüchen an eine wissenschaftliche Edition nicht, aber das war wohl auch nicht das Ziel dieser Sammlung. Als Ergänzung zu Becks Darstellung der Mission der Brüdergemeine vermitteln die hier abgedruckten Reiseberichte jedoch ein lebendiges Bild der vielseitigen Mission der Brüdergemeine.

Werner Raupps Sammlung „Mission in Quellentexten" greift sehr viel weiter. Er bietet Dokumente von der Zeit der Reformation bis zum Beginn des 20. Jahrhunderts. Der Chronologie folgend, wird für jedes Jahrhundert eine Auswahl von Quellen zu bestimmten Schwerpunkten abgedruckt. Aussagen von Theologen und Missionaren zu missionstheologischen Ansätzen werden ergänzt durch Berichte aus der missionarischen Praxis. Neben die Vorstellung einzelner Missionswerke und verschiedener Richtungen der Mission tritt die Behandlung thematischer Bereiche wie „Theologie und Mission", „Mission und Imperialismus" und „Mission im Spiegel der Kritik" oder „Mission in der Heimat". Das letzte Kapitel bei der Betrachtung eines jeden Jahrhunderts ist der Mission unter den Juden gewidmet, denen offensichtlich das besondere Interesse des Herausgebers gilt. Zum leichteren Verständnis wurden fremdsprachliche Texte übersetzt, ältere deutsche Texte an den heutigen Sprachgebrauch angepaßt und Erklärungen beigefügt.

In den Einleitungen zu den einzelnen Kapiteln werden die abgedruckten Quellen zusammengefaßt und in den historischen und theologischen Kontext eingeordnet. Wie die Auswahl der Dokumente, so zeigen auch diese Einleitungen die umfassende Kenntnis des Herausgebers. Nicht direkt beim Abdruck der Dokumente, sondern zusammenfassend am Ende eines Kapitels werden die Quellen nachgewiesen. Bei diesem Vorgehen ebenso wie bei der etwas verwirrenden Zählung der Dokumente hätte eine übersichtlichere Form der Darbietung gewählt werden können. Außerdem findet sich am Schluß eines Kapitels weiterführende Literatur sowie, falls möglich, Verweise auf andere Kapitel des Bandes. Literatur zur allgemeinen Missionsgeschichte wird am Ende des Buches verzeichnet. Nur hier wird auch die römisch-katholische und die russisch-orthodoxe Mission einbezogen.

Mit dem Pietismus beschäftigen sich mehrere Kapitel dieser Sammlung. Für das 17. Jahrhundert werden Texte von Philipp Jakob Spener und Christian Gerber geboten. Bei der Darstellung des 18. Jahrhunderts nehmen die Projekte der Dänisch-Halleschen Mission und der Mission der Herrnhuter Brüdergemeine natürlich den größten Raum ein. Für Halle wird neben August Hermann Francke der Indienmissionar Bartholomäus Ziegenbalg ausführlich zitiert. In der Behandlung der Herrnhuter Mission werden die theoretischen Aussagen von Nikolaus Ludwig von Zinzendorf ergänzt durch Zitate von August Gottlieb Spangenberg, dessen Eigenständigkeit jedoch unterschätzt wird. Die praktische Umsetzung dieser Theorie zeigen Berichte aus verschiedenen Missionsgebieten, die allerdings aus Herrnhuter Missionsgeschichten entnommen wurden und nicht aus Primärquellen wie den umfangreichen Tagebüchern der Missionare. Raupps Interesse für die Judenmission entsprechend, ist Samuel Lieberkühn ein eigener Abschnitt gewidmet. Auch das Institutum Judaicum Halle wird ausführlich gewürdigt. Die Stellung der Württemberger zur Mission schildert er kurz an Beispielen von Samuel Urlsperger und Johann Albrecht Bengel.

Ziel dieser Quellensammlung war es, „Studenten, Bibelschülern, Missionaren, Pfarrern und Religionslehrern, aber auch interessierten Laien" einen Überblick über die evangelische Missionsgeschichte zu verschaffen. Durch die ausgezeichnete Auswahl der Quellen, die kenntnisreiche Kommentierung und die Hinweise auf weiterführende Literatur wird diese Zielvorgabe mehr als erreicht. Dieser Band ist ein hervorragendes Nachschlagewerk und allen zu empfehlen, die sich mit der Geschichte der Mission beschäftigen.

Durch die beiden hier besprochenen Bände von Beck und Raupp wird unsere Kenntnis über verschiedene Missionsbemühungen in erfreulichem Maß erweitert. Aufgrund ihrer unterschiedlichen Ziele unterscheiden sich die Bände allerdings in der Breite ihrer Quellenauswahl und deshalb in ihrer Verwendbarkeit. Beiden Herausgebern ist dafür zu danken, teilweise schwer zugängliche Quellen bereitgestellt zu haben und dadurch die direkte Beschäftigung mit diesen Texten zu ermöglichen.

Halle/S. Carola Wessel

Hauss, Gisela: Retten, Erziehen, Ausbilden – Zu den Anfängen der Sozialpädagogik als Beruf. Eine Gegenüberstellung der Entwicklungsgeschichte der Armenschullehrer-Anstalt Beuggen und des Brüderinstitutes am Rauhen Haus in Hamburg. Bern [u. a.]: Peter Lang 1995 (EHS Reihe 9: Pädagogik, 660). – 332 S.

Das 1981 geschlossene Kinderheim Schloß Beuggen und sein Gründer, Christian Heinrich Zeller, haben bisher in der Forschung noch nicht die Aufmerksamkeit erfahren, die beiden gebühren würde, gilt Zeller doch als einer der herausragenden Pioniere der Rettungshauspädagogik. Heinrich Zeller (1779–1860) eröffnete 1820 zusammen mit Christian Friedrich Spittler, dem regen Vorsteher der Basler Christentumsgesellschaft, in Schloß Beuggen eine Armenschullehrer-Anstalt und ein Kinderheim. Als Träger fungierte der Basler Armenschullehrerverein. Ins badische, rheinaufwärts gelegene Beuggen war man gezogen, weil einerseits der Basler Erziehungsrat das Anliegen, in der Stadt am Rheinknie das geplante Institut zu plazieren, abgelehnt hatte, und andererseits der badische Großherzog das heruntergekommene ehemalige Schloß des Deutschen Ordens, das in den Jahren 1813–1815 als Lazarett gedient hatte, gerne verpachtete. Die Kombination von Lehrerausbildungsstätte und Kinderheim diente der pädagogischen Prämisse, den Lehrerkandidaten schon früh die Möglichkeit praktischer Erfahrung zu ermöglichen. Zahlreiche, in Beuggen ausgebildete Lehrer versahen nach ihrer Ausbildung den Dienst in Schulen und verbreiteten somit das Gedankengut ihres Lehrers Zeller. Seit 1982 beherbergt Schloß Beuggen eine Tagungsstätte der Badischen Landeskirche. Als Ableger des Beuggener Kinderheims arbeitet gegenwärtig immer noch das Kinderheim „Tüllinger Höhe“ in Lörrach.

Weit mehr im historischen Bewußtsein verhaftet und häufiger Objekt wissenschaftlicher Bemühungen ist indes Johann Hinrich Wichern (1808–1881), der im Hamburger Rauhen Haus seine diakonische Arbeit begann und zum Vordenker der frühen Inneren Mission wurde. Eine gründliche Untersuchung des Verhältnisses zwischen Zeller und Wichern sowie ihrer Rettungshauspädagogik und ihrer Mitarbeiterausbildung liegt bisher nicht vor. Diesem Desiderat der Forschung wendet sich die vorliegende Untersuchung zu.

Gisela Hauss beschreibt in ihrer Zürcher pädagogischen Dissertation im ersten Teil die Entwicklung und das Leben der Armenschullehrer-Anstalt in Beuggen, im zweiten Teil das Rauhe Haus in Hamburg und stellt das dritte Kapitel unter die Überschrift „Vom Armenschullehrer zum Erzieher – die Ausbildung in Beuggen und im Rauhen Haus“. Zwei abgedruckte Briefe Wicherns, ein Literatur- und Quellenverzeichnis beschließen die Arbeit. Die Monographie versteht sich, so die Verfasserin, als Beitrag zur Geschichtsschreibung, der nach den Anfängen einer professionell betriebenen Sozialpädagogik fragt. Das Anliegen der Arbeit ist es, „alltägliches Leben, Lernen und Arbeiten in den Anstalten" zu beschreiben. Dabei soll die pädagogische Ausbildung in ihren gesellschaftlichen Bezügen und Abhängigkeiten dargestellt werden.

Die Arbeit bietet vor allem im Blick auf Beuggen und sein alltägliches Leben einige neue und erhellende Informationen. In fünf Abschnitten wird die Geschichte und das Leben in Beuggen dargestellt. Es werden die Aufnahmebedingungen für die Lehrerkandidaten, die Unterrichtsmethoden, die Stoff- und Lehrpläne vorgestellt und der Aspekt der praktischen Ausbildung erörtert. Schließlich beschreibt Hauss Zellers „Konzept des ‚ganzen Hauses'" und dessen Konsequenzen für das Zusammenleben. Abschließend nennt die Verfasserin Arbeitsstellen der Armenschullehrer und skizziert die Geschichte vom Rettungshaus zum Kinderheim.

Ihr zweites Kapitel ist in vier Abschnitte unterteilt, in denen zunächst Informationen zur Geschichte Hamburgs und ausführlich zur Biographie Wicherns geboten werden. Der zweite Teil beschreibt Gründung und Ausbau des Rauhen Hauses in den Jahren 1833 bis 1848, bevor drittens die Zeit von 1848 bis 1850 unter dem Aspekt „Innere Mission" in den Blick kommt. Viertens und letztens wird die Entwicklung des Rauhen Hauses hin zur Konstitution der Brüderschaft und Wicherns Diakoneninitiative nachgezeichnet.

Es ist ein Verdienst der Arbeit, zwei wichtige frühe „sozialpädagogische" Konzeptionen in einem überschaubaren Rahmen anhand einer breiten Quellengrundlage zu präsentieren. Deutlich wird auch das Beziehungsnetz zwischen Beuggen/Basel und Hamburg sowie die vielfältigen Arbeitsfelder der Brüder aus dem Rauhen Haus. Zeller gab seine Erfahrungen an Wichern weiter, die jener in seine Konzeption des Rauhen Hauses integrierte. Umgekehrt wurde Wicherns Pädagogik – zwar nicht direkt von Zeller, der kaum neue Ideen Wicherns aufnahm – in der süddeutschen Rettungshausbewegung rezipiert. Die Beziehungen zwischen Beuggen und Hamburg wurden nach dem Tode H. Zellers von seinem Sohn Reinhard fortgesetzt, der in beinahe freundschaftlichem Verhältnis zu Wichern stand.

Als Ergebnis ihres Vergleiches formuliert Hauss die These: „Trotz der engen Verbindungen und ähnlicher Anliegen unterschieden sich Beuggen und das Rauhe Haus grundsätzlich" (222). Als Differenzen werden die unterschiedlich geprägten Regionen mit ihren jeweiligen spezifischen sozialen Gegebenheiten und Herausforderungen genannt. Ferner sieht die Verfasserin eine Differenz darin, daß Zeller im süddeutschen Pietismus, Wichern jedoch in der Erweckungsbewegung verhaftet gewesen sei. Beide seien zwar vieldeutige und vielschichtige Erscheinungen, die weitgehend miteinander verflochten waren, doch, so betont Hauss, seien sie „auch grundlegend unterschieden" (225). Eine präzise Beschreibung dieser Unterschiede fehlt leider, und es bleibt zu bezweifeln, ob diese Differenzierung derart zu halten ist bzw. ob sie für einen Vergleich von Wichern und Zeller nützlich sein könnte. Ertragreicher schiene mir die Fragestellung, aufgrund welcher theologischer sowie pädagogischer Grundentscheidungen es bei den zahlreichen Parallelitäten zu unterschiedlichen Konzeptionen in Theorie und Praxis kam. Diese Frage kann aber nicht nur auf der organisatorisch-institutionellen Ebene beantwortet werden.

Deutlich wird jedenfalls, daß Zellers sozialpädagogischer Ansatz noch nicht die fortgeschrittene soziale Differenzierung vor Augen hatte wie es bei Wichern der Fall war. Wichern bereitete darum seine „Brüder" für ein viel breiteres Aufgabenspektrum vor, das den Rahmen der Zellerschen Lehrerausbildung sprengen mußte. Dabei sollte aber auch beachtet werden, und darauf weist Hauss zu Recht hin: Neben den lokalen und sozialen Differenzen bestand zwischen Zeller und Wichern ein Altersunterschied von fast dreißig Jahren, so daß man von einem Vater-Sohn-Verhältnis sprechen könnte. Inwiefern diese unterschiedlichen Voraussetzungen für die Interpretation und den Vergleich methodisch und inhaltlich berücksichtigt werden, wird nicht expliziert. Schließlich bleibt noch die Frage, ob Hauss bei ihrem Vergleich genügend berücksichtigte, daß das Institut in Beuggen als ein spezifisches Werk im Kontext der zahlreichen „Reich-Gottes-Werke" der Christentumsgesellschaft interpretiert werden muß, wo ja auch eine Differenzierung des diakonisch-missionarischen Engagements erfolgt war.

Wenn man ferner den, von der Verfasserin selbst formulierten Anspruch ihrer Arbeit an die Darstellung anlegt, wird man folgendes kritisch vermerken müssen. Neben Mängeln in der handwerklichen, d. h. historiographischen Durchführung der Arbeit möchte ich drei Probleme benennen:

1. Bei der Darstellung des pädagogischen Konzeptes von Zeller vermisse ich eine Interpretation seiner grundlegenden Schrift „Lehren der Erfahrung für christliche Land- und Armenschullehrer" und deren Bezugnahme auf die in Beuggen realisierte Pädagogik. Von welchen Grundlagen geht Zeller in den „Lehren" aus, wo knüpft er an zeitgenössische Modelle an, wie ist das eigenständige Profil Zellers zu beschreiben?

2. Fehlt dieser wichtige Aspekt ganz in der Arbeit, so bleibt auch die Interpretation der konsultierten Quellen weitgehend an der Oberfläche. Pädagogische und theologische Grundmotive etwa, die für Zeller und Wichern prägend waren, werden nur ungenügend herausgearbeitet. Nach dem Schriftverständnis, der Anthropologie oder der Eschatologie und der Hamartologie, die essentiell für die Pädagogik von Zeller und Wichern sind, wird nicht wirklich gefragt.

3. Mit dieser Beobachtung einher geht eine weitere kritische Bemerkung. Frau Hauss verwendet sehr unbedarft Begriffe wie „Moderne", „Pietismus" oder auch „Erweckungsbewegung", ohne deutlich zu ma-

chen, was sie eigentlich damit meint. Hier fehlt ein reflektierter Umgang mit den genannten Bezeichnungen. Gelegentliche inhaltliche Beschreibungen des Pietismus oder der Erweckungsbewegung etwa erweisen sich als unzureichend. An diesen Stellen wird deutlich, daß die Verfasserin die neuere Literatur zum Pietismus und zur Erweckungsbewegung nicht zur Kenntnis genommen hat. So findet sich beispielsweise keine Arbeit von Wallmann zum Pietismus oder von Gäbler zur Erweckungsbewegung, auch fehlt neben anderen Viertels Arbeit über Reckes Rettungshausarbeit und die Bedeutung des Chiliasmus. Dieses markante Defizit schmälert erheblich den Wert der Arbeit. Die ungenauen bzw. unrichtigen Bestimmungen von Pietismus und Erweckungsbewegung wirken sich vor allem im dritten, vergleichenden Teil negativ aus; hier wird die Unsicherheit der Verfasserin im Umgang mit den Begriffen ganz offensichtlich.

Ihrem Anliegen, einen Beitrag zur Geschichtsschreibung der Sozialpädagogik zu leisten, wird die Verfasserin nur in eingeschränktem Maße gerecht.

Basel

Thomas K. Kuhn

Pietismus-Bibliographie

Von Udo Sträter und Christel Butterweck

unter Mitarbeit von: Archiv der Brüder-Unität Herrnhut, Gertrud Bense, Reinhard Breymayer, Renate Fuckert, Godolef Grafe und Susanne Ruf.
Anschrift für Bibliographie- und Rezensionsteil des Jahrbuchs: Prof. Dr. Udo Sträter, Interdisziplinäres Zentrum für Pietismusforschung, Franckeplatz 1, Haus 26, 06110 Halle (Saale).

Gliederung der Bibliographie:

IV.04 Skandinavien
IV.05 Nordamerika
IV.06 Östliches Mitteleuropa, Osteuropa, Südosteuropa
IV.07 Sonstige

V. Übergreifende Themen

V.01 Theologie und Frömmigkeit
V.02 Sozial- und Staatslehre, Pädagogik
V.03 Ökumene und Mission
V.04 Die Bedeutung des Pietismus für Philosophie, Literatur und Kunst

Es gelten die Abkürzungen der TRE. Im folgenden bedeutet:

CV	Communio Viatorum
DNR	Documentatieblad Nadere Reformatie
DTT	Dansk teologisk tidsskrift
DWI	Diakoniewissenschaftliches Institut Heidelberg
EHS	Europäische Hochschulschriften
EK	Evangelische Kommentare
EvTh	Evangelische Theologie
HerKorr	Herder-Korrespondenz
LM	Lutherische Monatshefte
MethH	Methodist History
NAKG	Nederlands archief voor kerkgeschiedenis
NDB	Neue Deutsche Biographie
PuN	Pietismus und Neuzeit
PuN.B	Pietismus und Neuzeit. Pietismus-Bibliographie
ReH	Recusant History
RelSt	Religious Studies
RestQ	Restoration Quarterly
StLi	Studia Liturgica
TGP	Texte zur Geschichte des Pietismus
UnFr	Unitas Fratrum
US	Una Sancta
ZRGG	Zeitschrift für Religions- und Geistesgeschichte

I. Allgemeines

I.01 Bibliographien, Forschungsberichte

1. Quellenbibliographie zur Rhetorik, Homiletik und Epistolographie des 18. Jahrhunderts. Hg. v. Joachim Dyck u. Jutta Sandstede. 3 Bde. Stuttgart-Bad Canstatt: frommann-holzboog 1996. – LXXIII, 1478 S.
2. Sträter, Udo; Christel Butterweck: Pietismus-Bibliographie. In: PuN 22, 1996 [1997], 308–328.
3. Sames, Arno: *Hallesche* Beiträge zur Pietismusforschung nach 1945. In: PuN 22, 1996 [1997], 103–123.
4. Ders.: Erhard *Peschke* (1907–1996) zum Gedenken. In: PuN 22, 1996 [1997], 9–11.
5. Brecht, Martin: Zur Konzeption der Geschichte des Pietismus. Eine Entgegnung auf Johannes *Wallmann*. In: PuN 22, 1996 [1997], 226–229.

[s. auch Nr. 10]

I.02 Sammelwerke, Festschriften

6. Europa in der Frühen Neuzeit. FS Günter Mühlpfordt. Hg. v. Erich Donnert. Weimar [u. a.]: Böhlau 1997. Bd. 1: Vormoderne. – XX, 612 S. – Bd. 2: Frühmoderne. – VIII, 663 S. –
   [enthält Nr. 11, 18, 20, 23, 37, 38, 48, 60, 61, 115]
7. Pietismus und Neuzeit. Ein Jahrbuch zur Geschichte des neueren Protestantismus. Im Auftr. d. Hist. Komm. z. Erforschung d. Pietismus hg. v. Martin Brecht, Friedrich de Boor, Rudolf Dellsperger, Ulrich Gäbler, Hartmut Lehmann, Arno Sames, Hans Schneider, Udo Sträter und Johannes Wallmann. Bd. 22 – 1996. Göttingen: Vandenhoeck & Ruprecht 1997. – 343 S. – [enthält Nr. 2–5, 25, 39, 40, 42, 65, 92]
8. Starke fromme Frauen. Begegnungen mit Erdmuthe von Zinzendorf, Juliane von Krüdener, Anna Schlatter, Friederike Fliedner, Dora Rappard-Gobat, Eva von Tiele-Winckler, Ruth von Kleist-Retzow. Hg. v. Peter Zimmerling. Gießen, Basel: Brunnen-Verlag 1996. – 174 S.
9. Schulen machen Geschichte. 300 Jahre Erziehung in den Franckeschen Stiftungen zu *Halle*. Halle: Verlag der Franckeschen Stiftungen 1997 (Kataloge d. Franckeschen Stiftungen, 4). – 239 S.; Abb. – [enthält Nr. 28, 30–33, 35]

I.03 Gesamtdarstellungen, Gesamtwürdigungen

10. Brecht, Martin: Probleme der Pietismusforschung. In: NAKG 76, 1996, 227–237.
11. Wallmann, Johannes: Europäische und außereuropäische Ausstrahlung des Pietismus. In: Europa in der Frühen Neuzeit 2 [s. Nr. 6], 1–20.

II. Vorgeschichte, begleitende Strömungen

12. Edighoffer, Roland: Die Rosenkreuzer. München: Beck 1995 (Beck'sche Reihe, 2023). – 143 S.
13. Sommer, A.U.: Religion, Wissenschaft und Politik im protestantischen Idealstaat. Johann Valentin *Andreaes* „Christianopolis". In: ZRGG 48, 1996, 114–137.
14. Dourley, J.P.: Jacob *Boehme* and Paul Tillich on Trinity and God. Similarities and Differences. In: RelSt 31, 1995, 429–445.
15. Petsch, Hans J.: Feuer-Odem der inneren Welt. Ein großer mächtiger Ernst: der Görlitzer Mystiker Jakob Böhme. In: LM 35, 1996, 10–11.
16. *Comenius*, Johann Amos: Pampaedia. Del IV av „De rerum humanarum emendatione consulatio catholica". Översöttning och förord av Gottfried Grunewald. Uppsala: Reprocentralen HSC 1995. – 240 S.
17. Bunners, Christian: Paul *Gerhardt*. Weg – Werk – Wirkung. Berlin, München: Union 1993. – 396 S.
18. Bubenheimer, Ulrich: Aspekte der Karlstadtrezeption von der Reformation bis zum Pietismus im Spiegel der Schriften *Karlstadts* zur Gelassenheit. In: Europa in der Frühen Neuzeit 1 [s. Nr. 6], 405–426.
19. *Kuhlmann*, Quirinus: Der neubegeisterte Böhme. 2 Bde. Hg. u. erl. v. Jonathan Clark. Stuttgart: Hiersemann 1995 (Bibl. d. lit. Vereins, 317–318). – Bd. 1: LII, 217 S.; Bd. 2: 221–450.
20. Kuntz, Paul G.: Der Sittenkodex eines radikalen Reformators: *Paracelsus* und die Zehn Gebote. In: Europa in der Frühen Neuzeit 1 [s. Nr. 6], 237–246.
21. Egerland, Herbert: Zum Anschauungsbild in der Didaktik von Wolfgang *Ratke* (1571–1635). In: Pädagogische Rundschau 51, 1997, 3–16.
22. Blümke, Karin: Deutsch als Unterrichtssprache und Unterrichtsgegenstand im Elementarunterricht nach der Neuen Lehrart Wolfgang *Ratkes*. Ein Beitrag zum Erstlese- und Schreibunterricht im ersten Drittel des 17. Jahrhunderts. In: Pädagogik und Schulalltag 51, 1996, 553–565.
23. Schippan, Michael: Zwei Havelberger „*Weigelianer*" aus der Zeit des Dreißigjährigen Krieges: Panthaleon Trappe und Johann Bannier. In: Europa in der Frühen Neuzeit 1 [s. Nr. 6], 383–404.
[s. auch Nr. 109]

III. Deutschland

III.01 Frömmigkeitsbewegung seit Johann Arndt

24. *Arndt*, Johann: Vier Bücher vom wahren Christentum. Nachdr. d. Ausg. 1906. Bielefeld: Missionsverl. d. Evang. – Luther. Gebetsgemeinschaften 1996. – 1078 S.

25. Seebaß, Frieder: Die Schrift „Paraenesis votiva pro pace ecclesiae" (1626) und ihr Verfasser. Ein Beitrag zu den *Arndtschen* Streitigkeiten. In: PuN 22, 1996 [1997], 124–173.

III.02 Philipp Jakob Spener

26. *Spener*, Philipp Jakob: Briefe aus der Frankfurter Zeit 1666–1686. Bd. 2: 1675–1676. Hg. v. Johannes Wallmann i. Zus. – Arb. m. Markus Matthias u. Martin Friedrich. Tübingen: J.C.B. Mohr (Paul Siebeck) 1996. – XXVII, 725 S.

III.03 August Hermann Francke und der hallische Pietismus

27. Koski, Suvi-Päivi: Geist=Reiches Gesang=Buch vuodelta 1704 pietistisenä virsikirjana. Tutkimus kirjan toimittajasta, taustasta, teologiasta, virsistä ja virsirunoilijoista. Zusammenfassung: Das Geist=Reiche Gesang=Buch aus dem Jahre 1704 als ein pietistisches Gesangbuch – eine Untersuchung zu dem Herausgeber, zu dem Hintergrund, zu der Theologie, zu den Liedern und Liederdichtern des Buches. Helsinki: Suomen Kirkkohistoriallinen Seura 1996. – 502 S.
28. Zaepernick, Gertrud: Kurzer Bericht vom Pädagogium Regium 1695–1784. In: Schulen machen Geschichte [s. Nr. 9], 67–82.
29. *Charbonnet*, L.: Memorial die itzige Verfaßung des Gynäcei betreffend. In: Erziehung und Bildung des weiblichen Geschlechts. Eine kommentierte Quellensammlung zur Bildungs- und Berufsbildungsgeschichte von Mädchen und Frauen. Bd. 1. Hg. v. Elke Kleinau [u.] Christine Mayer. Weinheim: Deutscher Studien Verlag 1996, 32–34.
30. Menck, Peter: August Hermann *Francke* und seine Schulen. In: Schulen machen Geschichte [s. Nr. 9], 15–26.
31. Ebert, Berthold: Das „Seminarium praeceptorum" August Hermann *Franckes*. Zur Geschichte der Lehrerbildung in den Franckeschen Stiftungen. In: Schulen machen Geschichte [s. Nr. 9], 105–121.
32. Jacobi, Juliane: Das Bild vom Kind in der Pädagogik August Hermann *Franckes*. Kinderbilder und Kindheit. In: Schulen machen Geschichte [s. Nr. 9], 29–40.
33. Müller, Thomas J.: Der Realienunterricht in den Schulen August Hermann *Franckes*. In: Schulen machen Geschichte [s. Nr. 9], 43–65.
34. Witt, Ulrike: Das *Hallesche* Gynäceum (1698–1739). In: Erziehung und Bildung des weiblichen Geschlechts. Eine kommentierte Quellensammlung zur Bildungs- und Berufsbildungsgeschichte von Mädchen und Frauen. Bd. 1. Hg. v. Elke Kleinau [u.] Christine Mayer. Weinheim: Deutscher Studien Verlag 1996, 31–32.
35. Dies.: Das *hallesche* Gynäceum 1698–1740. In: Schulen machen Geschichte [s. Nr. 9], 85–103.
36. Dies.: Bekehrung, Bildung und Biographie. Frauen im Umkreis des *Halle-*

schen Pietismus. Tübingen: Max Niemeyer 1996 (Hallesche Forschungen, 2). – 257 S.

37. Bochinger, Christoph: Aus Anton Heinrich *Walbaums* Tagebuch – Beobachtungen zur Religionskultur und weltweiten Kommunikation des Hallenser Pietismus in der zweiten Generation. In: Europa in der Frühen Neuzeit 1 [s. Nr. 6], 521–538.

[s. auch Nr. 3, 4, 9, 39]

III.04 Radikaler Pietismus

38. Marti, Hanspeter: Jesuiten im Blickfeld des radikalen Pietisten Gottfried *Arnold*. Konfessionalistische Abgrenzung und mystisch-spirituelle Solidarität. In: Europa in der Frühen Neuzeit 1 [s. Nr. 6], 501–519.
39. Büchsel, Jürgen: *Arnolds* Beziehungen nach Halle 1695/96, dargestellt an seinen Briefen an den Theologiestudenten Jean Ernst Wilke. In: PuN 22, 1996 [1997], 174–204.
40. Matthias, Markus: Mutua Consolatio Sororum. Die Briefe Johanna Eleonora von *Merlaus* an die Herzogin Sophie Elisabeth von Sachsen-Zeitz. In: PuN 22, 1996 [1997], 69–102.
41. Breymayer, Reinhard: Art.: „*Müller*, Johann Daniel". In: NDB 18, 1997, 351–352.
42. Matthias, Markus: Wann starb Johann Wilhelm *Petersen*? In: PuN 22, 1996 [1997], 230–233.

III.05 Reformierter Pietismus

III.06 Zinzendorf und die Herrnhuter Brüdergemeine

43. Halama, J.: Die Anfänge der Erneuerten Brüderunität in Böhmen. In: UnFr 39, 1996, 77–90.
44. Welschen, Johannes: Die Bedeutung der surinamischen Einwanderung in die Niederlande für die Europäisch-Festländische Brüder-Unität. In: Freikirchen Forschung 5, 1995 [1996], 169–187.
45. Wirth, G.: Adolf *Deißmann* und die Herrnhuter. In: UnFr 37, 1995, 68–70.
46. Vollprecht, F.: Von der Schloßekklesiola zur Ortsgemeinde: Ein Beitrag zum Entstehungsprozeß der Brüdergemeine *Ebersdorf*. In: UnFr 39, 1996, 7–51.
47. Authentische Relation von dem Anlaß, Fortgang und Schlusse der am 1sten und 2ten Januarii Anno 1741/2 in *Germantown* gehaltenen Versammlung. Repr. d. Ausg. Philadelphia 1742 u. Transkr. d. Manuskr. d. zeitgenössischen englischen Übersetzung. M. Einl., Anm., Bibliogr. u. Ind. hg. v. Peter Vogt. Hildesheim: Olms 1996 (Zinzendorf: Materialien u. Dokumente, Reihe 2). – 300 S.

48. Modrow, Irina: „Wir sind philadelphische Brüder mit einem lutherischen Maul und Mährischen Rock ...“. Die Lösung der Identitätsfrage der *Herrnhuter* Brüdergemeine. In: Europa in der Frühen Neuzeit 1 [s. Nr. 6], 577–591.
49. Seibert, D.: Auf dem Weg zum „*Herrnhuter* höherer Ordnung“? Schleiermacher und Herrnhut. In: EvTh 5, 1996, 395–414.
50. Renkewitz, Heinz: *Hochmann* von Hochenau (1670–1721). Philadelphia, Pa.: Brethren Encyclopedia 1993 (Brethren Encyclopedia Monograph Series, 4). – IX, 148 S.
51. Schmidt, H.: Ein Lehrerleben in *Königsfeld* vor 100 Jahren. In: UnFr 37, 1995, 55–68. – [zu W.E. Schmidt]
52. Breymayer, Reinhard: Art.: „*Müller*, Gottfried Polycarp“. In: NDB 18, 1997, 469–470. – [Bischof d. Mährischen Brüder, Korrespondenzpartner Zinzendorfs]
53. Weperen, J.E. van: Die Erde ist des Herrn. Die Siedlungsgeschichte der Herrnhuter Brüdergemeine *Neugnadenfeld*. In: UnFr 39, 1996, 53–68.
54. *Zinzendorf*, Nikolaus Ludwig von: Be Now and Evermore Our Head: Six Hymns. Transl. by C. Daniel Crews and Nola Read Knouse. Winston-Salem, N.C.: Moravian Archives 1996. – 24 S.; Noten.
55. Zimmerling, Peter: Seelsorge in der Gemeinschaft. *Zinzendorf* als Seelsorger. In: UnFr 37, 1995, 29–42.
56. Doerfel, Marianne: Die *Zinzendorfs* und ihr Verhältnis zur Freien Reichsstadt Nürnberg. Ein Beitrag zur frühen Geschichte der Brüdergemeine. In: UnFr 37, 1995, 7–29.
57. Jung, M.H.: *Zinzendorfs* letzter Besuch in Tübingen (29.11. – 2.12.1757). Eine Ergänzung zum Thema „Zinzendorf und Württemberg“. In: UnFr 39, 1996, 69–76.
[s. auch Nr. 8, 77, 84, 85, 93–95, 105, 109, 117]

III.07 Württembergischer Pietismus

58. Betz, Otto: Licht vom unerschaffenen Lichte. Die kabbalistische Lehrtafel der Prinzessin *Antonia*. Metzingen: Franz + Sternberg Verlag 1996. – 144 S.; Abb.
59. Breymayer, Reinhard: Andreas Adam *Hochstetter* (1668–1717). Pietistischer Theologe und Rhetoriker. In: 500 Jahre Tübinger Rhetorik – 30 Jahre Rhetorisches Seminar. Katalog zur Ausstellung im Bonatzbau der Univ. – Bibl. Tübingen v. 12. Mai bis 31. Juli 1997. Hg. v. Joachim Knape. Red. u. Gestaltung Hagen Schick. Tübingen: Seminar f. Allgem. Rhetorik 1997, 80–86 u. 102–105 [Exponatbeschreibungen].
[s. auch Nr. 57, 121]

III.08 Regionalgeschichte

60. Blaufuß, Dietrich: Melchior Adam *Pastorius* (1624–1710) und Franz Daniel Pastorius (1651–1719/20). Frühe Beispiele des Wandels zwischen den Kon-

fessionen. In: Europa in der Frühen Neuzeit 1 [s. Nr. 6], 465–476. – [zu J.H. Horb: 468; Ph.J. Spener: 470]
61. Lehmann, Hannelore: Zur pietistischen Konventikelbildung in *Potsdam* (1692–1742). In: Europa in der Frühen Neuzeit 1 [s. Nr. 6], 539–575.
62. Franzenburg, Geert: „Macht euch nicht dieser Welt gleich". Die geistliche Erziehung im Pietismus und ihre Vorbilder in der Alten Kirche, dargestellt am Beispiel der Kappadozier und des *Wittgensteiner* Pietismus. In: Wittgenstein. Blätter des Wittgensteiner Heimatvereins 85, 1997.
63. Helmich, Hans: Die Briefe der Catharina Maria Leckebusch. In: Geistliche Briefe an Johann Caspar Engels und seine Frau Louise, zugleich ein Beitrag zum Collenbuschianismus im *Wuppertal*. Hg. v. Michael Knieriem. Wuppertal 1992.
[s. auch Nr. 46, 51, 53, 68]

III.09 Orthodoxie und Aufklärung in ihren Beziehungen zum Pietismus

64. Gierl, Martin: Pietismus und Aufklärung. Theologische Polemik und der Kommunikationswandel der Gelehrsamkeit am Ende des 17. Jahrhunderts. Göttingen: Vandenhoeck & Ruprecht 1997 (Veröffentlichungen d. MPI f. Geschichte, 129). – 650 S.; 19 Abb.
65. Bethge, Katharina: Epistolae Theologicae. Eine Quelle zur Erforschung von Leben und Werk Abraham *Calovs* und der lutherischen Orthodoxie. In: PuN 22, 1996 [1997], 12–68.
66. Ernst Salomon *Cyprian* (1637–1745) zwischen Orthodoxie, Pietismus und Frühaufklärung. Vorträge d. Intern. Kolloquiums v. 14. – 16. Sept. 1995 i.d. Forschungs- u. Landesbibliothek Gotha Schloß Friedenstein. Hg. v. Ernst Koch u. Johannes Wallmann. Gotha: Forschungs- u. Landesbibliothek 1996. – 256 S.; 1 Abb.
67. Steiger, Johann Anselm: Johann *Gerhard* (1582–1637). Studien zu Theologie und Frömmigkeit des Kirchenvaters der lutherischen Orthodoxie. Stuttgart-Bad Cannstatt: frommann-holzboog 1997 (Doctrina et Pietas, I/1). – 336 S.; Abb.
68. Strom, Jonathan: Orthodoxy and Reform. The Clergy in Seventeenth Century *Rostock*. Diss. phil. Chicago, Ill.: University of Chicago 1996. – VIII, 399 S. – [zu Johannes Quistorp d.J.: 304–329; Theophil Großgebauer: 329–372; Heinrich Müller: 372–399]

III.10 Übergang zur Erweckungsbewegung

69. Mundt, William F.: Sinners Directed to the Saviour. The Religious Tract Society Movement in Germany (1811–1848). Diss. Utrecht 1995. – [niederl. Zusammenfassung: Zondaren gewezen op de Heiland: de godsdienstige Traktaat Genootschap beweging in Duitsland (1811–1848)]
70. Ernst, Karsten: Auferstehungsmorgen. Heinrich A.Chr. *Hävernick*. Erwek-

kung zwischen Reformation, Reaktion und Revolution. Gießen, Basel: Brunnen Verlag 1997, 380 S.
71. *Lavater*, Johann Kaspar: Reisetagebücher Teil I-II. Hg. v. Horst Weigelt. Göttingen: Vandenhoeck & Ruprecht 1997 (TGP, VIII/3–4). Teil I: Tagebuch von der Studien- und Bildungsreise nach Deutschland 1763 und 1764. – XI, 839 S. – Teil II: Reisetagebuch nach Süddeutschland 1778. Reisetagebuch in die Westschweiz 1785. Brieftagebuch von der Reise nach Kopenhagen 1793. – VIII, 401 S.

III.11 Strömungen und Entwicklungen nach 1830

72. Pietisten und Pfingstler rücken einander näher. In: Materialdienst der Evangelischen Zentralstelle für Weltanschauungsfragen Stuttgart 59, 1996, 270–271.

IV. Andere Länder

IV.01 England und Schottland

73. Burdon, A.: Ordination in British Methodism. In: StLi 25, 1995, 151–173. – [zu J. Wesley]
74. Morgan, Nicholas: Lancashire Quakers and the Establishment 1660–1730. Krumlin, Halifax: Ryburn Academic Publ. 1993. – 319 S.
75. Wilcox, Catherine M.: Theology and Women's Ministry in Seventeenth-Century English Quakerism. Handmaids of the Lord. Lewiston [u. a.]: Edwin Mellen 1995 (Studies in Women and Religion, 35). – XI, 277 S.
76. Nymann Eriksen, N.: John *Bunyans* omvendelse. En laesning af „Grace Abounding to the Chief of Sinners". In: DTT 58, 1995, 108–128.
77. Stead, G.: The Eighteenth-Century Moravian Congregational Archive at *Fulneck* in Northern England. In: UnFr 37, 1995, 42–55.
[s. auch Nr. 96–104]

IV.02 Niederlande

78. Post, Steven Dirk: Pieter *Boddaert* en Rutger Schutte. Pietistische dichters in de achttiende eeuw. Houten: Den Hertog 1995. – 477 S.; Ill. – [zugl. Diss. Nijmegen 1995]
79. Meeuse, C.J.: De visie van *Koelman* op de puriteinen. In: DNR 20, 1996, 44–61.
80. Verbeek, Th.: Jacobus *Koelman* en de filosofie zijner dagen. In: DNR 20, 1996, 62–71.

81. Reuver, A. de: *Koelmans* anti-separatisme. In: DNR 20, 1996, 3–43.

82. Spitzer, Elke: Anna Maria von *Schürmann* (1607–1678). In: Erziehung und Bildung des weiblichen Geschlechts. Eine kommentierte Quellensammlung zur Bildungs- und Berufsbildungsgeschichte von Mädchen und Frauen. Bd. 1. Hg. v. Elke Kleinau [u.] Christine Mayer. Weinheim: Deutscher Studien Verlag 1996, 27–28.

83. *Schürmann*, Anna Maria von: Eukleria oder Erwählung des besten Teils (1642). In: Erziehung und Bildung des weiblichen Geschlechts. Eine kommentierte Quellensammlung zur Bildungs- und Berufsbildungsgeschichte von Mädchen und Frauen. Bd. 1. Hg. v. Elke Kleinau [u.] Christine Mayer. Weinheim: Deutscher Studien Verlag 1996, 29–31.

84. De *Zeister* Broedergemeente 1746–1996. Bijdragen tot de geschiedenis van de herrnhutters in Nederland. Onder redactie van Aart de Groot en Paul Peucker. Zutphen: Walburg Pers 1996. – 256 S.; Ill.

85. Peucker, Paul Martin: De *Zeister* Broedergemeente in de Tweede Wereldoorlog. Een Duitse kerk tijdens de Duitse bezetting. In: Jaarboek voor de geschiedenis van het Nederlands Protestantisme na 1800 4, 1996, 121–159.

[s. auch Nr. 44]

IV.03 Schweiz

[s. auch Nr. 71, 114]

IV.04 Skandinavien

86. Laine, Esko M.: Yksimielisyys – sota – pietismi: tutkimuksia suomalaisesta papistosta ja yhteiskunnasta kolmikymmenvuotisesta sodasta pikkuvihaan. Diss. Helsinki: Esko M. Laine 1996. – 313 S. – [Zusammenfassung: Einigkeit – Krieg – Pietismus. Studien zu den Beziehungen zwischen der finnischen Pfarrerschaft und der weltlichen Gesellschaft vom 30jährigen Krieg bis zur russischen Eroberung 1742]

87. Markussen, Ingrid: Til Skaberens AEre, Statens Tjenste og Vor Egen Nytte: pietistiske og kameralistiske idéer bag fremvaeksten af en offentlig skole i landdistrikterne i 1700-tallet. Odense: Odense Universitetsforlag 1995. – 340 S.

88. Raninen, Ilkka: Herännäiskasvatus kansanopistoissa vuosina 1950–1984. Diss. Helsinki: Suomalainen Teologinen Kirjallisuusseura 1994 (Suomalaisen teologisen Kirjallisuusseuran julkaisuja, 190). – 315 S. – [Abstract: Pietist education in folk high schools during the years 1950–1984]

89. Haavisto, Seppo: Mystistä spiritualismia vai luterilaista teologiaa: Bengt Jacob *Ignatiuksen* teologia pietismin tutkimushistorian valossa. Diss. Helsinki: Suomalainen Teologinen Kirjallisuusseura 1995 (Suomalaisen teologisen Kirjallisuusseuran julkaisuja, 195). – II, 318 S. – [Abstract: Mystical spiritualism or Lutheran theology?]

90. Bremer, Francis J.: Congregational Communion. Clerical Friendship in the Anglo-American Puritan Community 1610–1692. Boston: Northeastern University Press 1994. – XV, 355 S.
91. O'Malley, J. Steven: Early German-American Evangelicalism: pietist sources on discipleship and sanctification. Lanham, Md.: Scarecrow Press 1995 (Pietist and Wesleyan Studies, 7). – VII, 350 S.
92. Dussen, Adrianus van der: The Tension between Freedom and Reason in the Theology of Charles Grandison *Finney*. In: PuN 22, 1996 [1997], 205–225.
93. Nelson, Vernon H.: Ordination in the *Moravian* Church in America 1736–1770 [masch.]. Bethlehem, Pa. 1996. – 11 S.
94. Crews, C. Daniel: Through Fiery Trials. The Revolutionary War and the *Moravians*. Winston-Salem, N.C.: Moravian Archives 1996. – 60 S.; Ill.
95. [*Oglethorpe*, James:] Bringing Moravian to Georgia. Three Latin letters from James Oglethorpe to Count Nicholas von Zinzendorf. Ed. by George Fenwick Jones, transl. by David Noble. In: Georgia Historical Quarterly 80, 1996, 847–858.
96. Knight, H.H.: From Aldersgate to Azusa. *Wesley* and the Renewal of Pentecostal Spirituality. In: Journal of Pentecostal Theology 8, 1996, 82–98.
97. Maser, F.E.: M. Shenise: Discovery. More About Asbury and *Wesley*. In: MethH 1, 1996, 56–60.
98. Steele, Richard B.: „Gracious affection" and „true virtue" according to Jonathan Edwards and John *Wesley*. Metuchen, NJ [u. a.]: Scarecrow Press 1994 (Pietist and Wesleyan studies, 5). – XXV, 423 S.
99. Carter, K.D.: The High Church Roots of John *Wesley's* Appeal to Primitive Christianity. In: RestQ 37, 1995, 65–80.
100. Collins, Kenneth J.: A faithful witness. John *Wesley's* homiletical theology. Wilmore, Ky.: Wesley Heritage Press 1993. – 237 S.
101. Hill, R.: *Wesleys* Erben: Die Krise der britischen Methodisten. In: HerKorr 50, 1996, 310–314.
102. Dallimore, Arnold A.: Susanna *Wesley*. 2. print. Grand Rapids, Mich.: Baker Book House 1994. – 176 S.; Ill.
103. Lichtfield, R.G.: Lay Religious Vocation and *Wesleyan* Holiness. In: Religious 3, 1996, 282–298.
104. Smith, J.T.: The *Wesleyans*, the „Romanists" and the Education Act of 1870. In: ReH 23, 1996, 127–142.
105. Wessel, Carola: Missionary Diaries as a Source for Native American Studies. David *Zeisberger* and the Delaware. In: European Review of Native American Studies 10, 1996, 31–37.

[s. auch Nr. 47, 117]

IV.06 Östliches Mitteleuropa, Osteuropa, Südosteuropa

106. Paul, Toomas: Die Geschichte der estnischen Bibelübersetzung. 1. Teil (16. – 19. Jahrhundert). Diss. [masch.] Tartu 1994 (Dissertationes Theologiae Universitatis Tartuensis, 2). – 332 S.
107. Vladimirovas, Levas: Die litauischen protestantischen Bücher in den Bibliotheken Litauens und der Welt. In: Protestantizmas Lietuvoje: istorija ir dabartis. Red. I. Luksaite. Apyausris 1994.

[s. auch Nr. 111]

IV.07 Sonstige

108. Hirth, Volkmar: Der Pietismus als eine Wurzel des deutschen evangelischen Engagements im Heiligen Land. In: Jahrbuch des Deutschen Evangelischen Instituts für Altertumswissenschaft des Heiligen Landes 4, 1995, 70–75.

V. Übergreifende Themen

V.01 Theologie und Frömmigkeit

109. Bieber, M.: Eros und Transzendenz. Die romantische Liebesreligion und ihre Vorläufer. In: US 51, 1996, 55–69. – [zu Zinzendorf, Böhme, Swedenborg u. Novalis]
110. Hieber, Petra: Auf der Suche nach dem Glück. Frankfurt 1995 (Mensch u. Struktur, 8). – 145 S.
111. Grimmsmann, Dieter: Hut ab vor den Standhaften. Lutherisch-pietistische Frömmigkeit bei den zurückgekehrten Rußlanddeutschen. In: LM 35, 1996, 5–7.

[s. auch Nr. 72, 89]

V.02 Sozial- und Staatslehre, Pädagogik

112. Faix, Wilhelm: Familie im gesellschaftlichen Wandel. Der Beitrag des Pietismus. Eine sozialgeschichtliche Studie. Gießen: Brunnen-Verlag 1997. – 144 S.
113. Hauss, Gisela: Retten, Erziehen, Ausbilden – Zu den Anfängen der Sozialpädagogik als Beruf. Eine Gegenüberstellung der Entwicklungsgeschichte der Armenschullehrer-Anstalt Beuggen und des Brüderinstitutes am Rauhen Haus in Hamburg. Bern [u. a.]: Peter Lang 1995 (EHS Reihe 9: Pädagogik, 660). – 332 S.

114. Jacobi, J.: Legendärer Lehrer. Zum 250. Geburtstag Johann Heinrich *Pestalozzis*. In: EK 29, 1996, 84–87.
115. Döring, Detlef: Untersuchungen zur Entstehung des „Christenstaates“ von Veit Ludwig *von Seckendorf*. In: Europa in der Frühen Neuzeit 1 [s. Nr. 6], 477–500.
116. Meyer, Y.H.: Die „Fliegenden Blätter“ Johann Hinrich *Wicherns*. Zur Reprintausgabe. In: DWI-Info 29, 1995/96, 91–98.
[s. auch Nr. 8, 9, 16, 21, 22, 28–36, 82–83, 87, 88]

V.03 Ökumene und Mission

117. Hertrampf, Stefan: „Unsere Indianer-Geschwister waren lichte und vergnügt“. Die *Herrnhuter* als Missionare bei den Indianern Pennsylvanias 1745–1765. Frankfurt a. M. [u. a.]: Peter Lang 1997 (Mainzer Studien z. Amerikanistik, 35). – [zugl.: Diss. Mainz 1996]
118. *Oldendorp*, Christian Georg Andreas: Criolisches Wörterbuch. Erster zu verm. und wo nöthig zu verb. Versuch (1767/68). Hg., eingel. u. m. Anm. vers. v. Peter Stein. Sowie das anonyme, Johann Christopher Köbritz Thomsen Kingo (J.C. Kingo) zugeschriebene Vestindisk Glossarium. Hg., eingel. u. m. Anm. vers. v. Hein van der Voort. Tübingen: Max Niemeyer 1996. – 193 S.
[s. auch Nr. 44, 47]

V.04 Die Bedeutung des Pietismus für Philosophie, Literatur und Kunst

119. Büchsel, E.: Eine ausgestorbene Sprache. Spricht Gott auch durch die Natur zu uns? In: LM 35, 1996, 2–5. – [zu J.G. Hamann]
120. Weißenborn, B.: Johann Georg *Hamann*. Ein kurzes Portrait des großen Königsberger Bibeltheologen. In: CV 35, 1993, 42–54.
121. Schwinge, Gerhard: Steinkopf und *Jung-Stilling*, Sander und Hebel. Persönlichkeiten am Beginn der Bibelgesellschaft in Baden, 1804–1826. In: Zeitschrift für die Geschichte des Oberrheins 144 (NF 105), 1996, 429–439.
[s. auch Nr. 27]

Register der Personen und Orte

Register der Autoren, Bearbeiter und Herausgeber

Personen- und Ortsregister